Pentzlin · Hjalmar Schacht

Heinz Pentzlin

Hjalmar Schacht

Leben und Wirken
einer umstrittenen Persönlichkeit

Ullstein

© 1980 by Verlag Ullstein GmbH, Berlin · Frankfurt/Main · Wien
Alle Rechte vorbehalten
Satz und Druck   Poeschel & Schulz-Schomburgk, Eschwege
Einband   May & Co, Darmstadt
Mit 45 Bilddokumenten
Printed in Germany 1980
ISBN 3 550 07913 3

Inhaltsverzeichnis

Vorwort	7
Bewundert und verfemt	9
Selbstbewußt, patriotisch und weltoffen	14
Bankier durch Zufall	21
Die Väter der Rentenmark	30
Stabilisierung der Währung	47
Sicherung der Währungsstabilität	62
Durch Dawes-Plan zur Reichsmark	70
Im Konflikt mit Stresemann	85
Vergeblicher Kampf gegen Auslandsschulden	100
Der Young-Plan	110
Rücktritt	126
Krisenjahre	138
Kontakte mit Nationalsozialisten	150
Mit Hitler – gegen Hitler	161
Überwindung der Arbeitslosigkeit	186
Durch Devisennot zum Neuen Plan	202
Kampf mit Göring	224
Die Entlassung	246
Im Widerstand	257
Angeklagt – freigesprochen	265
Schicksal und Verantwortung	276
Quellenverzeichnis	283
Personenverzeichnis	292

Vorwort

Schachts Persönlichkeit und seine Handlungen sind in der Öffentlichkeit von Anbeginn seines Wirkens an heftig umstritten gewesen. Der Streit um ihn hat seinen Niederschlag in einem umfangreichen Schrifttum gefunden. Er selbst hat seinen Lebensweg in seinen Memoiren »76 Jahre meines Lebens« aufgezeichnet und hat alle seine Handlungen in Zeitungs- und Zeitschriftenartikeln und mehreren Büchern dargelegt. Im Prozeß vor dem Internationalen Militärgerichtshof in Nürnberg sind seine wichtigen Handlungen untersucht und geprüft worden. Neuere zeitgeschichtliche Abhandlungen und Memoiren seiner Zeitgenossen haben nahezu alles aufgehellt, was unklar erschien. Doch das Bild, das in weiten Kreisen der Öffentlichkeit und auch bei manchen Betrachtern der Zeitgeschichte bestehen geblieben ist, wird immer noch oft von den Klischeevorstellungen bestimmt, die in der Zeit des Streites um sein Wirken in der Finanz- und Währungspolitik und in der »großen Politik« von seinen Gegnern geprägt worden sind.

Das hat seinen Grund unter anderem auch darin, daß es bisher an einer zusammenfassenden Darstellung seines Lebens und Wirkens – außer seinen eigenen Memoiren – gefehlt hat. Abgesehen von der 1938 erschienenen Kampfschrift Norbert Mühlens gegen ihn (»Der Zauberer. Leben und Anleihen des Dr. Hjalmar Horace Greeley Schacht«) und einer frühen, gut gemeinten, aber den Leser mehr irreführenden als aufklärenden Schrift seines Freundes Franz Reuter (»Schacht«) aus dem Jahre 1937, liegt nur die Schrift des amerikanischen Nationalökonomen Amos E. Simpson »Hjalmar Schacht in Perspective« vor, die zwar eingehend seine Währungs- und Finanzpolitik untersucht und darüber ein ausgewogenes Urteil fällt, die aber die Rolle Schachts in der Politik nur am Rande behandelt.

Freunde Schachts, zusammen mit seiner Frau, haben mich aufgefordert, sein Leben und Wirken darzustellen. Als Sachbearbeiter des Reichswirtschaftsministeriums in der Reichsstelle für Außenhandel erlebte ich seinen Eintritt in das Reichswirtschaftsministerium und kam bald in ein Vertrauensverhältnis mit seinen engsten Mitarbeitern, wie vor allem Karl Blessing, Hans E. Posse, und seinem Schwiegersohn Hilger von Scherpenberg. Franz Reuter, als gemeinsamer Freund, vermittelte den persönlichen Kontakt zu Schacht, zu dem auch das gemeinsame Interesse an Volkstumsfragen und die freundschaftliche Verbindung mit dem Vertreter der deutschen Volksgruppe in Dänemark Pastor Schmidt-Wodder beitrug. Durch meine Tätigkeit im Reichswirtschaftsministerium und später als Journalist, durch Verbindungen zu Politikern der demokratischen Parteien wie der NSDAP, lernte ich die Kämpfe um die Politik Schachts während seiner Tätigkeit in der Reichsregierung und an der Spitze der Reichsbank bis zum Jahre 1939 aus der Sicht der Agierenden selbst kennen. Dadurch konnte ich Zusammenhänge von Vorgängen sehen, die Außenstehenden verwirrend und widerspruchsvoll erscheinen mußten.

Das Verhalten und die Handlungen Schachts sind nur zu verstehen, wenn die Zeitumstände in Betracht gezogen werden – die Zeitumstände, über die heute noch das Urteil so umstritten ist wie das Urteil über Schacht während dieser Zeit.

Heinz Pentzlin

Bewundert und verfemt

Hjalmar Schacht war einer der Männer, deren Handeln bestimmend das Geschehen in Wirtschaft und Politik während der Zeitspanne zwischen dem Ersten und Zweiten Weltkrieg beeinflußt hat. Er »hat Geschichte gemacht«. Doch die Rolle, die er spielte, und mehr noch seine Persönlichkeit wurden von seinen Zeitgenossen sehr verschieden, von Freund und Feind gegensätzlich beurteilt. Ebenso gegensätzlich fällt das Urteil bei vielen Betrachtern der Zeitgeschichte aus; Anerkennung und Bewunderung auf der einen, scharfe Kritik und Verurteilung auf der anderen Seite.

War er der »Retter aus Währungsnot«, wie ihn sein Freund, der Industrielle Paul Reusch, in seinem Glückwunsch zum sechzigsten Geburtstag bezeichnet, ein Mann von »einwandfreiem Charakter«, der sich für die Rettung von Juden einsetzte, wie es Rolf Vogel in seinem Buch »Ein Stempel hat gefehlt – Dokumente zur Emigration deutscher Juden« darlegt? Oder war er ein »Verbrecher«, wie es Franz Karl Maier, der frühere öffentliche Kläger bei der Spruchkammer Stuttgart in der Veröffentlichung der Anklageschrift gegen Schacht zum Ausdruck gebracht hat, und hat er, wie dort behauptet wird, »der nationalsozialistischen Gewaltherrschaft außerordentliche politische, wirtschaftliche, propagandistische und sonstige Unterstützung gewährt«?

Schon seine erste große Leistung, als er, am 12. November 1923 zum Reichswährungskommissar ernannt, für die Überwindung der großen Inflation durch Einführung der Rentenmark verantwortlich war und diese Währungsreform mit der daran anschließenden Schaffung der Reichsmark erfolgreich durchführte, wurde keineswegs allgemein anerkannt. Sein Anteil an der geglückten Währungsumstellung wurde in Frage gestellt, und die Maßnahmen, die er zur Sicherung der Stabilität des neuen Geldes ergriff, wurden ungeachtet ihres Erfolges von vielen als unzweckmäßig und verfehlt kritisiert und angegriffen.

Noch stärker gingen – und gehen auch heute noch – die Meinungen über seine andere große, vielleicht noch größere Leistung auseinander: die Überwindung der Arbeitslosigkeit und die Einleitung eines neuen Wirtschaftsaufschwungs in den Jahren 1933 bis 1935. Die finanzpolitischen Methoden, die er hierbei anwandte, verschafften ihm zwar den Ruf eines »Zauberers«, eines »Magiers des Geldes«. Sie brachten ihm aber auch viele Angriffe ein, weil er mit der bis dahin vorherrschenden Grundauffassung von der Rolle der Finanz- und der Kreditpolitik gebrochen hatte, und die Finanzierung öffentlicher Aufträge mit Wechseln, den berühmt-berüchtigten »Mefo-Wechseln«, vielen als ein bedenkliches oder sogar verwerfliches Mittel erschien.

Am heftigsten umstritten ist Schachts politische Rolle während des Zusammenbruchs der Weimarer Republik und des Anstiegs der nationalsozialistischen Bewegung. Ihm wird vorgeworfen, er habe mit seiner Kritik an der Finanzpolitik der Reichsregierung, der Länderregierungen und der Gemeinden zum Verlust des Ansehens der demokratischen Parteien beigetragen. Vor allem wird ihm sein Verhalten bei den Reparationsverhandlungen vorgeworfen, bei denen er lange an der Spitze der Verhandlungsdelegation mitgewirkt hatte, aber in der Schlußphase mit Eklat zurücktrat. Damit hätte er das Wachsen der Anhängerschaft Hitlers begünstigt. Für seine Gegner – und ihr Urteil wird von vielen geteilt – war es nicht nur ein Fehler, sondern ein Verbrechen, daß er zur Berufung Hitlers zum Reichskanzler beigetragen und dann in dessen Regierung mitgewirkt hat.

Die Beteiligung Schachts am Widerstand gegen Hitler und seine Verbindung zu den Kreisen, die am Attentat Schenk von Stauffenbergs am 20. Juli 1944 mitwirkten, hat sein Ankläger in Nürnberg in Frage gestellt. Doch sie wurde mehrfach durch Aussagen einwandfreier Zeugen bewiesen. Gewiß kann geltend gemacht werden, daß hier nie volle Klarheit und gesicherte Erkenntnis zu finden sein wird, weil bis zum Tode Hitlers für jeden Widerstandskämpfer Geheimhaltung wichtigstes Gebot war, nicht nur zur Erhaltung des eigenen Lebens, sondern auch zur Vermeidung von Gefahren für Freunde und Mitstreiter. Jede Darstellung des eigenen Verhaltens zu späterer Zeit kann deshalb stets leicht in Zweifel gezogen werden.

Doch Schachts Teilnahme am Widerstand ist nicht zu bestreiten, wie es auch nicht zu bestreiten ist, daß er deutlich erkennbar schon 1935 wie kaum ein anderer damals in Deutschland die nationalsozialistische Politik – das Vorgehen gegen Juden, die Mißachtung von Recht und Gesetz, die Fehler der Finanzpolitik und vor allem die Rüstungspolitik, als sie über das für die Verteidigung notwendige Ausmaß hinausging, sowie das auf Kriegsabsichten hindeutende Verhalten Hitlers –

in der Regierung und auch öffentlich kritisiert und ihr entgegengewirkt hat. Der breiten Öffentlichkeit blieb dies verborgen, weil der Propaganda-Apparat des nationalsozialistischen Staates und der Partei dem Volke und vor allem dem Auslande nicht zu erkennen geben wollte, daß der große angesehene Finanzmann Schacht den politischen Kurs Hitlers als falsch ansah. Die Frage, ob es dann richtig war, daß Schacht trotzdem und auch noch als ihm im November 1937 die Führung des Wirtschaftsministeriums und im Januar 1939 auch der Reichsbank genommen war, formell Mitglied der Reichsregierung blieb, ist von Dritten schwer zu beantworten. Wer hier ein Urteil fällen will, darf nicht übersehen, daß in jenen Jahren ein jeder, der nicht ein gläubiger Nationalsozialist war, sich in einer Konfliktsituation befand, zwischen verschiedenen Erwägungen hin und her gerissen wurde und im Nachhinein vieles anders als im Fluß der Zeit aussieht.

Es darf auch nicht verkannt werden, daß die Vorwürfe gegen Schachts politisches Verhalten in den dreißiger Jahren vor allem von Politikern und Publizisten vorgebracht worden sind, die es nicht wahrhaben wollten – und es auch heute noch nicht wahrhaben wollen – daß die Regierenden in der Weimarer Republik die Aufgaben, die ihnen Ende der zwanziger und Anfang der dreißiger Jahre gestellt waren, nicht bewältigen konnten. Die Parteien im Reichstag, die sich zur parlamentarischen Staatsform bekannten, waren seit dem 27. März 1930 – dem Sturz der Regierung Hermann Müller – nicht mehr fähig, eine Koalition für eine Regierung zu bilden, die sich auf eine Parlamentsmehrheit hätte stützen können. Sie hatten eine ausweglose Situation geschaffen, in der schließlich der Reichspräsident von Hindenburg dazu bewogen wurde, Adolf Hitler zum Reichskanzler zu berufen. Doch damals war nicht nur die Deutsch-Nationale Volkspartei unter Hugenberg zu einer Zusammenarbeit mit den Nationalsozialisten bereit gewesen. Führende Männer der Zentrumspartei hatten sich zuvor ebenfalls um eine Koalition mit der Partei Hitlers bemüht.

Schacht und andere, die daran mitwirkten, Hitler die Regierungsverantwortung zu übertragen, glaubten, daß dies angesichts des Fehlens handlungsfähiger Gegenkräfte unabwendbar geworden war, und sie waren – was im Nachhinein unfaßbar erscheinen mag – voller Zuversicht, daß es ihnen gelingen würde, den Kurs der künftigen Politik zu bestimmen und Hitler in Schranken zu halten.

Die Politiker und Anhänger der Parteien, die damals keinen Ausweg fanden und keine leistungsfähige parlamentarisch fundierte Regierung auf die Beine stellen konnten, brauchten Entschuldigungsgründe für das eigene Versagen; sie brauchten Übeltäter, denen sie die Schuld für den Zusammenbruch der Weimarer Republik zuschieben konnten. Da Schacht einer der hervorragenden Männer in dieser Zeit war, konnte man ihm die Rolle eines Hauptübeltäters geben. Außerdem haben sich auch die Marxisten auf die These festgelegt, daß der Nationalsozialismus in Deutschland von den Kapitalisten hochgebracht worden sei. Die »Schwerindustrie« und die »Hochfinanz«, so behaupteten sie – und behaupten es auch noch weiter – habe Hitler finanziert. Schacht war für sie eine der wichtigsten oder die wichtigste Verbindungsperson der Schwerindustrie und der Hochfinanz zu Hitler. Obwohl diese Behauptungen aus dem marxistischen Lager von allen unbefangenen Historikern eindeutig widerlegt worden sind, ist an Schacht von diesen Vorwürfen bei vielen etwas hängen geblieben. Ebenso hat die neuere Geschichtsbetrachtung deutlich erkennen lassen, wie die demokratischen Parteien und ihre Politik in der Weimarer Republik versagt und schließlich ihr Ende herbeigeführt haben. Aber auch das hat die Glaubwürdigkeit der Gegner Schachts kaum berührt.

Noch weniger ist beachtet worden, daß die Kritik an Schachts Finanz- und Währungspolitik von Politikern sowie von Fachleuten und vor allem auch von Wirtschaftstheoretikern gekommen ist, die sich von überkommenen orthodoxen Vorstellungen und Lehren nicht haben lösen können. Eigenartigerweise ist unter Nationalökonomen und besonders unter Währungstheoretikern die kritische Ablehnung Schachts auch vorherrschend geblieben, nachdem der Keynesianismus unter ihnen seinen Siegeszug angetreten hatte. Denn Schacht hat mit seinen Maßnahmen zur Überwindung der Arbeitslosigkeit durchaus eine »keynesianische« Politik – mit zusätzlichen öffentlichen Ausgaben zur Überwindung der Depression – betrieben; allerdings bevor der britische Nationalökonom und Berater seiner Regierung 1936 sein Lehrgebäude in der »Allgemeinen Theorie der Beschäftigung, des Zinses und des Geldes« veröffentlicht hatte. Doch auch die Anhänger von Keynes haben sich mit der Arbeitsbeschaffungspolitik Schachts nicht befreunden können.

Viele von ihnen haben sich nachdrücklich von Schacht und seiner Arbeitsbeschaffungspolitik distanziert. Sie haben damit vermeiden wollen, daß die Kritik an Schacht und seinen Maßnahmen auf ihre eigenen Empfehlungen ausgedehnt wird. Dabei mag mitspielen, daß die von Schacht angewandte Finanzierungsmethode in dieser Form bei Keynes nicht vorgesehen ist. Wahrscheinlich wirkt hier aber auch mit, daß Schacht als Praktiker, wenn auch geschulter Nationalökonom, der Theorie niemals besondere Hochachtung bezeigt hat und er sich deshalb auch nicht der Wertschätzung der meisten Theoretiker erfreuen

12

konnte. Einige unter ihnen, wie Adolph Wagner und Rudolf Stucken, haben jedoch seine Leistungen voll anerkannt.

Das Pauschalurteil, das Schachts Kritiker über ihn und seine Finanzierungsmethoden gefällt haben, wirkt in wirtschaftspolitischen Diskussionen immer noch nach. Das zeigte sich zum Beispiel, als im Jahre 1979 über die Anlage von Rohstoffreserven in der Bundesrepublik Deutschland beraten wurde. Ein Vorschlag, für die Finanzierung die Reservehaltung die Bundesbank einzuschalten, wurde aufs heftigste mit dem Argument zurückgewiesen, daß es sich hier um eine »Schachtsche« Maßnahme handele. Auch in der Auseinandersetzung darüber, ob die Bundesbank möglichst autonom bleiben oder verstaatlicht werden solle, wird auf die Rolle Schachts als Notenbankpräsident und als Politiker in den zwanziger und dreißiger Jahren hingewiesen. Helmut Müller vertritt in seinem Buch »Die Zentralbank – Eine Nebenregierung. Reichsbankpräsident Hjalmar Schacht als Politiker« die Ansicht, daß »Schacht unter dem Deckmantel unpolitischen Sachverstands unkontrollierte politische Macht erwarb und ausdehnte – auf Kosten der politisch allein verantwortlichen Körperschaften: Parlament und Regierung«. Müller meint, daß Schacht »der Reichsbank durch Kreditrestriktion diktatorische Machtfülle« verschafft habe, und hält dies für ein gewichtiges Argument zur Begründung der Forderung nach Aufhebung der Autonomie der Notenbank.

Ähnliche Kritiken, Urteile und Fehlurteile über Schacht und sein Wirken tauchen immer wieder auf. Eine Aufhellung der Rolle Schachts in der Wirtschafts- und Währungspolitik und im gesamten politischen Geschehen unserer jüngeren Vergangenheit dient deshalb nicht nur der historischen Erkenntnis, dem besseren Verständnis der Vorgänge während der Weimarer Republik, den Ursachen ihres Niederganges und dem Aufkommen des Nationalsozialismus sowie den Auseinandersetzungen zwischen den widerstreitenden Kräften unter der Herrschaft Hitlers mit dem Sieg der unheilvollen Macht über alle Versuche des Widerstandes gegen sie. Sie kann auch dazu dienen, den Blick zu schärfen für die Ansätze neuer gefährlicher Entwicklungstendenzen und sie kann vor allem für die Finanz- und Währungspolitik wichtige Erkenntnisse von dauerhaftem Wert vermitteln, selbst wenn man sich bewußt ist, daß aus der Geschichte, wie Hegel es dargelegt hat, nur das eine zu lernen ist: daß die Menschen nie aus ihr gelernt haben.

Selbstbewußt, patriotisch und weltoffen

Um das Handeln Schachts zu verstehen, muß man sich mit seinem Charakter vertraut machen. Geprägt wurde er durch seine Herkunft aus Schleswig-Holstein, sein Elternhaus und seine Ausbildung. Die Familie Schacht, aus dem Alten Land, einem Marschland am linken Elbufer gleich unterhalb Hamburgs, stammend, war lange Zeit in Dithmarschen, einer Landschaft an der Westküste Schleswig-Holsteins, ansässig. Schacht selbst bezeichnete sich manchmal als einen Friesen. Doch die Dithmarscher sind keine Friesen, wenn auch im Charakter ihnen verwandt. Sie besitzen ein starkes Selbstbewußtsein. »Lieber tot als Sklave« war von altersher ihr Grundsatz. Vor niemandem zogen sie ihre Mütze; nur in der Kirche und vor einem Toten entblößten sie ihr Haupt. Dieses bis zum Stolz gehende Selbstbewußtsein, das keinen anderen als Höherstehenden ansieht, aber ebenso auf keinen anderen mit gleichem Selbstbewußtsein herabschaut, war stets für Schacht kennzeichnend. Deshalb konnte er auch Hitler nicht anders als mit »Herr Hitler« anreden, außer wenn bei offiziellen Anlässen das Protokoll die Anrede »Herr Reichskanzler« oder »Mein Führer« erforderte.

Schachts Mutter Constanze, geborene Freiin von Eggers, entstammte einer alten Hamburger Familie, deren Nachkommen später in Schleswig-Holstein ansässig waren. Ihr Vater war Polizeipräsident von Schleswig, ihr Großvater Christian von Eggers, geboren 1758, war, wie die Unterschrift auf einem Kupferstich lautete, »der Rechte Doktor und Professor an der Universität zu Kopenhagen, Mitglied der Königlichen Dänischen Credit-Casze Direction und verschiedener Handels-Commißionen«. In dieser Eigenschaft wirkte er an der Reform des Geldwesens mit, die in Dänemark nach dem Staatsbankrott 1813 eingeleitet wurde. »Die Stabilisierung von Währungen liegt also sozusagen im Blut!« bemerkt hierzu Schacht in seiner Autobiographie.

Von seinem Vater Wilhelm Schacht schreibt er: »Er war in jungen Jahren ein Mensch ohne Sitzfleisch, ein Wanderer, dem kein Gras unter den Sohlen wuchs.« Schon dessen Großvater, Schachts Urgroßvater, war nicht mehr Bauer geblieben. Er hatte sich von seinen Brüdern seinen Anteil am Familienhof auszahlen lassen und in Büsum einen »Kramerladen« eröffnet. Einer seiner Söhne, Schachts Großvater, studierte Medizin und wurde Arzt, Kreisphysikus, in Friedrichstadt. Schachts Vater wollte Lehrer werden. Doch nach dem Abschluß seines Examens am Lehrerseminar in Tondern, entschloß er sich, wie damals viele Deutsche, nach Amerika auszuwandern. Ende 1872 erwarb er die amerikanische Staatsbürgerschaft und blieb dort fünf Jahre, nachdem er im Jahr zuvor seine Jugendliebe aus der Seminaristenzeit hatte nachkommen lassen und sie geheiratet hatte. In Amerika wurde auch sein ältester Sohn Eddy geboren.

Schachts Vater, der in New York in verschiedenen Stellungen als kaufmännischer Angestellter und zeitweilig auch als selbständiger Kaufmann arbeitete, war ein begeisterter Anhänger des demokratischen Politikers Horace Greeley gewesen, der als Verleger 1841 die »New York Tribune«, eines der wenigen amerikanischen Meinungsblätter (aus dem die »New York Herald Tribune« hervorging) gegründet hatte und sich später den liberalen Republikanern zuwandte, deren Präsidentschaftskandidat er 1872 war. Als Schachts Vater im Herbst 1876 nach Deutschland zurückgekehrt war und am 22. Januar 1877 sein zweiter Sohn geboren wurde, gab er ihm die Vornamen »Horace Greeley.«. Durch das Eingreifen seiner Großmutter mütterlicherseits – in deren Elternhaus auch dänisch gesprochen wurde – wurde dann als dritter Vorname »Hjalmar« hinzugefügt. Nachdem Schacht ins Berufsleben eingetreten war, ging er dazu über, diesen dritten Vornamen als einzigen vor seinen Namen zu setzen. Als Student und im Lebenslauf zu seiner Dissertation nannte er sich so, wie es im Taufregister eingetragen war, »Horace Greeley Hjalmar Schacht«. In der Framilie war er stets mit seinem dritten Vornamen – oder abgekürzt »Jalle« – genannt worden. Doch »Horace Greeley« war nicht nur ein Teil seiner Taufnamen. Er stand für die liberal-demokratische Gesinnung seines Vaters, die dieser auf seinen Sohn übertrug.

In Deutschland war das Leben des Vaters noch bewegter als in Amerika. Zunächst war er Lehrer an einer Privatschule in Tingleff, einem nordschleswigschen Bauerndorf, wo Hjalmar Schacht geboren wurde. Doch schon ein Jahr später zog er nach Heide in Dithmarschen und wurde dort Redakteur der »Heider Zeitung«, einem freisinnigen kleinen Provinzblatt. Die Arbeit befriedigte William Schacht wohl geistig, aber er erhielt als Redakteur kein Gehalt, das zum Lebensunterhalt der Familie reichte. So arbeitete William Schacht zugleich als Buchhalter in der Tuchhandlung, die dem Verleger gehörte; und die Mutter betrieb einen Posamentierladen mit Kurzwaren, Bändern, Litzen und Garnen, um das Notwendigste hinzu zu verdienen. Als Hjalmar Schacht fünf Jahre alt war, glaubte der Vater sich wirtschaftlich verbessern zu können und nahm eine Stellung als Betriebsführer einer Seifensiederei in Husum an, der »grauen Stadt am Meer«, wie Theodor Storm sie nannte. Doch kaum ein Jahr später machte die Seifensiederei Konkurs. Nun zog William Schacht 1883 nach Hamburg. Dort erlebte er nach den harten voraufgegangenen Jahren eine Zeit der schlimmsten Not. Erst nach langem Suchen fand er eine Stellung als Buchhalter bei einer Kaffee-Importfirma. Doch nach einem schweren Rückschlag auf dem Kaffeemarkt ging die Firma in Konkurs. Wieder begannen Monate der Arbeitssuche, in denen William Schacht nur ab und zu Gelegenheitsarbeit fand, bis er schließlich eine Anstellung bei der amerikanischen Lebensversicherungsgesellschaft Equitable Life Insurance Company erhielt. Damit begann für die Familie Schacht die Zeit wirtschaftlicher Sicherheit und des Aufstiegs. Dreißig Jahre, bis zu seinem Ausscheiden aus dem Berufsleben, blieb William Schacht bei dieser Gesellschaft und wurde schließlich ihr Generalsekretär in Berlin.

In seiner Kindheit und den ersten Jugendjahren hat Hjalmar Schacht Not und Armut kennengelernt. Er hat gesehen, wie seine Eltern jahrelang mit jedem Pfennig rechnen mußten. Das hat ihn gelehrt, jede Ausgabe genau zu prüfen und Möglichkeiten für Einnahmen wahrzunehmen. Das galt sowohl für seine persönlichen Ausgaben und Einnahmen als auch – und dies fast noch strikter – für sein Verhalten in der Finanzpolitik; und zwar in gleicher Weise in der deutschen Finanzpolitik wie auf dem internationalen Feld, vor allem bei den Verhandlungen in der Reparationsfrage. Ausländische Karikaturisten zeigten ihn gern als den Mann mit leeren oder zugeknöpften Taschen oder mit der Hand in den Taschen anderer.

Typisch war auch einer der Witze, die später im »Dritten Reich« umliefen: »Göring, Goebbels und Schacht waren in einem Restaurant, aber niemand erkannte sie; denn Göring trug weder Uniform noch glitzernde Orden, Goebbels redete nicht und Schacht bezahlte.« Ebenso typisch für Schacht war es, daß er diesen Witz in einer Sammlung von Karikaturen aufnehmen ließ, die von der Reichsbank für ihn zusammengestellt und veröffentlicht wurde. Er selbst erzählt in seinen Memoiren – man hat den Eindruck, nicht ohne einen gewissen Stolz – wie im Nürnberger Gefängnis die Angehörigen der Wachmannschaften, Journalisten und wer sonst noch mit den Angeklagten in Berührung kam, immer begierig darauf waren, von diesem Autogramme zu erhalten, und wie er dies ausnutze, um sich für jeden seiner Namenszüge eine Zigarette, damals eine geschätzte Währungseinheit, geben zu lassen. Sein stets klares Rechnen mit dem Geld bewies Schacht auch, als er im Januar 1943 wegen seines Briefes an den Reichsmarschall Göring, in dem er gegen die Einberufung von Fünfzehnjährigen zum Militärdienst protestiert hatte, völlig in Ungnade gefallen war und SS-Leute mit einem Brief von Martin Bormann, dem Leiter der Parteikanzlei, bei ihm erschienen und die Rückgabe des Goldenen-Partei-Ehrenabzeichens forderten. Dieses Abzeichen war am 30. Januar 1937 in Erinnerung an den vier Jahre zurückliegenden Jahrestag der »Machtergreifung« Hitlers allen Mitgliedern der Reichsregierung, gleichgültig ob sie der NSDAP angehörten oder nicht, verliehen worden. Die Empfänger waren jedes Jahr zu einer Spende angehalten. Als Schacht nun das Ehrenzeichen zurückgeben mußte, erklärte er, daß ihm dann aber auch die für 1943 bereits gespendeten eintausend Mark zurückerstattet werden müßten. Er erhielt sie zurückerstattet.

Schacht wußte seit jungen Jahren um den Wert des Geldes. Das hat sicherlich dazu beigetragen, daß er auch immer um die Erhaltung des Geldwertes bemüht gewesen ist. Als Reichswährungskommissar, als Reichsbankpräsident in seinen beiden Amtszeiten, als Leiter der Reichswirtschaftsministeriums – stets war er, wie kaum ein anderer Finanzmann, vor allem um die Stabilität des Geldwertes bemüht. Im letzten Jahrzehnt seines Lebens sah er seine Hauptaufgabe darin, den wieder aufgekommenen und an Stärke zunehmenden neuen Inflationstendenzen in Schrift und Wort entgegenzuwirken. Er hatte es selbst erfahren und hatte es nie vergessen, wie schwer das Leben der Bevölkerungskreise war, die mit geringen Einkünften auskommen mußten und war sich in seiner Geld- und Wirtschaftspolitik der sozialen Verantwortung stets bewußt. Deshalb empfand er die Anschuldigungen, daß er mit seinem Vorgehen gegen übermäßige öffentliche Verschuldung notwendige sozialpolitische Maßnahmen verhinderte und seine Politik die Großindustrie, die »Kapitalisten«, begünstige, als ein bitteres Unrecht.

Schachts Vater hat auch in den Jahren, in denen er mit wirtschaftlicher Not zu kämpfen hatte, darauf gesehen, daß seine Söhne – es waren drei mit Eddy als ältestem und Oluf als jüngsten – die beste Schulbildung erhielten, die möglich war, auch wenn es noch so schwierig war, das Schulgeld aufzubringen. Hjalmar Schacht hatte als Fünfjähriger in Husum die Volksschule besucht. In Hamburg schickte ihn sein Vater auf die Vorschule des Lehrerseminars. Danach bestand er als Neunjähriger, wie zuvor schon sein älterer Bruder Eddy, die Aufnahmeprüfung der hochangesehenen und traditionsreichen Gelehrtenschule des Johanneums. Bei der Aufnahmeprüfung erhielt er allerdings im Rechnen eine schlechte Note, eine Vier (bei den damals gebräuchlichen Noten von Eins bis Fünf). Das gab seinen Kritikern später den Anlaß, vom Bankier, der »nicht rechnen konnte«, zu sprechen. Sie vermerkten allerdings nicht, daß sich schon während der Schulzeit Schachts Fähigkeit im Rechnen wesentlich verbesserte. Er selbst begegnete den Hinweisen auf seine frühere schlechte Rechennote mit der Bemerkung, daß selbst große Mathematiker schlechte Rechner waren, und erklärte: »Ein Bankdirektor ist kein Buchhalter. Bei seiner Arbeit kommt es auf die Beherrschung ganz anderer Künste an: Psychologie zum Beispiel, Kenntnis der Wirtschaft, gesunden Menschenverstand, die Fähigkeit zu entscheiden, vor allem aber Einsicht in das Wesen des Kredits.«

Die ersten Jahre auf dem Johanneum waren hart für ihn zwischen Mitschülern, die fast alle aus gut situierten, meist aus den reichsten und am höchsten angesehenen Hamburger Familien stammten. Er kam aus der Wohnung eines Hinterhauses in Eimsbüttel, einem Arbeitervorort. Auch in seiner Kleidung hob er sich von seinen Klassenkameraden ab. Erst im Laufe der Jahre besserten sich die Verhältnisse für die Familie Schacht; sie zog in das Vorderhaus eines besseren Stadtviertels, bis schließlich die Eltern, nachdem der älteste Sohn die Schule verlassen hatte, nach Berlin zogen und dort eine eigene Villa im Grunewald erwarben. Hjalmar Schacht blieb die letzten Jahre bis zu seinem Abitur in Hamburg. Mit seiner Schule, dem Johanneum, dessen Altschülerschaft einen engen Zusammenhalt pflegt, hat er sich bis zuletzt verbunden gefühlt, sie oft besucht, vor ihren Schülern Vorträge gehalten und sie mit einer Stiftung bedacht.

Der Geist dieser Schule war, gerade in den Jahren, in denen Schacht sie besuchte, von einer Verbindung von Patriotismus und weltoffener Haltung geprägt, wie sie Schacht ähnlich schon im Elternhaus erfahren hatte. Vielleicht wurde auf der Schule der Patriotismus stärker gepflegt als zu Hause, wo durch den Vater der Blick ins Ausland und durch die Mutter die Verbindung zwischen zwei Nationen, der deutschen und der dänischen, mehr zur Geltung kamen. Schachts Schulzeit auf dem Hamburger Johanneum, von 1886 bis 1895, war die Blütezeit des wilhelminischen Reiches. Der Besuch Wilhelm II. im Oktober 1888 in Hamburg machte starken Eindruck auf ihn. Noch stärker aber beeindruckte ihn die Kundgebung der Hamburger für den von seinem Kaiser entlassenen Bismarck am 1. April 1893, an der er mit den älteren Schülern des Johanneums teilnahm.

Vaterlandsliebe und Liebe zum Deutschtum, so wie er sie in seiner

Jugend erworben hatte, sind für Schacht ständig eine der stärksten Triebkräfte seines Handels geblieben. Doch es war alles andere als ein engstirniger Nationalismus chauvinistischer Prägung, wie er damals in den meisten europäischen Nationen vorherrschte und auch viele Deutsche ergriffen hatte. Sein späterer, um 18 Jahre älterer Freund, der kulturpolitische Schriftsteller Paul Rohrbach, hat diesem Nationalismus in seinem zu jener Zeit stark beachteten Buch »Der deutsche Gedanke in der Welt« Ausdruck gegeben. Paul Rohrbach stand in engen Beziehungen zu Friedrich Naumann – dem Lehrmeister von Theodor Heuss –, der 1896 den »Nationalsozialen Verein« gegründet hatte, in dem manche den Vorläufer der Demokratischen Partei der Weimarer Republik sehen. Friedrich Naumann strebte eine soziale und demokratische Umbildung des Staates an, damit die Arbeiterschaft für diesen Staat und die Nation gewonnen werden könnten. Den weltpolitischen Entwicklungsraum für Deutschland sah er in »Mitteleuropa«, wie der Titel seines Buches hieß, das großen Widerhall fand. Von gleichen Ideen war Paul Rohrbach erfüllt. Viele Deutsche wollten es nicht als ein unabwendbares Schicksal hinnehmen, daß ihr Land hinter den anderen Mächten – von denen England damals mit seinem Empire eine weltbeherrschende Stellung behauptete – zurückstehen sollte, sondern glaubten, daß ihm auch ein Platz unter den führenden Staaten zukomme. Friedrich Naumann und Paul Rohrbach sahen den gegebenen Geltungsbereich in Mitteleuropa, über den Balkan bis hin zur Türkei. Doch dies sollte kein imperialer Herrschaftsbereich sein sondern ein Gebiet partnerschaftlicher Zusammenarbeit. Schacht neigte stärker der kolonialpolitischen Betätigung Deutschlands zu. Mit seinem Freunde Rohrbach stimmte er aber darin überein, daß es in der Außenpolitik nicht allein auf Machtmittel, sondern auf »moralische Eroberungen« ankommt, daß – wie Rohrbach es geschrieben hatte – »der deutsche Gedanke, nicht im Sinne politischer Vorherrschaft oder materieller Kolonisation, sondern rein als Weltkultur einer großen Zukunft entgegengeführt werden kann.«

Kennzeichnend für Schachts National- und Heimatgefühl ist auch, daß er sich mit seinem Geburtsort verbunden fühlte, obwohl er ihn schon als kleines Kind verlassen hatte, bevor er irgendwelche Eindrücke von ihm hatte gewinnen können. Die Einwohner des Dorfes Tingleff hatten 1920 bei der Abstimmung über das Verbleiben Nordschleswigs im Deutschen Reich mit Mehrheit für Deutschland gestimmt. Doch nach dem Beschluß der Entente-Mächte war es zu Dänemark geschlagen worden. Durch die Verbindung mit Tingleff nahm Schacht regen Anteil an dem Schicksal der deutschen Minderheit in Dänemark

und darüber hinaus mit allen deutschen Minderheiten und Volkstums-
teilen in der Welt. Mit dem Führer der deutschen Minderheit in Dänemark, Pastor D. Johannes Schmidt-Wodder, war er eng befreundet.
Zwischen beiden bestand eine nicht nur auf dem Landsmannschaft-
lichen – der Vater Schmidt-Wodders hatte das Lehrerseminar in Tondern gegründet, auf dem Schachts Vater ausgebildet worden war –
herrührende Wesensähnlichkeit. Schmidt-Wodder stand ebenso wie
Schacht bei starkem Nationalgefühl jedem engstirnigen Nationalismus
fern. Vor 1920 hatte er sich, getragen von der Wertschätzung eines
jeden echten Volkstums für die Rechte der Dänen und die Pflege ihrer
Kultur im Deutschen Reich eingesetzt (wie es manche Führer deutscher
Minderheiten vor und während des Ersten Weltkrieges für andere
Volksgruppen in Deutschland getan hatten).

Sein Verantwortungsgefühl für Deutsche auch außerhalb der Grenzen des Deutschen Reiches hat Schacht während seiner Amtszeit als
Präsident der Reichsbank und Leiter des Wirtschaftsministeriums oft
unter Beweis gestellt. So 1935, als die Freie Stadt Danzig durch falsche
Maßnahmen ihrer von Nationalsozialisten geführten Regierung in
Währungsschwierigkeiten geriet. Die Abwertung des Danziger Guldens wurde von Polen vertragswidrig zur Errichtung einer Zollmauer
ausgenutzt, um durch wirtschaftlichen Druck die politische Macht in
Danzig zu erringen. In dieser Situation sandte Schacht unverzüglich
Beauftragte der Deutschen Reichsbank zur Hilfestellung dorthin, und
vom Wirtschaftsministerium wurden Unterstützungen geboten, bevor
die Reichsregierung ihre Entschlüsse fassen konnte. Für die in Polen
stark unterdrückte deutsche Minderheit erreichten bei Wirtschaftsver-
handlungen die Vertreter des Wirtschaftsministeriums – außerhalb des
Rahmens der offiziellen Verhandlungen, aber doch mit ihnen in geschickter Taktik verknüpft – manche wertvolle Erleichterung wie die
Wiedereröffnung deutscher Schulen oder die Wiedereinstellung ent-
lassener deutscher Bergleute in Oberschlesien. Ähnlich hat Schacht auch
anderen deutschen Volksgruppen geholfen.

Das starke Nationalgefühl gehörte zu seinem Charakter ebenso wie
seine Weltoffenheit, die Aufgeschlossenheit für das Wesen und die
Kultur anderer Völker. Schachts Nationalgefühl war frei von jedem
Chauvinismus, der nur die eigene Nation gelten lassen will und auf
andere bis zur Mißachtung und Verachtung hinabschaut. Es gründete
sich auf dem Bewußtsein der Zusammengehörigkeit der Deutschen und
der Liebe zum Vaterland, zum eigenen Volk und seinem Volkstum und
war verbunden mit der Achtung anderer Völker, ihres Charakters und
ihrer Kultur.

Bankier durch Zufall

Mehr durch Zufall als durch eigene Wahl wurde Schacht Bankier. Nach seinem Abitur, Ostern 1895, hatte er kein bestimmtes klares Berufsziel. Sein älterer Bruder Eddy, der in Kiel bereits im neunten Semester Medizin studierte, überredete ihn, dasselbe Studium aufzunehmen. Doch gleichzeitig belegte Hjalmar Schacht Germanistik und Literaturgeschichte. Mit der Medizin befaßte er sich wenig und verwandte in seinem ersten Semester mehr Zeit auf eigene Versuche in der Dichtkunst, auf Ausflüge und geselliges Zusammensein im Freundeskreis. Angesichts seiner Neigung zur Schriftstellerei – er veröffentlichte im »Magazin für Literatur« den Briefwechsel zwischen dem aus Dithmarschen stammenden Dichter Friedrich Hebbel mit dem ihm eng befreundeten Großvater Schachts – gab ihm sein Vater den Rat, sich im Journalismus gründlich ausbilden zu lassen.

Schacht ging deshalb, nach Berlin zurückgekehrt, während der Ferien und während des nächsten Semesters als Volontär zu einer Tageszeitung, zum »Kleinen Journal«. Dieses Blatt, eine Boulevardzeitung, erfreute sich keines guten Ansehens. Schacht bezeichnete sie als »eine Mischung von Wiener Skandalchronik und amerikanischer ›yellow press‹.« Doch er lernte hier von Grund auf das journalistische Handwerk und wurde geschult, sich kurz, klar und genau auszudrücken. Er arbeitete zunächst in der Lokalredaktion, wurde dann aber immer stärker vom Feuilleton, vor allem für Theaterkritiken herangezogen. Gleich nach seiner Rückkehr nach Berlin war er in die Studentenverbindung »Akademisch-Literarischer Kreis« eingetreten, der führende Männer des Berliner Journalismus angehörten, wie Dr. Franz Ullstein, Monti Jacobs, Theaterkritiker und späterer Chef der Feuilletonredaktion der »Vossischen Zeitung«, und Artur Dix, später Chefredakteur der »Nationalzeitung«.

In seinem Studium schwankte Schacht zwischen verschiedenen Fächern. Er wechselte auch mehrfach die Universitäten. Von Berlin ging er nach München, von dort nach Leipzig, dann wieder zurück nach Berlin, zwischendurch nach Paris, um Französisch zu studieren sowie die Stadt und Frankreich kennenzulernen. Schließlich kam er wieder nach Kiel und schloß dort sein Studium ab. Anfangs studierte er vorwiegend Germanistik und Literaturgeschichte, dann aber zog ihn immer stärker die Volkswirtschaft an, damals eine junge und nicht allgemein anerkannte Wissenschaft. Daneben interessierten ihn Journalismus und Zeitungswissenschaft und auch die Soziologie. Während der letzten Zeit seines Studiums war er oft journalistisch tätig, in der Hauptsache mit Theaterkritiken und Berichten über Kunstausstellungen.

Zum Abschluß seines Studiums wollte Schacht in Kiel als Volkswirt mit einer zeitungswissenschaftlichen Arbeit promovieren. Der Ordinarius der Kieler Universität für Staatswissenschaften Professor Wilhelm Hasbach, der von der Zeitungswissenschaft nicht viel hielt, drängte ihn aber zu einem anderen Thema. Es hieß »Der theoretische Gehalt des englischen Merkantilismus«. Die Arbeit machte einen Aufenthalt in London notwendig, den er zum großen Teil mit Berichten über das Kunst- und Theaterleben der englischen Hauptstadt für die »Kieler Neuesten Nachrichten« finanzierte.

Die Entscheidung für sein Dissertationsthema hat für Schachts Werdegang wohl eine viel größere Bedeutung gehabt, als er sich selbst dessen bewußt gewesen ist. Denn nun studierte er das Geldwesen und die Handelspolitik einer wirtschaftlich wichtigen Epoche und lernte die Gedanken und Vorstellungen der ersten modernen Geldtheoretiker und die handelspolitischen Theorien an einer Zeitenwende kennen. Hier hatte er gründlich über das Wesen des Kredits nachdenken müssen und – keineswegs bestimmt, aber angeregt durch die Nationalökonomen jener Zeit – Erkenntnisse gewonnen, auf die später sein erfolgreiches Handeln im Geld- und Kreditwesen aufbaute.

Liest man zum Beispiel, was er über Charles Davenant und dessen Kredittheorie schreibt – die dieser an der Wende vom 17. zum 18. Jahrhundert in Schriften über Kriegsfinanzierung und Außenhandel darlegte – dann kann man hier schon den Kern für die Überlegungen finden, von denen Schacht sich bei der Finanzierung der Arbeitsbeschaffung und bei seiner Warnung vor einer Übersteigerung dieser Methode leiten ließ. In der Dissertation führte er aus, wie Davenant »den mangelnden Geldvorrat durch Staats- und Banknoten ergänzen« will, dabei aber weiß, daß »ein solcher Staatskredit nicht unbegrenzt« ist. Er zitiert Davenants Worte: »Von allen Dingen, die nur im Geist der Menschen bestehen, ist nichts phantastischer und anziehender als der Kredit; er kann nie erzwungen werden, er hängt ab vom Glauben; er beruht auf unseren Hoffnungen und Befürchtungen; er kommt oft, ohne daß wir ihn erstreben, und verläßt uns ohne Grund; und wenn er einmal verloren ist, kann er kaum wieder ganz zurückgewonnen werden.« Hier war die große Bedeutung und der Kern des Wesens des Kredits dargelegt. Der Kenntnis des Wesens des Kredits und seiner Wirkungen hat Schacht die größte Bedeutung für die Tätigkeit des Bankiers zugemessen, und dieser Erkenntnis verdankt er den Erfolg seiner währungspolitischen Maßnahmen und seiner Finanzierung der Arbeitsbeschaffungsmaßnahmen, mit der es ihm gelang, nach der schweren Krise der deutschen Wirtschaft einen neuen Aufschwung herbeizuführen.

Die Untersuchung der Handelspolitik und der Handelsbilanzlehre der englischen Merkantilisten – der Doktorand stellte fest, daß diese Lehre »keine Theorie, sondern eine praktische Lehre« ist – hat Schachts Interesse für den Außenhandel wachgerufen und ungeachtet des Umstandes, daß die von ihm untersuchten historischen Tatbestände nur bedingt Vergleichsmöglichkeiten zur aktuellen Lage boten, seinen Blick für handelspolitische Fragen geschärft. Das kam ihm zugute, als er sich nach seiner Promotion als Dr. phil. – Volkswirte legten damals ihre Prüfung in Kiel vor der philosophischen Fakultät ab – für den Eintritt in das Berufsleben um eine Stellung in Berlin bewarb. Es war dies, wie er später mit Stolz vermerkt hat, seine einzige Bewerbung; danach wurden ihm alle anderen Stellungen und Aufgaben angeboten.

Nachdem er im Winter 1899/1900 noch einige Monate an der Berliner Universität im Seminar des Professors Gustav Schmoller – des Gründers des »Vereins für Socialpolitik«, des Hauptes der »Kathedersozialisten« genannten Schule und Verfechters der Schutzzollpolitik – gearbeitet hatte, trat er am 1. März 1900 seine erste Berufsstellung als Assistent in der »Zentralstelle für die Vorbereitung von Handelsverträgen« an. Diese »Zentralstelle« war im Herbst 1897 von Industriellen gegründet worden, die am Export interessiert waren und ein Gegengewicht gegen den Bund der Landwirte und den Zentralverband Deutscher Industrieller, in dem die Schwerindustrie eine führende Rolle spielte, schaffen wollten. Als um die Jahreswende 1900/1901 der »Handelsvertragsverein« als eine breitere Kreise umfassende Organisation gegründet wurde, trat Schacht in seine Geschäftsführung ein.

Die Zentralstelle stand in einem offenen Gegensatz zu den Schutzzollbestrebungen, die an der Jahrhundertwende stark hervortraten, nachdem in der ersten Hälfte der neunziger Jahre, während der Kanzlerschaft des Grafen von Caprivi, das Deutsche Reich mit drastischer Herabsetzung der Getreidezölle begonnen hatte, eine Niedrig-Zoll-Politik zu betreiben. Der Handelsvertragsverein war mehr um einen Ausgleich der verschiedenen Interessen bemüht. Von den Mitarbeitern des Handelsvertragsvereins, die sich für ihn propagandistisch einsetzten, nennt Schacht die damals links-liberalen Politiker Heinz Potthoff, Rudolf Breitscheid und Hellmut von Gerlach.

Schacht war neben seiner Arbeit in der Organisation zugleich wissenschaftlich und journalistisch tätig. Schon während seiner Arbeit im Schmollerschen Seminar hatte er begonnen, an den »Preußischen Jahrbüchern« mitzuarbeiten, die damals von Professor Hans Delbrück herausgegeben wurden. Schacht schätzte und verehrte Delbrück ebenso sehr wie seinen Lehrer Schmoller, obwohl beide in der Wirtschaftswissenschaft und -politik unterschiedliche Richtungen vertraten. Delbrück konnte sich mit dem Kathedersozialismus nicht befreunden und stand dem Kreise nahe – ohne sich voll mit ihm zu identifizieren –, der sich als »frei-konservativ« bezeichnete.

Als Herausgeber der »Mitteilungen« des Handelsvertragsvereins wurde Schacht Mitglied des Vereins »Berliner Presse«. Er schrieb daneben eine Vielzahl von Zeitungsartikeln. Durch häufige Vorträge, die er in dieser Zeit hielt, schulte er sich als gewandter und wirkungsvoller Redner. In seiner politischen Einstellung neigte Schacht der Nationalliberalen Partei zu und trat in den »Jungliberalen Verein« ein, dessen Vorstand er mehrere Jahre angehörte. Die »Jungliberalen« betonten eine stark fortschrittliche Richtung, die – wie es bei Jugendorganisationen meist der Fall zu sein pflegt – nicht selten in Gegensatz zur Parteiführung geriet. Verbindung zu Auslandsdeutschen knüpfte Schacht durch den »Deutsch-Brasilischen Verein«. Er wurde dessen Schriftführer und Schriftleiter der Monatsschrift des Vereins. 1908 trat er einer Freimaurerloge bei. Sein Vater und sein Großvater mütterlicherseits waren auch Freimaurer gewesen.

Die handelspolitische Auffassung, die Schacht vertrat, läßt sich nicht einfach in das gängige Schema »Schutzzoll oder Freihandel« einordnen. Er war kein Verfechter hoher Zölle, doch schon gar nicht ein Befürworter der Abschaffung aller Zölle. Vielmehr setzte er sich für eine Handelspolitik ein, die jeweils nach den gegebenen Bedingungen ausgerichtet wurde. In seinen Lebenserinnerungen hebt er zwei Gedanken hervor, von denen seine Haltung bestimmt war und die er 1901 in den »Preußischen Jahrbüchern« dargelegt und in seinen Memoiren zitiert hat: »Der erste war, daß ein höherer Getreidezoll, den die Landwirtschaft als Schutz zu benötigen glaubt, für den Konsumenten erträglich sei, wenn er durch Sicherung und Ausweitung des Industrieexports und durch die damit zu erwartende ansteigende Lohnentwicklung kompensiert würde. Der zweite Gedanke war, daß weit wichtiger als die bloße Zollhöhe die gegenseitige Festlegung der Zölle auf längere Zeit sei, die den Wirtschaftskreisen eine ungestörte Entwicklung von stabilen Verhältnis gestatte. ›Die Kernfrage‹, so formulierte ich, ist also die, ob wir mit einem höheren Getreidezoll neue Handelsverträge bekommen werden, nicht aber, ob und wie sehr die Getreidezölle das Brot verteuern werden. Bekommen wir trotz eines höheren Getreidezolls neue Handelsverträge, so dürfen wir darauf bauen, daß wir einer weiteren glücklichen Wirtschaftsepoche entgegengehen, die uns auch die Möglichkeit gewähren wird, teureres Brot zu essen.«

Weiter führt er, um seine wirtschaftspolitische Einstellung zu charakterisieren, ein Zitat aus einem im Oktober 1908 geschriebenen Artikel an: »Die Aufgabe der Volkswirtschaftspolitik läßt sich auf zwei Grundforderungen bringen: möglichst wirtschaftliche Produktion und möglichst gerechte Verteilung des Produktionsertrages.« Er war ein Gegner von Kartellen, in denen industrielle Betriebe, die gleichartiges fabrizieren, sich horizontal zusammenschlossen, um Preise hochzuhalten. Anders beurteilte er dagegen den Zusammenschluß von Unternehmen in Konzernen, die er nach damals üblichem Sprachgebrauch »Trusts« nennt. In dem vertikalen Zusammenfassen der Produktion verschiedener Fertigungsstufen sah er die Möglichkeit zur Senkung von Produktionskosten.

Im dritten Jahr seiner Tätigkeit in der Geschäftsführung des Handelsvertragsvereins, am 5. Januar 1903, vermählte er sich mit Luise Sowa, die er schon seit seiner Jugend kannte und mit der er während seiner Studienzeit sich verlobt, diese Verlobung aber wieder gelöst hatte, weil beiden die Zukunft noch zu ungewiß erschienen war. Noch vor Jahresende 1903 wurde seine Tochter Inge geboren. Ein Sohn, Jens Hjalmar, wurde 1910 geboren. Er geriet als Offizier gegen Kriegsende in sowjetische Kriegsgefangenschaft und ist wahrscheinlich bald an Entkräftung gestorben. Eine genaue Nachricht hat der Vater nie erhalten. Frau Luise Schacht, die seit 1930 an einem Herzleiden erkrankt war, ist im ersten Jahr des Zweiten Weltkrieges verschieden.

Im Handelsvertragsverein kam Schacht mit führenden Industriellen und Bankiers zusammen, die seine Arbeit – er zeigte im Verein vor allem ein gutes Organisationstalent – zu schätzen wußten, so daß einige ihn für ihre Unternehmen gewinnen wollten. Der erste, der ihm ein konkretes Angebot machte, war Geheimrat Waldemar Müller von der Dresdner Bank. Schacht sagte zu. Damit war die entscheidende

Weiche für seinen künftigen Lebensweg gestellt. Außer der Faszination durch das Wesen des Kredits, mit dem er sich zum Abschluß seines Studiums beschäftigt hatte, bestand bei ihm bis dahin keine Neigung zum Beruf des Bankiers. Er hat auch kein Hehl daraus gemacht, daß Stellungen in der Industrie, die ihm unmittelbar nach seiner Zusage an Geheimrat Müller angeboten wurden, ihn ebenso wenn nicht sogar noch mehr interessiert hätten.

Die Dresdner Bank, hervorgegangen aus dem 1872 gegründeten Bankgeschäft Michael Kaskel, hatte zwar ihren Sitz in Dresden, ihr Hauptgeschäft aber schon damals, als Schacht von ihr 1903 angestellt wurde, in Berlin. Er war zunächst volkswirtschaftlicher Syndikus und Archivar. Zu seinen Aufgaben gehörten die Funktionen, die heute von den Leitern der volkswirtschaftlichen Abteilungen, den Pressechefs und den Leitern des Public-Relations-Abteilungen wahrgenommen werden; ferner Arbeiten, die in den Direktionssekretariaten ausgeführt werden, wie vor allem die Ausarbeitung von Prospekten für die Emission von Wertpapieren. Schacht stürzte sich mit großem Eifer in diese Arbeiten und ließ sich gleichzeitig in allen wichtigen Sparten des Bankgeschäftes, vor allem in der Kredit- und Börsenabteilung ausbilden. Außerdem gewann und pflegte er die Verbindung zu anderen führenden Bankiers und Industriellen. Als erster Beweis des Ansehens, das er sich verschaffte, kann seine Wahl zum Mitglied der »Zulassungsstelle der Berliner Börse« gewertet werden.

Während der ersten Jahre seiner Tätigkeit in der Dresdner Bank unternahm er mehrere Auslandsreisen; teils im Dienste der Bank, teils während seiner Urlaubszeit. Der Eindruck, den er von einer dieser Reisen mitbrachte, hat sein volkswirtschaftliches Denken und das darauf aufbauende wirtschaftspolitische Handeln stark geprägt. Im Jahre 1906, nachdem er gerade seine ersten Bankgeschäfte durchgeführt hatte, unternahm er eine mit Wanderungen verbundene Fahrt durch Montenegro, Bosnien und die Herzegowina, zu der er auch seinen Vater eingeladen hatte. In diesen Balkanländern lernte er das Leben von Völkern kennen, die noch wenig mit der Industrie und dem modernen Verkehrswesen in Berührung gekommen waren. Dabei stellte er fest, daß die wirtschaftlichen Probleme, mit denen sie zu tun hatten, im Grunde die gleichen waren, wie in den industrialisierten Ländern.

In den Gesprächen, die sich daraus mit seinem Vater ergaben, folgerte er, daß sich überall, selbst bei Buschnegern, immer die gleichen Grundprobleme ergeben. »Wenn ich« – so schreibt er nach dieser Feststellung – »in späteren Jahren vor volkswirtschaftlichen Aufgaben stand, die sehr kompliziert und undurchsichtig waren, begann ich mir vorzustellen, wie die gleichen Probleme bei primitiven Völkern aussähen. Ich dachte an meine Beobachtungen bei den Balkanvölkern und den Stämmen in Ossetien und Swanetien. Und nach einer Weile kam ich immer wieder auf das, was ich die ›Grundfaktoren der Volkswirtschaft‹ nennen möchte. Die Struktur des Problems wurde mir klar – und damit fand ich auch die Möglichkeit, ihm beizukommen.«

Im Jahre 1908, knapp fünf Jahre nach seiner Einstellung, wurde Schacht zum Stellvertretenden Direktor der Dresdner Bank ernannt. Er war damals 32 Jahre alt und einer der jüngsten Bankiers in dieser Stellung. Noch weitere acht Jahre blieb er bei der Dresdner Bank. Im Ersten Weltkriege wurde er, wegen starker Kurzsichtigkeit vom Militärdienst befreit, im Oktober 1914 im Verwaltungsdienst des Deutschen Generalgouvernements in Belgien eingesetzt. Er kam dort in die Finanzabteilung, die von Geheimrat von Lumm, einem Mitglied des Reichsbankdirektoriums, geleitet wurde.

Eine der Aufgaben der Finanzverwaltung war, die Belgier zur Deckung der Besatzungskosten heranzuziehen und das regellose Verfahren der Militärs, ihren Bedarf durch Requisitionen der jeweils benötigten Sachgüter zu decken, durch Barkäufe abzulösen. Von Lumm glaubte, daß die Einführung eines neuen Geldes anstelle der bestehenden belgischen Währung zweckmäßig sei, während Schacht diese Maßnahme für überflüssig hielt. Entscheidend erschien ihm, daß von belgischer Seite Bargeld für den Bedarf des Militärs und der Besatzungsbehörden zur Verfügung gestellt wurde, damit die Requisitionen aufhören konnten. Da die belgische Regierung nach London emigriert war, wurde auf Schachts Vorschlag mit den neun belgischen Provinzen verhandelt, die sich auch bereit fanden, Zahlungen zu bewilligen, die durch Anleihen aufgebracht wurden.

Die Zusammenarbeit Schachts mit seinem Chef war nicht reibungslos und endete bereits im Jahre 1915 nach einem Konflikt mit von Lumm. Als in Belgien das neue Geld durch die Militärintendantur ausgegeben wurde, hatte die Deutsche Bank beantragt, ihrer Filiale in Brüssel einen Betrag dieses Geldes zu übertragen. Diesem Antrag war stattgegeben worden. Die Dresdner Bank wollte, um im Konkurrenzkampf mit ihrem großen Wettbewerber nicht zurückzustehen, in gleicher Weise behandelt werden und wandte sich an Schacht, der ihren Antrag dem zuständigen Intendanturbeamten vortrug und ihn bewilligt erhielt.

Von diesem Vorgang, der sich im Februar 1915 abgespielt hatte, war von Lumm sogleich unterrichtet worden, ohne daß er sich damals dazu äußerte. Zwei Tage nach der Entlassung Schachts aus dem Dienst des

Generalgouvernements erklärte ihm aber von Lumm, daß es eine Ungebührlichkeit gewesen sei, in seiner amtlichen Stellung die Interessen der Bank wahrgenommen zu haben. Schacht wollte zur Klärung des Sachverhaltes ein Disziplinarverfahren gegen sich eingeleitet haben; doch das war nicht mehr möglich, da er bereits aus dem Dienst ausgeschieden war. Daher beantragte er eine Untersuchung durch das Reichsministerium des Inneren, das feststellte, daß Schacht kein Vorwurf treffe. Doch ungeachtet dessen hatte dieser Vorgang später noch seine Folgen.

Nach seiner Rückkehr nach Berlin nahm Schacht seine frühere Tätigkeit bei der Dresdner Bank wieder auf. Aber als er sehen mußte, daß sich seine Hoffnung, in den Vorstand dieses Instituts aufzurücken, nicht so bald erfüllen würde, entschloß er sich, seine Entlassung zu nehmen. Kaum war dies bekannt, als ihm Anfang 1916 die Stellung eines Vorstandsmitgliedes bei der Nationalbank für Deutschland angeboten wurde. Wenige Tage später fragte ihn Karl Friedrich von Siemens, ob er Finanzdirektor des Siemens-Konzerns mit der Stellung eines Vorstandsmitgliedes werden wollte. Diese Stellung in der Leitung eines der größten Industrieunternehmen mit seinem weltweiten Arbeitsbereich hätte ihn sicherlich gereizt. Doch er hatte seine Entscheidung, die ihn in der Bankwelt festhielt, bereits getroffen.

Die Nationalbank stand im zweiten Rang hinter den Großbanken Deutsche Bank, Dresdner Bank, Disconto-Gesellschaft und Darmstädter Bank, den sogenannten D-Banken. Sie hatte keine eigenen Filialen. Ihr Ansehen gründete sich vor allem darauf, daß sie – in gleicher Weise wie die Berliner Handelsgesellschaft, die auch ohne Filialen arbeitete – mit den Großbanken in vielen Konsortien zusammenarbeitete. Während des Krieges war ihr Betätigungsfeld beschränkt. Es gelang aber Schacht, durch seine persönlichen Verbindungen mehrere wichtige Großkunden zu gewinnen. Nach dem Kriege weitete sie ihre Tätigkeit schnell aus. 1920 gliederte sie die Deutsche Nationalbank in Bremen ein, und zwei Jahre später kam es zur Fusion mit der Darmstädter Bank. Als »Darmstädter und Nationalbank«, »Danat-Bank« genannt, rückte sie in die Reihe der Großbanken auf. Als ihr maßgebendes Vorstandsmitglied gehörte Schacht jetzt zum Kreis der führenden Bankmänner Deutschlands.

Mit dem Zusammenbruch des Kaiserreiches hatte er begonnen, auch eine wichtige Rolle im politischen Leben zu spielen. Am 9. November 1918 versuchte er, kurz bevor die Republik ausgerufen wurde, Verbindung mit Abgeordneten der Nationalliberalen Partei aufzunehmen. Er traf im Reichstage aber niemanden außer Stresemann, dem er in einem kurzen Gespräch erklärte, daß eine »linksgerichtete Bürgerpartei« gegründet werden müßte. Am 10. November kam er mit einigen Gleichgesinnten in der Wohnung von Dr. Theodor Vogelstein zusammen. Die Teilnehmer an dieser Unterredung waren sich darüber einig, daß die Gründung einer Partei »auf links-bürgerlicher Basis« die Unterstützung der Presse brauchte. Sie riefen deshalb Dr. Theodor Wolff, den Chefredakteur des »Berliner Tageblattes«, an, der seine Mitwirkung zusagte. Auch Redakteure der »Frankfurter Zeitung« erklärten sich zur Unterstützung bereit. Am folgenden Tag, am 11. November, wurde dann der Entschluß zur Gründung der »Deutschen Demokratischen Partei« (DDP) gefaßt, und Schacht arbeitete sogleich einen »Wahlaufruf« als erste Veröffentlichung der neuen Partei aus.

Obwohl die Arbeit in der Bank viel Zeit und Energie in Anspruch nahm, emtfaltete Schacht über sein Wirken im Vorstand der Demokratischen Partei hinaus eine lebhafte und umfangreiche Tätigkeit in der Öffentlichkeit und bemühte sich, seine persönlichen Kontakte auch für politische Ziele zu nutzen. In Aufsätzen und Reden wies er auf die Gefahren der Inflationspolitik hin und warnte vor den Folgen der übersteigerten Reparationsforderungen der Siegerstaaten. Ihre Härte lernte er bereits 1919 kennen, als er als Mitglied einer der ersten deutschen Sachverständigengruppen zu Verhandlungen über Reparationslieferungen – es ging um die Lieferung von Kali und chemischen Produkten – nach Den Haag entsandt wurde.

So wuchs gleichzeitig das Ansehen Schachts in der Bankenwelt und in politischen Kreisen. Auch in der breiten Öffentlichkeit wurde er bekannt als Finanzmann, der sich für die Bekämpfung der Inflation einsetzte. Damit waren die Voraussetzungen dafür geschaffen, daß ihm im entscheidenden Augenblick die Durchführung der Währungsreform zur Überwindung der großen Inflation übertragen wurde.

Die Väter der Rentenmark

Die Ausgabe eines neuen Geldes, der Rentenmarkscheine, am 15. November 1923 war das sichtbare Zeichen für das Ende der großen Inflation, die das Wirtschaftsleben zerrüttet, vielen den Verlust ihres Vermögens gebracht und Millionen Menschen in Deutschland das Leben so schwer gemacht hatte, weil sie von dem Geld, das sie an einem Tag erhielten, am nächsten Tag schon kaum noch etwas kaufen konnten. Während die alte Währung, die Mark, an einem ständig schneller werdenden Wertverlust krankte, erwies sich das neue Geld, die Rentenmark, als gesund und stabil. Man sprach von dem »Wunder der Rentenmark«. Und bald fing man an, sich darüber zu streiten, wem man dieses Wunder zu verdanken hatte.

Dieser Streit wurde sehr hitzig geführt, weil die politischen Parteien ihn in ihre Wahlkämpfe hineinzogen. Mit der Behauptung, einem ihrer Männer sei dieses Wunder zu verdanken, während andere Parteien die Hauptschuld an der vorausgegangenen Inflation trügen, wollten sie Stimmen gewinnen. Den Tatbestand, daß Schacht für die Einführung der Rentenmark zum Währungskommissar bestellt war, nutzte die Demokratische Partei für die Reichstagswahl am 4. Mai 1924 aus und schrieb auf ihre Wahlplakate:

»Wer hat die Rentenmark gemacht?
Natürlich unser Hjalmar Schacht!«

Die Deutsch-Nationale Volkspartei konterte mit ihrem Spruch

»Die Rentenmark hat nicht Herr Schacht,
Allein nur Helfferich erdacht.
Sie ward Euch Hilfe in der Not,
Drum wählt am Vierten Schwarz-Weiß-Rot.«

Von der Deutschen Volkspartei wurde zu verstehen gegeben, das Hauptverdienst komme dem Finanzminister Hans Luther zu, der zwar nicht ihr Parteimitglied war, aber ihr nahestand und von ihr ins Kabinett gebracht worden war. Luther mußte es dafür zu seinem Leidwesen hinnehmen, daß gegen ihn der Vers verbreitet wurde:

»Warte, warte nur ein Weilchen,
Dann kommt Luther auch zu Dir
Mit der großen Steuerschraube
und macht Knochenmehl aus Dir.«

Die Sozialdemokraten setzten sich heftig dagegen zur Wehr, daß Rudolf Hilferding, der vom 13. August bis 4. Oktober Reichsfinanzminister war, eine Schuld an dem Überschlagen der Inflation in dieser Zeit zugeschoben wurde; sie wiesen demgegenüber darauf hin, daß in seinem Ministerium wichtige Vorarbeiten für die Maßnahmen zur Änderung der Währungssituation ausgeführt wurden.

Doch nicht nur im Kampf der Parteien wurde darüber gestritten, wem das Verdienst für die Überwindung der Inflation und die Rückkehr zu einer stabilen Währung zukomme. Viele nehmen die Vaterschaft der Rentenmark für sich in Anspruch. Doch es läßt sich nicht einmal mit Sicherheit feststellen, wer diesen Namen für die neue Währung erfunden hat.

Karl Helfferich sprach zunächst von einer »Roggenmark«, wie schon andere vor ihm. Hans Luther, der sich als Ernährungsminister für Helfferichs Vorschlag – mit Abänderungen – einsetzte, gebrauchte die Bezeichnung »Bodenmark«. Wilhelm Grotkopp, der in seinem Buch »Die große Krise« die Vorgänge um die Einführung der Rentenmark kurz streift, schreibt, daß die Bezeichnung von dem damaligen Ministerialbeamten – dem späteren Staatssekretär im Reichsjustizministerium – Franz Schlegelberger stammt. Doch Hans Luther sagt in seinen »Erinnerungen«, Schlegelberger habe dies ihm gegenüber in Abrede gestellt. Wahrscheinlich war es ein anderer Ministerialbeatmer, der bei der Bearbeitung der Vorschläge für die Einführung der neuen Währung die Bezeichnung »Rentenmark« verwandte, als empfohlen wurde, zur Grundlage oder Sicherung dieser Währung eine Grundschuld der Landwirtschaft, der gewerblichen Wirtschaft und des Handels zu nehmen.

Schacht hat, wenn er auch gegen den Wahl-Werbespruch seiner Partei nichts einwandte, niemals behauptet, daß er der Vater der Rentenmark gewesen sei. Im Gegenteil, er hat die Vorschläge, die auf eine Währung dieser Art hinausliefen, bekämpft und sich für die Wiedereinführung einer Goldwährung stark gemacht. Als aber die Entscheidung für die Einführung der Rentenmark gefallen war, erklärte er sich bereit, dieses Vorhaben auszuführen – für eine Übergangszeit zur Einführung einer anderen Währung, der »Reichsmark«, die er als sein Werk ansah.

Zu dem Streit um die Vaterschaft der Rentenmark sagte später Ju-

lius Hirsch als Professor an der Berliner Handelshochschule seinen
Hörern gern: »Viele behaupten, die Väter der Rentenmark zu sein.
Ich kann Ihnen sagen, woher sie stammt. Sie is' ne geborene Hirsch.«
Er hatte mit diesem Ausspruch gar nicht ganz unrecht. Als Staatssekretär im Reichswirtschaftsministerium hatte er – zusammen mit Mini-
sterialdirektor Dalberg – im Sommer 1922 Vorschläge für die Stützung
des Markkurses ausgearbeitet, von denen einer durch Sachwerte fundierte wertbeständige Einnahmen des Reiches vorsah. Hierin kann
man eine Vorwegnahme des Prinzips der Sachwertdeckung sehen, wie
sie der Rentenmark zugrunde gelegt wurde. Für eine neue Währung
befürwortete Hirsch jedoch später die Rückkehr zur Goldwährung.

Vorschläge für eine Reform der Währung hat es seit dem Ersten
Weltkriege, nachdem bei Kriegsausbruch die Geldeinlösungspflicht der
Reichsbank für die Mark aufgehoben war, in fast unübersehbarer Zahl
gegeben. Noch während des Krieges erhoben sich aus der Land- und
Forstwirtschaft Stimmen, die für die Nachkriegszeit statt einer Rückkehr zur Goldwährung eine »Roggenwährung«, eine »Roggenmark«,
empfahlen, deren Wert nach dem Roggenpreis ausgerichtet werden
sollte. Da nun einmal die vor 1914 bestehende Währungsordnung ihrer gesetzlichen Grundlage, der Goldeinlösungspflicht, beraubt war,
fanden nun auch andere Währungstheorien stärker Gehör als bislang;
so die »Schwundgeld«-Lehre Silvio Gesells oder die Empfehlungen
des amerikanischen Nationalökonomen Irving Fisher für die Einführung einer Index-Währung.

Alle solche Theorien und Vorschläge erweckten aber nur innerhalb
begrenzter Kreise ein Interesse und hatten keinerlei politische Bedeutung. Als aber nach Beendigung des Krieges die Preise stark stiegen
und die Steigerungen, wenn zunächst auch unter Schwankungen, ein
immer größeres Ausmaß annahmen, erkannte man in der Wirtschaft
und in der Staatsführung, daß eine Änderung der Währungsverhältnisse dringend notwendig war. Zunächst überlegte man, wie die Preisbewegung aufgehalten und die Markwährung gerettet werden könnte.
Dann aber erhob sich die Frage, wie man in der privaten Wirtschaft
und in der öffentlichen Verwaltung mit den steigenden Preisen fertig
werden konnte. Professor Eugen Schmalenbach, die große Autorität der
Betriebswirtschaftslehre, empfahl 1922 den Unternehmen, nicht mehr
in Mark, sondern in Goldwerten zu rechnen. Auch im Finanzministerium fing man an, nach neuen Berechnungs- und Erhebungsmethoden
für die Steuern zu suchen, weil sich die Staatseinnahmen mit der Beschleunigung der Inflation auch immer schneller entwerteten und die
Löcher im Staatshaushalt entsprechend ausweiteten. Als die Entwer-

tung der Mark unaufhaltsam größer wurde, sah man, daß nur noch
eine durchgreifende währungspolitische Maßnahme wie die Einführung einer neuen Währung die Rettung bringen konnte.

Die Inflation, das heißt die »Aufblähung« oder Ausweitung der
Geldmenge gegenüber der kaufbaren Gütermenge, begann in Deutschland im Kriege mit der Finanzierungsmethode, die – anders als in
England – während der Kampfhandlungen die Belastung der Bevölkerung mit Steuern möglichst wenig erhöhen wollte. »Wir wollen während des Krieges die gewaltigen Lasten, die unser Volk trägt, nicht
durch Steuern erhöhen, solange hierfür keine zwingende Notwendigkeit vorliegt«, hatte Helfferich am 20. August 1915 erklärt, nachdem
er zum Staatssekretär des Reichsschatzamtes – wie damals die Stellung
des Finanzministers bezeichnet wurde – und zum preußischen Finanzminister ernannt und damit für die Kriegsfinanzierung verantwortlich
geworden war. Er setzte so im Grundsatz – allerdings dann doch mit
einigen, aber nicht durchgreifenden Steuererhöhungen – die Politik
seines Vorgängers fort. Nach seinem Ausscheiden aus diesem Amt 1916
haben seine Nachfolger zwar mehrfach größere Steuererhöhungen vorgenommen, aber gleichzeitig stiegen die Kriegskosten noch stärker.
1914 und 1915 betrugen die Kriegsausgaben monatlich im Durchschnitt zwei Milliarden Mark, in der zweiten Hälfte des Jahres 1916,
als an der Westfront die großen Materialschlachten einsetzten, erreichten sie drei Milliarden und gegen Kriegsende überstiegen die
monatlichen Kriegskosten die Vier-Milliarden-Mark-Grenze.

Die Kriegsausgaben wurden von der Reichsbank gegen Schatzwechsel (kurzfristige Schuldscheine des Reichsschatzamtes) vorfinanziert.
Diese Schatzwechsel wurden dann aus den Geldeingängen der Kriegsanleihen eingelöst, die wiederholt aufgelegt wurden. Die Zahlungen
für Kriegsanleihen liefen zunächst stockend ein. Daß sich dies im Verlauf des Krieges besserte, hatte seinen besonderen Grund. Um den
Kreditbedarf der Wirtschaft, der sich mit der Umstellung auf die
Kriegswirtschaft ergab, leichter zu decken, wurden von der Reichsbank
kontrollierte Darlehenskassen geschaffen, die Darlehen gewährten und
»Darlehenskassenscheine« ausgaben, die als Zahlungsmittel benutzt
werden konnten, also ein zusätzliches Geld darstellten. Die Darlehenskassen beliehen auch Kriegsanleihen, so daß die Zeichner dieser Anleihen für den größten Betrag, den sie für die Anleihe einzahlten, wieder ein Zahlungsmittel zurückerhielten.

So stiegen die Schulden des Deutschen Reiches. Am 11. November
1918, als mit der Unterzeichnung des Waffenstillstandes im Walde
von Compiègne die Kampfhandlungen ihr Ende gefunden hatten,

betrug die kurzfristige Verschuldung des Reiches 51.2 Milliarden Mark. Von den Schuldtiteln lagen 21,9 Milliarden bei der Reichsbank. Von den übrigen 29,3 Milliarden hatten die Darlehnskassen einen großen Teil übernommen, die ihrerseits für 14,1 Milliarden Kredite gegeben hatte. Für rund 8 Milliarden Mark hatten sie Darlehenskassenscheine ausgegeben, die zur Aufblähung des Umlaufes an Zahlungsmitteln beitrugen. Der Umlauf an Reichsbanknoten hatte sich in den Kriegsjahren von zwei auf 14 Milliarden vergrößert. Gleichzeitig hatte sich der Umlauf von Münzen durch die Einziehung der Goldmünzen von 3,7 Milliarden auf nur noch knapp 100 Millionen Mark vermindert. Der gesamte Umlauf an Zahlungsmitteln – Reichsbanknoten, Darlehenskassenscheinen, Reichskassenscheinen, den Noten der noch bestehenden privaten Notenbanken und Münzen zusammengerechnet – war in den Kriegsjahren von sechs auf 23 Milliarden Mark, also fast um das Vierfache, gestiegen.

Die Preise waren in ihrer Gesamtheit bei weitem nicht so stark in die Höhe gegangen, wie sich der Umlauf an Zahlungsmitteln vergrößert hatte. Der Index der Großhandelspreise, der auf der Basis 100 für den Jahresdurchschnitt 1913 bei Kreigsausbruch auf 105 gestanden hatte, stand bei Kriegsende auf 234. Der Preisindex für industrielle Fertigwaren erreichte allerdings 477. Doch die Preise für die wichtigsten Lebensmittel und für Kohle, die Mieten, Tarife für öffentliche Leistungen waren durch die Bewirtschaftungsmaßnahmen nur wenig gestiegen, so wie auch die Löhne verhältnismäßig niedrig gehalten waren. Ihr Index betrug bei Kriegsende 248 und war damit nur wenig höher als der Gesamtpreisindex.

Nun hatten sich neben den offenen, bewirtschafteten Märkten im Laufe des Krieges auch »graue« und »schwarze« Märkte entwickelt, deren Umfang mit den Jahren zwar gewachsen war, aber doch nicht allzu viele Zahlungsmittel gebunden hatte. Ein großer Teil des angeschwollenen Zahlungsmittelumlaufes war, wie die Preisentwicklung zeigt, nicht als Kaufkraft wirksam geworden. Soweit war die Inflation während des Krieges zurückgestaut worden und drängte nach dem Ende der Kampfhandlungen auf die Märkte.

Das hat sicherlich zum Preisauftrieb in der Nachkriegszeit beigetragen. Aber stärker noch wirkte sich aus, daß nach Beendigung der Kampfhandlungen der Staatshaushalt nicht ins Gleichgewicht gebracht wurde, sondern fortdauernd Fehlbeträge aufwies, die weiterhin zum größten Teil durch kurzfristige Kredite der Reichsbank gedeckt wurden und den Zahlungsmittelumlauf immer mehr anschwellen ließen.

Es wird geschätzt, daß die Kriegsaufwendungen seit 1916 laufend ungefähr die Hälfte des deutschen Sozialproduktes verschlungen hatten. So groß waren die staatlichen Ausgaben nach dem Waffenstillstand zwar nicht mehr, sie waren aber wesentlich größer als in der Vorkriegszeit, während die Volkswirtschaft durch Gebietsabtretungen, Umstellung und Verschleiß von Produktionsanlagen sowie durch die revolutionären Wirren der ersten Nachkriegszeit erheblich geschwächt war. Doch der Staat hatte nach der Demobilisierung, die auch Kosten verursachte, schwere Kriegslasten zu tragen, wie Invaliden-, Witwen- und Waisenrenten für die Kriegsopfer und die Verzinsung und Tilgung der Kriegsschulden, die in den ersten Nachkriegsjahren – bevor die Entwertung des Geldes den Realwert der Kriegsschulden verminderte – annähernd zehn Prozent des Sozialproduktes in Anspruch nahmen. Hinzu kamen die Reparationsforderungen der Siegermächte, die zunächst in Sachleistungen entrichtet wurden. Der Staat aber hatte diese Sachleistungen mit Geld zu bezahlen, ohne dafür entsprechende Steuereinkünfte erzielen zu können.

Deshalb wuchsen die Staatsschulden immer weiter. Es fehlte nicht an Versuchen, die öffentlichen Haushalte ins Gleichgewicht zu bringen und die Schulden durch Anleihen zu konsolidieren, um die Finanzierung über die Notenbank einstellen zu können. Es wurden zunächst mehrere Steuern erhöht und im Dezember 1919 das »Reichsnotopfer« beschlossen, das Vermögensabgaben vorsah, die nach der Höhe der Vermögen bis zu 65 Prozent gestaffelt waren. Die Abgaben, deren Höhe einmal festgelegt war, erfolgten in Raten, die sich aber mit der Geldentwertung so entwerteten, daß die Erhebung dieses Notopfer sich nicht mehr lohnte, deshalb eingestellt und durch eine laufende Vermögenssteuer ersetzt wurde.

Der Zentrumspolitiker Matthias Erzberger, der am 11. November 1918 als Staatssekretär ohne Portefeuille den Waffenstillstandsvertrag unterzeichnet hatte, war im Juni 1919 Reichsfinanzminister geworden und führte nach der Neuordnung der Finanzverwaltung im Jahre 1920 eine grundlegende, die nach ihm benannte »Erzbergersche Finanzreform« durch, die vor allem mit einer Verlagerung der Einkommensteuer von den Ländern auf das Reich und einer starken Erhöhung dieser Steuer eine deutlich sichtbare Verbesserung der Finanzlage brachte. Zwar wurde das Steigen der Staatsverschuldung nicht aufgehalten, aber 1920 und bis in das Jahr 1921 hinein verlangsamt. Der Reichshaushalt des Jahres 1921/22 (vom 1. April bis 31. März) brachte gegenüber dem Vorjahre eine erhebliche Steigerung der Einnahmen bei verhältnismäßig geringer Erhöhung der Ausgaben, so daß er zum ersten Male in der Nachkriegszeit eine Verminderung des Defizits aufwies. Ja, ohne die Zahlungen auf Reparationskonto hätte sich sogar ein Einnahmen-Überschuß ergeben. Die Steuerreform war auf den Devisenmärkten mit einer Besserung des Kurses der Mark im Sommer 1920 honoriert worden. Im Inland wurde zunächst eine Verlangsamung, dann ein Stillstand des Preisanstiegs, im ersten Halbjahr 1921 sogar ein kleiner, allerdings kleiner Preisrückgang verzeichnet.

Doch die Besserung war nur von kurzer Dauer. Die Steuerkraft der Wirtschaft ließ nach – dazu trug die Abtretung des oberschlesischen Industriegebietes im Oktober 1921 fühlbar bei –, während nach dem Londoner Ultimatum vom Mai 1921 stark steigende Zahlungen auf das Reparationskonto geleistet werden mußten. Zur katastrophalen Verschlechterung der Staatsfinanzen kam es dann, als die französische Regierung einen kleinen Rückstand in den Reparationssachlieferungen an Kohle und Holz – es handelte sich hauptsächlich um Eisenbahnschwellen – zum Anlaß nahm, das Ruhrgebiet zu besetzen. Im März 1921 hatten die Franzosen schon Düsseldorf, Duisburg und Ruhrort besetzt. Nun rückten am 11. Januar 1923 etwa 100 000 französische und belgische Soldaten in das Ruhrgebiet ein.

Die Arbeiter an der Ruhr traten spontan in einen Generalstreik, und die Reichsregierung unter dem Reichskanzler Wilhelm Cuno – der seit November 1922 an der Spitze einer gemäßigt rechts stehenden »Regierung der Wirtschaft« stand, die gerade einen Hoffnung verheißenden Kurs zur Sanierung der Finanzen und der Währung eingeschlagen hatte – verkündete den »passiven Widerstand«. Für das Ruhrgebiet begann eine harte Zeit, die 140 Menschenleben kostete und der Bevölkerung Not und Mangel brachte. Die Franzosen kamen dadurch um den Erfolg ihrer Aktion. Wenn sie gehofft hatten, sich an der Ruhrkohle bereichern zu können, so mußten sie erleben, daß sie jetzt überhaupt keine Kohle von der Ruhr erhalten konnten, und infolge der neuen großen Schwierigkeiten der deutschen Wirtschaft auch andere Sachlieferungen ins Stocken kamen.

Für die Reichsregierung und ihre Finanzen ergab sich aber eine viel schlimmere Situation. Die Steuereinnahmen schrumpften zusammen, während die Unterstützung der notleidenden Bevölkerung an der Ruhr hohe und immer höhere Summen erforderte. Sie konnten nur im Kreditwege über die Notenbank beschafft werden. Noch rascher aber als die Notenausgabe gingen jetzt im Verlauf des Jahres 1923 die Preise in die Höhe, so daß ein starker Geldmangel herrschte. Um Gehälter und Löhne zahlen zu können, gaben kommunale Behörden und private Unternehmen, auch Banken, eigenes Geld, »Notgeld« aus, das neben den gesetzlichen Zahlungsmitteln umlief, während gleichzeitig in weiten Bereichen der Tauschhandel vordrang, und immer breitere Kreise dazu übergingen, nicht mehr mit der Mark zu rechnen, die sich von Tag zu Tag und zuletzt sogar von Stunde zu Stunde entwertete. Statt dessen rechnete man in »Roggenmark« oder in ausländischen Valuten, vor allem dem Dollar oder dem englischen Pfund, oder der »Goldmark«, die nach dem jeweiligen Dollarkurs im Vorkriegsverhältnis von 1 Dollar = 4,20 Mark umgerechnet wurde.

Auch die Entwicklung des Außenhandels und mehr noch die Kursentwicklung auf den Devisenmärkten haben zur Inflation beigetragen. Der deutsche Außenhandel hatte in den letzten Jahren vor dem Kriege ständig Einfuhrüberschüsse aufgewiesen, die in der Zahlungsbilanz aber durch die Erträge deutscher Kapitalanlagen im Auslande ausgeglichen wurden. Nach dem Kriege hatte der deutsche Außenhandel weiterhin beträchtliche Einfuhrüberschüsse. Es fehlten aber die Einnahmen aus den Kapitalanlagen im Auslande, die durch den Krieg verloren gegangen waren. Statt dessen wurden die Fehlbeträge jetzt durch Kreditaufnahmen im Ausland gedeckt.

Diese Gestaltung der Zahlungsbilanz, verbunden mit den Preissteigerungen im Inlande und den häufigen Anlässen zu einer pessimistischen Beurteilung der politischen Entwicklung in Deutschland sowie die Auswirkungen der Reparationspolitik auf die Wirtschaft, führten dazu, daß die Mark an den internationalen Devisenmärkten schlecht und immer schlechter beurteilt wurde und ihr Kurs gegenüber anderen Währungen natürlich unter Schwankungen fast ständig – von der Erholungsphase im Jahre 1920 abgesehen – zurückging.

Bei Kriegsende war die Mark gegenüber dem holländischen Gulden, dem Schweizer Franken, der Schweden-Krone um mehr als die Hälfte – auf 43 bis 45 Prozent ihres Vorkriegswertes – abgewertet. Der Dollarkurs, vor dem Krieg 4,20 Mark, stand beim Abschluß des Waffenstillstandes knapp über acht Mark. Im Dezember 1918 bewegte er sich – mit den amtlichen Kursen der Berliner Börse, in denen sich die Kursbewegungen an den ausländischen Devisenmärkten widerspiegelten – zwischen 7,40 und 9,11 Mark. Die folgenden Jahre brachten dann einen sich immer schneller beschleunigenden Kursverfall für die Mark mit entsprechenden Sprüngen der Kurse anderer Währungen. Das Sinken der Kaufkraft des Geldes im Inlande und die Zahlungsbilanzsituation kann man als die eigentlichen Ursachen für das Sinken der Bewertung der Mark ansehen. Aber ausgelöst wurden die Kurssteigerungen für die Auslandswährungen auf den Devisenmärkten zumeist von politischen Vorgängen, die zu einer schlechteren Beurteilung der wirtschaftlichen Entwicklungsmöglichkeit Deutschlands Anlaß gaben.

Zunächst waren es die politischen Wirren der ersten Nachkriegsmonate, dann die Haltung der Siegermächte in der Reparationsfrage, die den Kurs der Mark sinken ließen. Später brachten der Kapp-Putsch und dann vor allem das Londoner Ultimatum vom 4. Mai 1921 – das die Reparationsschuld in einer untragbaren Höhe festsetzte und laufend 26 Prozent der Ausfuhrerlöse für Reparationszahlungen anforderte – hohe Kurssprünge für Auslandswährungen. Schließlich leitete die Androhung der Ruhrbesetzung die katastrophale Übersteigerung des Wertverlustes der Mark ein, die sich dann während des Ruhrkampfes vollzog.

Für den Monat Februar 1919 ergab sich für den Dollar noch ein Durchschnittskurs von 9,15 Mark, für den Dezember 1919 stellte er sich schon auf 47,83 Mark. Im Februar 1920 wurde zeitweilig die 100-Mark-Grenze, mit 103,75 Mark in der Spitze, überschritten. Danach gab es – nach der Überwindung des Kapp-Putsches, in günstiger Beurteilung der Finanzlage des Reiches und nach Hoffnungen auf Einsicht der Siegermächte in der Reparationsfrage – eine starke Höherbewertung der Mark. Der Dollarkurs sank im Mai bis auf 34,75 Mark, also auf nahezu ein Drittel seiner vorher höchsten Bewertung im Februar. Doch danach gingen die Kurse der ausländischen Währungen mit nur noch verhältnismäßig geringen Unterbrechungen – wie vom Dezember 1920 bis Februar 1921 und dann noch einmal im Dezember 1921 und Januar 1922 – unaufhaltsam in die Höhe.

Der Dollarkurs überstieg die 100-Mark-Grenze zum zweiten Mal im September 1921. Im August 1922 überschritt er die 1000-Mark-Grenze, um im gleichen Monat auch der 2000-Mark-Grenze nahe zu kommen. Im Februar 1923 bewegte er sich zwischen 62 500 und 154 000 Mark, im März stieg er auf mehr als eine Million Mark, im April auf über 11 Millionen Mark und erreichte im November schließlich seinen Höhepunkt bei 4,20 Billionen Mark.

Der Konjunkturforscher Ernst Wagemann hat festgestellt, daß für die jeweilige Verzehnfachung des Dollarkurses seit Ausbruch des Weltkrieges zunächst ein Zeitraum von fünfeinhalb Jahren – vom Juli 1914 bis Januar 1920 – verstrich. Danach dauerte die nächste Verzehnfachung zweieinhalb Jahre, sodann aber nur noch hundertacht Tage und in der Endphase, vom Oktober 1923 ab, die letzten Verzehnfachungen jeweils nur noch acht bis siebzehn Tage.

Da mit dem Sinken der Kaufkraft der Mark auf dem Binnenmarkt ständig zunehmende Kreise der Bevölkerung dazu übergingen, bei ihren wirtschaftlichen Erwägungen und Vereinbarungen auf ausländische Währungen zu schauen und die daraus errechnete »Goldmark« als Recheneinheit zu benutzen, ging im Verlauf dieser Zeit von den Devisenkursen mehr und mehr Einfluß auf die Preisentwicklung des Inlandes aus. Die Sprünge des Dollarkurses, auf die hauptsächlich geschaut wurde, waren nicht mehr nur ein Ausdruck der Erwartungen der künftigen wirtschaftlichen Entwicklungen in Deutschland, sondern sie beeinflußten diese in hohem Maße, weil die Devisenkurse zum ausschlaggebenden Faktor der Preisgestaltung geworden waren.

Der Wertverfall der Mark hatte den Ruf nach einer durchgreifenden Reform der Währungsverhältnisse lauter werden lassen. In Presseartikeln und anderen Publikationen sowie in Gutachten und Beratungen der verschiedensten Wirtschaftsorganisationen wurden die Währungsfragen erörtert, und es wurde eine Vielzahl von Empfehlungen, Ratschlägen und Vorschlägen vorgebracht. Es waren aber nur einige wenige, die in den maßgebenden politischen Kreisen – den Fraktionen des Reichstages und in den Parteivorständen und -ausschüssen – sowie in den Ministerien beachtet und als Grundlage für kommende Maßnahmen beraten wurden.

Die ersten Vorschläge, die von Hirsch und Dalberg im Wirtschaftsministerium vorgelegt worden waren, wurden nicht weiter verfolgt. Dalberg setzte sich Anfang 1922 in seinen Schriften für die Einführung einer stabilen, auf Gold basierten Rechnungseinheit ein. Dieser Gedanke fand sowohl bei Wissenschaftlern wie in der Wirtschaft, vor allem in Außenhandelskreisen viel Zustimmung, so daß im Wirtschaftsministerium darüber beraten wurde, ob eine solche feste Werteinheit, man sprach, angelehnt an ältere Beispiele der Geldgeschichte, von »Banko-Mark«, geschaffen werden sollte. Auf sie sollten Wechselkredite abgestellt werden, die in Papiermark nach den jeweiligen Tageskursen ausgezahlt und zurückgezahlt werden sollten. In diesen Beratungen wurde auch erörtert, ob die Mark wieder durch eine auf Gold basierte Währung abgelöst werden könnte. Die Beschaffung von Goldbeträgen, die für die Deckung des Notenumlaufes hinreichten, erschien vielen als zu schwierig. Dafür wäre eine Auslandsanleihe notwendig gewesen, wie sie mehrfach schon, aber immer vergeblich, von der Reichsregierung der Reparationskommission zur Stabilisierung der Verhältnisse vorgeschlagen worden war. So tauchte der Gedanke auf, eine Währung mit einer neuen Art der Deckung zu schaffen.

Damit rückte der Vorschlag Karl Helfferichs in den Vordergrund, der als Deckung für die neue Währung eine Grundschuld der Landwirtschaft und der gewerblichen Wirtschaft vorsah. Er wollte eine neue Währungsbank mit vollständig selbständiger – das heißt von der Regierung und der Reichsbank unabhängiger – Geschäftsführung errichten, die als Geld eine »Roggenmark« herausgeben sollte. Die Roggenmark sollte zum gesetzlichen Zahlungsmittel erklärt werden und einen festen Umrechnungskurs zur Papiermark erhalten.

Karl Helfferich genoß in weiten Kreisen ein hohes Ansehen als Währungs- und Finanzfachmann. Mit einer währungstheoretischen Arbeit hatte er sich 1899 an der Berliner Universität habilitiert. Zwei Jahre später wurde er in die Kolonialabteilung des Auswärtigen Amtes zur Ordnung des Geldwesens in den deutschen Schutzgebieten berufen. Für seine Verdienste um die Einführung der Goldwährung, für die er sich schon vordem eingesetzt hatte, erhielt er den Professorentitel. Sein 1903 veröffentlichtes Buch »Das Geld« war eines der geldtheoretischen und währungspolitischen Standardwerke seiner Zeit. Als Direktor der Deutschen Bank vor dem Ersten Weltkriege und durch seine Tätigkeit in der Reichsfinanzverwaltung während des Krieges und schließlich als Stellvertreter des Reichskanzlers Bethmann-Holweg gehörte er zu den bekanntesten Personen der deutschen Wirtschaft und Politik. Nach dem Kriege schloß er sich der Deutsch-Nationalen Volkspartei an und wurde zum Wortführer der Rechts-Opposition. Er nahm gegen den außenpolitischen Kurs der Regierungen Stellung, die seiner Auffassung nach gegenüber den Forderungen der Siegermächte – mit der »Erfüllungspolitik«, wie die Opposition es nannte – eine zu starke Nachgiebigkeit zeigten. Scharf nahm er Stellung gegen den Reichskanzler Joseph Wirth, der das Londoner Reparations-Ultimatum angenommen hatte, und gegen Walther Rathenau, der im Kabinett Wirth, zuerst als Wiederaufbau-, dann als Außenminister, die Politik seines Kanzlers gestützt und fortgeführt hatte. Zwei Tage vor der Ermordung Rathenaus hatte Helfferich ihn im Reichstag heftig angegriffen. Sozialdemokraten und Zentrumspolitiker sahen in ihm einen ihrer stärksten Gegner. Darüber hinaus waren viele ihm noch deshalb gram, weil er zu Beginn des Jahres 1920 Matthias Erzberger mit dem Nachweis, daß er seinen politischen Einfluß und seine Stellung für zweifelhafte geschäftliche Transaktionen genutzt hatte, bloßgestellt hatte.

Helfferichs Roggenmark-Vorschlag fand weit stärkere Beachtung als alle anderen voraufgegangenen Währungspläne. Er wurde in der Landwirtschaft, in der man schon mehr und mehr dazu übergegangen war, in »Roggenmark« zu rechnen, lebhaft begrüßt. Ebenso von der Deutsch-Nationalen Volkspartei, die das Projekt ihres prominentesten Sprechers lautstark herausstellte. Aber noch lauter erhoben sich die Stellungnahmen dagegen. Doch gerade durch die Heftigkeit der Diskussion wurde Helfferichs Roggenmark-Vorschlag in breitesten Kreisen bekannt und schließlich zum Mittelpunkt der währungspolitischen Auseinandersetzungen und Planungen.

Aus der Wirtschaft wurde in Presseartikeln, in Diskussionen und Entschließungen von Industrie- und Handelskammern sowie den verschiedensten Wirtschaftsverbänden, die in Ausschüssen die Währungsfragen erörterten und ihre Eingaben in Telegrammen und Gutachten an Ministerien und Politiker richteten, zu den Währungsplänen Stellung genommen. Der Helfferichsche Vorschlag wurde fast durchweg als verfehlt abgelehnt. Viele wiesen darauf hin, daß der Roggenpreis kein geeigneter Wertmaßstab und eine Roggenmark für den internationalen Zahlungsverkehr völlig ungeeignet sei, da das Ausland sie als eine ihr völlig unbekannte Neuerung ablehnen würde und ihre Bewertung im Devisenverkehr völlig unklar sein würde. Große Bedenken wurden aus der Wirtschaft und stärker noch von der Wissenschaft gegen den Vorschlag der Deckung der Währung durch eine Grundschuld vorgebracht.

Er erinnerte zu stark an das Papiergeld der Französischen Revolution, die »Assignaten«. Sie waren »Anweisungen« auf die Staatsobligationen, die zum Ausgleich der Haushaltsdefizite ausgegeben wurden, und die als »Deckung« die enteigneten geistlichen Güter und dazu dann die eingezogenen Güter des Königshauses und der Emigranten hatten. Da auf diese Deckung nie zurückgegriffen werden konnte, während die Ausgabe der Assignaten einen ständig wachsenden Umfang annahm, sank ihr Wert sehr schnell. Auch die Festsetzung von Zwangskursen konnte den Wertverfall nicht aufhalten. Helfferich hielt jedoch den Vergleich mit den Assignaten für verfehlt. Denn bei den Assignaten hatte der Staat die Sachwerte erfaßt. Dagegen würde die von ihm vorgeschlagene Währung – er führte dies in einer Rede vor dem Reichstag am 25. August 1923 aus – »durch die Wirtschaft selbst« geschaffen als »ein realfundiertes Zahlungsmittel«. Logisch war diese Argumentation kaum schlüssig, und Schacht hat durchaus recht mit seinem Urteil: »Währungstheoretisch gesprochen war die Roggenmark eine völlige Unmöglichkeit.«

Ein entschiedener Gegner des Helfferichschen Vorschlages war der sozialdemokratische Finanzminister Hilferding, der in seinem Ministerium bereits mit der Ausarbeitung von Währungsplänen hatte beginnen lassen und diese Arbeiten nun zu einem eigenen Vorschlag vorantrieb. Dieser sah die Errichtung einer Goldnotenbank vor. Sie sollte – vorläufig – mit einem Kapital von 180 Millionen Goldmark ausgestattet werden, von dem 100 Millionen die Reichsbank bereitstellen, der übrige Betrag durch Zeichnungen Privater aufgebracht werden sollte.

Einen ähnlichen Vorschlag legte auch die Industrie vor. In ihren

Kreisen war, noch bevor die Roggenmark Helfferichs zur Diskussion stand, ein Plan viel erörtert worden, der ebenfalls, jedoch in anderer Form Sachwerte als Unterlage für eine neue Währung vorsah. Es war dies der »Minoux-Plan«, so benannt nach seinem Verfasser Friedrich Minoux, Generaldirektor des Stinnes-Konzerns mit Sitz in Berlin, der aktiv am politischen Leben der Reichshauptstadt teilnahm. Minoux hielt es für das Haupterfordernis, das Defizit im Staatshaushalt zu decken. Hierzu sollten für eine Übergangszeit Sachwerte herangezogen werden, und zwar durch eine Besteuerung des Nationalvermögens, die in Goldwerten festgelegt werden sollte. Um sogleich einen hohen Betrag zur Verfügung zu haben, sollten Pfandbriefe im Betrag von zehn Milliarden Mark ausgegeben werden. Sieben Milliarden Mark sollten dem Reich zur Verfügung gestellt und drei Milliarden Mark als Unterlage für die neue Währung verwandt werden.

Der Reichsverband der Deutschen Industrie arbeitete aber unter seinem Präsidialmitglied Hans Krämer einen anderen Vorschlag – »Industrie-Plan«, auch »Krämer-Plan« genannt – aus. Er empfahl die Errichtung einer »Goldbank« in der Form einer Aktiengesellschaft. Diese Bank sollte ein Kapital von 500 Millionen Mark, einzahlbar in Gold und Devisen, erhalten, von dem zunächst 200 Millionen Mark durch ein Gründerkonsortium der Wirtschaft, an dem aber auch das Ausland beteiligt werden sollte, aufzubringen war. Die Bank sollte unter Staatsaufsicht stehen, aber völlig getrennt von den Staatsfinanzen tätig sein. Auf der gleichen Linie lagen auch die Empfehlungen des Reichswirtschaftsrates, die zur Hauptsache von Georg Bernhard, dem Chefredakteur der »Vossischen Zeitung« und Alfred Feiler, dem späteren Wirtschaftspolitiker der »Frankfurter Zeitung«, ausgearbeitet waren. Der Chef der Wirtschaftsredaktion der »Berliner Börsenzeitung« Walter Funk vertrat die gleiche Richtung.

Ein Befürworter der Rückkehr zur Goldwährung war auch Schacht. Er hatte einen vollständigen Gesetzesentwurf für die Errichtung einer »Goldnotenbank« ausgearbeitet, die mit dem Namen »Bank von Deutschland« an die Stelle der Reichsbank treten und allein das Recht zur Ausgabe von Noten haben sollte. Die ausgegebenen Noten sollten zur Hälfte durch Gold und Devisen, zur Hälfte durch Handelswechsel gedeckt sein. Das Kapital der Bank sollte 500 Millionen Goldmark betragen. Jeder Anteil von 500 Goldmark sollte in der Generalversammlung eine Stimme haben; jedoch sollte niemand mehr als 20 Stimmen vertreten können. An der Spitze der Bank sollte eine Verwaltung stehen, der das Präsidium und 15 Mitglieder angehören sollten; fünf der Mitglieder sollten von der Regierung ernannt werden.

Um die Aufbringung des Kapitals sicherzustellen, hatte Schacht ein Verfahren vorgesehen, das zu einer heftigen Kritik Anlaß gab, das aber sicherlich den erstrebten Zweck erreicht hätte. »Der Besitz eines Anteiles der Bank ...« – so lautete Paragraph 5 seines Gesetzesentwurfs – »befreit den Besitzer für das Dreifache des Anteilbetrages von allen Strafen, die für Devisen-, Kapitalflucht- oder Steuervergehen verwirkt wurden, sofern das Vergehen vor dem Erlaß des Gesetzes liegt.« Rein moralisch konnte eine solche Regelung verwerflich erscheinen. Doch wirtschaftlich hätte sie ein günstiges Ergebnis gehabt, da sie zur Rückkehr von Fluchtkapital aus dem Auslande und zugleich zu einer glatten Finanzierung der vorgeschlagenen Goldnotenbank beigetragen hätte. Zu bedenken war auch, daß in der Zeit des Währungsverfalls die Wertvorstellungen gleichfalls einen Verfall durchgemacht hatten. Die Inflation, die mit der Schaffung von Zahlungsmitteln durch die Notenpresse den Wert des Geldes verringert und damit alle Sparer und jeden Kreditgeber um den Wert ihrer Ersparnisse und Guthaben brachte, wurde als ein Betrug empfunden. Jede Gegenwehr gegen seine Auswirkungen erschien gerechtfertigt. Überdies war ein großer Teil der Devisenvergehen aus der Not geboren. Viele Exporteure und Importeure hätten unter strikter Innehaltung der Devisenbestimmungen ihr Auslandsgeschäft überhaupt nicht fortführen können.

Schacht hatte seinen Gesetzesvorschlag der demokratischen Reichstagsfraktion zur Verfügung gestellt, die ihn allerdings nicht im Reichstag einbrachte. Er hatte aber seine Bedeutung, weil er dazu beitrug, daß der Gedanke, eine Roggenmark zu schaffen, auch von den eifrigsten Verfechtern des Helfferichschen Vorschlages aufgegeben wurde. Schachts Gesetzesentwurf wurde vom »Berliner Tageblatt« noch am 10. Oktober 1923, als es schon feststand, daß er nicht mehr im Parlament zur Behandlung kommen würde, als ein wichtiger Beitrag zur Währungsdiskussion veröffentlicht.

Ein Befürworter des Helfferichschen Vorschlages war Hans Luther, der durchsetzte, daß er in den Ministerien weiter bearbeitet wurde und schließlich eine Grundlage für die neue Währung bildete. Luther, ein geborener Berliner, war zuerst Verwaltungsjurist, dann Geschäftsführer des deutschen und preußischen Städtetages gewesen und war 1918 als Oberbürgermeister von Essen durch sein geschicktes Verhalten gegenüber den Arbeiter- und Soldatenräten während der Revolution in der Ruhrmetropole bekannt geworden. Wilhelm Cuno, der am 24. November 1922 Reichskanzler geworden war, berief, als er unmittelbar nach der Regierungsbildung den Ernährungsminister ablösen mußte, Luther als Parteilosen, der der Deutschen Volkspartei nahestand, auf diesen Posten. Hier erkannte Luther sofort, wie wichtig eine Währungsreform war, weil die Landwirte beim Verkauf ihrer Erzeugnisse gegen eine sich ständig entwertende Papiermark in größte Schwierigkeiten geraten mußten, da es ihnen schon kurz nach dem Verkauf an Geld für die schnell teurer gewordenen Düngemittel und Geräte fehlte. Deshalb gingen sie, wo es nur möglich war, zum Naturaltausch über, rechneten, wenn es ging, in »Roggenmark« und – was das Schlimmste war – hielten ihre Erzeugnisse zurück.

Als nach dem Sturz Cunos Gustav Stresemann am 13. August 1923 sein erstes Kabinett bildete, berief er Luther wieder zum Ernährungsminister. Zehn Tage später erhielt er von ihm eine Denkschrift »betreffend Notwendigkeit der Schaffung eines wertbeständigen Zahlungsmittels«. Dort hieß es: »Die Brotversorgung kann nur sichergestellt werden, wenn die Landwirte nicht nur unter Steuerdruck, sondern gemäß natürlichem wirtschaftlichem Antrieb verkaufen und wenn Mühlen, Genossenschaften und Händler zu kaufen bereit und in der Lage sind. Ohne ein wertbeständiges Zahlungsmittel ist die Versorgung der Bevölkerung mit Brot und anderen landwirtschaftlichen Erzeugnissen nicht zu sichern.« Die Entwicklung, die drohte, charakterisierte Luther später so: »Wir standen angesichts der damals bevorstehenden guten Ernte tatsächlich vor der Sachlage, daß das Volk in Gefahr war, bei vollen Scheuern zu verhungern.«

Stresemann drängte ebenfalls darauf, die Arbeiten für die Währungsreform voranzutreiben. Hilferding, der in seinem ersten Kabinett Finanzminister geblieben war, legte am 10. September seinen Plan für die Errichtung einer Goldnotenbank vor. Luther hatte eine Vorliebe für den Vorschlag Helfferichs gefaßt, den dieser Anfang August der Regierung zugeleitet hatte. Er hatte am Abend des 14. September mit einem Kreis von Sachverständigen über einen auf dem Helfferichschen Vorschlag basierenden, aber bereits etwas abgeänderten Währungsplan beraten. Am nächsten Tage ersuchte er um Hilferdings Einverständnis, auch Beamte des Finanzministeriums zu diesen Beratungen hinzuzuziehen. Unter ihrer Mitwirkung erfuhren die Vorschläge weitere, zum Teil sehr wesentliche Veränderungen, bei denen der Einfluß der Vorstellungen Hilferdings und die Erwägungen, die in anderen Vorschlägen mit ihrer Kritik an dem Helfferichschen Plan enthalten waren, deutlich zu erkennen waren.

Doch zunächst schien es so, als ob der Plan Hilferdings verwirklicht werden sollte. Am 19. September veröffentlichte ihn die Regierung als ihr Währungsprogramm. Aber die erste Regierung Stresemanns, die am 26. September den Ruhrkampf hatte abbrechen müssen, erlebte schon bald durch innerparteiliche Auseinandersetzungen eine Krise. Am 4. Oktober kam es zum Rücktritt Stresemanns. Er wurde aber sogleich wieder als Reichskanzler berufen. Seinem zweiten Kabinett gehörte Hilferding nicht mehr an. Stresemann wollte als Finanzminister Schacht einsetzen, den er als Finanzsachverständigen schätzte und mit dem er in einem engen freundschaftlichen Kontakt stand. Doch er mußte hiervon – darüber wird noch genauer zu berichten sein – Abstand nehmen und fragte deshalb, da äußerste Eile für die Kabinettsbildung geboten war, Luther, ob er auf den Posten des Finanzministers wechseln wollte. Luther war hierzu sofort bereit.

Als seine Hauptaufgaben, die beide eng miteinander verknüpft waren, sah er die Sanierung des Reichshaushaltes und die Währungsreform an. Als das geeignete Mittel hierfür hielt er den – nun mehrfach abgeänderten – Helfferichschen Vorschlag. Er wurde die Grundlage für eine einstimmig vom Kabinett angenommene Regierungsvorlage, die am 9. Oktober dem Reichstag vorgelegt wurde. Am 15. Oktober 1923 wurde die »Verordnung über die Errichtung der Deutschen Rentenbank«, »Rentenmark-Verordnung« genannt, veröffentlicht. Sie war wegen ihrer Bedeutung nicht nur von dem hierfür zuständigen Finanzminister Hans Luther, sondern auch vom Reichskanzler Gustav Stresemann unterzeichnet. Am 15. November 1923 wurden die ersten Rentenmarkscheine ausgegeben.

Die neue Währung entsprach nur noch zum Teil dem ursprünglichen Helfferichschen Vorschlag. Aus der »Roggenmark« war über die »Boden«- und die »Neumark« schließlich die Rentenmark geworden. Sie war nicht auf den Roggenpreis, sondern auf den Goldwert abgestellt. Sie wurde nicht zum gesetzlichen Zahlungsmittel erklärt und erhielt auch keinen festen Umrechnungskurs zur Papiermark, die weiterhin gesetzliches Zahlungsmittel blieb. Beide Währungen liefen nebeneinander um, und es war die Aufgabe der Währungspolitik, sie im Verhältnis zueinander stabil zu erhalten. Die Selbständigkeit der neuen Bank, auf die Helfferich großen Wert gelegt hatte, bestand mehr formal als praktisch. Geblieben war von dem Helfferichschen Vorschlag nur, daß die Rentenmark als ein »realfundiertes Zahlungsmittel«, mit einer Deckung durch eine von der Wirtschaft übernommene Grundschuld, galt. Mit dem Gedanken der Deckung durch eine Grundschuld statt durch Gold hatte sich zuletzt auch schon Hilferding befreundet, weil er merkte, daß es sehr schwierig sein würde, Gold und Devisen als Deckungsmittel zu beschaffen.

Angesichts der vielfältigen Einflüsse, die an der Entstehung der Rentenmark mitgewirkt haben, läßt sich die Frage nach der Vaterschaft nicht eindeutig beantworten. Hirsch und vor allem Hilferding, aber auch Minoux, Krämer, Schacht, viele Publizisten und mehr noch Beamte der beteiligten Ministerien waren ebenso wie Helfferich an der Gestaltung des neuen Geldes beteiligt. Luther, der einer der tatkräftigsten Geburtshelfer war, hat es, bei all seinem Einsatz für den Vorschlag Helfferichs, nicht gewagt, ihm allein die Vaterschaft zuzuschreiben und zutreffend bemerkt, »die Reichsregierung müsse auf alle Fälle als Mutter der Rentenmark bezeichnet werden«; sie wurde »im Schoße der Reichsregierung ausgetragen«.

Helfferich selbst erklärte am 9. Oktober 1923, daß die Regierungsvorlage für die Schaffung der Rentenmark »in der wesentlichen Konstruktion« auf seinem »Projekt einer Währungsbank« beruhe. Doch er erklärte dazu: »Aber sie ist in Einzelheiten in einer Weise verändert, – ich möchte sagen: denaturiert –, daß ich die schwersten Sorgen habe, ob die von mir angestrebte Wirkung erreicht werden wird.«

Stabilisierung der Währung

In den Ministerien hatte sich in der letzten Phase der Inflation die Meinung durchgesetzt, daß dem Währungsverfall nur dann ein Ende bereitet werden könnte, wenn eine Sanierung des Staatshaushaltes herbeigeführt würde; und zwar unabhängig davon, ob zugleich auch eine tragbare Regelung der Reparationen erreicht würde. Vorher hatte die Auffassung vorgeherrscht, daß eine Einigung mit den Siegermächten über ihre endgültigen Forderungen sowie die laufend von ihnen beanspruchten Leistungen den Vorrang habe. Denn was nütze es, so meinte man, die eigenen Ausgaben mit den Einnahmen ins Gleichgewicht zu bringen, wenn durch die Reparationszahlungen doch große Ausgabenüberschüsse entstehen. Die Erfahrungen mit der Erzbergschen Finanzreform, deren Erfolg durch steigende Reparationszahlungen zunichte gemacht wurde, konnten als eine Bestätigung dieser Auffassung angesehen werden. Die Auffassung, daß ohne tragbare Regelung der Reparationen die Inflation nicht aufgehalten werden könnte, wurde vor allem auch von der Reichsbank vertreten, die sich hierbei auf das Urteil international angesehener Sachverständiger – wie den schwedischen Nationalökonomen Gustav Cassel und den englischen Währungsexperten John Maynard Keynes – stützte.

Als infolge des Ruhrkampfes die Inflation sich überschlagen hatte, und eine Reform der Währungsverhältnisse nicht länger hinausgeschoben werden durfte, konnte und wollte Stresemann, der jetzt die Regierungsführung übernommen hatte, mit dieser Maßnahme nicht auf eine Lösung der Reparationsfrage warten. Eine gleichzeitige Sanierung des Staatshaushaltes erschien ihm aber unabdingbar. In seinem ersten Kabinett hatte Hilferding sich um beides bemüht, aber weder für die haushaltspolitische noch die währungspolitische Aufgabe eine greifbare Lösung gefunden. Bei der Bildung seines zweiten Kabinetts hatte Stresemann den Posten des Finanzministers neu zu besetzen, weil Hilferding, um dessen Sturz es bei dem Rücktritt seines ersten Kabinetts gegangen war, für dieses Amt nicht wieder in Frage kam. Hierfür wollte er einen Mann heranziehen, der mit der Übernahme des Finanzressorts zugleich die Währungsreform in Angriff nehmen konnte, und von dem er auch eine fachmännische und tatkräftige Unterstützung in den Reparationsverhandlungen erwarten konnte.

Schacht sah er als den geeigneten Mann für diese Aufgaben an. Er bot ihm den Posten des Finanzministers an, und Schacht war bereit ihn anzunehmen. Am Morgen des 5. Oktober hatte Stresemann mit dem Reichspräsidenten Friedrich Ebert und dem Führer der Sozialdemokraten Hermann Müller über die Neubildung seines Kabinetts beraten. Am Abend begannen dann die Verhandlungen mit den Reichstagsfraktionen, die sich bis vier Uhr morgens hinzogen. Auf der hier vereinbarten Kabinettsliste stand Schacht als Finanzminister. Doch bevor Stresemann sie am Vormittag des 6. Oktober dem Reichspräsidenten vorlegen konnte, erschien bei ihm der Staatssekretär des Finanzministeriums Schröder und erklärte ihm, daß gegen Schacht im Ersten Weltkriege ein Verfahren in Brüssel geschwebt habe. Dabei gab er zu verstehen, daß die Beamten des Finanzministeriums deshalb nicht unter Schacht arbeiten könnten. Stresemann befand sich jetzt in einer heiklen Situation. Er hatte zwar volles Vertrauen zu Schacht. Aber er konnte keine neuen Auseinandersetzungen um sein Kabinett riskieren, das er nur unter großen Schwierigkeiten mit den Reichstagsfraktionen, die es stützen sollten, zustande gebracht hatte und das nur allzu leicht wieder, wie sein erstes Kabinett, vom Parlament gestürzt werden konnte.

Deshalb entschloß er sich, um eine Verzögerung der Vorlage der Kabinettsliste beim Reichspräsidenten zu vermeiden und keine neuen Schwierigkeiten für die Regierungsbildung heraufzubeschwören, auf Schacht als Finanzminister zu verzichten. So bat er Luther, neben dem Posten des Ernährungsministers auch den des Finanzministers zu übernehmen. In der Eile sah er keine andere Lösung, bei der er der Zustimmung der Fraktionen sicher war. Luther schlug dieses Angebot nicht aus und bewährte sich schnell als ein Finanzminister, der energisch die Haushaltssanierung einleitete und nach zwei Wochen schon, weil diese Arbeit seine ganze Kraft in Anspruch nahm, das Ernährungsministerium abgab, das nun ein Deutsch-Nationaler, Graf Kanitz, erhielt, ohne daß Stresemann damit aber die vielleicht erhoffte Unterstützung dieser Partei erhielt.

In einem Schreiben an Schacht brachte Stresemann sein Bedauern über die Vorgänge bei der Regierungsbildung zum Ausdruck und versicherte ihm: »Den Intrigen, die in letzter Stunde sich gegen Sie erhoben haben, gehe ich gründlich nach ... Im übrigen hoffe ich, daß Sie, wenn nicht für die zunächst mit Ihnen besprochenen Aufgaben, so doch für andere wichtige Aufgaben, in denen Ihre und meine Ansichten vollkommen übereinstimmen, sich auch für die Zukunft zur Verfügung halten.«

Um eine Klärung herbeizuführen, die Stresemann auch im Hinblick auf künftige Aufgaben Schachts für notwendig hielt, wandte er sich an den Reichsgerichtspräsidenten Dr. Simons in Leipzig, der klarstellte, daß bei der umstrittenen Angelegenheit in Brüssel keine unehrenhafte Handlung Schachts vorgelegen hat.

In seinem Schreiben an den Reichsgerichtspräsidenten hatte Stresemann dargelegt:

»Als nach der Demission meines Kabinetts bei Neubildung der Posten des Reichswirtschafts- und des Reichsfinanzministeriums neu besetzt werden sollte, war es meine Absicht, das Reichsfinanzministerium mit dem Geschäftsinhaber der Darmstädter und Nationalbank, Herrn Dr. Hjalmar Schacht, zu besetzen. Am Vormittag des Tages, an dem sich das neue Kabinett vorstellte, sprach ich mit ihm nach vorangegangenen Verhandlungen, erhielt noch einmal seine offizielle Zustimmung und wollte mich zum Herrn Reichspräsidenten begeben – der ebenfalls einverstanden war –, um die Ernennung vollziehen zu lassen. Währenddessen erschien bei mir Herr Staatssekretär Schröder vom Reichsfinanzministerium, um mir Mitteilung zu machen, daß nach seinem Wissen gegen Herrn Dr. Schacht bei dessen Tätigkeit während des Weltkrieges in Brüssel ein Verfahren geschwebt habe, das später auch einen Ausschuß unter Vorsitz von Exzellenz Lewald – an Stelle des Disziplinargerichts – beschäftigt habe. Die damaligen Vorgänge seien der Beamtenschaft bekannt, Akten darüber seien vorhanden. Herr Staatssekretär Schröder sei bereit, unter Herrn Dr. Schacht als Staatssekretär zu arbeiten, aber da er von meiner Absicht, Herrn Dr. Schacht zum Finanzminister zu ernennen, Kenntnis erhalten habe, glaube er seine Pflicht zu verletzen, wenn er mir von diesen Vorgängen nicht Mitteilung mache.

Ich mußte aus den Ausführungen des Herrn Staatssekretärs Schröder den Eindruck gewinnen, als wenn es sich hier um Vorgänge handle, die es einem Beamten nicht ermöglichten, unter Herrn Dr. Schacht als Finanzminister zu arbeiten, und der Hinweis darauf, daß diese Vorgänge bekannt seien, schien anzudeuten, daß nach dieser Richtung hin eventuell öffentliche Angriffe erfolgen würden. Unter diesem Gesichtspunkt hielt ich es für notwendig, von diesen offiziell von einem Staatssekretär an den Reichskanzler gegebenen Mitteilungen dem Herrn Reichspräsidenten Kenntnis zu geben. Da es unmöglich war, in den etwa anderthalb Stunden, die bis zur Eröffnung des Reichstages noch zur Verfügung standen, irgendeine aktenmäßige oder private Auskunft über die Angelegenheit zu erhalten, mußte ich, namentlich auf Wunsch des Herrn Reichspräsidenten, der sagte, man könne unter keinen Umständen sich irgendwelchen Angriffen aussetzen, wie es etwa seinerzeit beim Kabinett Cuno der Fall gewesen sei, in letzter Stunde darauf verzichten, Herrn Dr. Schacht zum Finanzminister zu ernennen.

Meine Bemühungen, inzwischen die Akten zu erhalten, die angeblich über diesen Fall vorhanden seien, sind vergeblich gewesen. Mir liegt aber daran, die Angelegenheit aufzuklären, worauf auch Herr Dr. Schacht ein begründetes Anrecht hat. Ich muß außerdem klar daraus ersehen können, ob Herr Staatssekretär Schröder berechtigt war, in dieser Weise in die Geschehnisse einzugreifen, was doch nur angängig gewesen wäre, wenn es sich um irgendeine Pflichtverletzung des Herrn Dr. Schacht gehandelt hätte. Ich höre nun, daß Sie selbst, sehr verehrter Herr Reichsgerichtspräsident, über diese Dinge informiert sind. Herr Dr. Schacht hat mir bereitwilligst die beifolgenden Schriftstücke zur Verfügung gestellt, insbesondere das Schreiben des Herrn Staatssekretärs Dr. von Richter und das Schreiben des Herrn v. Lumm, sowie eine weitere Aufzeichnung. Mir wäre aber außerordentlich daran gelegen, von Persönlichkeiten, die sich dieser Dinge entsinnen, eine Äußerung über deren Auffassung zu erhalten, und da Sie, wie ich höre, zu diesen Persönlichkeiten gehören, bitte ich, die Mühewaltung, die ich Ihnen verursache, freundlichst zu entschuldigen und mir möglichst umgehend über diese Angelegenheit Bescheid zu geben, zumal ich fest entschlossen bin, Herrn Dr. Schacht zu bitten, als Kommissar für Währungsfragen jetzt für die Reichsregierung tätig zu sein, und diese Angelegenheit ja von irgendeiner Seite wieder hervorgebracht werden könnte. Ich bin persönlich fest davon überzeugt, daß gegen Herrn Dr. Schacht, wie ich aus den Schriftstücken ersehen kann, irgendein ehrenrühriger Vorwurf in keiner Weise zu erheben ist, lege aber naturgemäß Wert auf restlose Aufklärung.«

Eine »andere wichtige Aufgabe«, wie sie Stresemann in seinem Schreiben an Schacht nach der mißglückten Ernennung zum Finanzminister angedeutet, in der Form, in der sie dann erfolgte, aber nicht vorausgesehen hatte, wurde Schacht am 12. November 1923 mit seiner Ernennung zum Reichskommissar für Währungsangelegenheiten übertragen. Damit wurde er mit der Einführung der Rentenmark und der Neuordnung der Währungsverhältnisse betraut, so wie es Stresemann ursprünglich beabsichtigt hatte, als er meinte, daß diese Aufgabe vom Finanzminister durchgeführt werden müßte. Über die Gründe, die für die Reichsregierung bestimmend waren, für die Neuordnung der Währung einen besonderen Kommissar einzusetzen, und die Aufgaben nicht beim Finanzminister zu belassen, heißt es in der amtlichen Regierungsverlautbarung: »Dieser Posten wurde geschaffen, weil die Währungsfragen zur Zeit einen derartigen Raum in den Aufgaben der Reichsregierung einnehmen, daß die beteiligten Ressorts und insbesondere der Finanzminister nicht mehr in der Lage waren, ohne Benachteiligung ihrer übrigen, ebenso dringlichen Obliegenheiten die Verantwortung weiterhin allein zu tragen. Da andererseits die Ressortarbeit in vollem Umfange erhalten bleiben muß, so ist der Reichswährungskommissar der Reichsverwaltung in der Form beigeordnet, daß alle Maßnahmen auf währungspolitischem Gebiete vorbehaltlich der Rechte des Reichskabinetts seiner Zustimmung bedürfen und daß er der Reichsregierung für die rechtzeitige Anordnung von Maßnahmen verantwortlich ist. Der Reichswährungskommissar hat beratende Stimme im Reichskabinett.«

Schacht selbst meinte, daß der Regierung wohl »eine fachmännische währungspolitische Unterstützung dringend erwünscht sein mußte«, daß aber auch »die Regierung jemanden zu haben wünschte, den sie im Falle des Mißlingens der Stabilisierung verantwortlich machen und in die Wüste schicken konnte, ohne daß dadurch das Gesamtkabinett in Mitleidenschaft gezogen wurde«.

Die Berufung des Reichswährungskommissars lag in der Hand des Finanzministers Luther. Schacht war keineswegs seine erste Wahl. Luther wandte sich zunächst an zwei – oder vielleicht auch drei – andere führende Bankiers, die aber vor dieser Aufgabe zurückschreckten; vor allem wohl, weil sie in die Konstruktion der Rentenmark wenig Vertrauen setzten und es für zweifelhaft hielten, daß die anderen Voraussetzungen für eine Stabilisierung geschaffen werden könnten. Schacht wußte von den Absagen der anderen Bankiers, als Luther ihn am Morgen des 12. November zu sich rief. Zuerst zögerte Schacht, dieser Aufforderung, die nun an ihn gestellt wurde, gleich nachzukommen und erbat drei Tage Bedenkzeit. Luther drängte aber auf eine Entscheidung noch am gleichen Tage; denn Eile war geboten, weil in den nächsten Tagen die Ausgabe der Rentenmark beginnen sollte.

Schacht gab darauf nach kurzer Überlegung am Abend seine Zusage und trat am nächsten Morgen sein Amt an, mit Sitz im Finanzministerium, wo er in einem kleinen spärlich eingerichteten Zimmer, mit seiner Sekretärin in einem noch kleineren Nebenraum, seine Arbeit ausführte. Für seinen Entschluß war einmal die starke Persönlichkeit Luthers, die ihn beeindruckte, bestimmend; dann aber vor allem das Ausmaß der Vollmachten, die der Kommissar erhielt. So hieß es in diesen Vollmachten: »Alle Maßnahmen der Reichsministerien, welche die Währung beeinflussen können, bedürfen der Mitzeichnung des Reichskommissars«, der dem Reichsminister der Finanzen »beigeordnet« wurde, »der Reichsregierung unmittelbar verantwortlich« und berechtigt war, »an allen Kabinettssitzungen mit beratender Stimme teilzunehmen.«

Viele haben die Frage aufgeworfen, wie Schacht die Aufgabe übernehmen konnte, die Rentenmark einzuführen, die er »währungstheoretisch gesprochen« für eine »völlige Unmöglichkeit« erklärt hatte. Doch er hat, wie er es später einmal, im April 1924 in einer Rede vor sächsischen Industriellen gesagt hat, »die Rentenmark nur als einen Übergang empfunden«. Er hatte es für richtig angesehen, daß Stresemann sich »mit der Auswahl theoretischer Stabilisierungsvorschläge« nicht lange aufgehalten, sondern darauf hingearbeitet hatte, »die innerpolitische Konstellation zu schaffen, die eine ausreichende Majorität für eine Stabilisierung ermöglichen würde«.

Deutlicher noch hat Schacht in einer späteren Rede – im April 1925 vor der »Münchener Gesellschaft« im Künstlerhaus – seine Einstellung zur Rentenmark dargestellt. Dort sagte er: »Ich war bis zum letzten Augenblick ein Gegner der Rentenmark, weil sie währungspolitisch eine der unmöglichsten Konstruktionen gewesen ist, die man sich nur denken konnte. Aber sie war, und das ist Helfferichs großes Verdienst, ein glücklicher psychologischer Griff, indem dieses ganze Gefühl des Aufsichselbstgestelltseins in die Massen hineingeworfen wurde und indem sie das aktive Mitwirken der landwirtschaftlichen Kreise an der Politik einer Regierung hervorrief, der sie an sich ablehnend gegenüberstanden. Damit wurde die Bahn eröffnet für die Zusammenarbeit aller Kreise. ... Als ich zum Währungskommissar berufen wurde, habe ich meine Gegnerschaft gegen die Rentenmark sofort aufgegeben und suchte nun aus ihr zu machen, was zu machen war. Aber die Rentenmark wurde auch von ihren Vorkämpfern nur als Brücke zu einer anderen, definitiven Lösung angesehen, die sich notwendigerweise aus dem auf Deutschland lastenden Zwang – dem Zwang der internationalen Wirtschaftsverflechtung – ergab. Wir dürfen ja niemals vergessen, daß Deutschland 15-20 Millionen Menschen aus einer Arbeit ernähren muß, deren Erlös nur aus dem Verkehr mit der Weltwirtschaft herauskommen kann, und da der ganze weltwirtschaftliche Verkehr in Inflations- und Nichtinflationsländern auf Gold abgestellt ist, so bestand die Notwendigkeit, zur Goldwährung zurückzukommen...«

»Nur der Umstand, daß die Reichsbank die Rentenbank in ein festes Verhältnis zu ihren eigenen Noten setzte, daß sie freiwillig die währungspolitische Verantwortung für die Rentenmark übernahm, hat die Rentenmark gehalten.«

Es wäre naheliegend gewesen, die Reichsbank mit der Währungsumstellung zu betrauen. Doch ihre Politik unter dem Präsidenten Rudolf von Havenstein galt in der breiten Öffentlichkeit als verantwortlich für die Inflation. Eine Maßnahme, die von ihr ergriffen wurde, hätte schwerlich das Vertrauen gefunden, das für das Gelingen eines währungspolitischen Vorhabens die wichtigste Voraussetzung ist. Mehrfach hatte die Reichsregierung versucht, von Havenstein, der nach dem Gesetz für Lebenszeit in das Amt des Reichsbankpräsidenten eingesetzt war – er hatte es im Jahre 1908 nach einer krisenhaften Entwicklung 1906/07 angetreten – zum Rücktritt zu bewegen.

Von Havenstein, befangen in falschen geldtheoretischen Vorstellungen, hatte auf die Warnungen von Wissenschaftlern und Publizisten nicht gehört, die schon vor dem Ersten Weltkriege darauf hinwiesen, daß das deutsche Währungssystem, wie es im Bankgesetzt von 1875 gestaltet war, der Gefahr einer Inflation ausgesetzt war. Bereitwillig, ja, mit Stolz hatte er die Reichsbank in den Dienst der Kriegsfinanzierung gestellt. Das Entscheidende war für ihn – so wenigstens mußte es Außenstehenden erscheinen – daß jeweils den gesetzlichen Deckungsbestimmungen Genüge getan war. Diese verlangten, daß ein Drittel des Notenumlaufs durch Gold oder sonstige gesetzliche Zahlungsmittel gedeckt war. Zu diesen gesetzlichen Zahlungsmitteln gehörten Reichskassenscheine; nach Kriegsausbruch wurden Darlehenskassenscheine hinzugezählt. Damit war in der Praxis eine schrankenlose Ausdehnung des Notenumlaufs erlaubt. Zwar gab es eine rechtliche Grenze für die Ausgabe von Darlehenskassenscheinen, die anfangs auf 1,5 Milliarden Mark angesetzt war. Sie wurde aber immer wieder erhöht; zuletzt auf 10 Trillionen Mark.

Andererseits war die Reichsbank um die Sicherung des Außenwertes der Mark, das heißt, ihres Kurses gegenüber den Währungen des Auslandes, und der Bewahrung eines möglichst hohen Goldbestandes bemüht. Diesen Zielen galt vor allem die Aufhebung der Goldeinlösungspflicht von Reichsbanknoten und Reichskassenscheinen und die Einführung von Kontrollbestimmungen für den Außenhandel und vom Januar 1916 ab für den Zahlungsverkehr mit dem Ausland. Dem

Sinken des Kurses der Mark im Auslande hat die Reichsbank mehrfach mit dem Kauf von Devisen gegen Gold entgegengewirkt. Trotzdem konnte sie dank der Goldablieferungspflicht während des Krieges den Goldbestand nahezu verdoppeln; sie erhöhte ihn in der Zeit von Kriegsausbruch bis Kriegsende von 1,25 auf 2,45 Milliarden Mark. In der Nachkriegszeit und selbst noch während der schlimmsten Inflationsphase gab sie nur zögernd Gold aus ihrer Deckung ab, und zwar meist für Stützungskäufe, mit denen sie dem Kursverfall der Mark im Ausland entgegenwirken wollte. Am 23. November 1923, als die Stabilisierung erreicht war, verfügte sie noch über Gold im Betrage von 716 Millionen Goldmark.

Alle Versuche der Reichsbank, den Sturz des Devisenkurses der Mark aufzuhalten, waren vergeblich angesichts des Verfalls der Kaufkraft der Mark im Inland und der pessimistischen Beurteilung des Schicksals Deutschlands im Ausland. Mit Verschärfung der Bestimmungen gegen die Kapitalflucht und der Kontrolle des Zahlungsverkehrs mit dem Ausland konnte sie das immer schnellere Emporsteigen der Kurse ausländischer Währungen nicht aufhalten. Sie konnte lediglich die amtlichen Notierungen an der Berliner Devisenbörse, die dem Grundsatz nach die Notierungen der Mark an den ausländischen Devisenhandelsplätzen widerspiegeln sollten, niedriger halten, als es den Mark-Kursen im Ausland entsprach. Das führte aber dazu, daß sich in Deutschland graue und schwarze Devisenmärkte herausbildeten, auf denen sich für ausländische Währungen noch weit höhere Preise bildeten, als es den Auslandskursen entsprochen hätte. Je stärker die Inflation fortschritt, um so mehr klafften die drei Kurse, amtliche Berliner Kurse, Auslandskurse und Schwarz-Markt-Kurse auseinander.

So wurde am 12. November 1923, dem Tage, an dem Schacht zum Reichswährungskommissar eingesetzt wurde, der Dollar in Berlin amtlich mit 630 Milliarden Mark notiert; in Köln aber, wo unter dem Regime der Besetzung kein amtlicher, sondern ein freier Kurs bestand, notierte der Dollar schon 4 Billionen Mark, und im Schwarzhandel wurde er noch höher bewertet. Die nächsten Tage brachten weitere sprunghafte Steigerungen des Dollarkurses. Er erreichte seinen höchsten Stand in Köln am 26. November mit 11 Billionen Mark. In Berlin wurde der amtliche Dollarkurs schrittweise bis zum 20. November auf 4,20 Billionen Mark heraufgesetzt und dann auf diesem Stand gehalten.

Stabilisierung der Währung bedeutete, daß einmal der Entwertung des Geldes auf dem Inlandsmarkt ein Ende bereitet und daß zum anderen der Kursverfall der Mark auf den ausländischen Devisenmärkten zum Stillstand gebracht wurde. Eine der Voraussetzungen für die Erhaltung der Kaufkraft des Geldes im Inland war, daß die Notenpresse nicht länger für die Deckung des staatlichen Haushaltsdefizits in Anspruch genommen wurde. Das wiederum setzte voraus, daß der Staatshaushalt in Ordnung gebracht wurde.

Hierfür hatte die Reichsregierung durch das Ermächtigungsgesetz vom 13. Oktober 1923 alle Vollmachten erhalten. In diesem Gesetz hieß es: »Die Reichsregierung wird ermächtigt, die Maßnahmen zu treffen, welche sie auf finanziellem, wirtschaftlichem und sozialem Gebiet für erforderlich und dringend erachtet. Dabei kann von den Grundrechten der Reichsverfassung abgewichen werden.« Lediglich Änderungen der gesetzlichen Arbeitszeit und Kürzungen der Sozialrenten und der Leistungen der Erwerbslosenversicherung waren von diesen Vollmachten ausgenommen. Vorher, am 11. Oktober, war bereits durch eine Notverordnung nach Artikel 48 der Weimarer Verfassung angeordnet worden, daß alle Steuern nach dem Goldwert zu entrichten waren (für Zölle bestand eine solche Regelung bereits seit längerem).

Der Reichsfinanzminister mußte »hart und brutal«, wie es Luther selbst sagte, vorgehen, um Einnahmen und Ausgaben ins Gleichgewicht zu bringen. Die Reichsbank diskontierte seit dem 16. November keine Reichsschatzanweisungen mehr. Sie hatte dem Finanzministerium statt dessen einmalig einen Kredit im Betrag von 1,2 Milliarden Rentenmark zur Verfügung gestellt. Doch davon hatte es sogleich 300 Millionen zur Deckung fälliger Schulden des Reiches und 90 Millionen zur Einlösung von »Notgeld«, das von der Reichsbahn und anderen Reichsbehörden ausgegeben war, auszuzahlen. Der Reichsbahn und der Reichspost mußte es zusammen 50 Millionen und der Reichsgetreidestelle 25 Millionen Mark als Zwischenkredite zur Verfügung stellen. So verblieben für die Reichsfinanzen noch 735 Millionen Rentenmark.

Bis zum 20. Dezember waren davon 562 Millionen ausgegeben, so daß dann nur noch 173 Millionen zur Verfügung standen. Das entsprach etwa den durchschnittlichen Ausgaben in zehn Tagen des Haushaltsjahres 1924, des ersten Haushaltsjahres mit stabilisierter Währung. Deshalb mußten die Ausgaben rücksichtslos gekürzt werden. Luther wollte sogar die Zahlungen für die Arbeitslosenfürsorge im besetzten Gebiet einstellen, nachdem die nicht mehr tragbaren Aufwendungen für den Ruhrkampf nach seinem Abbruch fortgefallen waren. Doch hierfür erhielt er nicht die Zustimmung des Kabinetts. Einen Antrag Luthers an die Rentenbank um eine Aufstockung des

Kredits an das Reich um 100 Millionen Rentenmark lehnte sie auf Anordnung Schachts glatt ab.

So sah Luther sich gezwungen, als erstes die Beamtengehälter stark herabzusetzen. In einer Verordnung vom 12. Dezember wurden sie auf einen Stand gesenkt, der für die unteren Beamten 57 Prozent, die mittleren 46 und die höheren 41 Prozent ihres Vorkriegsbetrages ausmachte. Gleichzeitig mußte er höhere Steuereinnahmen erreichen. Eine neue Veranlagung der Einkommensteuer hätte zuviel Zeit in Anspruch genommen. Statt dessen wurde verfügt, daß nach der Veranlagung der Einkommensteuer 1922, jetzt in Goldwerten gerechnet, die Steuer für ein »fünftes Vierteljahr« 1923 zu zahlen war. Außerdem wurde die Umsatzsteuer vom 1. Januar 1924 an von zwei auf zweieinhalb Prozent erhöht. Luther hatte mit diesen Maßnahmen – die ihn harten Angriffen aussetzten, die aber notwendig und auch erfolgreich waren – das große, für die Stabilität der Währung gefährliche Ungleichgewicht des Staatshaushalts beseitigt.

Eine andere, ebenfalls große Gefahr für die Kaufkraft des neuen Geldes drohte vom »Notgeld«, das neben den gesetzlichen Zahlungsmitteln im Umlauf war. Denn die große Inflation nach dem Ersten Weltkrieg war – was vielen sonderbar erscheinen mag – von einer Verknappung des Geldes im Wirtschaftsleben gekennzeichnet. Je mehr sich der Prozeß der Geldentwertung – vor allem unter dem zunehmenden Einfluß des Sinkens des Devisenkurses der Mark – beschleunigte, um so größer wurde der Mangel an Zahlungsmitteln. Die Notenbankpresse konnte die Geldanforderungen der Reichsregierung nicht bewältigen, obwohl im Jahre 1923 133 Druckereien mit 1783 Maschinen für den Druck von Geldscheinen eingesetzt waren und zur Beschleunigung der Herstellung von Noten für Millionen und Billionen Mark ältere Noten mit Werten von tausend und zehntausend Mark einfach mit den neuen höheren Beträgen überdruckt wurden. Überall im Land, in den Behörden wie in den Betrieben, fehlte es an Geld für fällig werdende Zahlungen. Deshalb wurde Notgeld ausgegeben; von der Bahn und anderen, besonders kommunalen Behörden, schließlich auch von privaten Unternehmen. Die Reichsbank löste dieses Notgeld bei Vorlage gegen Reichsbanknoten ein. Sie sah sich hierzu genötigt, weil es sonst zu schweren Störungen im Wirtschaftsleben gekommen wäre.

Am Ende der Inflation, am 15. November 1923, erreichte der Umlauf an Reichsbanknoten die astronomische Summe von 155 Trillionen. Das entsprach aber nur einem Gegenwert von 155 Millionen Rentenmark, während bei Kriegsausbruch etwas mehr als sechs Milliarden Mark im Umlauf gewesen waren. Über den Umlauf an Notgeld gibt es keine genaueren statistischen Angaben. Nach Schätzungen aus der Reichsbank kann er einem Betrag von einer Milliarde Renten- oder Goldmark entsprochen haben. Zählt man den Umlauf der Reichsbanknoten und des Notgeldes zusammen, so ergibt sich, in Rentenmark umgerechnet, immer noch eine verhältnismäßig geringe Geldmenge im Vergleich zur Vorkriegszeit.

Trotzdem ging von dem Notgeld eine ernste Gefahr für die Stabilität der Währung aus, da es unkontrolliert ausgegeben wurde und einen Unsicherheitsfaktor darstellte, während der Erfolg der Währungsumstellung davon abhing, daß klare Verhältnisse geschaffen wurden. Schacht griff deshalb rigoros ein und ließ die Reichsbank am 17. November anordnen, daß ihre sämtlichen Anstalten vom 22. November an Notgeld irgendwelcher Art nicht mehr in Zahlung nahmen, und daß die Emittenten von Notgeld bis zum 26. November zu ersuchen seien, die Notgeldscheine einzulösen, die sich in den Kassen der Reichsbank befanden. Das war ein harter Schlag für alle Behörden und Unternehmen, die sich bisher auf diesem bequemen Weg ihre Barmittel besorgt hatten. Auch dem Reichsfinanzminister kam diese Maßnahme, wie schon gesagt, teuer zu stehen; nicht anders ging es den Finanzministern der Länder sowie den Kämmerern der Kommunen und vielen Unternehmen. Aus diesen Kreisen wurden jetzt Vorwürfe und Kritik an Schachts Vorgehen laut. Er ließ sich hierdurch aber nicht beeindrucken und hielt an der erlassenen Anordnung fest. Damit erreichte er die Verknappung des Bargeldes, die notwendig war, um den Preisauftrieb zum Stillstand zu bringen.

Für die betroffenen Behörden und Unternehmen fiel die Einlösung der ausgegebenen Notgeldbeträge noch weit schwerer ins Gewicht, weil dadurch eine ihrer Quellen für die Beschaffung von Barmitteln ausfiel. Trotzdem ging die Einlösung verhältnismäßig rasch vonstatten. Ende Januar 1924 waren gut die Hälfte und Anfang April etwa drei Viertel des zur Reichsbank geflossenen Notgeldes eingelöst. Mitte Juni 1924 lagen bei ihr weniger als 100 Millionen, und Ende Oktober 1924 war die Einlösung praktisch abgeschlossen.

Rigoros ging Schacht auch vor, um den Kurs der Mark im Devisenhandel festzuhalten. Er war der Auffassung, daß der Kurs weitgehend von Spekulanten beeinflußt wurde, die Dollar und andere Devisen gegen Reichsmark kauften, die sie erst am folgenden Tage mit der dann schon wieder gegenüber den ausländischen Währungen abgewerteten Mark zu bezahlen brauchten. Bei den häufien Devisenkäufen auf Termin zum Monats-Ultimo ergaben sich höhere Gewinne entsprechend dem größeren Ausmaß der Abwertung der Mark. Gegen diese Spekulation ging Schacht am November-Ultimo vor. Er ordnete an, daß von diesem Tage ab die Reichsbank Kredite nur in Rentenmark auszahlte. Die Rentenmark war aber kein gesetzliches Zahlungsmittel und wurde deshalb an den ausländischen Devisenmärkten nicht in Zahlung genommen. Die Devisenspekulanten mußten deshalb, um ihre Zahlungsverpflichtung zu erfüllen, ihre auf Termin gekauften Dollar und andere Währungen sofort abstoßen und erlitten dabei zum Teil sehr schwere Verluste. Das führte zum Abbruch der Spekulation auf Kursverluste der Mark; und die Kurse auf den ausländischen Devisenmärkten kamen danach bald in Übereinstimmung mit den amtlichen Devisenkursen der Berliner Börse.

Für viele bedeutet der 20. November 1923, an dem der amtliche Devisenkurs der Berliner Börse auf 4,20 Billionen Mark (gleich 4,20 Renten- oder Goldmark) festgesetzt wurde, – statt des 15. Novembers, des Tages der Ausgabe der Rentenmark – das Ende der Inflation. Die Tragik der Geschichte wollte es, daß an diesem Tage Rudolf von Havenstein, der glücklose Präsident der Reichsbank, starb.

Um die Wahl des »richtigen« Kurses für die Stabilisierung der Mark hat es viele Auseinandersetzungen gegeben. Schacht hat ihr wenig Wert zugemessen. Wichtiger als die Wahl des Kurses war für ihn die Sicherung der Stabilität des einmal gewählten Kurses. Von der in währungstheoretischen und -politischen Diskussionen häufig herangezogenen Theorie der Kaufkraftparitäten – nach der Devisenkurse von der Kaufkraft der Währungen auf ihren Inlandsmärkten bestimmt werden – hat er nie viel gehalten. Er meinte immer, wie er es später einmal in seiner 1949 erschienenen Schrift »Mehr Geld, mehr Kapital, mehr Arbeit« formuliert hat, es ist, »wenn von der Angleichung der Wechselkurse an die Kaufkraft gesprochen wird, mindestens ebenso richtig, von der Angleichung der Kaufkraft an die Wechselkurse zu sprechen«.

Als es im November 1923 um die Wahl des Kurses für die Rentenmark gegenüber der Papiermark und damit auch gegenüber den ausländischen Währungen ging, war zu entscheiden, ob als Richtpunkt die amtlichen Berliner Notierungen oder die Notierungen an den ausländischen Devisenmärkten oder ein mittlerer Kurs genommen werden sollte. Schacht sagte dazu in seinem 1927 veröffentlichten Buch »Die Stabilisierung der Mark«: »Bei welchem Kurs die Aufrechterhaltung, also die Stabilisierung möglich sein würde, das war das große Rätsel, vor dem man stand. Irgendeine mathematische Formel hierfür gab es nicht, es kam auf das Gefühl an und letzten Endes auf den Versuch, wobei das Mittel zur Durchführung dieses Versuches immer nur das gleiche blieb, nämlich die Kontraktion des gesetzlichen Zahlungsmittels, der Papiermark.«

Die Rentenmark war in der Rentenmarkverordnung indirekt – durch die Bestimmung des Paragraphen 15, daß 500 Rentenmark gegen einen Rentenbrief über 500 Goldmark einzulösen sind – an die »Goldmark« gekoppelt, die während der Inflationszeit mehr und mehr zur Recheneinheit geworden war und nach dem jeweiligen Dollarkurs auf den Vorkriegskurs von 4,20 Mark für den Dollar umgerechnet wurde. Dementsprechend war in der Rentenmarkverordnung die Goldmark als der Wert von $^1/_{2700}$ kg Feingold definiert worden. Das Austauschverhältnis zwischen Rentenmark (gleich Goldmark) zu Papiermark war an den ersten Tagen ihrer Ausgabe nach der Umrechnung zu amtlichen Berliner Devisenkursen bestimmt worden.

Hieraus wurde Schacht der Vorwurf gemacht, daß er die Rentenmark zu billig abgegeben hatte. In der Tat haben diejenigen, die in den ersten Tagen Papiermark gegen Rentenmark tauschten, einen erheblichen Gewinn gemacht. Denn am 15. November notierte der Dollar in Berlin 2520 Milliarden Mark gegen 4200 Milliarden Mark am 20. November. Auf einer Konferenz mit den leitenden Männern der Reichsbank und der Rentenbank hatte Schacht seinen Vorschlag, den Kurs der Mark auf einer Dollarnotierung von 4,20 Billionen zu halten, diskutiert. Die Leiter der Rentenbank setzten sich anfangs für einen höheren Dollarkurs in Hinblick auf die höheren Notierungen auf den freien Devisenmärkten ein. Sie stimmten aber dann doch dem 4,20-Kurs zu, als Schacht sie davon überzeugte, daß es gelingen würde, den Geldumlauf im Inland in entsprechenden Grenzen zu halten.

Die Sicherung der Währungsstabilität erreichte Schacht, nachdem er Präsident der Reichsbank geworden war. Seine Ernennung hatte sich nicht reibungslos vollzogen. Von Havenstein hatte in Helfferich seinen Nachfolger gesehen. Das Reichsbankdirektorium, das nach dem Gesetz ein Recht hatte, dem Reichspräsidenten einen Kandidaten für die Ernennung zum Präsidenten der Deutschen Reichsbank zu benennen, schlug Helfferich vor. Der Reichspräsident Ebert hatte aber keinerlei Neigung, den Führer der Oppositionspartei, der seine politischen Freunde heftig bekämpfte, zu diesem hohen Amt zu ernennen, zumal er eine Zusammenarbeit zwischen Regierung und Reichsbank für notwendig hielt. Hinzu kam noch eine weitere sehr wichtige Erwägung. In der Reparationsfrage mußten die Verhandlungen mit den Siegermächten und ihren Sachverständigen fortgeführt werden. Dies erschien Ebert und der Reichsregierung zu dieser Zeit nur auf der Linie der von Stresemann eingeschlagenen Politik möglich. Das Kabinett Stresemann wurde zwar am 22. November 1923 gestürzt, aber Stresemann gehörte dem darauf folgenden Kabinett Marx als Außenminister an. Ob er mit einem Reichsbankpräsidenten Helfferich, der als Sachverständiger zu den Reparationsverhandlungen hätte hinzugezogen werden müssen, hätte zusammenarbeiten können, war überaus fraglich. Dagegen war mit einer guten und engen Zusammenarbeit zwischen Stresemann und Schacht fest zu rechnen. Überdies hatte sich Schacht gerade als Praktiker der Währungspolitik bewährt.

Die Regierung und die Regierungsparteien befürworteten deshalb seine Ernennung zum Reichsbankpräsidenten. Das Reichsbankdirektorium versuchte aber, dies zu verhindern. Es faßte einen Entschluß, in dem es sich gegen die Ernennung Schachts aussprach und führte als Begründung die Vorwürfe an, die von Lumm in Brüssel erhoben hatte. Doch damit setzte es sich selbst ins Unrecht, da die Haltlosigkeit dieser Vorwürfe erwiesen war. Ebert berief darauf Schacht zu einer Unterredung, von der Schacht glaubt, daß sie für seine Ernennung zum Reichsbankpräsidenten ausschlaggebend gewesen sei. Er schildert sie in seinen Erinnerungen so:

»Ich hatte Ebert vorher nur flüchtig gekannt. Jetzt ergab sich die Gelegenheit zu einer längeren wirtschaftspolitischen Aussprache, in der ich zu meiner Freude feststellte, wie wenig dieser Mann von parteipolitischen Vorurteilen befangen war.

›Sie wissen, Herr Schacht, daß wir, fachlich gesehen, Herrn Helfferich durchaus nicht für weniger geeignet halten können als Ihre Person. Doch ist es ganz natürlich, daß wir einem Manne, der weltanschaulich wesentlich weiter links steht, als dies bei Helfferich der Fall ist, den Vorzug geben würden.‹

›Ich danke Ihnen sehr, Herr Reichspräsident, für diese freundliche Beurteilung. Ich muß Ihnen aber leider sagen, daß ich zwar auf freiheitlich-liberalem Boden stehe, daß ich aber keineswegs Sozialdemokrat bin. Ich stehe wirtschaftspolitisch gegen übertriebene staatliche Bürokratie und erwarte eine Besserung unserer wirtschaftlichen Verhältnisse in erster Linie von einer möglichst freien Entfaltung privater Initiative.‹

Ebert winkte ab: ›Ob Sie Sozialdemokrat sind oder nicht, Herr Schacht, darauf kommt es meines Erachtens in diesem Falle gar nicht an, auch nicht darauf, ob Sie wirtschaftlich mehr sozialistisch oder mehr liberal eingestellt sind. Sie haben den Anfang mit der Stabilisierung unserer Währung erfolgreich gemacht. Aber es ist nur ein Anfang, und es wird noch mancher Anstrengung bedürfen, um die Währung auf die Dauer und endgültig stabil zu machen und zu halten. Die Frage, die ich also an Sie richten muß, ist die, ob Sie sich zutrauen, das Werk der Stabilisierung endgültig durchzuführen.‹

Ich zögerte nicht mit der Antwort: ›Herr Reichspräsident, ich habe die Mittel und Wege meiner Stabilisierungspolitik genau durchdacht und sorgfältig geprüft. Ich habe zu mir selber das Vertrauen, daß ich das Stabilisierungswerk erfolgreich beenden kann. Auch können Sie sich darauf verlassen, daß ich alle meine Kraft und mein ganzes Können dafür einsetzen werde.‹

Die Unterredung schloß mit einem kräftigen Händedruck und mit den Worten Eberts: ›Nun gut, Sie werden weiter von mir hören.‹«

Am 22. Dezember 1923 erhielt Schacht die von Ebert unterzeichnete Urkunde über seine Ernennung zum Präsidenten der Deutschen Reichsbank auf Lebenszeit. Als er Anfang Januar 1924 sein Amt antrat, erklärte er dem Direktorium:

»Ich nehme Gelegenheit, meine Herren, Sie als meine Mitarbeiter zu begrüßen. Ich trete mit dem heutigen Tage das Amt des Präsidenten der Reichsbank an und weiß, daß dieses gegen Ihren einhelligen Wunsch geschieht. Ich habe dafür durchaus Verständnis, da Sie mich bisher kaum gekannt haben. Ich würde es deshalb auch verstehen, wenn Sie vorziehen würden, nicht mit mir zu arbeiten, sofern Ihnen eine gleichwertige Position außerhalb der Reichsbank eröffnet würde. Ich werde allen Herren, die einen solchen Wunsch haben, gern behilflich sein, in eine solche Position hinüberzuwechseln. Andererseits werde ich von mir aus Ihnen Ihre bisherige Stellungnahme gegenüber meiner Person in keiner Weise nachtragen und werde jeden von Ihnen, der mit mir loyal zusammenarbeiten will, gern weiter in der Reichsbank sehen. Ich bitte Sie deshalb, mir freundlichst bis morgen vormittag mitzuteilen, ob Sie einen Wechsel Ihrer Tätigkeit vorziehen oder ob Sie gewillt sind, mit mir zusammenzuarbeiten. Guten Morgen, meine Herren.«

Schon nach einer halben Stunde erhielt er von dem Vizepräsidenten von Glasenapp die Versicherung, daß alle Mitglieder des Direktoriums loyal mit ihm zusammenarbeiten würden. In gleicher Weise versicherte ihm der Zentralausschuß der Reichsbank, der ebenfalls – jedoch mit drei Gegenstimmen – sich gegen seine Ernennung ausgesprochen hatte, auf der ersten von ihm einberufenen Sitzung seine Loyalität.

Sicherung der Währungsstabilität

Durch die Ernennung zum Reichsbankpräsidenten sah Schacht sich in die Lage versetzt, die deutsche Währung nach seinen Plänen zu gestalten. »Die Vorstellung, daß neben dem internationalen Goldgeld ein inländisches Zahlungsmittel wie die Rentenmark sich in fester Wertbeständigkeit erhalten könnte, war so absurd, daß ich nur einen einzigen Gedanken hatte, in welchem Tempo die Rückkehr zum Golde möglich sei.« So beschreibt er seine Haltung bei der Übernahme des neuen Amtes. Man hat ihn deswegen als einen »geradezu fanatischen Anhänger der Goldwährung« bezeichnet. Das ist fast zutreffend; jedoch nicht ganz.

Denn »fanatisch« war Schacht in der Verfolgung und Durchsetzung wirtschaftspolitischer Ziele nie, sondern stets pragmatisch, nach dem Zweckmäßigen und Möglichen, dem Machbaren schauend. Die Goldwährung hat er stets aus einer grundsätzlichen Erwägung für die beste aller Währungen gehalten, weil ein Zwang der Notenbanken, den Wert der Währung nach dem Goldpreis auszurichten und in ihrer Kreditpolitik auf den Zufluß oder Abfluß von Gold aus ihren Deckungsbeständen zu achten, sie von einer inflatorischen Politik zurückhalten mußte, während ohne einen solchen Zwang, wie die Erfahrung gelehrt hatte und immer wieder lehrt, einer willkürlichen Vermehrung des Geldumlaufes nur zu leicht Tür und Tor geöffnet wird.

Außerdem war es angezeigt, daß Deutschland, um sich wieder in den internationalen Wirtschaftsverkehr voll einschalten zu können, eine Währung bekam, die in gleicher Weise wie die Währungen der anderen führenden Wirtschaftsnationen gestaltet war. Das aber war eine Währung, die im Grundsatz auf Gold- und Golddeckung abgestellt war. Die Goldwährung, so wie sie 1914 weltweit vorgeherrscht hatte, war nach dem Ende des Ersten Weltkriegs nicht wiederhergestellt worden. Goldmünzen, deren Ausgabe während des Krieges eingestellt war, kamen nicht wieder in Umlauf. Die Einlösungspflicht von

Zentralbanknoten wurde, so weit überhaupt, nur zögernd und lediglich für große Beträge wiederhergestellt. Aber im internationalen Zahlungsverkehr vor allem im Zahlungsverkehr zwischen den Notenbanken, spielte das Gold wieder eine wichtige Rolle. Zudem waren die Werte der wichtigen Währungen auf Gold abgestellt. Man hat das Währungssystem, das sich nach dem Ersten Weltkrieg herausbildete, deswegen als »Goldkern-Währung« oder, weil zu den Reservedeckungen der Notenbanken neben dem Gold auch Devisen verwendet wurden und der Ausgleich von Verpflichtungen der Notenbanken untereinander mehr und mehr in Devisen erfolgte, als »Gold-Devisenstandard« bezeichnet.

Diesem vorherrschenden Währungssystem wollte Schacht, so schnell wie möglich, die deutsche Währung angleichen. Die Bindung an das Gold war überdies auch deshalb dringend erforderlich – ja, unausweichlich, wenn man den Wiederaufbau der deutschen Wirtschaft erreichen wollte –, weil für die Übergangszeit Auslandskredite notwendig waren, die ausländischen Kreditgeber aber nur Anleihen in Währungen gaben, die auf Gold abgestellt waren und deren Notenbanken Reservedeckungen in Gold hielten.

Schacht wußte, daß er sein Vorhaben nur mit internationaler Rückendeckung und Hilfe durchführen konnte, da sonst die Beschaffung des Goldes für die Reservebildung unmöglich war. Er fuhr deshalb noch Ende des Jahres 1923, bevor er sein neues Amt antrat, nach London, um sich der Unterstützung der Bank von England zu vergewissern. Dort wurde er von ihrem Gouverneur Montagu Norman mit einer Freundlichkeit und Herzlichkeit empfangen, die ihn überraschte. Norman begrüßte ihn bei seiner Ankunft am Silvesterabend auf dem Bahnhof und begann mit ihm schon am Neujahrs Vormittag, ungeachtet des Feiertages, die Besprechungen in der Bank von England.

Hier legte Schacht seine Absicht dar, neben der Reichsbank eine zweite Währungsbank zu schaffen, für die er den Namen »Golddiskontbank« wählte. Diese Bank, deren Leitung die Reichsbank übernehmen würde, sollte mit einem Kapital von 200 Millionen Goldmark ausgestattet werden, die vollständig in ausländischer Währung – »sagen wir einmal in Pfund Sterling« bemerkte er zu Norman – eingezahlt werden sollten. Die Hälfte sollte in Deutschland aufgebracht werden, für die andere Hälfte erbat er einen Kredit von der Bank von England, die aber nicht an der Golddiskontbank beteiligt werden sollte. Auf den Einwand Normans, daß ein Kapital von 200 Millionen Mark nicht ausreichen würde, um den Kapitalbedarf der deutschen Wirtschaft, voran der rheinisch-westfälischen Industrie nach ihren

Schäden während der Ruhrbesetzung, zu decken, erklärte Schacht, daß die Golddiskontbank im wesentlichen die Finanzierung des Außenhandels mit Wechselkrediten übernehmen würde, und diese Wechsel ein geeignetes Anlagepapier für den Londoner Geldmarkt sein würden. Um den Gouverneur der Bank von England für sein Vorhaben zu gewinnen, sagte ihm Schacht: »Mister Norman, die Golddiskontbank wird eine Währungsbank sein. Sie wird auf Grund ihres Kapitals von 200 Millionen Mark Banknoten ausgeben. Ich beabsichtige, diese Noten auf Pfund Sterling zu stellen.« Und auf die darüber verwunderte Zwischenfrage Normans erklärte er: »Der Gedanke mag Ihnen auf den ersten Blick außerordentlich erscheinen. Aber warum soll ich nicht ein Exportgeschäft, das sich in fremder Währung abspielt, mit Noten fremder Währung finanzieren?« Schacht glaubte, hiermit ein besonderes Interesse Normans geweckt zu haben.

Als er am nächsten Tag die Besprechungen in der Bank von England fortführte, kam ihm ein – sonst sehr unerfreulicher – Vorgang zu Hilfe. Wirtschaftskreise des Rheinlands hatten den Plan verfolgt, im besetzten Gebiet – für das die Besatzungsmächte die Verwendung der Rentenmark untersagt hatten – eine eigene Währungsbank zu errichten. Das Kabinett Marx hatte hierzu seine Zustimmung gegeben und sich auch damit einverstanden gezeigt, daß diese Bank mit einer französischen Bankengruppe liiert sein würde. Gerade als Schacht in London seine Besprechungen führte, erhielt die Bank von England von den interessierten französischen Banken die Anfrage, welche englischen Banken bereit sein würden, mit dem rheinisch-französischen Bankenkonsortium zusammenzuarbeiten. Als Norman nun Schacht nach seiner Einstellung zu diesem Plan fragte, und Schacht ihm eindeutig erklärte, daß die Reichsbank – anders als die Reichsregierung – jedes Projekt ablehne, »welches die Währungssouveränität der Reichsbank innerhalb des deutschen Reichsgebietes einschränkt«, hatte er die Unterstützung Normans für sein Vorhaben gewonnen und konnte mit einem Kredit der Bank von England fest rechnen. Er erhielt bald danach in Amsterdam auch die Zusage der niederländischen Notenbank einer Unterstützung auf dem Devisenmarkt.

Die Haltung Montagu Normans war vor allem von der Erkenntnis bestimmt, daß eine Erholung der Weltwirtschaft, die eine unerläßliche Voraussetzung für das Gedeihen der Wirtschaft Englands als Welthandelsnation war, nicht eher möglich war, als auch die Wirtschaft Deutschlands mit ihrem großen Außenhandel wiederhergestellt war. Hinzu kam, daß Großbritannien gar nicht daran interessiert sein konnte, daß Frankreich auf dem europäischen Festland durch eine voll-

1. Das Geburtshaus Hjalmar Schachts in
Tingleff (Nordschleswig), heute in Dänemark.

Bildnachweis

Bildarchiv Preußischer Kulturbesitz, Berlin 6, 7,
  18, 26, 27, 29, 30, 36, 41, 42, 43
Süddeutscher Verlag Bilderdienst, München 17
Ullstein Bilderdienst, Berlin 1, 5, 8, 10, 11, 12,
  13, 15, 19, 20, 21, 22, 23, 24, 25, 26, 28, 31, 32,
  33, 34, 35, 37, 38, 39, 40, 44, 45
Das Bild Nr. 9 wurde mit freundlicher Genehmigung von Herrn Peter Hunter, Den Haag, veröffentlicht.
Die Bilder Nr. 2, 3, 4, 14 und 16 wurden mit
  freundlicher Genehmigung des Kindler Verlags,
  München, veröffentlicht.

2. Die Abiturienten des Johanneums in
Hamburg 1895. In der Mitte (sitzend, 3. v.
rechts) Hjalmar Schacht.

3. Der Vater: William Schacht, Lehrer, Prokurist, Journalist, Versicherungsdirektor.

4. Die Mutter: Constanze, geborene Reichsfreiin von Eggers. Sie heiratete William Schacht 1871 in Amerika.

5. Der deutsche Generalkommissar für die
Banken in Belgien während des Ersten
Weltkriegs Dr. Karl von Lumm (Mitte)
mit seinen Mitarbeitern. Links Hjalmar
Schacht.

6. Erste Tagung des Generalrats der
Reichsbank in Berlin am 31. Oktober 1924.

7. Dr. Hjalmar Schacht. 1924 übernahm er
seine ersten großen öffentlichen Ämter. Er
wurde Reichswährungskommissar.

8. Hjalmar Schacht im Gespräch mit
Reichswehrminister Gessler (stehend) und
dem Hamburger Bürgermeister Petersen
(rechts).

9. Schacht bei einer Sitzung des Reichskabinetts 1929. Von links: Dr. Josef
Wirth, Dr. Hermann Pünder, Reichskanzler Hermann Müller, Schacht.

10. Die Eröffnungssitzung der Reparations-
sachverständigen in Paris 1929 (Young-
Plan).

11. Internationale Bankkonferenz in Baden-Baden, 1929.

12. Schacht verabschiedet sich auf dem Pariser Bahnhof St. Lazare von Owen D.
Young

ständige Ausschaltung Deutschlands eine Vormachtstellung erringen würde. Hier spielten auch wirtschaftliche Interessen mit und darunter auch unmittelbare Interessen der Bank von England. Denn vor dem Krieg war London zwar unbestritten der führende Finanzplatz für den internationalen Handel gewesen. Im internationalen Anleihegeschäft machte ihm aber Paris eine spürbare Konkurrenz. Nach dem Ersten Weltkrieg war der Londoner Platz geschwächt und hatte sich neben der heranwachsenden Konkurrenz New Yorks zu behaupten. In dieser Situation konnten es die englischen Banken und mit ihnen die Bank von England nicht gerne sehen, daß die französischen Banken ihren Geschäftsbereich und Einfluß auf dem europäischen Festland ausdehnten. Das war sicherlich nicht der ausschlaggebende, aber doch ein wirksam mitspielender Grund für die Bank von England, Schachts Vorhaben für die Wiedereinschaltung Deutschlands in den internationalen Wirtschaftsverkehr zu unterstützen, vor allem auch weil diese auf eine Zusammenarbeit mit England ausgerichtet waren.

Zwischen Schacht und Norman entwickelte sich nach ihrer ersten Begegnung in London bald eine enge persönliche dauernde Freundschaft. Noch im letzten Jahr vor Ausbruch des Zweiten Weltkriegs übernahm Norman die Patenschaft für ein Enkelkind Schachts. Als er zur Taufe nach Deutschland fuhr, gab das in der damals gespannten Stimmung Anlaß zu Gerüchten über vermeintliche Friedensbemühungen dieser beiden Männer, die sicherlich beide alles in ihren Kräften Stehende zur Erhaltung des Friedens getan hätten. Nur bestimmten andere Kräfte das politische Geschehen.

Nach seiner Rückkehr aus London hatte Schacht mit der Reichsregierung, mit den Vertretern der rheinischen Wirtschaft und den Politikern, die ihren Bankenplan unterstützten, noch schwierige Auseinandersetzungen, um zu verhindern, daß im besetzten Gebiet eine eigene Währungsbank entstand. Er hatte volles Verständnis für die Schwierigkeiten, die dort vorhanden waren, konnte aber darauf hinweisen, daß die rheinische Industrie von der Golddiskontbank ebenfalls die benötigten Kredite erhalten würde, und zwar ohne bedenkliche Folgen, wie sie sich sowohl politisch wie wirtschaftlich aus einer eigenen rheinischen Währungsbank hätten ergeben müssen. An seinem Vorschlag für die Errichtung der Golddiskontbank wurde vor allem, besonders von Helfferich, die Bindung an das Pfund Sterling kritisiert und die Befürchtung geäußert, daß sich hieraus eine Abhängigkeit von der Bank von England ergeben könnte. Schacht machte dagegen geltend, daß – anders als beim rheinischen Bankprojekt, an dem sich französische Banken als Kapitalgeber beteiligen wollten – die Bank von England keinen Einfluß auf die Geschäftsführung haben, sondern lediglich Kreditgeber sein würde. Der Hinweis darauf, daß dieser Kredit zu einem Zinssatz von 5 Prozent gewährt würde, während der übliche Zinssatz zu der Zeit 10 Prozent und mehr betrug, brachte dann alle Einwände, auch die Helfferichs, zum Schweigen.

Durch Gesetz vom 19. März 1924 wurde die Deutsche Golddiskontbank gegründet. Sie wurde in der Form einer privaten Aktiengesellschaft mit einem Kapital von 10 Millionen Pfund Sterling geschaffen, das je zur Hälfte von der Reichsbank und privaten Kapitalgebern, hauptsächlich Banken, in ausländischer Währung bereitgestellt wurde. Nach dem Gesetz hatte sie das Recht zur Ausgabe von Noten in englischen Pfunden; von diesem Recht wurde aber nie Gebrauch gemacht. Die Leitung lag ausschließlich in der Hand der Reichsbank. Die Bank von England gewährte einen Kredit von 5 Millionen Pfund und gab eine Rediskontzusage bis zu 10 Millionen Pfund für Wechsel der Golddiskontbank.

Die Golddiskontbank gewährte Kredite für die Wiederherstellung der Exportfähigkeit der deutschen Industrie, das hieß vor allem für die Einfuhr von Rohstoffen und anderen Waren, die für die Herstellung von Ausfuhrgütern benötigt wurden. Die Kredite erreichten in den Monaten Juli und August einen Umfang von fast 14 Millionen Pfund. Als dann die Reichsbank umgestellt wurde, verlor ihre Tätigkeit für die Exportwirtschaft an Bedeutung. Bald danach wurde ihre Liquidation eingeleitet. Sie wurde aber nicht durchgeführt, so daß 1925 die Golddiskontbank erneut zur Ausfuhrfinanzierung herangezogen werden konnte und sie später für Geschäfte verwendet wurde, die der Reichsbank im Rahmen ihres vom Gesetz festgelegten Tätigkeitsbereiches nicht möglich waren. In der Zeit, in der die alte Mark der Reichsbank, die Papiermark, noch gesetzliches Zahlungsmittel war, die Rentenmark im internationalen Zahlungsverkehr aber nicht verwendet werden konnte, übte die Golddiskontbank eine wichtige Funktion aus, ohne die sich die Erholung der deutschen Wirtschaft in einer gefährlichen Weise verzögert hätte.

Die Umstellung der Reichsbank auf eine Goldwährung, wie sie Schacht anstrebte, vollzog sich nicht unter deutscher Autonomie, sondern mit einer Einschaltung in die Reparationsverhandlungen. Noch im Januar wurde deshalb Schacht zur Teilnahme an den Reparationsverhandlungen nach Paris entsandt, wo es dann zu einem harten Zusammenstoß zwischen ihm und dem französischen Ministerpräsidenten Poincaré kam.

In der Zeit, in der Schacht um die Abwehr des rheinischen Bankenprojekts und die Errichtung der Golddiskontbank bemüht war und zu den Reparationsverhandlungen hinzugezogen wurde, hatte sich in Deutschland eine bedenkliche Entwicklung angebahnt. Die Preise gingen wieder in die Höhe, der Kurs der Mark auf den internationalen Devisenmärkten bewegte sich wieder nach unten. Schon war das Wort »Rentenmarkinflation« zu hören.

Die Kredite der Reichsbank an den Staat waren zwar gestoppt und der Rentenbankkredit an ihn strikt begrenzt, so daß eine damit zusammenhängende Ausweitung des Zahlungsmittelumlaufs wirksam unterbunden war. Aber jetzt setzte eine zu schnelle Ausweitung der Kredite an die private Wirtschaft ein, verbunden mit einer zu schnellen Ausgabe von Rentenbankscheinen und erneutem Steigen des Umlaufs von Papiermark. Vor der Stabilisierung hatte die Reichsbank einen Diskontsatz für Wechsel, die sie in Zahlung nahm, in Höhe von 90 Prozent pro anno zuzüglich eines Währungsabschlages erhoben. Im privaten Kreditgeschäft wurden im Hinblick auf die ständige Entwertung des Geldes noch höhere Zinsen gezahlt. Am 29. Dezember 1923 senkte die Reichsbank den Diskontsatz auf 10 Prozent. Doch auf dem privaten Kreditmarkt wurde im Januar 1924 für tägliches Geld noch ein Zinssatz von 87,6 und für Monatsgeld von 28,3 Prozent gezahlt. Bis März/Anfang April ermäßigten sich diese Zinssätze auf 33 und 30 Prozent.

Die Kreditnachfrage der Wirtschaft, die für Wiederaufbau- und Nachholinvestitionen sowie für die Finanzierung der Umsätze sehr groß war, konnte nur zu einem Teil von der Reichsbank und der Rentenbank gedeckt werden. Immerhin stiegen die kurzfristigen Kredite der Reichsbank (gegen Wechsel und Schecks) von 144 Trillionen Papiermark (gleich 144 Millionen Goldmark) am 23. November 1923 auf 711 Trillionen am 7. April 1924 und der Umlauf an Papiermarknoten verdreifachte sich nahezu in dieser Zeit; er vermehrte sich von 224 auf 684 Trillionen. Gleichzeitig wuchsen auch – zu schnell – die Kredite der Reichsbank an die private Wirtschaft, und der Umlauf an Rentenmarkscheinen. Die Kredite der Reichsbank und der Rentenbank, die am Jahresende 1923 sich auf 609 Millionen Gold- oder Rentenmark stellten, erreichten Ende Januar 1924 bereits 1,15 Milliarden und waren bis Ende März auf mehr als 2 Milliarden emporgeschnellt.

Zwar belebten sich gleichzeitig Produktion und Umsätze. Wissenschaftler haben später nachgerechnet, daß die Ausweitung des Geldumlaufs und der Kredite durchaus der Belebung der Wirtschaft entsprochen hätte. Doch es setzten wieder bedenkliche Preissteigerungen ein und der Kurs der Mark fiel wieder, so daß die Furcht vor einer neuen Inflation aufkam. Und diese Furcht barg, da psychologische Faktoren für den Geldwert von großer, oft ausschlaggebender Bedeutung sind, die schlimmste Gefahr in sich. Der Großhandelsindex des Statistischen Reichsamtes (1913/14 = 100), der von 137,4 am 20. November 1923 bis zum 27. Dezember auf 112,5 zurückgegangen war, stieg auf 124,1 im April 1924. Hohe Einfuhrüberschüsse in den ersten Monaten des Jahres führten überdies, zusammen mit der wiederauflebenden Devisenspekulation, zum Sinken des Markkurses und zum Steigen des Kurses für den Dollar und andere Valuten.

In dieser Situation sah Schacht eine Abhilfe nur in einem ganz harten Durchgreifen. Die Zinspolitik, die bis dahin als das am besten geeignete Mittel der Zentralbanken für die Beeinflussung der Preisentwicklung galt, hielt er unter den gegebenen Bedingungen für unzureichend. Die exorbitanten Zinssätze, die während der großen Inflation von der Reichsbank angewandt wurden, hatten sich ja als wirkungslos erwiesen, und seit Januar 1924 bestand zwischen dem Diskontsatz der Reichsbank und den Zinssätzen auf dem privaten Geldmarkt gleichfalls kein Zusammenhang, so daß die Erhöhung des Diskontsatzes keine Änderung herbeiführen konnte. Deshalb entschloß er sich zu einer radikalen Maßnahme, wie sie bisher noch nie ergriffen worden war.

Am 7. April 1924 ordnete er einen völligen Kreditstopp der Reichsbank an. Es wurden keine neuen Kredite eingeräumt; Wechsel wurden nur in dem Umfange neu diskontiert in dem alte Wechsel eingelöst wurden. Diese Maßnahme, die wochenlang durchgehalten wurde, brachte – in gleicher Weise wie die Unterbindung der Kredite für den Kauf von Devisen nach der Einführung der Rentenmark – die Devisenspekulation auf einen Rückgang des Kurses der Mark sofort zum Stillstand, so daß die Kurse auf den ausländischen Devisenmärkten sich unverzüglich auf einen Stand einpendelten, der dem offiziellen Kurs von 4,20 Billionen Mark für den Dollar entsprach. Im Inland zwang die Kreditsperre Handel und Industrie, die Nachfrage einzuschränken und vorhandene Lagerbestände auf den Markt zu werfen. Dadurch wurde der Preisanstieg sofort unterbunden und ein Preisrückgang eingeleitet. Der Großhandelsindex sank im Mai bereits auf 122, 5 und bis zum Juli auf 115,0.

Der Kreditstopp vom 7. April 1924 hatte vor allem auch eine psychologische, eine Signalwirkung. Er bewies, daß die Reichsbank fest entschlossen war, die Stabilität der Währung unter allen Umständen zu verteidigen, und daß sie in der Lage war, diesen Entschluß auch zu verwirklichen. Danach gab es keine ins Gewicht fallende Spekulation auf ein Sinken des Markkurses mehr, und die Preisbewegungen in Deutschland hielten sich im Rahmen der internationalen Preisentwicklung. Schacht betrachtete deshalb den 7. April 1924 – den Tag, an dem auch die Golddiskontbank ihre Tätigkeit aufnahm – als das Datum für das Ende der Inflation.

Doch dies war jetzt mit einem hohen Preis erkauft. Der Kreditstopp der Reichsbank ließ als erstes die Zinssätze auf dem privaten Kreditmarkt wieder in die Höhe gehen; sie stiegen für Tagesgeld auf 45,5 und Monatsgeld auf 44,5 Prozent und an einzelnen Tagen noch darüber hinaus. Auf dem Aktienmarkt sanken die Kurse im Mai und Juni auf die Hälfte ihres Standes von Anfang April. Auch festverzinsliche Papiere erlitten schwere Kurseinbußen. Weit schlimmer aber war es, daß viele Betriebe ihre Arbeit einschränken, nicht wenige sogar völlig einstellen mußten. Das brachte ein Steigen der Arbeitslosigkeit und zahlreiche Unternehmenszusammenbrüche. Es war in erheblichem Umfange eine »Bereinigungskrise«, in der vor allem Unternehmen ausschieden, die während der Inflationszeit ohne gesunde Grundlage entstanden waren oder noch aus der Kriegs- und ersten Nachkriegszeit fortbestanden hatten, obwohl inzwischen eingetretene Strukturwandlungen hier ohne die Inflation schon längst eine Umstellung herbeigeführt hätten. Doch die Plötzlichkeit und Härte des Kreditstopps traf auch Unternehmen, deren Ausscheiden über eine Bereinigung hinausging, und brachte vielen gesunden Unternehmen große Schwierigkeiten.

Schacht konnte sich deshalb nicht wundern, daß sich jetzt gegen ihn und seine Politik eine heftige Kritik erhob. Auf der einen Seite tadelte man – wie es vor allem Luther getan hatte , daß er nicht früh genug eingegriffen hatte, auf der anderen Seite warf man ihm vor, daß sein Eingriff viel zu hart gewesen sei Doch auf jeden Fall hatte er die Stabilität der Währung gesichert. Im Ausland sah man fast nur diesen Erfolg, so daß dort sein Ansehen bedeutend stieg. Auch im Inland trat die Kritik an dem Eingriff vom 7. April 1924 in den Hintergrund, nachdem die Schwierigkeiten überwunden und ausgeglichen waren und im Verlauf des Jahres 1924 sich eine wirtschaftliche Aufwärtsentwicklung anbahnte, die – mit leichten Schwankungen – bis 1928 anhielt.

Durch Dawes-Plan zur Reichsmark

Abgeschlossen wurde die Reform des deutschen Währungssystems erst am 30. August 1924 mit dem neuen Bankgesetz, das durch drei weitere Gesetze vom gleichen Tage – Privatnotenbankgesetz, Gesetz über die Liquidierung des Umlaufs an Rentenbankscheinen und Münzgesetz – ergänzt wurde. Das Bankgesetz brachte als neue Währung die Reichsmark, die als gesetzliches Zahlungsmittel an Stelle der alten Mark trat, die zur »Papiermark« geworden war. Gleichzeitig wurde die Liquidation der Rentenmark eingeleitet.

Es durften jetzt keine Rentenbankscheine mehr ausgegeben werden, und die umlaufenden Rentenbankscheine wurden binnen drei Jahren eingelöst. Das Kapital der Rentenbank wurde auf 2 Milliarden Rentenmark herabgesetzt. Die Grundschuld der Industrie wurde beseitigt, und für die Grundschuld der Landwirtschaft ein Tilgungsfonds eingerichtet. Da von der Rentenbank hauptsächlich Kredite an die Landwirtschaft gegeben waren, wurde im September 1925 zur Beseitigung einer »besonderen Kreditnot« dieses Wirtschaftszweiges die Deutsche Rentenbank Kreditanstalt geschaffen.

Die Reichsmark stellte nach dem Bankgesetz und dem Münzgesetz eine Goldwährung dar. Im Paragraphen 1 des Münzgesetzes hieß es, ganz ähnlich wie im alten Münzgesetz von 1909: »Im Deutschen Reich gilt die Goldwährung«. Doch zur Ausprägung von Goldmünzen kam es nicht wieder. Wichtiger war die Bestimmung des Bankgesetzes in Paragraph 22 Absatz 1, der die Reichsbank verpflichtete »Barrengold zum festen Satz von 1392 Reichsmark für das Pfund fein gegen ihre Noten umzutauschen«. Die Reichsmark war damit zwar nicht zu einer Goldwährung im Sinne einer Goldumlaufwährung geworden. Aber sie war insofern eine Goldwährung, als sie an den Goldpreis gebunden war und ihre Deckung zu einem wesentlichen Teil in Gold hielt. Sie war eine Goldkernwährung wie die Währungen der anderen führend am internationalen Wirtschaftsverkehr beteiligten Staaten.

Diese Währung hatte Schacht angestrebt, wie er es schon mit seinem Vorschlag von 1922 gezeigt hatte. Er hat sie aber nicht durch eine innerdeutsche Gesetzgebung erreicht, sondern Deutschland war zu dieser Regelung durch eine völkerrechtliche Vereinbarung gelangt, die zu innerstaatlichem Recht und Gesetz wurde. Diese Vereinbarung war die Zustimmung zum Schlußprotokoll der Londoner Konferenz vom 16. August 1924, durch das die Reparationsverpflichtungen nach den Vorschlägen einer Sachverständigen-Kommission, der Dawes-Kommission, neu geregelt wurden. Eine Anlage zu diesem Schlußprotokoll enthielt die Bestimmungen über die Reichsbank, die im neuen Bankgesetz festgelegt wurden.

Die Bestimmungen über die Reichsbank, die von der Dawes-Kommission festgelegt wurden, sind in den für die Währung wichtigen Teilen, weitgehend das Werk Schachts, der von der Reichsregierung als deutscher Sachverständiger zur Teilnahme an den Beratungen der Kommission entsandt war und von den britischen und amerikanischen Kommissionsmitgliedern auf Grund seiner Sachkenntnisse und seines Verhandlungsgeschicks zur Mitarbeit herangezogen wurde, so daß er bei der Ausarbeitung der Vorschläge seinen Einfluß weitgehend geltend machen konnte.

Mit der Berufung der Dawes-Kommission fand der erste und schlimmste Abschnitt der Reparationspolitik seinen Abschluß. Internationale Sachverständige – voran John Maynard Keynes, Gustaf Cassel, sein Landsmann Bertil Olhin und R. Nurske, der Leiter der volkswirtschaftlichen Abteilung beim Völkerbund – hatten schon seit langem darauf hingewiesen, daß im Interesse aller eine vernünftige, auf die Leistungsfähigkeit der deutschen Wirtschaft abgestellte Regelung der Reparationsfrage notwendig sei, wenn man schwere weltwirtschaftliche Störungen vermeiden wollte. Doch immer wieder hatte sich bis dahin die französische Regierung mit ihren harten Forderungen durchgesetzt, obwohl diese im Grunde völkerrechtswidrig waren und dazu gar nicht den Interessen der anderen Alliierten entsprachen.

Die französische Regierung stützte ihre Forderungen auf den Versailler Vertrag, den die Deutschen nicht als einen Vertrag, sondern als ein »Diktat« empfanden, weil er ihnen, ohne daß sie bei der Ausarbeitung dieses »Vertrags«-Werkes hinzugezogen, ja nicht einmal gehört waren, unter der Drohung einer Fortsetzung der Blockade, die für viele den Hungertod bedeutete, aufgezwungen war. Das hatte wesentlich zu der Einstellung vieler Deutscher beigetragen, die für das politische Geschehen während der zwanziger und Anfang der dreißiger Jahre bestimmend wurde, zumal der Ablauf der Ereignisse, die nach der Unterzeichnung des Waffenstillstandsabkommens zum Abschluß des Vertragswerkes in Versailles führten, als ein Vertragsbruch angesehen wurde.

Die deutsche Regierung unter Prinz Max von Baden hatte am 5. Oktober 1918 – nachdem die Oberste Heeresleitung ihr am 29. September mitgeteilt hatte, daß der Zusammenbruch der Front nicht mehr aufzuhalten sei – den Präsidenten der Vereinigten Staaten Woodrow Wilson ersucht, einen Waffenstillstand herbeizuführen und Friedensverhandlungen auf der Grundlage der von ihm am 8. Januar 1918 für einen künftigen Frieden verkündeten »Vierzehn Punkte« einzuleiten. Nach einem Notenwechsel mit dem amerikanischen Außenminister (secretary of state) Robert Lansing erklärte sich Wilson in einer Note vom 5. November dazu bereit. In dieser Note war zugesichert, daß die Vierzehn Punkte die Grundlage für den Friedensvertrag, über den verhandelt werden sollte, bilden sollten mit der Einschränkung, daß der Grundsatz der Freiheit der Meere, der in den Vierzehn Punkten enthalten war, nicht verwirklicht würde, und von Deutschland ein Schadensersatz verlangt würde »für allen durch seine Angriffe zu Wasser und zu Lande und in der Luft der Zivilbevölkerung der Alliierten und ihrem Eigentum zugefügten Schaden«.

Im Vertrauen auf diese Zusicherungen hat die Reichsregierung die Bedingungen des Waffenstillstandsabkommens vom 11. November angenommen, die eine Räumung des besetzten Gebietes sowie Elsaß-Lothringens und des linken Rheinufers mit den Brückenköpfen Mainz, Koblenz und Köln, die Rückgabe aller Kriegsgefangenen ohne Gegenleistung, die Auslieferung der U-Boote und eines großen Teiles der Waffen einschließlich des Transportmaterials sowie die Internierung der Hochseeflotte in Scapa Flow vorsah, während die Alliierten ihre Blockade fortführten.

Die Friedenskonferenz, die am 18. Januar 1919 in Paris begann – und an der nur die Siegermächte teilnahmen – setzte sich über die Zusicherungen der Note Wilsons vom 5. November hinweg. Gestützt auf den Paragraphen 213, der dem besiegten Deutschland – ohne den Beschuldigten anzuhören oder irgendeine Prüfung der Akten vorzunehmen – einseitig die Schuld am Kriege zuschob, wurden die Wiedergutmachungsforderungen weit über die Entschädigung für die Verluste der Zivilbevölkerung hinaus erhoben und für sämtliche Verluste und Schäden der alliierten und assoziierten Staaten durch den Krieg geltend gemacht; dazu wurden später sogar alle Rentenansprüche für Kriegsteilnehmer dieser Staaten und die Kosten für die Besetzung deutscher Gebiete durch alliierte Truppen hinzugerechnet.

Im Versailler Vertrag wurde die Höhe der Wiedergutmachungsforderungen, der Reparationen, nicht festgelegt, obwohl sofort Sachleistungen in Höhe von 20 Milliarden Goldmark angefordert wurden, die bis zum 1. Mai 1921 beigebracht sein sollten. Die deutsche Regierung konnte darauf hinweisen, daß sie bis zum Juli 1920 den Alliierten bereits Werte im Betrag von mehr als diesen 20 Milliarden Mark übereignet hatte. Mit 6,8 Milliarden bezifferte sie den Wert des Staatseigentums und mit 6,5 Milliarden das zurückgelassene Material in den abgetretenen Gebieten, mit 4 Milliarden die abgelieferten Handelsschiffe, mit 1 Milliarde den Wert der an Frankreich übereigneten Gruben des Saargebietes, die bei der Rückgabe dieses Gebietes von Deutschland zurückzukaufen waren; die Lieferungen von Kohle beliefen sich auf 280 Millionen und von Chemikalien auf 8 Millionen; hinzu kamen noch kleine Posten anderer Sachlieferungen.

Die alliierten und assoziierten Regierungen, die eine besondere Reparationskommission eingesetzt hatten, verhandelten auf mehreren langwierigen Konferenzen – 1920 in Boulogne und Spa, 1921 in Paris – über die Höhe der deutschen Reparationsleistungen und ihre Aufschlüsselung auf die Empfänger. In Spa einigten sie sich darauf, daß Frankreich 52, England 22, Italien 10 und Belgien 8 Prozent erhalten und der Rest auf die kleineren Staaten verteilt werden sollte. In den »Pariser Beschlüssen« wurde die Reparationsschuld auf insgesamt 223 Milliarden Goldmark angesetzt, die bis zum Jahre 1963 gezahlt werden sollten. Die deutsche Regierung lehnte die Anerkennung dieser Forderungen ab und mußte es hinnehmen, daß Frankreich darauf Düsseldorf und Ruhrort besetzte. Im April 1921 setzte dann die Reparationskommission die deutsche Gesamtschuld auf 132 Milliarden Goldmark fest. Die bisherigen Leistungen wurden nur mit einem Betrag von 8 Milliarden anerkannt. Der Zahlungsplan der Reparationskommission setzte eine Verzinsung der Schuld mit 6 Prozent fest. Sofort waren eine Milliarde, sodann als feste Raten – in Vierteljahresraten – beginnend mit Januar 1921 jährlich 2 Milliarden zu zahlen; darüber hinaus als variable Raten beginnend mit November 1921 vierteljährlich 26 Prozent der Ausfuhrerlöse. Die Leistungen konnten zum Teil, soweit die Reparationskommission es anforderte, durch Warenlieferungen erfolgen. Diese Forderungen gingen weit über das hinaus, was Keynes – nach dessen Auffassung die 132 Milliarden Goldmark die Leistungsfähigkeit Deutschlands um das Dreifache überstiegen – und andere Sachverständige für wirtschaftlich möglich erkannt hatten. Ihre Erfüllung hätte 80 Prozent des laufenden Staatshaushaltes in Anspruch genommen. Die deutsche Regierung wurde aber mit dem Londoner Ultimatum vom 4. Mai 1921, das die Abtrennung der besetzten Gebiete im Westen und weitere Sanktionen androhte, zur Annahme gezwungen.

Eine vernünftige, wirtschaftlich angemessene und tragbare Regelung der Reparationsfrage wurde bis dahin durch zwei Umstände verhindert. Einmal durch die französische Politik, die auf eine dauerhafte vollständige Niederwerfung Deutschlands abzielte, und zum anderen durch eine Verbindung der deutschen Reparationen mit den interalliierten Kriegsschulden. In Frankreich herrschte unter dem Bewußtsein der Niederlage von 1871 und dem Erlebnis des Weltkrieges 1914/18, in dem es nur durch das Eingreifen der Vereinigten Staaten vor einem noch schwereren Schlag bewahrt worden war, die Furcht vor einem Wiederaufleben eines militärisch starken Deutschlands. Deshalb versuchte es, durch eine Unterstützung separatistischer Gruppen eine Trennung des Rheinlandes vom übrigen Deutschland zu erreichen, um so einen »Pufferstaat« zu schaffen und zugleich durch die Teilung ein geschwächtes Deutschland zu erhalten. Insofern es diesem Ziele nicht näher kam, sollte Deutschland durch die Reparationszahlungen so weit wie nur möglich wirtschaftlich geschwächt werden.

Dieses Vorgehen wirkte sich für Frankreich jedoch zweischneidig aus. Es brauchte nämlich, um die Zahlungsverpflichtungen aus seinen Kriegsschulden erfüllen und die Wiederaufbauarbeiten in den vom Krieg zerstören Gebieten finanzieren zu können, möglichst hohe Reparationsleistungen aus Deutschland. Überspannte Forderungen konnten diese Leistungen aber nicht erhöhen, sondern mußten mit der dadurch herbeigeführten Schwächung der deutschen Wirtschaft zu einer Verminderung führen. In der Finanzierung des Wiederaufbaus ging die französische Regierung mit einer bis zum Leichtsinn reichenden Großzügigkeit vor. In der Annahme: »Le boche payera tout« (Der Deutsche wird alles bezahlen) wurden die Staatsausgaben vermehrt, so daß die Defizite anwuchsen und die Regierung in eine Zwangssituation geriet, in der sie versuchen mußte, höhere Leistungen von Deutschland herauszupressen, aber infolge des verstärkten Drucks nur noch weniger erhalten konnte. Eine Beschleunigung der Inflation in Frankreich war eine Folge dieser Politik.

Die Reparationszahlungen waren für Frankreich, aber auch für Großbritannien und die anderen alliierten Staaten wichtig im Hinblick auf die Leistungen, die sie selbst zur Bedienung ihrer Kriegsschulden aufzubringen hatten. Zwischen den alliierten Staaten hatte sich im Kriege ein vielfältiges Netz von Krediten herausgebildet. Großbritannien und Frankreich hatten zunächst Rußland und die kleineren Verbündeten mit Anleihen finanziell unterstützt und hatten sich dann selbst bei den Vereinigten Staaten verschuldet, die auch an Rußland, Italien und andere alliierte Staaten Kredite gegeben hatten.

Insgesamt beliefen sich die Kriegsschulden auf 26,5 Milliarden Dollar. Davon entfielen 3,5 Milliarden auf Rußland, die uneinbringbar geworden waren. Von den verbleibenden 23 Milliarden hatten die Vereinigten Staaten gut die Hälfte bereitgestellt. Großbritannien hatte für 11,1 Milliarden Kredite gewährt und sich selbst mit 4,7 Milliarden verschuldet. Es erschien also als ein Netto-Gläubiger mit dem ansehnlichen Betrag von 6,4 Milliarden, der sich aber nach Abrechnung der Kredite an Rußland auf 3,9 Milliarden ermäßigte. Außerdem war die britische Regierung sich darüber im klaren, daß die meisten ihrer Kredite nicht einzubringen waren. Frankreich war mit 3,5 Milliarden Forderungen, aber 7 Milliarden Verpflichtungen gegenüber Großbritannien und den Vereinigten Staaten der größte Netto-Schuldner, zumal von seinen Außenständen 1,1 Milliarden auf Rußland entfielen. Die beiden nächstgrößten Schuldner waren Italien und Belgien.

Keynes hatte vorgeschlagen – und das wäre sicherlich die einfachste und auch vernünftigste Lösung gewesen – sämtliche Kriegsschulden zu streichen. Als Begründung konnte er anführen, daß sie der Finanzierung der gesamten Kriegsanstrengungen gedient hatten, zu denen die Schuldnerstaaten mindestens ebenso viel wie die Gläubigerstaaten beigetragen hatten. Doch dieser Vorschlag wurde von den Vereinigten Staaten entschieden abgelehnt wie auch der Vorschlag des englischen Finanzexperten Josiah C. Stamp, der eine gegenseitige Aufrechnung der Schulden und Verbindlichkeiten empfahl, so daß danach nur die Differenzbeträge durch internationale Zahlungen auszugleichen waren.

Die Politiker in den Vereinigten Staaten wie in Frankreich schenkten den Warnungen der Fachleute kein Gehör. Deutschland konnte das Londoner Ultimatum nicht erfüllen. Schon Ende 1921 mußte es um eine Herabsetzung der Anfang 1922 fällig werdenden Raten ersuchen. Als nach langwierigen Verhandlungen Barzahlungen und Warenlieferungen herabgesetzt wurden, war diese Erleichterung schon wieder unzureichend geworden. Ebenso waren es infolge der fortschreitenden Verschlechterung der Wirtschaftslage in Deutschland auch die weiteren Erleichterungen, die von der Reparationskommission im August 1922 zugestanden wurden.

Die Besetzung des Ruhrgebietes führte dann zur Einstellung der Reparationszahlungen. Frankreich verschaffte sich allerdings, nachdem die Reichsregierung unter Stresemann am 26. September 1923 den passiven Widerstand abgebrochen hatte, noch einige Zeit wieder

Kohlelieferungen von der Ruhr. »Das Ruhrgebiet wurde« – so schrieb später Friedrich Stampfer, der Chefredakteur des »Vorwärts«, »bis auf weiteres ›Reparationsprovinz‹.« Das hatte Frankreich erreicht, weil die Industriellen an der Ruhr nach der Einstellung der Zahlungen der Reichsregierung für die Fortführung des passiven Widerstandes – die französische Regierung hatte die Einstellung von Zahlungen von Unterstützungen an die streikenden Arbeiter verlangt und wollte auch die Zahlung der Erwerbslosenhilfe an arbeitswillige, aber nicht beschäftigte Arbeiter als einen Vertragsbruch hinstellen – sich gezwungen sahen, mit der Besatzungsmacht über die Bedingungen für die Wiederaufnahme der Arbeit in den Betrieben, vor allem in den Kohlebergwerken zu verhandeln. Stresemann hatte Bedenken gegen die Verhandlungen der Ruhrindustrie mit der Besatzungsmacht, obwohl die Industriellen – Vögler von den Rheinstahlwerken und Klöckner –, die am 5. Oktober die ersten Besprechungen mit General Degoutte, dem Oberbefehlshaber der alliierten Truppen im Rheinland führten, ihm versicherten, daß eine Regelung, die zu einer Aufgabe der Landeshoheit führen könnte, für sie nicht in Betracht käme. Stresemann hätte, um jeder neuen seperatistischen Tendenz die Grundlage zu nehmen, lieber Verhandlungen zwischen Reichsregierung und der französischen Regierung gewünscht. Doch da die französische Seite dies strikt ablehnte, mußte er die Verhandlungen und die daraus hervorgegangenen Vereinbarungen der Ruhrindustrie hinnehmen und billigen.

Die Vertreter des Bergbaulichen Vereins mit Hugo Stinnes als ihrem Delegationsführer unterzeichneten am 23. November um 7 Uhr abends – knapp eine Stunde später wurde im Reichstag durch ein Mißtrauensvotum der Sturz der Regierung Stresemann eingeleitet – ein Abkommen mit der französisch-belgischen »Mission Interalliée de Contrôle des Usines et des Mines«. Dies Abkommen, »Micum«-Abkommen genannt, erfaßte etwa 80 Prozent der Fabriken des Ruhrgebietes und sämtliche Bergwerke; es sollte bis zum 15. April 1924 gelten. Seine wichtigsten Bestimmungen waren, daß 18 Prozent der Kohleförderung abgeliefert wurden, daß die Kohlesteuer, die nach der Besetzung noch an die deutschen Steuerkassen gezahlt worden war, im Betrag von 15 Millionen Dollar noch einmal an die Besatzungsmächte gezahlt wurde und außerdem, nachdem die deutsche Kohlesteuer inzwischen abgeschafft war, jetzt je verkaufte Tonne Kohle 10 französische Franken an die Besatzungsmacht gezahlt wurden.

Für die Ruhrindustrie brachte das Micum-Abkommen eine schwere Belastung. Die Leistungen, die Frankreich dadurch erhielt, blieben je-

doch erheblich hinter den früheren Reparationsleistungen zurück.
Vor allem aber hatte die französische Regierung erkennen müssen,
daß sie ihrem Ziel, einer Abspaltung des Rheinlandes von Deutschland, keineswegs näher gekommen war, sondern sie durch die Ruhrbesetzung nur die Stimmung der Bevölkerung gegen Frankreich aufgebracht und nationalistischen Strömungen in Deutschland, wie sie
gerade mit dem Hitler-Putsch in München hervorgetreten waren, einen
starken Auftrieb gegeben hatten. Sie war deshalb jetzt bereit, ebenso
wie Großbritannien und die Vereinigten Staaten, die Reparationspolitik nach wirtschaftlichen Gesichtspunkten auf die Leistungsfähigkeit
Deutschlands abzustellen.

Die Regierung der Vereinigten Staaten hatte schon Ende 1922
durch eine Rede ihres Außenministers Charles Hughes in Newhaven
erkennen lassen, daß sie eine wirtschaftlich vernünftige Regelung der
Reparationsfrage für notwendig halte. Auf diese Rede bezog sich die
britische Regierung unter Stanley Baldwin, als sie sich Ende Oktober
1923 an die amerikanische Regierung mit dem Vorschlag wandte,
durch Sachverständige die Leistungsfähigkeit Deutschlands für Reparationszahlungen untersuchen zu lassen. Die amerikanische Regierung stimmte zu, und Baldwin wandte sich an die französische, die
belgische und italienische Regierung. Die französische Regierung unter Raymond Poincaré war nach ihren Erfahrungen mit der Besetzung des Ruhrgebietes geneigt, dem Antrag zuzustimmen. Sie machte
jedoch zwei Einschränkungen; einmal sollte nur die gegenwärtige
Zahlungsfähigkeit Deutschlands geprüft werden, zum anderen sollte
nicht die Frage aufgeworfen werden, ob die Ruhrbesetzung zu Recht
erfolgt sei. Mit dieser zweiten Bedingung war Baldwin einverstanden,
weil nur wirtschaftliche Fragen untersucht werden sollten. Eine zeitliche Begrenzung der Prüfung der deutschen Zahlungsfähigkeit lehnte
er dagegen ab.

Als die Fühlungnahme zwischen den Regierungen soweit gediehen
war, nahm die Reparationskommission die weitere Behandlung in
ihre Hand. Die deutsche Regierung hatte am 24. Oktober den Antrag
gestellt, eine Untersuchung ihrer Zahlungsfähigkeit gemäß Artikel 234
des Versailler Vertrages durchzuführen und dabei ihre Vertreter anzuhören. Die Reparationskommission hatte daraufhin den deutschen
Staatssekretär des Reichsfinanzministeriums Fischer mit seinem Bericht
über die wirtschaftliche Lage und finanzielle Leistungsfähigkeit
Deutschlands angehört. Nun beschloß sie zwei Sachverständigen-Ausschüsse zu berufen. Der eine sollte untersuchen, wie die Währung und
der Staatshaushalt Deutschlands ins Gleichgewicht gebracht werden

konnte. Der andere hatte sich mit der Kapitalflucht aus Deutschland zu befassen.

In der ersten Kommission wurden neben je zwei britischen, französischen, italienischen und belgischen Sachverständigen auch drei amerikanische Sachverständige von der Reparationskommission hinzugezogen. Einer von ihnen, Charles Gates Dawes, Rechtsanwalt und erfolgreicher Bankier, der im Krieg als Leiter der Einkaufszentrale für den Bedarf der amerikanischen Truppen den Rang eines Brigade-Generals erhalten hatte und deshalb dem Protokoll nach als General Dawes auftrat, übernahm den Vorsitz. Daher ist die Kommission als »Dawes-Kommission« in die Geschichte eingegangen. Die Regelung der Reparationsfrage war, wie es ihr Mitglied Sir Josiah Stamp einmal betonte, »streng genommen überhaupt nicht die Angelegenheit der Kommission. Ihre Aufgabe war es, Vorschläge für die Stabilisierung der deutschen Währung und das Gleichgewicht des deutschen Staatshaushaltes zu machen«. Doch sie schloß ihre Arbeiten mit der Vorlage eines Planes für die Regelung der Reparationen ab, der so gestaltet war, daß er die Stabilität der deutschen Währung erhalten und den Haushalt nicht aus dem Gleichgewicht bringen sollte.

Der Kommission, die die deutsche Kapitalflucht untersuchen sollte, gehörte je ein Vertreter Großbritanniens, der Vereinigten Staaten, Frankreichs, Italiens und Belgiens an; ihr Vorsitzender war der Engländer McKenna. Die Arbeiten dieser Kommission gewannen keine Bedeutung für die weitere Behandlung der Reparationsfrage. Sie stellte fest, daß nach dem Krieg bis Ende des Jahres 1923 deutsche Guthaben in Höhe von schätzungsweise 5,7 bis 7,8 Milliarden Goldmark, als mittlerer Wert wahrscheinlich also von 6,75 Milliarden entstanden seien. Dazu kämen noch ausländische Zahlungsmittel in deutschem Besitz im Werte von etwa 1,2 Milliarden. Demgegenüber stellten sich die Guthaben von Ausländern in Deutschland auf 1 bis 1,5 Milliarden. Als das beste Mittel zur Rückführung deutschen Fluchtkapitals empfahl die McKenna-Kommission die Vorschläge der Dawes-Kommission zur Sicherung der Stabilität der deutschen Währung.

Die Dawes-Kommission begann ihre Arbeit in Berlin, verlegte aber nach zwei Wochen ihre Tätigkeit nach Paris. Schacht wurde von der Reichsregierung gegen Ende Januar dorthin entsandt. Er war kein Mitglied der Kommission, sondern sollte von ihr gehört werden und dabei den deutschen Standpunkt vertreten. Durch sein Fachwissen und durch sein geschicktes Auftreten gegenüber den Sachverständigen gelang es ihm, daß er nicht nur angehört, sondern mehr und mehr in die Verhandlungen einbezogen wurde. Er legte dar, wie die wirtschaftlichen Verhältnisse in Deutschland waren und wo die Grenzen für die Aufbringung von Reparationsleistungen lagen. Darüber hinaus machte er Vorschläge, wie die mögliche Aufbringung am günstigsten, sowohl für den Reparationsschuldner wie für die Reparationsgläubiger, gestaltet werden könnte. So wirkte er mit an der Ausarbeitung des Planes, den die Kommission nach Abschluß ihrer Beratungen vorlegte.

Ein enger, auch weiterhin andauernder Kontakt entwickelte sich schnell zwischen Schacht und dem englischen Sachverständigen Sir Josiah Stamp, der wohl am stärksten die Arbeit der Kommission beeinflußte. Sir Josiah gehörte dem hochgeachteten oberen britischen Verwaltungsdienst, dem Civil Service, an und hier wieder dem besonders angesehenen Zweig der oberen Beamtenschaft des Finanzministeriums, der Treasury. Später war er einige Zeit erfolgreich in der Wirtschaft tätig und wurde schließlich in das Direktorium der Bank von England berufen. Er zeichnete sich durch umfassende allgemeine wirtschaftliche und finanzwirtschaftliche Kenntnisse sowie durch ein klares, objektives Urteil aus. Er war aber ein Beamter, der die Weisungen seiner Regierung strikt ausführte, selbst wenn sie – wie es bei späteren Verhandlungen der Fall war – seiner eigenen Auffassung gar nicht entsprachen.

Schacht gewann bald auch das Vertrauen der anderen Sachverständigen und stellte eine gute Zusammenarbeit mit ihnen her. Dazu trug viel sein persönliches Wesen bei. In seiner dienstlichen Umgebung und gegenüber Menschen, die ihn nicht näher kannten, wirkte er kühl, zurückhaltend und verschlossen, ja, »zugeknöpft« und »steif«. Dazu trug schon rein äußerlich seine Kleidung mit hochgeschlossener Weste oder Jackett und dem ungewöhnlich hohen gestärkten Umlegekragen bei, der als sein besonderes Kennzeichen auf keiner Karikatur von ihm fehlte und auf den er erst in der Zeit nach dem Zweiten Weltkrieg verzichten mußte, weil ein Wäschestück dieser Art selbst als Spezialanfertigung nur noch schwer zu erhalten war. Mit seinem ironischen, nicht selten beißenden Witz hat er sich manchen Gegner geschaffen. Im Kreis von guten Bekannten und Freunden aber war er von heiterer, oft humorvoller Aufgeschlossenheit. Mit der Vielseitigkeit seines Wissens und seiner Interessen war er ein glänzender Gesellschafter. Seine Partner bei Besprechungen und Verhandlungen rühmten immer wieder seine Aufgeschlossenheit und sein verbindliches Entgegenkommen, während er gleichzeitig seinen Standpunkt stets mit aller Entschiedenheit und, wenn notwendig, mit Härte vertrat und sich keine Brüskierung gefallen ließ.

Dies stellte er auch in Paris unter Beweis. Während seines Aufenthaltes dort machte er die protokollarisch angebrachten Höflichkeitsbesuche bei dem damaligen Präsidenten der Reparationskommission, Léon Barthou, von dem die Dawes-Kommission einberufen war, sowie dem Gouverneur der Bank von Frankreich. Von Barthou ließ er sich überreden, auch den französischen Ministerpräsidenten Poincaré zu besuchen. Als er bei diesem Besuch im Vorzimmer ungebührlich lange zu warten hatte, ließ er sich wieder Hut und Mantel bringen und machte sich auf den Weg, das Haus zu verlassen. Am Ausgang bat man ihn zur Rückkehr, und Poincaré empfing ihn nun sofort. Doch als es sich zeigte, daß die Unterhaltung unfruchtbar war, brach Schacht sie kurz ab und verließ das Zimmer. In Berlin war man über diesen Vorgang erschreckt. Doch offensichtlich hat er den Verlauf der Konferenz keineswegs ungünstig, sondern eher günstig beeinflußt, weil Schacht sich hierdurch mehr Respekt verschafft als Ärger angerichtet hat.

Die Sachverständigen der Dawes-Kommission sahen sich vor eine doppelte Aufgabe gestellt. Einmal sollten sie feststellen, wieviel Deutschland im Rahmen seiner Leistungsfähigkeit aufbringen konnte – das war das Problem der »inneren« oder »internen« Reparationsaufbringung. Zum anderen war zu untersuchen, wie die Reparationsleistungen an die Gläubigerländer übertragen werden konnten, ohne daß bei den Zahlungen, die ja in anderen Währungen zu erfolgen hatten, die Stabilität der Mark gefährdet wurde – das war das »Transferproblem«.

Es war von den Gläubigerländern, voran von Frankreich, immer wieder der Verdacht geäußert worden, daß Deutschland bewußt und mit Absicht eine Finanzpolitik verfolgte, die es ihm unmöglich machte, die Reparationsleistungen aufzubringen. Nur wenige gingen in ihren Anschuldigungen allerdings so weit wie der spätere – von 1938 an – Erste Diplomatische Berater der britischen Regierung Robert G. Vansittart, der die Auffassung vertrat, Deutschland verfolge mit der »Verweigerung« von Reparationsleistungen die Absicht, die Opfer seines ersten Angriffes weiterhin wirtschaftlich zu schwächen, damit es selbst um so besser Vorbereitungen für einen Revanchekrieg treffen könne.

Die Notlage der deutschen Wirtschaft war an der Jahreswende 1923/24 ganz offensichtlich, und es war selbst für die französischen Sachverständigen unverkennbar, daß die Ruhrbesetzung die katastrophale Verschlechterung herbeigeführt hatte. Strittig konnte für Sachverständige nur sein, in welchem Umfange schon vorher die Reparationen Schuld an einer Minderung der Leistungsfähigkeit der deutschen

Wirtschaft hatten. Ebenso waren sich die Sachverständigen darüber im klaren, daß ein Transfer von Reparationsleistungen nur innerhalb bestimmter Grenzen möglich sei, ohne daß die deutsche Währung wieder im Kurse sinken mußte und als Folge solcher Kursrückgänge die Transfermöglichkeiten verringert und auch die innere Aufbringungsmöglichkeit getroffen würde. Die Höhe der Reparationen an die Transfermöglichkeiten zu binden, dazu waren die Sachverständigen der Dawes-Kommission nicht bereit. Sie stellten einen Zahlungsplan für die innere Aufbringung auf und setzten besondere Regelungen für den Transfer fest.

Der Zahlungsplan, den sie am 9. April 1924 vorlegten, war von ihnen als ein »vorläufiger« Plan gedacht. Sie verzichteten deshalb – und weil es ihnen zweckmäßig für die Annahme ihrer Vorschläge durch die Regierung erschien – darauf, einen Endbetrag für die Höhe der Reparationen zu nennen; sondern sie gaben die Jahresraten an, die nach ihrer Auffassung aufgebracht und transferiert werden konnten. Dabei gewährten sie eine Schonfrist zur Erholung der deutschen Wirtschaft. Aber die Reparationsempfänger wollten während dieser Frist nicht schlechter gestellt sein. Die Lösung wurde in der Weise gefunden, daß Deutschland im ersten Dawes-Jahr, vom 1. September 1924 bis 31. August 1925, lediglich 200 Millionen Goldmark selbst zu leisten hatte und 800 Millionen Goldmark durch eine internationale Anleihe aufgebracht wurden.

Damit standen für die Reparationsempfänger im ersten Jahr 1 Milliarde Goldmark zur Verfügung. In den folgenden Jahren wurden die deutschen Leistungen stufenweise von 1,22 Milliarde 1925/26 bis auf 2,5 Milliarden 1928/29 angehoben und sollten danach mit diesem Jahresbetrag weiter fortgesetzt werden; jedoch mit einer Besserungsklausel, wenn sich die Leistungsfähigkeit der deutschen Wirtschaft – berechnet nach einem komplizierten Wohlstandsindex – gebessert haben sollte. Eine Minderung der Reparationen bei einem Leistungsabfall war dagegen nicht vorgesehen. Die Aufbringung der Leistungen sollte zum Hauptteil aus dem Staatshaushalt, daneben durch Verzinsung und Tilgung von Obligationen von der Reichsbank und der Industrie – auch hier wieder in den ersten Jahren gestaffelt – aufgebracht werden.

Zur Sicherung der Verpflichtungen wurde die Reichsbahn »internationalisiert«. Das heißt, sie wurde von der Reichsregierung unabhängig gemacht als Reichs-Eisenbahn-Gesellschaft, einer autonomen Körperschaft, in deren Leitung ausländische Sachverständige eingesetzt wurden. Für die Aufbringung der Leistungen der Industrie wurde die

Bank für deutsche Industrie-Obligationen gegründet und durch das Industriebelastungsgesetz vom Februar 1925 der – sehr weit gezogene – Kreis der verpflichteten Industrieunternehmen festgelegt. Ein kompliziertes System von nicht handelbaren und handelbaren Obligationen und Möglichkeiten der vorzeitigen Ablösung der Verpflichtungen der einzelnen Unternehmen wurde geschaffen. Umständlich und kompliziert waren auch die Regelungen für die Aufbringung der Leistungen aus dem Staatshaushalt mit besonderen Sicherungsbestimmungen und der Verpfändung einzelner Staatseinkünfte. Ebenfalls kompliziert gestalteten sich die Abrechnungen und Aufrechnungen auch schon deshalb, weil das »Dawes-Jahr« nicht mit dem Haushaltsjahr zusammenfiel.

Für die Abwicklung der Reparationszahlungen setzte die Reparationskommission einen Generalagenten mit Sitz in Berlin ein. Er unterhielt ein Konto bei der Reichsbank. Mit der Einzahlung auf diesem Konto hatte das Deutsche Reich seine Verpflichtungen gemäß dem Dawes-Plan erfüllt. Der Generalagent entschied zusammen mit einer Transfer-Kommission, welche Beträge an die ausländischen Reparationsempfänger überwiesen, das heißt: transferiert wurden. Es war die Aufgabe des Generalagenten und der Transferkommission, darüber zu wachen, daß die Stabilität der Mark durch den Transfer nicht gefährdet wurde.

Die Dawes-Kommssion beurteilte die Zukunftsaussichten der deutschen Wirtschaft sehr günstig. In ihrem Schlußbericht hieß es:

»Deutschland muß Reparationen leisten nicht nur zum Nutzen der Geschädigten, sondern zu seinem eigenen Heil. Seine Wirtschaft kann nicht gedeihen, wenn die benachbarten Länder nicht auch in gesunden Verhältnissen leben und zu normalem Verkehr untereinander zurückkommen. Und Deutschland ist stark. Es hat ein wachsendes und gewerbefleißiges Volk, große technische Erfahrung, reiche Naturschätze, eine entwickelte und fortschreitende Landwirtschaft, es ist hervorragend in industrieller Wissenschaft. Seit 1919 hat das Land seine industrielle Ausrüstung ohne Scheu vor Ausgaben stets verbessert, vor allem seine Eisenbahnen, Telephon- und Telegraphenanlagen, Häfen und Kanäle. Die deutsche Industrie hat sich völlig neue Einrichtungen geschaffen, die vielfach mehr produzieren können als vor dem Krieg. Daher ist Deutschland wohlversehen mit Hilfsquellen und Betriebsmitteln. Wenn die zeitliche Kreditknappheit überwunden ist, wird es in normalem Wettbewerb der Welt wieder eine bevorzugte Stellung haben. Es gehört kein besonderer Optimismus dazu, anzunehmen, daß Deutschlands Schaffenskraft ausreicht, um seinen eigenen Bedürfnissen gerecht zu werden und daneben die in dem Plan vorgesehene Reparation zu leisten.«

Zu den zahlreichen, im Dawes-Plan enthaltenen Sicherungen gehörten auch die Bestimmungen über die Reichsbank. Sie waren von einer besonderen Organisationskommission unter Vorsitz von Sir Robert Kindersley, einem Mitglied des Verwaltungsrates der Bank von England ausgearbeitet worden. Dieser Kommission gehörte Schacht als Mitglied an. Ihre Vorschläge – mit neunzehn Punkten – wurden als »Plan für die Errichtung einer Notenbank Deutschland« dem Dawes-Plan als Anlage beigefügt und damit Bestandteil dieses Planes. Hier wurde vor allem die autonome, von der Reichsregierung unabhängige Stellung der Reichsbank, die sie praktisch schon 1922 erlangt hatte, ausdrücklich festgelegt. Der Umfang der Kredite, die sie dem Reich gewähren durfte, wurde begrenzt. Die Deckungsvorschriften für den Notenumlauf wurden dahin verschärft, daß mindestens 40 Prozent des Umlaufs mit Gold und Devisen, der übrige Teil mit Wechseln oder Schecks gedeckt sein mußten. An die Spitze der Reichsbank wurde neben dem Direktorium ein Generalrat eingesetzt. Er hatte vierzehn Mitglieder, von denen sieben Deutsche und sieben Ausländer waren (je ein britischer, französischer, italienischer, belgischer, amerikanischer, holländischer und schweizerischer Staatsangehöriger). Der Generalrat war bei der Ernennung der Reichsbankpräsidenten zu hören und hatte ein Einspruchsrecht, falls die Deckung des Notenumlaufs geändert oder die Goldeinlösungspflicht aufgehoben werden sollte.

Am 11. April 1924 teilte die Reparationskommission der Reichsregierung mit, daß sie den Dawes-Plan als praktische Grundlage für die Abwicklung der Reparationsleistungen ansehe. Am 24. April gaben die Regierungen von Großbritannien, Belgien und Italien ihre Zustimmung, etwas später auch Frankreich, wo Neuwahlen am 11. Mai zum Sturz der Regierung Poincaré führten.

Mit den Bestimmungen des Dawes-Planes für den Transfer war die deutsche Währung – zunächst wenigstens – davor geschützt, durch die Reparationszahlungen wieder in ihrem Kurs gedrückt zu werden. Die Reichsmark entsprach den Vorstellungen, die Schacht vor der Einführung der Rentenmark als zweckmäßige Lösung vorgeschlagen hatte. Daß der Reichsbank ihre autonome Stellung gegenüber der Reichsregierung zugesichert war, sah er gleichfalls als einen Fortschritt an. Dagegen war das Kontroll- oder Mitbestimmungsrecht der Siegermächte durch den Generalrat für ihn mehr als nur ein Schönheitsfehler. Durch seine Mitwirkung in der Kommission, von der die Bestimmungen für die Reichsbank ausgearbeitet wurden, hatte er aber ver-

hindert, daß sie gewissermaßen eine »Reparationsbank« wurde, wie
es einigen Politikern der alliierten Staaten ursprünglich vorgeschwebt
hatte. Schacht verstand es dann später auch, den Generalrat von jeder
Einwirkung auf die Geschäftstätigkeit der Reichsbank fern zu halten.

Im Konflikt mit Stresemann

In den politischen Kreisen Deutschlands, die der Reichsregierung nahe standen – von den Sozialdemokraten über Demokraten und Zentrum bis zur Deutschen Volkspartei – entstand schon in der Zeit, in der noch die Verhandlungen der Dawes-Kommission im Fluß waren, ein starker Optimismus in der Beurteilung der künftigen politischen und wirtschaftlichen Entwicklung. Aus einem Bericht des Staatssekretärs Bergmann über den Verlauf der Beratungen der Sachverständigen griff Stresemann das Wort »Silberstreifen« auf und sagte am 17. Februar 1924 in einer Rede auf einer Versammlung der Deutschen Volkspartei in Elberfeld die viel beachteten – und oft mit Hohn zitierten – Worte, er sehe zum erstenmal »einen Silberstreifen an dem sonst düsteren Horizont.«

Nach der Annahme des Dawes-Planes waren in der Tat Fortschritte in der Politik und in der Wirtschaft festzustellen. Nur vollzogen sich die politischen Fortschritte sehr langsam und wurden von Rückschlägen unterbrochen, während die wirtschaftliche Entwicklung zwar aufwärts gerichtet war, aber auf sehr unsicherer Grundlage stand und ständig zunehmenden Gefahren ausgesetzt war. Doch das verhinderte nicht, daß von den Befürwortern des Kurses der Reichsregierung und vor allem des außenpolitischen Kurses, für den Stresemann zur Symbolfigur geworden war, die Lage vorwiegend in günstigem Licht dargestellt wurde und kritische oder warnende Stimmen als verfehlt und schädlich hingestellt wurden. Gewiß war es vor allem die Opposition, die Deutsch-Nationale Volkspartei und die rechts von ihr stehenden Parteien – mit der Deutschvölkischen Freiheitspartei als dem schärfsten Gegner der Regierungspolitik, solange die National-Sozialistische Arbeiter-Partei nach dem Hitlerputsch verboten war –, die Kritik übte und hier häufig, besonders auch mit persönlichen Ausfällen gegen Stresemann, zu weit ging. So sehr eine Abwehr solcher Angriffe notwendig war, die Einseitigkeit der Abwehrstellung führte dazu, daß berechtigte Mahnungen entweder nicht beachtet oder, ohne geprüft zu werden, zurückgewiesen und verurteilt wurden.

Dies bekam Schacht zu spüren. Er hatte die Politik Stresemanns in der ersten Zeit aufs stärkste unterstützt. Doch als er sie nicht mehr in vollem Umfang als richtig ansah, kühlte sich das persönliche Verhältnis zwischen beiden Männern, das lange sehr freundschaftlich gewesen war, rasch ab; und Stresemanns Anhänger wurden sehr schnell heftige Kritiker und Gegner Schachts. Sie griffen ihn manchmal sogar schärfer an als die alten Feinde des Regierungskurses, weil ihnen Schacht, der so lange mit ihnen übereingestimmt hatte, nun als ein Abtrünniger erschien. Die Beweggründe für sein Verhalten verstanden sie nicht, weil sie sich auch nicht die Mühe machen wollten, sie zu verstehen.

Stresemann und Schacht hatten beide jeder auf seinem Gebiet – Stresemann in der Außenpolitik und Schacht in der internationalen Finanzwelt – einen entscheidenden Durchbruch für Deutschland herbeigeführt. Sie hatten erreicht, daß ihr Vaterland, das seit dem Zusammenbruch der Front im Herbst 1918 von den Siegermächten als ein Objekt behandelt worden war, das sich jedem Diktat fügen mußte, das nicht als Verhandlungspartner angesehen wurde, sondern Beschlüsse der Alliierten entgegenzunehmen hatte, nach der Beendigung des Ruhrkampfes wieder als ein – zuerst fast und bald ganz – souveräner Staat und als ein – auch wieder zuerst fast bald ganz – gleichberechtigtes Mitglied der Völkergemeinschaft angesehen wurde.

Schacht hatte diesen Durchbruch während der Verhandlungen über den Dawes-Plan herbeigeführt, als durch den Einfluß der Wirtschaftssachverständigen auch unter den Politikern der Alliierten sich die Einsicht durchsetzte, daß nur ein leistungsfähiges Deutschland Reparationen zahlen könne und nur mit einer vernünftigen Regelung der Reparationsfrage eine weltwirtschaftliche Aufwärtsentwicklung möglich sei. Auf der Londoner Konferenz, auf der im August 1924 die abschließenden Verhandlungen über die Annahme des Dawes-Planes geführt wurden, konnte Stresemann dann zum ersten Male seit der Beendigung des Ersten Weltkrieges als deutscher Außenminister an der Spitze einer Delegation auftreten, die nicht mehr Anweisungen entgegenzunehmen, sondern wirklich zu verhandeln hatte. Diese Konferenz war für Stresemann der entscheidende Schritt auf dem Weg, der zum Abschluß des Locarno-Paktes und zur Aufnahme Deutschlands in den Völkerbund führte.

Auf dieser Konferenz zeigten sich aber auch die ersten Gegensätze zwischen Schacht und Stresemann, die bis dahin weitgehend der gleichen Auffassung über den Kurs der deutschen Außenpolitik gewesen waren. Beide waren fast zur gleichen Zeit – Schacht war etwas über ein Jahr älter – am Anfang ihrer Laufbahn den gleichen Berufsweg, nach dem Studium der Volkswirtschaft im Verbandswesen, gegangen. In ihrem Wesen und ihrer Grundhaltung hatten sie viel Gemeinsames, doch auch manches unterschiedliche. Beide waren durchdrungen von dem Glauben an den Wert und die Stärke der Sittlichen, des Moralischen. Schacht, der seine Gedanken gern in Gedichtform faßte, schrieb in den Tagen der Niederlage, im November 1918, und setzte später diese Zeilen als Geleitwort vor seine Memoiren:

>»Gewalt nicht noch Geld
>Formen die Welt.
>Geistige Kraft und sittliches Handeln
>Vermögen Welten zu wandeln.«

Gleiches klingt bei Stresemann durch, wenn er in einem Zeitungsartikel zur Jahreswende 1924/25 schrieb: »Jeder Wiederaufbau Deutschlands wird nicht in erster Linie vom Materiellen, sondern vom Seelischen ausgehen.«

Sie waren beide, wie es Stresemann immer wieder gern für sich betonte, »Realpolitiker«. Illusionslos suchten sie die Lage zu erkennen und versuchten, das zu erreichen, was möglich war. Wenn die Lage sich wandelte, dann zögerten beide nicht lange, den veränderten Umständen Rechnung zu tragen. Aber während Stresemann sich stets energisch dagegen verwahrte, wenn man ihm vorhielt, er handele »opportunistisch«, sah Schacht, der gelassener war und nüchterner urteilte, hierin gar keinen Vorwurf. Denn er meinte:

>»Opportunismus ist die Kraft,
>Den Augenblick beim Schopf zu fassen,
>Hab' ich was Rechtes damit geschafft,
>Will ich mich ruhig schelten lassen,
>Mein Charakter sei nicht dauerhaft.«

Er fühlte sich auch keineswegs betroffen, wenn Kritiker und Gegner ihm vorwarfen, daß er mit List und Finten arbeite. Hier war sein Leitspruch:

>»Gegen Gewalt und arge List
>Kein Edelkräutlein gewachsen ist.
>Willst Du Ihnen nicht unterliegen,
>Mußt sie mit gleichen Waffen bekriegen.«

Stresemann war dagegen gerade in dieser Hinsicht viel empfindlicher. Feinhäutig, wie er war, litt er darunter, wenn die Lauterkeit oder auch nur die Geradlinigkeit seines Handelns angezweifelt wurde. Seine Gegner griffen ihn nun auch weit schärfer an als sie anfangs

Schacht kritisierten. Auf ihn konzentrierten sich nach dem Tode Rathenaus die Angriffe der Opposition und die über jedes vernünftige Maß hinausgehenden persönlichen Anschuldigungen aus den rechtsradikalen Kreisen. Mit seiner angeschlagenen Gesundheit konnte Stresemann diese Attacken nur schwer ertragen. Der robustere Schacht verkraftete dagegen weit besser Kritik und selbst die Anklagen, die nach 1945 gegen ihn erhoben wurden, auch wenn er innerlich darunter wohl mehr gelitten hat, als er nach außen zu erkennen gab.

Der Ausgangspunkt ihres politischen Handelns war für Schacht und Stresemann der gleiche. Für beide war der Versailler Vertrag ein Rechtsbruch gegenüber dem deutschen Volk und die darauf aufgebaute Reparationsforderung rechtswidrig und unmoralisch. Den Artikel 213 des Versailler Vertrages, der einseitig die Kriegsschuld Deutschlands behauptete, anerkannten sie ebenso wenig wie weitaus die Mehrzahl der national empfindenden Deutschen. Nur sahen sie, daß mit Protesten nichts gegenüber den Siegermächten zu erreichen war, daß Widerstand sinnlos war, wenn die Kraft dazu nicht vorhanden war. Sie stimmten darin überein, daß man nur durch neue Übereinkünfte mit den Alliierten eine Besserung der Lage Deutschlands erreichen konnte, und daß solche Übereinkünfte auch ein Nachgeben erforderten, wenn anders kein Kompromiß zu erlangen war.

Beide verfügten über ein ungewöhnliches Verhandlungsgeschick; nur war Schacht, wenn es hart auf hart ging, der Härtere mit größerer Standfestigkeit. Stresemann schien dies zeitweilig auch zu schätzen. Denn als er nach seiner Kanzlerschaft und der Aufgabe des passiven Widerstandes als Außenminister in den Verhandlungen mit Poincaré über die Räumung des Ruhrgebietes und die weitere Behandlung der Ruhrfrage auf neue Schwierigkeiten stieß, die er nicht überwinden konnte, erwog er, Schacht – den er als Kanzler nicht zum Finanzminister hatte ernennen können und dessen Berufung zum Währungskommissar zu diesem Zeitpunkt noch nicht erwogen wurde – als deutschen Botschafter nach Paris zu entsenden. Er bat den französischen Botschafter in Berlin, Pierre de Margerie, deshalb bei seiner Regierung anzufragen, ohne allerdings Schacht hiervon zu unterrichten.

Dagegen verstand Stresemann nicht die Haltung und den Standpunkt, den Schacht auf der Londoner Konferenz 1924 vertrat. Noch weniger verstanden dies viele Anhänger Stresemanns und Leitartikler der demokratischen Presse in Deutschland, die vordem Schacht gelobt und gepriesen hatten, seitdem jedoch ihm gegenüber eine erst reservierte, dann mehr und mehr kritische, schließlich feindliche Stellung einnahmen.

Zu der Konferenz, die über die Inkraftsetzung des Dawes-Planes zu beschließen hatte, waren am 16. Juli die Vertreter der alliierten und assoziierten Staaten zusammengekommen. Vom 6. August an wurde die deutsche Delegation hinzugezogen. An ihrer Spitze stand der Reichskanzler Wilhelm Marx; ihr gehörten der Außenminister Stresemann und der Finanzminister Luther an. Als Sachverständiger war der Reichsbankpräsident Schacht hinzugezogen, wie auch die Delegationen der alliierten Staaten führende Bankiers als Sachverständige nach London hatten kommen lassen. Das war vor allem deshalb notwendig, weil entscheidender Bestandteil des Dawes-Planes die 800-Millionen-Goldmark-Anleihe, die sogenannte Dawes-Anleihe, war und es von dem Urteil der Bankiers abhing, ob diese Anleihe auf den großen Finanzplätzen vom Publikum gezeichnet würde.

Die Bedeutung der Anleihe wurde von dem britischen Premierminister Ramsay Macdonald in seiner Eröffnungsrede deutlich unterstrichen. Auf den Bericht der Dawes-Kommission hinweisend sagte er: »Der Bericht fordert nicht nur Verpflichtungen von Deutschland, sondern auch von uns. Wir müssen Deutschland eine Chance geben. Wir müssen die Bedingungen schaffen, unter denen der Plan lebensfähig ist. Von diesen Bedingungen sind zwei unbedingt wichtig: 1. daß die wirtschaftliche und finanzielle Einheit Deutschlands wiederhergestellt wird, und 2. daß den Gläubigern, die eine große Anleihe geben, angemessene Sicherheit gewährt wird.«

Diese Sicherheit erforderte einmal, daß »die wirtschaftliche und finanzielle Einheit Deutschlands« wirklich schnell wiederhergestellt wurde. Dazu gehörte vor allem die Räumung des Ruhrgebietes und auch die Beendigung der Besetzung des Rheinlandes, da diese ja erneut von Frankreich zu Spaltungsversuchen benutzt werden konnte. Zum anderen aber erforderte sie die Beseitigung der Gefahr erneuter Sanktionen, wie der Ruhrbesetzung, gegen Deutschland, mit denen seine Leistungsfähigkeit und damit die Bedienung der Anleihe durch pünktliche Zins- und Tilgungszahlungen aufs Spiel gesetzt würde. Deutschland konnte deshalb damit rechnen, daß seine Forderung nach Sicherstellung vor neuen Sanktionen aufs stärkste von den Finanzsachverständigen der Alliierten unterstützt würden; ebenso seine Forderung nach sofortiger Räumung des Ruhrgebietes wie auch nach der Festlegung eines kürzeren Zeitraumes für die Räumung des Rheinlandes, als er im Versailler Vertrag vorgesehen war.

Hierauf baute Schacht. Er teilte Stresemann gleich bei seiner Ankunft in London am Morgen des 6. August mit, daß die Bankiers in der Frage der Sanktionen und der Rheinlandbesetzung eine entschiedene, sogar über den deutschen Standpunkt hinausgehende Haltung einnehmen würden, auch wenn der Amerikaner Pierpont Morgan nicht gerne als Vorkämpfer für eine gegen Frankreich gerichtete Politik auftreten mochte. Schacht war deshalb für ein festes Auftreten der deutschen Delegation auf der Konferenz und vertrat in ihrem weiteren Verlauf gegenüber Stresemann die Auffassung, daß eine ablehnende Haltung der deutschen Regierung tragbar sei.

Dazu bestimmte ihn die Erkenntnis, daß Frankreich seinen Anteil aus dem Aufkommen der Dawes-Anleihe dringend brauchte und daher schließlich doch nachgeben würde, oder, falls es zum Scheitern der Konferenz kommen sollte, bald danach im Hinblick auf seine finanzielle Notlage und unter einem Druck Englands und der Vereinigten Staaten sich zu einem Einlenken bereit finden müßte. Schacht teilte dabei keineswegs die von Helfferich vertretene Auffassung, daß seit der Ruhrbesetzung in maßgebenden britischen Kreisen eine Stimmung gegen die von der französischen Regierung betriebene Politik vorherrsche, die es möglich mache, Großbritannien für eine gegen Frankreich und zugunsten Deutschlands gerichtete Politik zu gewinnen. Dabei kann es dahingestellt bleiben, ob Helfferich sich hier tatsächlich der Illusion hingab, daß ein solcher Umschwung in der britischen Politik damals – wie sehr sich auch immer die Stimmung gegenüber dem Verbündeten gewandelt hatte – wirklich möglich war, oder ob er sich dieses Argumentes als eines taktischen politischen Mittels im Kampf gegen die Regierungspolitik bediente.

An der Spitze der französischen Delegation für die Londoner Konferenz stand der Ministerpräsident und Außenminister Edouard Herriot, der in persönlichen Gesprächen den Deutschen, den Engländern und Amerikanern gegenüber und vor allen Dingen auch den Bankiers versicherte, daß er gerne zu größerem Entgegenkommen, zum Verzicht auf alle Sanktionen und zur sofortigen Räumung des Ruhrgebietes sowie einer schnellen Räumung des Rheinlandes bereit sein würde, daß er aus innerpolitischen Gründen dieses aber nicht tun könne. Seine Regierung würde dann sofort gestürzt und die von ihm getroffenen Vereinbarungen würden dann nicht ratifiziert werden. Hinweise Stresemanns, daß Poincaré für die Aufgabe des passiven Widerstandes die sofortige Räumung des Ruhrgebietes versprochen hatte und Frankreich hier in grober Weise wortbrüchig geworden war, beeinflußten Herriot in keiner Weise.

Er hielt unbeirrt daran fest, daß sich Frankreich nur verpflichten könne, die Räumung des Ruhrgebietes innerhalb eines Jahres nach Inkrafttreten des Dawes-Planes zu vollziehen. In persönlichen Gesprächen erklärte er dann wieder, daß er, wenn das Vertragswerk erst einmal in Kraft getreten sei, die Räumung des Ruhrgebietes schneller vollziehen und auch das Rheinland vor den im Versailler Vertrag festgelegten Terminen räumen lassen würde. In gleicher Weise hielt er an den Sanktionsrechten Frankreichs gegenüber Deutschland im Falle einer Nichterfüllung der Verträge fest, versicherte aber den Bankiers in persönlichen Gesprächen, die französische Regierung würde nie wieder zu Sanktionen wie der Ruhrbesetzung schreiten, so daß die Anleihe-Zeichner unbesorgt sein könnten.

Durch die starre Haltung Herriots in den Verhandlungen trieb die Konferenz am 14. August einer Krise zu. Stresemann erklärte den deutschen Delegationsteilnehmern – gegen den Rat Schachts – daß ein baldiges Ende der Konferenz notwendig sei, da »die Nerven der Hauptteilnehmer wegen Überarbeitung stark gespannt« seien und »die Verhandlungen darunter zu leiden« begännen. Der Reichskanzler Marx forderte dann, nachdem noch Gespräche mit Herriot, Macdonald und dem Leiter der amerikanischen Delegation, dem Londoner Botschafter der Vereinigten Staaten Frank B. Kellog, stattgefunden hatten, am nächsten Tag telegraphisch die Zustimmung des Kabinetts an. Am 16. August 1924 erfolgte dann auf einer feierlichen Sitzung die Unterzeichnung des Abschlußprotokolls der Londoner Konferenz, in dem sich Deutschland zur Erfüllung des Dawes-Planes verpflichtete, ohne daß Frankreich auf seine Sanktionsrechte aus dem Versailler Vertrag und die Fortdauer der Besetzung des Rheinlandes verzichtete.

Die Ratifizierung der Londoner Vereinbarungen stieß im Reichstag auf Schwierigkeiten. Stresemann geriet dabei in eine heikle Situation, in der ihm Schacht den Rücken stärkte. Denn obwohl Schacht die Unterzeichnung für verfehlt gehalten hatte, sah er es als notwendig an, eine nachträgliche Gefährdung des Vertragswerkes zu vermeiden. Die Schwierigkeiten ergaben sich daraus, daß für die Annahme der meisten Bestimmungen des Dawes-Planes Gesetze genügten, die der Reichstag mit einfacher Mehrheit beschließen konnte. Das Gesetz, das Ausländern ein Kontrollrecht über die Reichsbahn einräumte, erforderte jedoch als ein verfassungsänderndes Gesetz eine Zwei-Drittel-Mehrheit. Ohne die Annahme dieses Gesetzes wäre aber der Dawes-Plan in seiner Gesamtheit hinfällig geworden.

Eine Zwei-Drittel-Mehrheit war aber nur zu erreichen, wenn ein Teil der deutschnationalen Abgeordneten für das Gesetz stimmte. Bis dahin hatten die Deutschnationalen den Dawes-Plan entschieden bekämpft. Helfferich hatte ihn kurz vor seinem Tode – er kam am 23. April 1924 bei einem Eisenbahnunglück ums Leben – noch als ein

»zweites Versailles« bezeichnet. Großadmiral Alfred von Tirpitz, prominentes Mitglied der Reichstagsfraktion, hatte erklärt: »Das Dokument, wie es heute ist, wirkt tödlich für uns.« Und der Franktionsführer Kuno Graf von Westarp hatte geschrieben, man mute der deutschen Wirtschaft die Rolle eines Hundes zu, der »die Peitsche apportieren« soll.

Als gegen Ende August die Gesetze zur Ausführung des Dawes-Planes – es waren insgesamt acht: ein Mantelgesetz, drei Gesetze über die Währung, zwei über die Industriebelastung und zwei über die Reichsbahn – zur Abstimmung kamen, stimmten die deutschnationalen Abgeordneten gegen alle Gesetze, die mit einfacher Mehrheit, also ohne ihre Zustimmung, angenommen werden konnten. Am 27. August stimmten sie auch in der zweiten Lesung gegen das Reichsbahn-Gesetz, das nur mit Zwei-Drittel-Mehrheit angenommen werden konnte. Doch in der entscheidenden dritten Lesung spaltete sich die deutschnationale Fraktion. Zweiundfünfzig ihrer Mitglieder blieben beim »Nein«, aber achtundvierzig von ihnen stimmten mit »Ja«. Damit erhielt das Gesetz mehr als zwei Drittel der abgegebenen Stimmen – dreihundertelf von vierhunderteinundvierzig –, und die Londoner Vereinbarungen konnten ratifiziert; der Dawes-Plan konnte zum 1. September 1924 in Kraft gesetzt werden.

Diesem »Umfall« der einen Hälfte der deutschnationalen Fraktion waren Verhandlungen zwischen Abgeordneten der Deutschen Volkspartei und der Deutsch-Nationalen Volkspartei vorausgegangen, an denen Stresemann als Initiator einen entscheidenden Anteil gehabt hatte. Er hatte schon lange eine Koalition unter Einschluß der Deutschnationalen gewünscht. Jetzt brauchte er ihre Zustimmung, um die Annahme der Londoner Vereinbarungen zu erreichen. Für den Fall ihres Eintritts hatte die Fraktionsführung der Deutschen Volkspartei zugesagt, daß sie sich für die Aufnahme von vier deutschnationalen Ministern in das Kabinett einsetzen würde. Die Deutschnationalen hatten zudem eine offizielle Stellungnahme der Regierung gegen die »Kriegsschuldlüge« gefordert.

Nach der Annahme des Dawes-Paktes sollte die Regierung nun in einer Note den Signatarmächten des Versailler Vertrages mitteilen, daß sie den Artikel 231 dieses Vertrages nicht mehr anerkenne. Dieser Artikel hatte folgenden Wortlaut:

»Die alliierten und assoziierten Regierungen erklären und Deutschland erkennt an, daß Deutschland und seine Verbündeten als Urheber aller Verluste und aller Schäden verantwortlich sind, welche die alliierten und assoziierten Regierungen und ihre Angehörigen infolge des ihnen durch den Angriff Deutschlands und seiner Verbündeten aufgezwungenen Krieges erlitten haben.«

Gegen dieses Schuldbekenntnis hatte der Außenminister der Regierung Scheidemann, Ulrich Graf von Brockdorff-Rantzau, der an der Spitze der nach Paris entsandten Delegation stand, bei der Vorlage der Friedensbedingungen am 1. Mai 1919 protestiert. »Es wird von uns verlangt, daß wir uns als die Alleinschuldigen am Krieg bekennen, ein solches Bekenntnis wäre in meinem Mund eine Lüge«, erklärte er und wies darauf hin, daß nicht erst mit der Ermordung des österreichischen Thronfolgers das Unheil begonnen habe, sondern daß es die Folge einer längeren Entwicklung gewesen sei. Er forderte eine unparteiische Untersuchung und betonte, daß die Grundsätze Wilsons die Basis für den Friedensvertrag sein müßten. Auch die Regierung, die nach dem Rücktritt Philipp Scheidemanns mit Gustav Bauer als Reichskanzler gebildet wurde und unter dem Zwang der Notlage die Unterzeichnung des Friedensvertrages in Versailles vollziehen ließ, hatte erklärt, sie tue dies nur unter Vorbehalt; sie weiche der Gewalt, um dem deutschen Volk neue furchtbare Leiden zu ersparen. »Wir legen weiterhin den größten Nachdruck auf die Erklärung, daß wir den Artikel 213 des Friedensvertrages, der von Deutschland fordert, sich als alleiniger Urheber des Krieges zu bekennen, nicht annehmen können und durch die Unterschrift nicht decken.« So hieß es in der Erklärung Bauers, mit der er den Beschluß seiner Regierung zu der mit einem Ultimatum geforderten Annahme des Friedensvertrages verkündete.

Die Zurückweisung der »Kriegsschuldlüge« war seitdem ein ständiger, heiß umkämpfter Streitpunkt der deutschen Innenpolitik geblieben. Es war vor allem der moralische Vorwurf, unter dem national empfindende Deutsche – in einer für spätere Generationen gar nicht mehr vorstellbarer Weise – litten. Hinzu kam bei vielen noch die Vorstellung, daß mit dem Hinfälligwerden der Alleinschuld Deutschlands auch die Reparationsverpflichtungen des Versailler Diktats hinfällig werden mußten, weil sie ja mit der Alleinschuld begründet waren. Die Rechts-Opposition forderte unablässig von den Regierungen neue Schritte zur Zurückweisung des Schuldbekenntnisses. Diese sahen dies aber als verfehlt an, weil die Siegermächte jeden derartigen Schritt zurückgewiesen hätten und sich dadurch keineswegs auch nur im geringsten in ihrer Reparationspolitik hätten beirren lassen.

Auf der Londoner Konferenz im August 1924 hatte die deutsche Delegation erwogen, die Kriegsschuldfrage vor der Annahme des Dawes-Planes zur Sprache zu bringen. Als dies bekannt wurde, erhielt sie Hinweise, daß dies in der englischen und amerikanischen Presse eine neue anti-deutsche Kampagne auslösen könnte. Als Marx und Stresemann dies erfuhren, gaben sie das Vorhaben sofort auf. Nachdem sie von deutschnationalen Abgeordneten die Unterstützung für die Annahme des Dawes-Planes erhalten hatten, sahen sie sich genötigt, nun doch etwas zur Zurückweisung des Kriegsschuldbekenntnisses zu tun. In einer Regierungserklärung zur Annahme der Londoner Vereinbarungen, in der sie den Abgeordneten für die Zustimmung Dank sagten, hieß es: »Die uns durch den Versailler Vertrag unter dem Druck übermächtiger Gewalt auferlegte Feststellung, daß Deutschland den Weltkrieg durch seinen Angriff entfesselt habe, widerspricht den Tatsachen der Geschichte. Die Reichsregierung erklärt daher, daß sie diese Feststellung nicht anerkennt. Es ist eine gerechte Forderung des deutschen Volkes, von der Bürde dieser falschen Anklage befreit zu werden... Die Reichsregierung wird Anlaß nehmen, diese Erklärung den fremden Regierungen zur Kenntnis zu bringen.«

Die Ankündigung einer solchen Aktion, den Regierungen der alliierten und assoziierten Staaten mit einer förmlichen Note der Reichsregierung mitzuteilen, daß sie die Kriegsschuld nicht anerkenne, beunruhigte die ausländischen Bankiers, die gerade zu diesem Zeitpunkt die Auflegung der Dawes-Anleihe vorbereiteten. Sie befürchteten, daß ein solcher Schritt im Ausland falsch gedeutet und antideutschen Kreisen Anlaß zu feindseliger Stimmungsmache geben würde. Viele Ausländer könnten meinen, daß mit dieser Erklärung die Deutschen sich auch ihren Reparationsverpflichtungen und damit später auch ihren Verpflichtungen aus der Dawes-Anleihe entziehen wollten. Ebenso würde auch das erneute Aufkommen einer stärkeren antideutschen Stimmung von der Zeichnung der Anleihe abschrecken.

Die Durchführung des Dawes-Planes hätte dadurch gleich an ihrem Beginn gefährdet werden können. Die Folgen wären gar nicht abzusehen gewesen. Schacht wirkte deshalb auf Stresemann ein, von der geplanten Notifizierung abzusehen. Stresemann sah sich hier in einen Zwiespalt gestellt. Für den Außenminister war die Notifizierung ein sinnloser und gefährlicher Akt. Dem Führer der Deutschen Volkspartei erschien sie aber zweckmäßig oder sogar notwendig, um die Unterstützung der Deutsch-Nationalen Volkspartei zu behalten und eine Koalition mit ihr zu erreichen. Die Vorhaltungen Schachts bewirkten, daß er die geplante Notifizierung zunächst aufschob und dann, als er von den Deutschnationalen nicht weiter gedrängt wurde, sie schließlich aufgab. Die Dawes-Anleihe wurde aufgelegt und war ein voller Erfolg; die einzelnen aufgelegten Abschnitte wurden erheblich überzeichnet.

Schacht hielt das Kriegsschuldanerkenntnis moralisch und sachlich ebenso für verfehlt wie die Deutschnationalen und die rechts von ihnen stehenden politischen Organisationen. Gegen die Bestimmungen von Versailles und die Reparationen arbeitete er mit allen ihm zur Verfügung stehenden Mitteln. Doch er sah, was erreichbar und was sinnlos war. Deutschland konnte, da es militärisch machtlos geworden war, nur den Weg der Verhandlungen gehen. Nachdem es in London durch völkerrechtliche Vereinbarungen den Dawes-Plan angenommen hatte, mußte es sich um die Erfüllung des Planes bemühen und durfte nichts tun, was die Erfüllung von seiner Seite aus gefährdete.

Dabei war sich Schacht – und mit ihm waren es alle wirtschaftlichen Sachkenner, zumindest alle Sachkenner außerhalb Frankreichs – darüber im klaren, daß der Dawes-Plan sich auf die Dauer nicht würde erfüllen lassen und früher oder später seine Revision zusammen mit einer Revision der interalliierten Kriegsschulden notwendig würde. Die Bedienung der Dawes-Anleihe an die ausländischen Anleihegläubiger und die Zahlungen an die Reparationsempfänger konnten nur aus Überschüssen der deutschen Zahlungsbilanz geleistet werden. Das gleiche galt für die Zahlungen zur Abgeltung der interalliierten Kriegsschulden.

Hierfür wären normalerweise Überschüsse der Handelsbilanzen der Schuldnerländer – der Schuldner von Reparationsleistungen, zu denen außer Deutschland auch Österreich und Ungarn gehörten, sowie der Schuldner von Kriegskrediten – erforderlich gewesen. Diese Überschüsse wären aber nur dann zu erzielen gewesen, wenn die Gläubigerländer bereit gewesen wären, in ihrem Außenhandel entsprechend hohe Einfuhrüberschüsse hinzunehmen. Das heißt, vor allem mußten die Vereinigten Staaten hierzu bereit sein als das größte Gläubigerland für die interalliierten Kriegsschulden, während die Empfängerländer von Reparationen, voran Frankreich, zugleich in hohem Maße Kriegsschuldner waren, so daß die Reparationen, die sie empfingen, zum Teil nur den Charakter durchlaufender Posten hatten; denn die Zahlungen, die sie erhielten, hatten sie an ihre Gläubiger weiterzuleiten. Die Vereinigten Staaten waren aber nicht im geringsten geneigt, Importüberschüsse zuzulassen, weil sie von hohen Einfuhren eine Beeinträchtigung des Absatzes und damit der Beschäftigung ihrer Industrie befürchteten. Statt in ihrem Außenhandel der Einfuhr ausländischer Waren den Weg zu öffnen, versperrten sie ihn mit erhöhten Zöllen und anderen Erschwerungen.

Durch Kredite, die von den Schuldnerländern aufgenommen wurden, konnten nun, solange ihnen solche Kredite zuflossen, die Reparationszahlungen und die Zahlungen zur Bedienung der Kriegsschulden, auch ohne Handelsbilanzüberschüsse geleistet werden. Doch man konnte nicht mit einem unbeschränkte Zeit anhaltenden derartigen Kreditzufluß rechnen. Früher oder später mußte er zum Stillstand kommen. Dann mußte sich auch herausstellen, daß die Reparations- und Kriegsschuldenregelung unter den gegebenen weltwirtschaftlichen Verhältnissen abgeändert werden mußte.

Diesen Zeitpunkt konnte Schacht abwarten, ohne daß es Deutschland nötig hatte, von sich aus neue Initiativen in der Reparationsfrage zu ergreifen. Es war dies allerdings kein Abwarten in Ruhe. Denn – auch darüber waren sich alle Sachverständigen im klaren – bei dem Aufhören des Kreditzuflusses waren Spannungen und Störungen im Weltwirtschaftsverkehr zu erwarten. Im britischen Schatzamt rechnete man schon bald nach dem Anlaufen des Dawes-Planes damit, daß in einigen Jahren eine Krise einsetzen würde. Gerade im Hinblick auf diese Gefahren erschien Schacht ein behutsames, vorsichtiges Verhalten Deutschlands in der Reparationsfrage während der ersten Jahre nach dem Anlaufen des Dawes-Planes angebracht.

Um so stärker war er erstaunt und betroffen, als Stresemann am 17. September 1926, eine Woche nach der Aufnahme Deutschlands in den Völkerbund, mit dem französischen Ministerpräsidenten und Außenminister Aristide Briand auf einem Treffen in der französischen Ortschaft Thoiry eine Gesamtlösung der Reparationsfrage besprach, die nach Stresemanns Vorstellung mit der Auflegung einer internationalen Anleihe im Betrag von eineinhalb Milliarden Dollar verbunden sein sollte, und in der Frankreich als Gegenleistung das Rheinland räumen sollte. Schacht war hierüber doppelt betroffen. Einmal waren die von Stresemann vorgeschlagenen Regelungen der Reparationen nicht genügend durchdacht und die Auflegung einer internationalen Anleihe in der genannten Höhe war bei der damaligen Lage auf den Kapitalmärkten völlig unmöglich. Zum anderen sah Schacht in dem Eingehen auf den französischen Standpunkt, daß das Rheinland erst geräumt zu werden brauchte, wenn Deutschland seine Reparationsverpflichtungen vollständig erfüllt hätte, die Preisgabe einer Rechtsposition, nach der Deutschland einen Anspruch auf frühere Räumung hatte. Selbst auf der Grundlage des Versailler Vertrages konnte Deutschland eine Räumung verlangen, sobald es seine Reparationsverpflichtungen erfüllte, ohne daß die vollständige Erfüllung abgewartet werden mußte. Zudem hätte es dem damals soviel zitierten »Geist von Locarno« – wenn dieser Geist in der politischen Wirklichkeit in Erscheinung treten sollte – entsprochen, daß nunmehr das Rheinland unverzüglich geräumt würde.

Schacht glaubte, daß Stresemann, ein studierter Nationalökonom, der in Wirtschaftsverbänden gearbeitet – zuerst als Assistent in der Geschäftsführung des Verbandes deutscher Schokoladenfabrikanten und danach als Syndikus des Verbandes sächsischer Industrieller – und in Aufsichtsräten großer Unternehmen gesessen hatte, genügend wirtschaftliches Wissen und Verständnis haben müßte, um mit seinem französischen Gesprächspartner keine Reparationsregelungen vorzusehen, die illusorisch und undurchführbar waren. Offenbar hatte Schacht während der Verhandlungen in London im August 1924 nicht gemerkt, daß Stresemann – wie es seine nächsten Mitarbeiter und Freunde wußten – den wirtschaftlichen Fragen des Reparationsproblems nur die allernotwendigste Beachtung schenkte, weil es ihm vor allem auf die außenpolitische Wirkung ankam. Für ihn lag der Haupterfolg von London darin, daß für Deutschland »die Zeit der nationalen Isolierung« vorüber war. Eine spätere Tagebuchnotiz, vom 19. Juli 1925, über die »Besprechungen der Kapitalgewaltigen Strong (dem Präsidenten des amerikanischen Zentralbanksystems), Montagu Norman und Schacht« zeugt von wenig Hochachtung für die Finanzmänner und ihre Tätigkeit, auch wenn er vermerkt, daß ihr Wirken eine Voraussetzung für das Zustandekommen des Sicherheitspaktes ist. Denn, so steht es in der Notiz: »Wir brauchen die Milliarden sehr dringend.«

Mit dem Einlenken auf den französischen Standpunkt, daß die Rheinland-Räumung von der vollständigen Erfüllung der französischen Reparationsforderungen abhängig sei, war Stresemann in Thoiry der Hartnäckigkeit Briands erlegen, nachdem alle seine Versuche, einen früheren Abzug der französischen Besatzungstruppen zu erreichen, gescheitert waren. Ob Stresemann seinen Weg, so wie er ihn gegangen ist, gehen mußte oder ob ein anderer Kurs zu besseren Ergebnissen geführt hätte, kann niemand sagen. Ebensowenig weiß man, ob Stresemann im August 1924 eine Chance vergab, als er – denn er und nicht der Reichskanzler Marx bestimmte den Kurs der Verhandlungen der deutschen Delegation – entgegen dem Rat Schachts sich zu einem Einlenken gegenüber der Haltung der Franzosen bereitfand.

Stresemann versuchte, nach London Frankreich wenigstens zur Räumung der ersten der drei Besatzungszonen, der »Kölner Zone«, gleichzeitig mit der Räumung des Ruhrgebietes zu bewegen. Das Ruhrgebiet wurde innerhalb der als längstem Zeitraum vereinbarten Jahresfrist – fünf Wochen vor dem letzten Termin, was noch als ein »Erfolg« hingestellt wurde – geräumt. Aber darüber hinaus waren die Franzosen zu keinem Zugeständnis bereit. Die besetzten Gebiete waren für sie nicht nur ein Faustpfand zur Sicherung ihrer Reparationsforderungen. Sie hielten an ihnen auch zur militärischen Sicherung fest, bis sie ihr großes Verteidigungswerk, die Maginot-Linie aufgebaut hatten.

Auch der Eintritt Deutschlands in den Völkerbund verzögerte sich. Eine Wende brachte eine Note, die Stresemann am 9. Februar 1925 an Herriot richtete und in der er einen Sicherheitspakt und einen Schiedspakt zwischen Deutschland und Frankreich und darüber hinaus für ganz Westeuropa mit der Beteiligung von Belgien, Italien und Großbritannien vorschlug. Die Verhandlungen, die danach einsetzten, führten, nachdem die Regierung Herriot durch eine Regierung Briand abgelöst war, am 26. Oktober 1925 zum Abschluß des Locarno-Paktes. In ihm wurde der Verzicht auf einen militärischen Angriff und eine friedliche Regelung aller Streitigkeiten unter gemeinsamer Garantie der bestehenden deutschen Westgrenze sowie eine Entmilitarisierung des Rheinlandes vereinbart.

Dieser Vertrag hatte eine günstige psychologische Wirkung und schuf unter der Bevölkerung ein Gefühl der Entspannung, der Überwindung der noch aus dem Krieg herrührenden Feindschaften. Er machte auch den Weg frei für den Eintritt Deutschlands in den Völkerbund. Nur die erhoffte Räumung der besetzten Gebiete brachte er nicht. So machte sich in Deutschland bald wieder in weiten Kreisen ein Gefühl der Enttäuschung breit. Viele, die zu Anhängern der Stresemannschen Außenpolitik geworden waren, kehrten sich wieder von ihm ab und wandten sich erneut der nationalen Opposition zu. Daran änderte sich auch wenig, als im Januar 1926 die erste Besatzungszone nun endlich geräumt wurde. Denn stärker fiel ins Gewicht, daß die beiden anderen Zonen trotz Locarno besetzt blieben.

Als dann am 10. September 1926 – nach Überwindung mancher außenpolitischer Schwierigkeiten und heiklen innerpolitischen Auseinandersetzungen mit einer Stellungnahme der Deutschnationalen gegen den Eintritt in den Völkerbund – Deutschland in einer feierlichen Völkerbundsversammlung in den Bund aufgenommen wurde und hierdurch wieder eine Hochstimmung aufkam, glaubte Stresemann die Stunde nützen und neue Enttäuschungen durch eine persönliche Verhandlung mit Briand verhindern zu können. Frankreich brauchte dringend Geld zur Deckung seiner wachsenden Haushaltsdefizite, die zu einer ständigen Verschlimmerung seiner Inflation führten, und wollte sich, so schnell wie möglich, von seinen drückenden Schuldverpflichtungen gegenüber den Vereinigten Staaten und Großbritannien befreien. Stresemann hatte deshalb bei einem amerikanischen Bankier, Ferdinand Eberstadt vom Bankhaus Dillon, Read & Co., und beim Reparationsagenten Erkundigungen – leider unzureichende – eingezogen, ob es möglich wäre, Frankreich sofort größere Barbeträge aus den deutschen Reparationsverpflichtungen zukommen zu lassen.

Daraufhin glaubte er, Briand, der inzwischen nicht mehr Ministerpräsident, sondern Außenminister in einer Regierung Poincaré war, in Thoiry vorschlagen zu können, daß aus einer neuen Reparationsanleihe im Betrage von 1,5 Milliarden Goldmark Frankreich nach dem Verteilungsschlüssel für die deutschen Reparationsleistungen 52 Prozent, also gut 750 Millionen erhalten könnte. Außerdem würde Deutschland bereit sei, sofort für den Rückkauf der Saargruben 300 Millionen Goldmark zu zahlen. Briand zeigte wohl Bereitschaft, dieses Angebot anzunehmen. Wies aber Stresemanns Vorschlag, dann auch sogleich das gesamte Rheinland zu räumen, entschieden zurück.

Für die deutsche Außenpolitik und die Reparationspolitik hatte die Episode von Thoiry keine weiter reichenden Folgen. Sie brachte keine Änderungen. Es wurde von der deutschen Regierung ein Thoiry-Ausschuß gebildet, dem einige Kabinettsmitglieder angehörten und zu dem auch Schacht hinzugezogen wurde. Ebenso erörterte auch die französische Regierung mit dem Präsidenten der Bank von Frankreich Stresemanns Vorschläge und fragte beim Reparationsagenten an, ob auf ihrer Grundlage eine Änderung des Reparationsplanes möglich wäre. Sie erhielt aber eine abschlägige Antwort.

Schlimmer aber waren die innerpolitischen Auswirkungen in Deutschland. Kreise der nationalen Opposition, die unter dem Eindruck des Locarno-Paktes begonnen hatten, Verständnis für die Außenpolitik Stresemanns zu gewinnen, waren in gleicher Weise oder noch viel mehr als Schacht über das Milliarden-Angebot schockiert und sahen zugleich, wie Frankreich und vor allem Briand, der als ein zur Verständigung bereiter Staatsmann hingestellt worden war, jedes Entgegenkommen von deutscher Seite nur mit um so größerer Härte beantwortete.

Vergeblicher Kampf gegen Auslandsschulden

Gleichzeitig mit der Abkühlung seines Verhältnisses zu Stresemann hatte sich auch Schachts Verbindung mit der Demokratischen Partei gelockert. Er hielt es für verfehlt, daß die demokratische Reichstagsfraktion einseitig nach einer Koalition mit der Sozialdemokratischen Partei strebte und der Deutschen Volkspartei Schwierigkeiten bereitete, wenn diese sich darum benühte, die Deutschnationalen zur Regierungsverantwortung heranzuziehen. Zum Austritt aus der Demokratischen Partei sah Schacht sich veranlaßt, als sie in der Frage der »Fürstenabfindung« anfänglich keine klare Stellung einnahm.

Diese Frage hatte im Jahre 1926 zu innerpolitischen Auseinandersetzungen geführt. Während der Revolutionstage im November 1918 war keine Regelung über das Vermögen der zurückgetretenen Herrscherfamilien getroffen worden. Mit der Weimarer Verfasung, die mit Artikel 153 das Eigentum gewährleistete, war ihr Eigentum vor entschädigungsloser Enteignung geschützt. Fraglich aber war, welche Teile ihres Besitzes als Privat- und welche als Staatseigentum anzusehen waren, über die sie nur als Staatsoberhäupter die Verfügung hatten. Die einzelnen Landesregierungen hatten sich deshalb mit den Fürstenfamilien in Vergleichen zu einigen. Große Schwierigkeiten bereitete der Vergleich vor allem in Preußen. Die Sozialdemokratische Partei leitete schließlich zusammen mit der Kommunistischen Partei ein Volksbegehren ein, das für alle deutschen Fürstenhäuser die entschädigungslose Enteignung bringen sollte.

Das Volksbegehren erhielt die notwendige Zahl der Eintragungen, so daß am 20. Juni 1926 ein Volksentscheid stattfand, der aber nicht die erforderliche Stimmenzahl zur Annahme erhielt. Inzwischen und auch danach noch wurde die Frage der Enteignung der Fürstenvermögen mehrfach im Kabinett und im Reichstag behandelt, in dem aber die Zwei-Drittel-Mehrheit für die verfassungswidrige entschädigungslose Enteignung nicht zu erlangen war. Die demokratische Reichstagsfraktion sprach sich, als sie Stellung beziehen mußte, gegen die entschädigungslose Enteignung aus. Schacht hielt aber ihr Zögern für unvereinbar mit einem unbedingten Eintreten für die Sicherheit des Privateigentums, das für ihn eine unabdingbare Voraussetzung für eine gesunde Wirtschaftsordnung war.

Als Schacht der Demokratischen Partei den Rücken kehrte, geriet er auch – jedoch aus einem anderen Grund – in einen Gegensatz zur Sozialdemokratischen Partei, die ihn bei seiner Einsetzung zum Währungskommissar gestützt und für seine Ernennung zum Reichsbankpräsidenten mit ihren führenden Persönlichkeiten, voran dem Reichspräsidenten Ebert, den Ausschlag gegeben hatte. Doch in dieser Stellung mußte er als Hüter der Währungsstabilität ihre Politik kritisieren und versuchen, den finanz- und währungspolitischen Folgen entgegenzuwirken. Ihre Lohn- und Sozialpolitik führte dazu, daß die Fehlbeträge in den Staatshaushalten wuchsen und ständig steigende kurz- und langfristige Schulden zu ihrer Deckung gemacht wurden. Vor allem wandte sich Schacht gegen die Ausgabenpolitik der Gemeinden, die für nicht dringliche Aufwendungen unablässig hohe und höhere Beträge ausgaben. Schacht scheute sich nicht, »den Bau von Stadien, Schwimmbädern, Grünanlagen, Schmuckplätzen ... Geländeund Güterkäufe, Messegebäude, Festhallen, Hotelbauten, Bürohäuser, Planetarien, Flugplätze, Theater- und Museumsbauten usw.« als Luxusausgaben zu bezeichnen. Auch den Wohnungsbau, soweit er »übertrieben und unwirtschaftlich« vorgenommen wurde, verschonte er nicht mit seiner Kritik.

In einer Rede, die er im November 1927 in Bochum hielt, nahm er scharf gegen die Finanzpolitik der Gemeinden Stellung, nachdem er vorher schon mehrfach seine Bedenken und Einwendungen vorgebracht hatte. Die Bochumer Rede fand in der Öffentlichkeit starke Beachtung und wurde von vielen Sozialdemokraten als eine Kampfansage aufgefaßt und mit Kritik und Vorwürfen gegen Schacht beantwortet. Viele von ihnen sahen jetzt in ihm einen Gegner ihres Finanzpolitikers Hilferding, so daß Schacht in ihren Augen fast an die Stelle des früheren Gegners, Helfferich, trat. Immerhin erreichte Schacht es schließlich, daß die Aufnahme von Krediten der Gemeinden für solche Zwecke einer Kontrolle unterworfen und dadurch weitgehend gestoppt wurden.

Die wachsenden Schulden der öffentlichen Hand hielt Schacht nicht nur aus finanzpolitischen Gesichtspunkten für gefährlich, sondern sie hatten vor allem eine überaus schädliche Wirkung für die Reparationspolitik und trugen zu einer bedrohlichen Entwicklung im internationalen Zahlungsverkehr bei, die sich später in der Krise des Jahres 1931 so verhängnisvoll auswirken sollte. Der öffentliche Kreditbedarf zusammen mit dem Kreditbedarf der privaten Wirtschaft ließ in Deutschland die Zinsen höher steigen als im Auslande und führte, da er in seinem Umfang die Aufbringungsfähigkeit des deutschen Geld- und Kapitalmarktes bei weitem überstieg, dazu, daß in ständig wachsendem Ausmaß kurzfristige und langfristige Kredite im Auslande aufgenommen wurden. Die ausländischen Kreditgeber ließen sich von der profitablen Zinsdifferenz dazu bestimmen, ihre Mittel in Deutschland anzulegen, ohne daß sie die Sicherheit dieser Kredite, das heißt: die Fähigkeit Deutschlands, sie unter allen denkbaren Verhältnissen zurückzuzahlen, hinreichend prüften.

Der Zustrom ausländischer Kredite nach Deutschland begünstigte – solange er anhielt – die Abwicklung der Reparationszahlungen. Dadurch wurden die Transferklauseln, die einen wichtigen Bestandteil des Dawes-Planes darstellten, hinfällig. Die Sachverständigen, die diesen Plan ausgearbeitet hatten, waren sich darüber einig gewesen, daß die Reparationen vom Schuldnerland an die Gläubigerländer nur aus den Überschüssen seiner Handelsbilanz zusammen mit Überschüssen seiner laufenden Zahlungsbilanz, wie Überschüssen aus Transporten oder ähnlichen Dienstleistungen, gezahlt werden können. Nach dem Vorbild einer Regelung, die vorher unter Mitwirkung des Völkerbundes für die Reparationen Ungarns getroffen war, wurde deshalb im Dawes-Plan bestimmt, daß nur in der Höhe, in der Deutschland über ausländische Devisen verfügte, die Reparationszahlungen an das Ausland geleistet, das heißt von der Inlandswährung in Währungen der Gläubigerländer oder eine von ihnen gewünschte Währung – und das war in der Regel der Dollar – »transferiert« zu werden brauchten. Dabei waren die Sachverständigen davon ausgegangen, daß die Devisen für den Transfer aus Überschüssen der Handels- und Dienstleistungsbilanz herrühren würden.

Nach dem Dawes-Plan hatte die Reparationskommission – die aus dem Reparationsagenten und fünf Mitgliedern der alliierten Mächte bestand – darüber zu wachen, daß ein möglichst großer Teil der Reparationszahlungen in fremder Währung transferiert wurde, solange die deutsche Währung dadurch nicht gefährdet wurde. Sobald der Transfer die Währung gefährdete, brauchten die Reparationszahlungen nicht transferiert zu werden. Sie sollten dann auf einem besonderen Konto bei der Reichsbank gehalten werden. Es war vorgesehen, daß solche Beträge bis zur Höhe von 2 Milliarden Goldmark in kurzfristigen Geldmarkttiteln gehalten würden – über deren Verwendung ursprünglich die Reichsbank, nach einer späteren Regelung die Reparationskommission entscheiden sollte. Über zwei Milliarden Goldmark hinausgehende Beträge sollten bis zu einer Höhe von fünf Milliarden Goldmark in langfristigen Anleihepapieren angelegt werden. Wenn diese Höhe erreicht war, dann sollten Reparationszahlungen, die nicht zu transferieren waren, ganz eingestellt werden.

Die Reparationszahlungen wurden, wie im Dawes-Plan vorgesehen, aus dem Reichshaushalt, von der Reichsbahn und der Industrie aufgebracht. In allen drei Fällen geschah dies allerdings mit Hilfe von Krediten, wobei sich natürlich nicht eindeutig sagen läßt, wieweit Kreditaufnahmen auch aus anderen Gründen sich als zweckmäßig oder notwendig herausgestellt hätten. Reparationsagent wurde zuerst der amerikanische Rechtsanwalt und Wirtschaftsberater, Mitglied des Verwaltungsrates der General Electric Company, Owen D. Young, der als Sachverständiger der Dawes-Kommission angehört hatte; an seine Stelle trat aber bald der frühere Unterstaatssekretär des amerikanischen Schatzamtes Parker Gilbert. Die Reparationsagenten sahen keine Schwierigkeiten, die gesamten Reparationszahlungen zu transferieren, weil bei der Reichsbank ständig ausreichend Devisen zur Verfügung standen.

Einen erheblichen Teil der Reparationszahlungen verwandte der Reparationsagent für die Bezahlung von Sachleistungen, die von den Reparationsgläubigern angefordert wurden. Große Posten waren dabei Kohle- und Kokslieferungen an Frankreich. Die Sachleistungen schufen aber nur bedingt eine Erleichterung für die deutsche Devisensituation, weil anderenfalls die Güter exportiert worden wären und einen entsprechenden Anfall von Devisen aus den Verkaufserlösen gebracht hätten. Auf Grund der Sachleistungen brauchten im ersten Dawes-Jahr, vom 1. September 1924 bis 31. Mai 1925, nur etwas über 30 Prozent der Reparationszahlungen in ausländischen Währungen transferiert zu werden. Bis zum 5. Dawes-Jahr, 1928/29, stieg der Anteil des Transfers auf fast 58 Prozent.

Die deutsche Handels- und Dienstleistungsbilanz wies in allen diesen Jahren – mit Ausnahme des Jahres 1926, in den durch den großen Streik im britischen Kohlenbergbau Deutschland einen beträchtlichen Ausfuhrüberschuß erzielte – einen so hohen Passivbetrag aus, daß überhaupt kein Transfer möglich gewesen wäre, wenn diese Bilanz als Grundlage dafür angesetzt gewesen wäre. Ihre Defizite bewegten sich in den Jahren 1924, 1925 und 1927, 1928 jeweilig zwischen 1,2 und 2 Milliarden Goldmark. Die Kredite, die von Deutschland aus im Auslande aufgenommen wurden, bewirkten aber einen ständigen Devisenzustrom, der in den genannten Jahren zwischen 1,4 und 3,5 Milliarden Goldmark schwankte. Daher konnte der Reparationsagent ohne

Schwierigkeiten die Devisen für den Transfer erwerben. Bemerkenswert dabei ist, daß die weitaus größten Handelsbilanzdefizite im Außenhandel Deutschlands mit den Vereinigten Staaten auftraten, die als Großgläubiger der Kriegsschulden sich hätten bereit finden müssen, weit mehr Waren zu importieren als zu exportieren. Das zweitgrößte Handelsbilanzdefizit verzeichnete Deutschland gegenüber Frankreich, das als größter Empfänger deutscher Reparationen ebenfalls mehr Waren hätte abnehmen müssen, wenn der Dawes-Plan auf die Dauer glatt abzuwickeln gewesen wäre. In den Jahren 1924 bis 1929 zusammengerechnet ergab sich für den deutschen Außenhandel ein Minus in der Handelsbilanz von 6,3 Milliarden Goldmark.

Über das Steigen der Auslandsverschuldung fehlen genaue Statistiken, weil der Zahlungsverkehr mit dem Auslande in dieser Zeit völlig frei war. Das Statistische Reichsamt schätzte Ende September 1930 die kurzfristigen Auslandsschulden auf 10,8 bis 11,8 Milliarden Goldmark, die langfristigen auf 9,3 Milliarden. Insgesamt überstiegen die Auslandsschulden also 20 Milliarden Goldmark. Schacht sah diese Entwicklung mit größter Besorgnis. Er wußte, daß die Aufnahme von Krediten im Auslande nicht völlig unterbunden werden konnte. In seinem 1931 erschienenen Buch »Das Ende der Reparationen« schrieb er:

»Selbstverständlich war eine gewisse Auslandsverschuldung für Deutschland nicht zu vermeiden. Der Umstand, daß die Alliierten die deutsche Volkswirtschaft aller flüssigen Mittel beraubt hatten, nötigte dazu, einen erheblichen Teil der Betriebsmittel durch ausländische Kredite zu beschaffen, die ihrer Natur nach in kurzfristiger Form aufgenommen werden konnten. Sicherlich konnte auch ein Teil der ausländischen langfristigen Anleihen nutzbringend für die Modernisierung des deutschen Wirtschaftsapparates verwendet werden. Möglich, daß dabei auch einzelne Fehlinvestitionen vorgekommen sind. Aber der Zwang, Reparationen zu zahlen, nötigte einfach dazu, zu rationalisieren und zu modernisieren. Über diesen Bedarf hinaus aber ist zweifellos ein großer Teil von Auslandsanleihen, insbesondere soweit die Kommunen als Kreditnehmer aufgetreten sind, unwirtschaftlich, d. h. ohne Aussicht auf Rentabilität verwendet, und zum Teil ist leider von den gleichen Stellen auch kurzfristiges Geld in langfristigen Anlagen investiert worden.

Man konnte sich an den Fingern der Hand abzählen, wie lange eine solche Verschuldungspolitik fortgesetzt werden konnte. Für ein Land, das wie Deutschland nur über sehr geringe Naturschätze verfügt und das angesichts einer stiefmütterlich behandelten Landwirtschaft in ganz überwiegendem Maße von der Steigerung seines Industrieexports lebt, muß die Grenze sehr bald erreicht werden, wo einerseits der Schuldner mit gutem Gewissen noch weiter Kredit nehmen darf und wo andererseits der Gläubiger sich die Frage vorlegen muß, ob denn noch eine so erhebliche Anleihegewährung verantwortet werden kann. Es mutet, wenn es nicht so ernst wäre, fast erheiternd an, daß die unentwegte Fortsetzung der Borgwirtschaft gerade von jenen marxistischen Elementen in Deutschland befürwortet wird, bei denen die Sorge um den Schutz des Privatkapitals nicht gerade im Vordergrund des Parteiprogramms steht. In jedem Falle trifft diese Elemente die schwere Schuld, daß sie nicht nur dazu beigetragen haben, die wahre Sachlage hinsichtlich der Reparationszahlungen, wie es im Dawes-Plan heißt, zu verschleiern, sondern daß sie darüber hinaus eine Zinsenlast auf die deutsche Volkswirtschaft gelegt haben, an der die Zukunft noch schwer tragen wird.«

Die Reichsbank besaß damals keine Handhaben, mit denen Schacht das Steigen der Auslandsschulden hätte aufhalten können. Sie verfügte nur über zwei Mittel zur Beeinflussung des Wirtschaftsablaufs: die Zinspolitik und die Kreditrestriktionen. Schacht wußte, daß beide nicht ausreichend waren, die Kreditaufnahmen im Auslande zu unterbinden. Aber um nicht völlig untätig zu bleiben und sich nicht vorwerfen zu müssen, daß er nicht wenigstens versucht habe, das in seiner Macht Stehende zu tun, setzte er beide Handhaben an. Um die Zinsspanne zwischen dem Inlande und dem Auslande zu verringern und damit den ausländischen Kreditgebern den Anreiz zu nehmen, ihre Mittel in Deutschland anzulegen, setzte er den Diskontsatz der Reichsbank herab; zuerst im September 1925 von 9 auf 7 Prozent, dann im März 1926 auf 6 Prozent und schließlich Anfang 1927 auf 5 Prozent. Zu diesem Entschluß trug auch bei, daß zur Minderung der noch aus den Vorjahren herrührenden hohen Arbeitslosigkeit eine Zinsverbilligung zur Belebung der Konjunktur angebracht erschien.

Doch eine spürbare Minderung des Kapitalzustroms aus dem Ausland erreichte er nicht. Denn der deutsche Kapitalmarkt wurde in einem so großen Umfang von der öffentlichen Hand in Anspruch genommen, daß die private Wirtschaft ihren Kreditbedarf weiterhin im Auslande deckte. Die Verringerung der Zinsspanne, die zuletzt fast völlig verschwand, hatte zur Folge, daß die ausländischen Kreditgeber weniger langfristige Anleihen nach Deutschland gaben. Sie blieben aber bereit, kurzfristig Geld nach Deutschland zu verleihen. Deutsche Banken nahmen diese kurzfristigen Mittel aus dem Ausland gern entgegen und deckten hiermit den Kreditbedarf ihrer Kunden, obwohl sie wußten, daß diese die Mittel langfristig anlegten. Schacht war erschreckt darüber, in welchem Umfang dies geschah, hatte aber kein Mittel, dagegen vorzugehen und konnte nur Banken und Regierung vor den Folgen ihres Handelns warnen. Doch diese Warnungen fanden, da die Wirtschaft sich ja so günstig zu entwickeln schien, kein Gehör.

Als sich in der ersten Hälfte des Jahres 1927 stärkere Preis- und Kostensteigerungen einstellten, die auch die Entwicklung des Exportes – nachdem das Ende des britischen Kohlestreikes seinem besten Aufschwung schon ein Ende bereitet hatte – zu beeinträchtigen drohte, sah Schacht sich genötigt, den Versuch, mit einer Verringerung der Zinsspanne den Zustrom ausländischer Kredite zu hemmen, aufzugeben. Im Juni 1927 erhöhte er den Diskontsatz wieder auf 6 Prozent.

Vorher hatte er auch noch Kreditrestriktionen eingesetzt, um damit gegen die schlimmsten Vorgänge bei der Hereinnahme kurzfristiger ausländischer Kredite vorzugehen. Manche Banken hatten nämlich die kurzfristigen Auslandskredite nicht nur zur Weitergabe an ihre Kunden in Industrie und Handel verwendet, sondern hatten sie, als mit der Belebung der Wirtschaft die Kurse an den Aktienbörsen stiegen, auch zu eigenen spekulativen Aktienkäufen benutzt. Dadurch wurde der Kursanstieg verstärkt und für andere der Anreiz zur Spekulation geschaffen, die nun wiederum hierfür vermehrt Kredite der Banken in Anspruch nahmen und deren Kreditaufnahme im Ausland noch weiter steigerten.

Schacht versuchte, die verantwortlichen Bankiers durch persönliche Gespräche dazu zu bewegen, von diesem Treiben Abstand zu nehmen. Er ordnete an, daß die Banken von den Kunden, die Kredite für Effektenkäufe in Anspruch nahmen, verlangten, für einen erheblichen Teil der Beträge Einlagen (Depots) bei den Banken zu halten. Eine Großbank, die dieser Anordnung nicht Folge leistete, schloß er vom Giroverkehr mit der Reichsbank aus, so daß sie sich bald dazu entschloß, sich doch lieber der Anordnung zu fügen. Doch deren Wirkung und noch weniger die Wirkung der mündlichen Ermahnungen reichten nicht aus, um wirksame Abhilfe zu schaffen. Deshalb griff Schacht – ähnlich wie 1924 zur Verteidigung der Stabilität der Währung – zu der harten Waffe der Kreditrestriktionen. Er forderte die Banken auf, ihren Kunden die Kredite für Börsengeschäfte zu beschränken. Diese Maßnahme sollten sie jedoch nicht abrupt durchführen. Die Banken gaben sie aber ohne vorherige Abstimmung mit ihm bekannt. Das führte am Freitag, dem 13. Mai 1927, der als »schwarzer Freitag« in die deutsche Börsengeschichte eingegangen ist, einen starken Sturz der Aktienkurse herbei. In der Wirtschaftspresse und darüber hinaus in

Bank-, vor allem in Börsenkreisen ist Schacht als der vermeintliche Urheber dieses »schwarzen Freitags« viel kritisiert worden.

Im Kampf gegen den Zustrom ausländischer Kredite stand Schacht allein auf verlorenem Posten. Er hätte ihn nur gewinnen können, wenn die Regierung und die Banken ihm zur Seite getreten wären. Klar hat dies Rudolf Stucken in seinem Werk »Deutsche Kredit- und Geldpolitik 1914-1963« zum Ausdruck gebracht. Er schreibt:

»Schacht hätte bei seinem Kampf erfolgreich sein können, wenn er nicht allein gestanden hätte, wenn öffentliche Körperschaften, Kreditbanken und private Unternehmungen die verlangte Zurückhaltung gegenüber ausländischen Krediten geübt hätten, sei es, daß sie freiwillig Gefolgschaft geleistet hätten, oder sei es, daß sie durch die Staatsführung dazu gezwungen worden wären. Aber es gelang Schacht nur, die Hilfe des Staates gegen besondere Auswüchse bei der Inanspruchnahme von Auslandskrediten zu gewinnen; in der grundsätzlichen Frage stand er allein gegen Regierung und Parlament und gegen den im parlamentarischen Getriebe einflußreichen Teil der Bevölkerung. Auf Auslandskredite verzichten, das hätte das Ende der bisherigen Politik bedeutet, dann wäre erst einmal Schluß gewesen mit der Aufblähung der öffentlichen Leistungen und Ausgaben, mit der Erhöhung der Löhne und Sozialbeiträge, den großzügigen öffentlichen Bauten usw.; dann hätte eine Politik getrieben werden müssen, die die inländische Ersparnisbildung begünstigte, damit diese groß genug werden konnte, um den Lebenserfordernissen innerhalb der Staatsgrenzen zu genügen. Solche Politik freiwillig auf sich zu nehmen, daran war doch nicht zu denken! Man hätte sparen und nicht konsumieren müssen, um aus Ersparnissen anstatt aus Krediten investieren zu können. Letzten Endes haben die Auslandsanleihen in jenen Jahren doch der Konsumtion gedient und nicht der Entfaltung der Produktion, denn sie haben es in ihrer Gesamtheit ermöglicht, daß jahrelang eine Politik fortgeführt wurde, die die Konsumtion auf Kosten der inneren Ersparnisbildung forcierte und die ohne den Zufluß ausländischer Anleihen in kürzester Frist ad absurdum geführt worden wäre.«

Die Finanzpolitik des Deutschen Reiches, der Länder und der Gemeinden war auch im Ausland sehr heftig – oft unberechtigt und übertrieben – kritisiert worden. Vor allem aus Frankreich, aber auch aus anderen Ländern wurde der Vorwurf erhoben, die Deutschen betrieben bewußt eine Finanzpolitik der hohen Ausgaben, um unter Hinweis auf wachsende Haushaltsdefizite die Unerfüllbarkeit der Reparationsleistungen nachzuweisen. Der Präsident der Bank von Frankreich wurde mit diesem Argument bei dem Reparationsagenten vorstellig.

Parker Gilbert teilte zwar nicht die Auffassung der Franzosen, daß die Deutschen mit ihrer Finanzpolitik die Durchführung des Dawes-Planes sabotieren wollten. Er hielt aber die Ausgaben der öffentlichen Hand in Deutschland für bedenklich. In seinem Bericht, den er am 10. Juni 1927 vorlegte – einem Zwischenbericht, wie er neben seinen Jahresberichten üblich geworden war – brachte er eine scharfe Kritik an der deutschen Finanzpolitik vor. Da der Reparationsagent laufend mit dem Reichsbankpräsidenten in Kontakt stand, wurde von den Verantwortlichen der Finanzpolitik und in weiteren Kreisen, die zu Kritikern und Gegnern Schachts geworden waren, der Verdacht laut, er habe Parker Gilbert zu dessen Stellungnahme veranlaßt. Wohin sich die Stimmung gegen Schacht gesteigert hatte, zeigt vielleicht am deutlichsten die Tagebuchaufzeichnung Stresemanns über die Kabinettssitzung vom 22. Juli 1927. Dort steht:

»Der Reichskanzler bat dann Dr. Schacht, sich zu äußern, ob er sonst zu dem Bericht des Reparationsagenten etwas zu bemerken habe, worauf Schacht eine äußerst scharfe Kritik an der Reichsfinanzpolitik übte: Er (Schacht) habe seit zwei Jahren dasselbe gesagt, was der Reparationsagent sage. So gehe es eben nicht mit der Erhöhung der Gehälter der Beamten und der Finanzgebarung. Er glaube nicht, daß Parker Gilbert einen anderen Zweck verfolge als den, darauf hinweisen zu können, daß die deutsche Finanzpolitik in Ordnung sei. Dann werde man auch mit ihm zur Verständigung kommen. Er identifizierte sich dabei derart mit Parker Gilbert, daß er zum Schluß sagte, er bäte, nicht aus seiner Stellungnahme zu entnehmen, daß er etwa den Bericht von Parker Gilbert beeinflußt habe.

Der Finanzminister (Dr. Köhler) sagte einige Worte, während die anderen Minister es ablehnten, zu den Äußerungen von Schacht etwas zu bemerken. Der Reichskanzler dankte dann Herrn Dr. Schacht, der die Sitzung verließ.

Nach der Sitzung wandte sich ein Kabinettsmitglied an mich in Gegenwart von Brauns und sagte zu mir: ›Haben Sie nun erkannt, wo der Gegenspieler sitzt, der die Interessen der deutschen Gläubiger gegen die deutschen Volksinteressen vertritt?‹ Ich sagte ihm, daß die Rede Schachts an die Grenze des Möglichen gegangen sei und daß ich absichtlich auf meinem Papier allerhand römische Ziffern gemalt habe, um mich davon abzuhalten, zu sprechen. Brauns äußerte sich ebenfalls sehr abfällig über das Auftreten Dr. Schachts, der anscheinend glaube, der Lehrmeister des Kabinetts zu sein.

In der heutigen Kabinettssitzung kam der Reichskanzler auf diese Vorgänge zurück und sagte, Dr. Schacht sei sehr erregt gewesen, weil er nicht von Anfang an der Sitzung beigewohnt habe. Es sei ja immer sehr interessant, seine Ansichten zu hören. Darauf nahm ein Kabinettsmitglied das Wort und sagte, daß das Verhalten von Dr. Schacht einfach unerträglich sei. Man wisse ja jetzt, woher Parker Gilbert seine Angriffe gegen die Reichsregierung hernehme. Es sei gut, daß Schacht gestern die Maske abgeworfen habe und daß man wisse, gegen wen man bei Parker Gilbert zu kämpfen habe. Er habe nicht die Absicht, sich ein derartiges Betragen noch einmal bieten zu lassen, um so weniger, als Dr. Schacht in einer Gesellschaft sich seines Betragens gerühmt und gesagt habe, die Minister hätten dagesessen wie begossene Pudel; er habe ihnen gründlich die Meinung gesagt. Ich schloß mich diesen Ausführungen an und sagte, daß die weitere Beteiligung Schachts bei Ministerbesprechungen auf meinen Widerspruch stoßen würde.

Von anderer Seite wurde erklärt, man solle Dr. Schacht einmal an die Kandare nehmen und ihm klarmachen, daß er die Reichsinteressen zu fördern und nicht zu konterkarieren habe.«

Schacht hat in der Tat an weiteren Kabinettssitzungen nicht mehr teilgenommen. Das Recht dazu konnte ihm keiner nehmen. Nur sah er keine Möglichkeit mehr zu einem vernünftigen Wirken in diesem Kreise, der nicht erkennen konnte – weil er es nicht erkennen wollte –, welch einem Verhängnis seine Politik zutrieb.

Der Young-Plan

Am 9. Februar 1929 begann in Paris die Konferenz, die eine endgültige Regelung der Reparationen und Kriegsschulden bringen sollte. Nach ihrem Vorsitzenden, dem Amerikaner Owen D. Young, erhielt sie den Namen Young-Konferenz. Der Plan, den sie ausarbeitete und der an die Stelle des Dawes-Planes trat, wurde Young-Plan genannt. Ob er gegenüber dem Dawes-Plan Verbesserungen oder Verschlechterungen brachte, ist lange umstritten gewesen. Manche der Vorgänge, die zur Einberufung der Konferenz führten und die sich in ihrem Verlauf abspielten, sind lange im Unklaren geblieben. Im Laufe der Zeit ist vieles jedoch deutlicher erkennbar und aufgeklärt worden. Dazu haben vor allem die Feststellungen von Rolf E. Lüke beigetragen, die unter dem Titel »Von der Stabilisierung zur Krise« vom Basle Centre for Economic and Financial Research 1958 herausgegeben worden sind. Lüke hat durch Quellenstudien und Besprechungen mit noch lebenden Konferenzteilnehmern vordem unklare Vorgänge aufgehellt und die bis dahin unverständliche Rolle, die Parker Gilbert, der Reparationsagent, gespielt hat, geklärt. Die 1974 veröffentlichten Tagebuchaufzeichnungen des Staatssekretärs im Finanzministerium, Hans Schäffer, haben seine Feststellungen voll bestätigt.

Lüke hat auch deutlich gemacht, daß der Young-Plan nur wenige Verbesserungen und gefährliche Verschlechterungen gegenüber dem Dawes-Plan gebracht hat. Viele haben dies nicht wahrhaben und im Young-Plan einen Fortschritt für Deutschland in der Regelung der Reparationen sehen wollen. Sie haben deshalb Schacht wegen seines Verhaltens während und nach der Young-Konferenz scharf angegriffen und verdammt.

Die meisten seiner Zeitgenossen haben es nicht verstehen können, daß er, der an der Aufstellung des Young-Planes mitgearbeitet und ihn unterschrieben hatte, danach, als auf zwei Konferenzen in Den Haag über seine Annahme entschieden worden war und dabei von

110

deutscher Seite noch einige Zugeständnisse gemacht worden waren, aus Protest dagegen am 7. März 1930 seinen Rücktritt als Reichsbankpräsident erklärte und damit zum Ausdruck brachte, daß er jede Verantwortung für die Durchführung des Young-Planes so, wie er nach den letzten deutschen Zugeständnissen gestaltet war, ablehnte. Den Befürwortern des Planes erschienen diese Abänderungen unwesentlich. Sie erkannten nicht, daß Schacht den Plan, wie er auf der Pariser Konferenz aufgestellt worden war, als das Äußerste, was noch tragbar war, angesehen hatte. Mehrfach hatte er versucht, Besserungen zu erreichen, und hatte nicht gescheut, ein Scheitern der Konferenz in Kauf zu nehmen. Nur auf das stärkste Drängen der Regierung hatte er sich schließlich zur Unterschrift unter das Pariser Verhandlungsprotokoll bereit gefunden. Doch als die Regierung danach noch weiteren Forderungen nachgegeben hatte, sah er das Maß des Tragbaren als überschritten an.

Die wirtschaftliche Entwicklung, die zur großen weltweiten Krise des Jahres 1931 führte, zeigte dann, welche Folgen die Bestimmungen des Young-Planes mit den Haager Vereinbarungen hatten. Gewiß kann man auch hier nicht sagen, wie sich die Lage für Deutschland und die Weltwirtschaft gestaltet hätte, falls die deutsche Regierung den Young-Plan und die mit ihm verbundene Regelung nicht angenommen hätte. Doch wenn im Falle der Ablehnung der Dawes-Plan während des nächsten Jahres noch in Kraft geblieben wäre, wie es dann wohl hätte geschehen müssen, dann wäre – worauf es Schacht bei seiner Gegnerschaft gegen Regelungen des Young-Planes entscheidend ankam – der Transferschutz in vollem Umfang bestehen geblieben. Die großen Devisenabzüge aus Deutschland, die 1931 eine der Hauptursachen für die Krise in Deutschland mit ihrer weltweiten Kettenwirkung gewesen sind, wären aller Wahrscheinlichkeit nach nicht, oder zumindest nicht in solch katastrophalem Ausmaß erfolgt.

Der Dawes-Plan hatte keine endgültige Regelung der Reparationen und für die mit ihnen verknüpften Kriegsschulden gebracht. Er setzte lediglich die jährlichen Leistungen Deutschlands fest, aber er bestimmte nicht, wielange die Jahresraten zu zahlen waren und welcher Betrag insgesamt aufgebracht werden sollte. Dies war also noch an einem späteren Zeitpunkt zu regeln. Für diese Regelung wurde, sobald sie erwogen wurde, die Bezeichnung »Revision« gebraucht. Dabei waren sich vielleicht die Initiatoren für die Anwendung dieses Wortes, doch sonst kaum jemand dessen bewußt, daß mit einer Revision, einer Überprüfung also, auch die Grundsätze der geltenden Vereinbarung in Frage gestellt und ihre Abänderung erwogen wurde. Das hätte für

Deutschland nur dann zum Vorteil sein können, wenn seine Unter-
händler sich in einer starken Stellung gegenüber den Verhandlungs-
partnern befanden. Waren diese aber – wie es tatsächlich der Fall
war – stärker, dann konnte ein Abgehen von den im Dawes-Plan geschaffenen Regelungen nur zum Nachteil für Deutschland ausschlagen.

Für die Revision des Dawes-Planes setzte sich am stärksten der
Reparationsagent Parker Gilbert ein. Was ihn dazu bewogen hat,
kann niemand mit Bestimmtheit sagen. Sicherlich ist es nicht allein der
Wunsch gewesen, aus Berlin wieder in die Vereinigten Staaten zurückzukehren. Denn er hätte seine Ablösung durch einen Nachfolger an-
streben und ohne größere Schwierigkeiten erreichen können. Jedoch
hätte er bei einer Rückkehr in die Vereinigten Staaten, bei der er seine
Aufgabe, die Abwicklung der Reparationsregelung nach dem Dawes-
Plan als erfüllt hinstellen konnte, eher auf eine weiter aufsteigende
Karriere rechnen können, als wenn er, ohne einen besonderen Grund
angeben zu können, seine Ablösung verlangte. Keineswegs abwegig
erscheint auch der von Lüke und anderen vertretene Gedanke, daß
Gilbert für die kommenden Jahre – wie viele führende Nationalökonomen und die Sachkenner in der Bank von England und im britischen Schatzamt – größere wirtschaftliche Schwierigkeiten kommen sah,
die auch die Durchführung des Dawes-Planes beeinträchtigen mußten,
und er deshalb lieber vorher sein Amt als Reparationsagent aufgeben
wollte.

Als er sich für die Revision einsetzte, stand er in enger Verbindung
mit dem Gouverneur der Bank von Frankreich, Emile Moreau. Das
war damals nicht bekannt oder wurde von denen, die es wußten, nicht
weiter beachtet. Moreau wieder hatte enge Verbindungen mit dem
Ministerpräsidenten Poincaré. Beiden war mehr daran gelegen, sofort möglichst hohe Beträge als auf unbestimmte Zeit laufende Jahresraten zu erhalten. Sie hatten einen dringenden Finanzbedarf zur Dek-
kung der hohen Defizite in ihrem Staatshaushalt, die wiederum notwendig war, um die Stabilisierung des französischen Franken – die
Poincaré für seine wichtigste innerpolitische Aufgabe hielt – durchzuführen und die Stabilität weiterhin zu sichern.

Aus den später bekannt gewordenen Tagebuchaufzeichnungen Mo-
reaus geht hervor, daß Gilbert ihm anriet, möglichst bald eine Revision des Dawes-Planes herbeizuführen, weil zu befürchten sei, daß
sich in den kommenden Jahren die wirtschaftliche Lage Deutschlands
verschlechtern und dann die Neuregelung der Reparationen für die
Empfängerländer wesentlich ungünstiger ausfallen würde. Gleichzeitig erklärte Gilbert dem Reichskanzler Hermann Müller und Strese-

mann, die deutsche Regierung sollte sich rasch um eine Revision bemühen, weil bei einer fortschreitenden Besserung der Wirtschaftslage in Deutschland der im Dawes-Plan vorgesehene Wohlstandsindex zur Anwendung kommen würde und dann die Jahresraten über das im Plan angesetzte Höchstmaß von 2,5 Milliarden Goldmark, das vom Jahre 1928/29 an galt, hinaus steigen würden; wenn aber höhere Raten erreicht sein würden, dann würde daraufhin bei der Neuregelung die Gesamtforderung entsprechend größer werden.

Was immer Gilbert zu seinem Doppelspiel veranlaßt haben mag – er erreichte sein Ziel. Nachdem er in seinem dritten Jahresendbericht, den er am 10. Dezember 1927 vorgelegt hatte, erklärt hatte, daß es notwendig sei, die endgültige Höhe der Reparationsverpflichtungen festzulegen, gelang es ihm in den folgenden Monaten, in denen er seine früher sehr häufigen Fühlungnahmen mit Schacht einschränkte, Stresemann und den Wirtschaftsminister Dr. Julius Curtius für eine baldige Revision zu gewinnen. Die Regierung beschloß auf Antrag Stresemanns am 29. August 1928, auf der bevorstehenden neunten Tagung der Völkerbundsversammlung in Genf die Frage der endgültigen Regelung der Reparationen zusammen mit der Frage der Räumung des Rheinlandes aufzuwerfen. Stresemann und seine Kabinettskollegen hatten es nicht für erforderlich gehalten, Schacht zu diesem Beschluß hinzuzuziehen, obwohl es auf der Hand lag, daß bei einer Änderung des Dawes-Planes auf seine Mitwirkung nicht verzichtet werden konnte. Allein schon deshalb wäre es angebracht gewesen, seine Ansicht über die angestrebte Revision zu hören, bevor offizielle Schritte unternommen wurden.

Stresemann, schon damals mit einem Herz- und Nierenleiden schwer krank, konnte zu der Genfer Tagung, die am 9. November begann, nicht fahren. An seiner Stelle hielt Hermann Müller eine große Rede, die vor dem Völkerbundsforum keinen besonderen Eindruck machte. Er hatte danach mit den Vertretern von Frankreich, Großbritannien, Belgien, Italien und Japan über die Revision und die Rheinlandfrage zu verhandeln. Ihm wurde bedeutet, daß Deutschland nicht auf der Verbindung dieser beiden Fragen – wie es das Hauptanliegen Stresemanns gewesen war – bestehen könne und damit einverstanden sein müsse, daß über die Rheinlandräumung und die Reparationsregelung nur getrennt verhandelt würde. Curtius holte am 15. November hierfür die Zustimmung des Kabinetts ein. Die Vertreter Deutschlands in Genf vereinbarten dann am 16. November mit den Vertretern der genannten Mächte, eine Sachverständigen-Kommission mit der Ausarbeitung eines Planes für die endgültige Regelung der Reparationen einzusetzen und Verhandlungen über eine vorzeitige Räumung des Rheinlandes aufzunehmen.

Der Sachverständigen-Kommission gehörten je zwei Vertreter Deutschlands, Frankreichs, Großbritanniens, Italiens, Japans und Belgiens sowie der Vereinigten Staaten an. Deutschland und Frankreich bestellten sogleich auch zwei Stellvertreter. Schacht hatte verlangt, und dieser Forderung kam die Regierung nach, daß neben ihm ein Industrieller der Kommission angehörte. Mit der Aufgabe wurde Dr. Albert Vögler, Generaldirektor der Vereinigten Stahlwerke AG betraut. Stellvertreter waren der Hamburger Bankier Karl Melchior vom Bankhaus Warburg und Dr. Ludwig Kastl, Geschäftsführendes Präsidialmitglied des Reichsverbandes der deutschen Industrie.

Die Young-Kommission arbeitete unter völlig anderen Voraussetzungen als die Dawes-Kommission, deren Mitglieder als wirklich unabhängige Sachverständige ohne Weisungen ihrer Regierungen versucht hatten, eine vernünftige, wirtschaftlich mögliche Regelung für die Reparationen zu finden. Der Einsetzung der Young-Kommission waren Absprachen zwischen dem Reparationsagenten und den Regierungen vorausgegangen, in denen schon weitgehend festgelegt war, zu welchem Ergebnis die »Sachverständigen« kommen sollten. Schacht geriet dabei in eine heikle Situation, weil die Regierung ihn nicht darüber unterrichtet hatte, was zwischen ihr und dem Reparationsagenten besprochen worden war und überdies in diesen Gesprächen noch Unklarheiten bestanden hatten.

Für die alliierten Mächte stand fest, daß die Reparationen zumindest ihre Kriegsschulden decken und darüber hinaus für Frankreich sich noch ein »Netto-Schadensersatz« (indemnité nette) ergeben müßte. Dafür waren aber deutsche Zahlungen etwa im Betrag der höchsten Jahresrate des Dawes-Planes erforderlich. Gilbert hatte dies der deutschen Regierung auch mitgeteilt – das bestätigt eine Tagebuchaufzeichnung Stresemanns über eine Unterredung mit Parker Gilbert vom 13. November 1928. Hier steht, daß Gilbert eine Reparationsregelung nur mit Jahreszahlungen in Höhe von 2 bis 2,5 Milliarden für möglich erklärt habe. Stresemann hatte ihm entgegen gehalten, daß höchstens eine Jahresleistung von 1,6 Milliarden Goldmark, jedoch ohne Transferschutz, möglich sei. Nach Stresemanns Aufzeichnung hat Gilbert geantwortet, daß »der Unterschied zwischen 2 bis 2,5 Milliarden und etwa 1,5 Milliarden, der Unterschied zwischen einem glücklichen Ergebnis der Beratungen und dem Ergebnis ist, bei dem Deutschland weniger glücklich abschnitte«. Stresemann hatte die 2 bis 2,5 Milliarden aber nicht grundsätzlich abgelehnt, sondern nur gesagt,

114

daß er sich die Lösung »billiger vorgestellt« habe. Gegen die Worte Gilberts: »Eine Lösung ist nur möglich, wenn Deutschland bereit ist, den Preis dafür zu zahlen«, hat Stresemann wohl keine Einwendungen mehr vorgebracht; denn darüber hat Stresemann in seinen Tagebuchnotizen nichts verzeichnet. Daher konnte Gilbert, nicht ohne Grund, bei seinen Gesprächen mit Vertretern der alliierten Mächte davon ausgehen, daß die deutsche Regierung bereit sei, sich mit Jahresleistungen von 2 bis 2,5 Milliarden Goldmark abzufinden.

Schacht hatte, als er von gerüchteweise geäußerten Zahlenangaben über die künftigen deutschen Reparationsleistungen hörte, dies der Regierung Ende November 1928 mitgeteilt und die Antwort erhalten, daß weder ein Regierungsmitglied irgendwelche Ziffernschätzungen abgegeben habe noch irgendeine amtliche Stelle befugt sei, irgendwelche Ziffern zu nennen. Diese Antwort entsprach zwar der Wahrheit; nur enthielt sie nicht die ganze Wahrheit, weil der Inhalt des Gesprächs Gilberts mit Stresemann nicht mitgeteilt wurde. Das hatte üble Folgen. Denn Schacht stieß gleich zu Beginn der Konferenz bei den ausländischen Kommissionsmitgliedern »auf indigniertes Erstaunen«, wie er es ausdrückte, als er eine Beratung über die Höhe der Leistungen nach wirtschaftlichen Gesichtspunkten einleiten wollte. Erst im Verlauf der Konferenz mußte er feststellen, daß hier sachverständiges Urteil wenig oder gar nichts galt und es zur Hauptsache um politische Entscheidungen ging. Das sagte ihm auch unverblümt der britische Sachverständige Sir Josiah Stamp nach der Unterzeichnung des Schlußprotokolls mit den Worten: »Dies ist eine politische Konferenz.« Später gab der britische Finanzminister Philip Snowden in einer Rede vor dem Unterhaus zu, daß Stamp von seinem Vorgänger feste Weisungen für sein Verhalten in Paris bekommen hatte.

Auf seine Anfrage von Paris aus bei der Regierung erhielt Schacht wiederum zur Antwort, daß von der deutschen Regierung »keine Äußerung in der angegebenen Richtung« erfolgt sei. Als er diese Antwort den Konferenzteilnehmern mitteilte, erregte er nur Staunen, und seine Glaubwürdigkeit wurde in Zweifel gezogen. Erst nach der Konferenz erfuhr Schacht, was sich zwischen dem Reparationsagenten und der deutschen Regierung abgespielt hatte. Das bestätigte ihm, was er in Paris zu spüren bekommen hatte und später so beschrieb:

»Damit war der Charakter der Konferenz als einer Zusammenkunft unabhängiger Sachverständiger von vornherein verfälscht. Durch diese Vorgänge wurde die Konferenz lediglich ein Deckmantel für politische Entschlüsse. Der Anschein verstärkte sich mehr und mehr, daß man von seiten der maßgebenden Politiker sich der wirtschaftlichen Sachverständigen lediglich zur leichteren Durchsetzung vorher bereits festgelegter politischer Ziele zu bedienen wünschte. War bis dahin noch die Fiktion einer unabhängigen Sachverständigenberatung aufrechterhalten worden, so war nunmehr der rein politische Charakter der Konferenz erwiesen. Zum erstenmal trat damit an die deutschen Sachverständigen die Frage heran, ob sie ihre Aufgabe trotzdem zu Ende führen wollten oder nicht.«

Unter diesen Umständen hatten die Vorschläge, die er in einem Memorandum der Konferenz vorlegte, keine Chance angenommen – ja, nicht einmal ernstgenommen – zu werden.

Nach diesen Vorschlägen verpflichtete sich Deutschland, 37 Jahre lang Jahreszahlungen von je 1,65 Milliarden Goldmark zu leisten, von denen ein Teil »ungeschützt« also in jedem Falle zu leisten sein sollte. Ein Teil sollte transfergeschützt, ein weiterer Teil transfer- und aufbringungsgeschützt sein, und ein Teil sollte durch Sachlieferungen abgeleistet werden. Soweit Zahlungen durch den Transfer- und Aufbringungsschutz gestundet würden, sollten die Nachzahlungen auch über den Zeitraum von 37 Jahren hinaus erfolgen.

Die Aufgabe des Transferschutzes, der im Dawes-Plan gewährleistet war – und dessen Anwendung, wie er im Memorandum erklärte, »lediglich eine Frage der Zeit« sei –, machte Schacht davon abhängig, daß Deutschland seine Zahlungsbilanz verbessern könne. Er hielt es trotz der damit verbundenen Risiken für möglich, daß ein Teil der Leistungen vom Transferschutz ausgenommen wurde. Für das Verhältnis der verschiedenen Teile zueinander, das heißt, für die Höhe der unbedingt zu leistenden Raten sowie des Transfer- und Ratenschutzes, hatte Schacht unterschiedliche Annuitätenreihen »A und B« vorgesehen.

Er empfahl, die Leistungsfähigkeit der deutschen Wirtschaft und ihren Zahlungsbilanzüberschuß durch eine Verbesserung seiner Agrar- und Rohstoffversorgung zu vergrößern. Und dafür wiederum empfahl er die Wiederherstellung einer unmittelbaren Verbindung mit Ostpreußen und des Zugangs zu Kolonien. Wenn dies geschähe, dann sollte die nicht-geschützte Annuität, die er sonst nach Plan »A« auf ständig 450 Millionen Goldmark angesetzt hatte, im Laufe der Jahre nach Plan »B« auf 825 Millionen Goldmark gesteigert werden. Entsprechend sollten die transfer- und aufbringungsgeschützten Raten sowie die Sachlieferungen gekürzt werden.

Dieser Vorschlag stieß nicht nur bei den Vertretern der anderen Länder auf Ablehnung, sondern rief auch in Deutschland heftige Vorwürfe gegen Schacht wach. Kabinettsmitglieder erklärten, daß er seine

Kompetenzen überschritten und politische Fragen, für die er nicht zuständig sei, ins Spiel gebracht habe. Sie befürchteten, daß ein Anschneiden der Frage des »polnischen Korridors« – der, um Polen einen Zugang zum Meer zu geben, Ostpreußen vom Reich abgetrennt hatte, ohne daß die Bevölkerung entgegen dem Grundsatz der Selbstbestimmung hier befragt worden war – und der Kolonialfrage im Ausland der anti-deutschen Stimmung neuen Auftrieb geben könne. Es fehlte auch nicht an einigen Angriffen gegen Schacht aus diesem Anlaß in der ausländischen Presse, die aber weit geringer und schwächer waren als die Angriffe, die sich jetzt in der deutschen Presse erhoben.

Stresemann erklärte in einer Kabinettssitzung am 21. April, zu der Schacht und die anderen deutschen Teilnehmer an der Young-Konferenz nach Berlin gekommen waren, daß die Reichsregierung an der Unabhängigkeit der Sachverständigen festgehalten habe, daß aber das Memorandum der deutschen Sachverständigen formal das Mandat überschreite, da es politische Forderungen enthalte; auch sei es sachlich unzweckmäßig. Stresemann und seine Kabinettskollegen dachten bei ihrer Kritik nicht daran, daß Schacht der Regierung das Memorandum, bevor er es auf der Konferenz vorlegte, zur Kenntnisnahme zugeleitet hatte. Er hatte ihr damit Gelegenheit gegeben, Bedenken und Kritik rechtzeitig vorzubringen, wenn sie diese für angebracht hielt.

Volles Verständnis für Schachts Vorgehen hatte dagegen der preußische Ministerpräsident Otto Braun – der auch privat durch gegenseitige persönliche Wertschätzung und als Hausnachbar in Berlin-Dahlem Kontakt mit ihm hatte –, der am Tage nach der Kabinettssitzung im preußischen Landtag eine große Rede zur Verteidigung des Vorgehens der deutschen Delegation und des Memorandums hielt. Braun betonte, bei der Beurteilung des deutschen Sachverständigen-Memorandums solle man sich nicht von dem »eine geschickte Regie verratenden Entrüstungsgetue der französischen Presse« irritieren lassen und alles unterlassen, »was geeignet sein könnte, die ohnehin schwierige Position der offenbar einer geschlossenen Front der Reparationsgläubiger gegenüberstehenden deutschen Experten zu schwächen«. Leider beeindruckte diese Stellungnahme weder die deutsche Regierung noch die Teile der deutschen Presse, die glaubten Schachts Taktik kritisieren zu müssen.

Auf der Young-Konferenz kam es zu einer Krise, als Schacht erklärte, daß Deutschland nicht über die im Memorandum genannten Leistungen hinausgehen könnte. Vögler war der gleichen Auffassung und hielt ein Scheitern der Konferenz für besser als ein Nachgeben. Denn er war der Überzeugung, daß in zwei Jahren – wie es dann ja auch geschah – eine ernste Verschlechterung der Wirtschaftslage eintreten müsse und dann bei einer Fortdauer des Dawes-Planes Deutschland vor einer Verschlimmerung der Situation durch die Schutzklauseln gesichert sei. Die Vertreter der alliierten Mächte aber glaubten, gestützt auf das, was sie vom Reparationsagenten gehört hatten, daß Schacht nur bluffte und sie auf das deutsche Memorandum überhaupt nicht einzugehen brauchten. Der Kommissions-Vorsitzende Young bemühte sich, durch geschickte Verhandlungsführung nach beiden Seiten ein ergebnisloses Auseinandergehen der Konferenzteilnehmer zu verhindern. Es ist zweifelhaft, ob er hiermit auch dann Erfolg gehabt hätte, wenn nicht der Tod des zweiten britischen Vertreters, Lord John Revelstokes, eine Unterbrechung der Konferenz notwendig gemacht hätte.

Zu der Konferenz-Krise wäre fast noch eine Reichsmark-Krise hinzugekommen. Als die Spannungen in der Young-Kommission auch nach außen drangen, setzten sofort Devisenabzüge bei der Reichsbank ein. Bei der hohen kurzfristigen Verschuldung Deutschlands brauchten deshalb gar nicht einmal Kredite gekündigt zu werden. Schon dadurch, daß die ausländischen Gläubiger keine neuen Kredite mehr gewährten, während fällig werdende ausgezahlt werden mußten, ergab sich ein empfindlicher Abgang von Devisen. Die Reichsbank suchte dem zu begegnen, indem sie am 25. April 1929 den Diskont heraufsetzte, um so den Anreiz für die Anlage von Geld in Deutschland zu erhöhen. Am gleichen Tag setzten aber Angriffe in der französischen Presse auf die deutsche Währung ein, und Berliner Großbanken erhielten von ihren französischen Geschäftspartnern Schreiben, in denen diese unter Hinweis auf den Verlauf der Young-Konferenz mitteilten, daß sie ihre nach Deutschland gegebenen Kredite nunmehr kürzen müßten. Da die Schreiben der französischen Banken in ihrem Wortlaut weitgehend übereinstimmten, hat Schacht sicherlich recht, wenn er hier eine gesteuerte Aktion mit dem Ziel sah, Deutschland bei den Reparationsverhandlungen unter Druck zu setzen. Die Devisenabzüge nahmen ein solches Ausmaß an, daß der Devisenbestand der Reichsbank auf 41 Prozent, also fast bis ganz an die gesetzlich vorgeschriebene Deckungsgrenze von 40 Prozent sank. Da sich die Diskonterhöhung als nicht ausreichend erwies, begegnete Schacht diesem Angriff auf die Stabilität der Reichsmark wieder mit dem harten Mittel der Kreditbeschränkung und hatte damit auch wieder Erfolg. Die Abzüge hörten auf und wurden bald von neuen Zuflüssen abgelöst.

Über das Vorgehen der Franzosen urteilte Schacht so:

»Das französische Manöver gegen die deutsche Währung zu dem

Zweck, die deutschen Sachverständigen oder die deutsche Regierung einzuschüchtern, war ebenso plump wie dumm. Es war so dumm, daß einzelne einsichtige französische Bankiers alsbald an der maßgebenden Pariser Stelle intervenierten und die Torheit des ganzen Vorgehens auch für die Französischen Interessen klar machten. Wenn nämlich die deutsche Währung auf so schwachen Füßen stand, daß mit ein paar Kündigungsbriefen an Berliner Großbanken und ein paar Zeitungsartikeln in der Pariser Presse die schwerste Erschütterung über Deutschlands Wirtschaft gebracht werden konnte, wie konnte man dann annehmen, daß Deutschland gewaltige Reparationsleistungen in fremder Valuta aufbringen könne. Hätte Frankreich seinen Versuch durchgeführt, so hätte es damit von sich aus die Lösung des Reparationsproblems endgültig zerstört. Darum wurde in kürzester Frist die ganze Attacke wieder abgeblasen.

Aber was geschehen war, konnte nicht rückgängig gemacht werden. Die Finanzleute der ganzen Welt hatten aufgehorcht. Also so stand es mit den Franzosen, daß sie jederzeit bereit waren, für die Durchsetzung ihrer politischen Ziele in das Räderwerk der Weltwirtschaft mit brutaler Gewalt störend einzugreifen? Das also war der Erfolg der vielgerühmten Kooperation der Notenbanken, daß eine große Notenbank es ruhig geschehen ließ, daß die ihr nahestehende haute finance die Notenbank eines Nachbarlandes wissentlich und absichtlich in Bedrängnis brachte? So also stand es in Wahrheit um die deutsche Wirtschaft, daß jeder solcher politischer Eingriffe sie empfindlichsten Erschütterungen aussetzte? Und zu solchen Zuständen und Verhältnissen sollte der internationale Kapitalist Vertrauen haben? Diese französische Attacke auf die deutsche Währung während der Pariser Sachverständigenkonferenz hat den Keim gelegt zu dem immer mehr wachsenden Mißtrauen, das heute über der ganzen wirtschaftlichen Welt liegt.«

Die Franzosen hatten aber doch mit ihrem Angriff auf die Reichsmark eine Wirkung erzielt, die ihnen sehr gelegen kam, obwohl sie in anderer Weise eintrat, als sie es sich vorgestellt hatten. Durch die Kreditbeschränkungen stieß auch die Kreditaufnahme der öffentlichen Hand auf dem privaten Geldmarkt auf eine Grenze, und damit wurde die Finanzmisere offenbar, vor der Schacht so lange gewarnt hatte, ohne daß man auf ihn hatte hören wollen. Der Regierung ging es jetzt vor allem darum, für die nächste Zeit eine Entlastung zu gewinnen. Unter der neuen Regelung durch die Young-Kommission bot sich ihr die Möglichkeit, für die ersten Jahre eine finanzielle Erleichterung zu erreichen. Dies war für die Regierung ein Grund mehr, auf eine Einigung mit den Reparationsgläubigern zu drängen. Manche meinen, dies wäre sogar der entscheidende Grund dafür gewesen, daß die Regierung in der folgenden Zeit, als es auf den politischen Konferenzen um die Annahme des Young-Planes ging, bereit war, dafür Zugeständnisse zu machen. Denn nach dem Vorschlag Youngs sollten, ähnlich wie im Dawes-Plan, zunächst wieder niedrigere Jahresraten angesetzt werden, die dann schrittweise zu den Höchstraten erhöht werden sollten, und die Höchstraten sollten doch noch unter den Höchstraten des Dawes-Planes bleiben.

Schacht war durch das Verhalten der Regierung persönlich in einen Konflikt geraten. Er merkte, daß die Regierung entschlossen war, jede Bedingung anzunehmen, die ihr die Young-Kommission vorlegte, und er von ihr keinen Rückhalt bei den Versuchen, niedrigere Reparationsleistungen durchzusetzen, erhalten würde. Er fühlte sich »auf verlorenem Posten«, wie er auch in seinem Buch »Das Ende der Reparationen« das Kapitel betitelte, in dem er über die Verhandlungen in Paris berichtet. Er konnte sich nun auch nicht mehr als ein wirklich unabhängiger Sachverständiger fühlen. Denn nachdem er die Einstellung der Regierung kannte, hatte es keine Bedeutung mehr, wenn er auf der Konferenz darlegte, was er für wirklich richtig und zweckmäßig ansah. Das Gleiche galt ja auch für die Kommissionsmitglieder der anderen Staaten, die ihm gegenüberstanden und von vornherein an Weisungen ihrer Regierungen gebunden waren. Jetzt konnte er nur noch versuchen, nach der Wiederaufnahme der Tätigkeit der Konferenz herauszuhandeln, was in dem Rahmen, der durch die Haltung der Regierung gesteckt war, noch herauszuhandeln war.

Deshalb wollte er die Verantwortung für das Ergebnis der Konferenz klargestellt haben und verlangte auf Kabinettssitzungen, zu denen er von Paris zur Besprechung mit der Regierung kam, daß die beiden deutschen Sachverständigen von der Regierung ausdrücklich aufgefordert würden, die Vereinbarungen zu unterschreiben. Damit wäre zum Ausdruck gebracht worden, daß die Regierung die Annahme wollte und daß es nicht die Sachverständigen waren, die sich für diese Regelung eingesetzt hätten. Die Regierung weigerte sich aber, mit einer Anweisung oder Aufforderung zur Unterschrift ihre Verantwortung offen zum Ausdruck zu bringen.

Der Vorsitzende der Kommission Young hatte sich während der Unterbrechung der Konferenz und unmittelbar danach um einen Kompromiß bemüht. Die Vertreter Frankreichs und der anderen alliierten Staaten hatten, offensichtlich in der Absicht eine Jahresrate in der Nähe von 2,5 Milliarden Goldmark zu erhalten, 2,7 Milliarden gefordert. Diesen Betrag hatte Young auf einen Durchschnittssatz von 2,05 Milliarden herabgehandelt, dafür aber die Dauer der Zahlungen verlängert. Die deutsche Regierung gewann er mit der Verminderung der ersten Jahresraten. Sie sollten mit 700 Millionen Goldmark beginnen und brachten somit im ersten Young-Plan-Jahr gegenüber der anlaufenden Höchstrate des Dawes-Planes eine Erleichterung um rund 1,75 Milliarden, die angesichts der Haushaltsschwierigkeiten der Regierung so wertvoll erschien, daß sie bereit war, dafür die längere Dauer sowie die Erhöhung der Gesamtbelastung und die Gefahren durch die Verringerung des Transferschutzes hinzunehmen. Für die Höhe der Gesamtbelastung ergaben sich allerdings sehr unterschiedliche Bewertungen je nachdem, welchen Zinssatz man für die Berechnung des »Gegenwartswertes« der kommenden Jahresleistungen anwandte.

Bei der Verlängerung des Zeitraumes für die deutschen Zahlungsverpflichtungen sollte dem Grundsatz nach in siebenunddreißig Jahren der Schadensersatz an die alliierten Staaten abgegolten sein, aber Deutschland sollte noch weitere zweiundzwanzig Jahre Zahlungen leisten, um in dieser Zeit die noch verbleibenden Kriegsschulden der alliierten Staaten an die Vereinigten Staaten abzugelten, die dann auch der alleinige Empfänger der deutschen Zahlungen sein sollten. Die Alliierten sahen diese Regelung als günstig an. In Deutschland löste sie einen Sturm der Entrüstung aus, weil damit noch einer kommenden Generation, der man gewiß keine Verantwortung für den Kriegsausbruch 1914 zuschieben konnte, eine schwere Last aufgebürdet wurde. In der Bevölkerung erhielt dadurch die nationale Opposition einen starken Zulauf, während zugleich ihre radikalen Wortführer, Hugenberg und Hitler, immer mehr Anhänger gewannen.

Schacht sträubte sich noch lange, auf die Vorschläge Youngs einzugehen. Um so stärker drängte ihn die Regierung zum Einlenken. Wie Curtius, der dem Kabinett damals als Wirtschaftsminister angehörte und der stärker noch als Stresemann zu einem Nachgeben gegenüber den Forderungen der Reparationsgläubiger bereit war, es selbst in seinem 1949 erschienenen Buch »Der Young-Plan« geschrieben hat, teilte die Regierung am 3. Mai Schacht mit, daß »eine Ablehnung das Scheitern der Konferenz zur unmittelbaren Folge hätte, ohne daß eine Wiederaufnahme der Verhandlungen auf wirtschaftlicher oder politischer Grundlage gesichert wäre. Die Reichsregierung sieht aber in dem Scheitern der Verhandlungen schwere wirtschaftliche und politische Gefahren, glaubt deshalb einstimmig, daß die Annahme des Youngschen Vorschlages unvermeidbar geworden ist«.

Trotzdem versuchte Schacht weiter hinhaltend zu taktieren, um noch in dem umfangreichen und recht komplizierten Plan die eine und andere Verbesserung zu erreichen. Der zweite deutsche Vertreter in der Young-Kommission, Dr. Albert Vögler, sah sich dagegen nicht in der Lage, die Verantwortung für die neue Regelung zu tragen, und erklärte am 23. Mai seinen Rücktritt. Sein Stellvertreter Dr. Ludwig Kastl, der jetzt Kommissionsmitglied wurde, war dagegen sogleich bereit, den Wünschen der Regierung nachzukommen, und schwächte so die Stellung Schachts in den weiter laufenden Verhandlungen noch mehr. Kastl mußte es hinnehmen, daß deshalb führende Industrielle mit Fritz Thyssen an der Spitze seine Abberufung aus dem Präsidium des Bundesverbandes der deutschen Industrie forderten. Diese Forderung wurde allerdings nicht durchgesetzt.

Am 7. Juni 1929 wurde in Paris der Schlußbericht der Kommission unterzeichnet. Auch von Schacht, der noch auf einer ausdrücklichen Anweisung der Regierung bestehen wollte, sich dann aber schließlich doch zur Unterschrift entschloß. Was andere Sachverständige von dem Young-Plan hielten, hat Kastl später, 1954, in einem Gespräch Lüke mitgeteilt. Nach der Unterzeichnung sagte ihm beim Abschied das britische Kommissionsmitglied, Christoph Addis, der an die Stelle des verstorbenen Lord Revelstoke getreten war: »Gott sei Dank, daß diese Konferenz vorüber ist; wir sehen uns in drei Jahren wieder, then we will get rid of all the plunder.«

Doch die Weltöffentlichkeit sollte nicht wissen, daß das, was in langen Wochen in Paris ausgehandelt war, sachkundigen Nationalökonomen als »Plunder« erschien, weil sie wußten, daß dieser Plan auf die Dauer nicht durchführbar war. Für Deutschland brachte der Young-Plan eine Regelung der Reparationsleistungen mit einigen Vorteilen, aber auch mit bedenklichen Nachteilen und Gefahren. Außerdem hatte die Young-Kommission die Errichtung einer internationalen Bank zur Abwicklung der Reparations- und Kriegsschulden beschlossen.

Nach dem Young-Plan erhielt Deutschland eine Atempause von zwei Jahren mit niedrigeren Jahresleistungen – 748,2 Millionen im ersten und 1707,9 Millionen im zweiten Jahr – die danach langsam ansteigen sollten bis zum Höchstbetrag von 2,34 Milliarden Goldmark im Jahre 1963/64. Danach sollten sich die Jahresraten wieder vermindern bis auf 898 Millionen Goldmark im letzten Reparationsjahr 1987/88. Ein wesentlicher Teil sollte nach dem Vorbild der Dawes-Anleihe »kommerzialisiert« werden; das heißt: es wurden wieder Anleihen zur Zeichnung für Private, »Young-Anleihen« genannt, aufgelegt, deren Erlös die Reparationsempfänger sogleich erhalten konnten, die dann Deutschland laufend zu verzinsen und zu tilgen hatte. Hierfür wurden Jahresleistungen in Höhe von 660 Millionen Goldmark mit einer Laufzeit von 59 Jahren angesetzt. Für die Bedienung dieser Anleihen gab es keinen Transfer- und Aufbringungsschutz; ebensowenig gab es ihn für die weiterlaufende Bedienung der Dawes-Anleihe, die jährlich 78,3 Millionen Goldmark erforderte. Für die über diese Anleihebedienungen hinausgehenden Leistungen blieb, wie im Dawes-Plan, ein Transferschutz bestehen. Auf Drängen Schachts war eine Schutzklausel zur Revision in Notfällen eingebaut.

Die Bestimmungen des Dawes-Planes, nach denen bestimmte Teile der Reparationen von der Reichsbank und der Industrie aufgebracht werden sollten, kamen zum Fortfall. Nach dem Young-Plan erfolgte die Aufbringung allein aus dem Reichshaushalt. Damit fiel die Auslandskontrolle für die Reichsbahn fort. Ebenso wurde das Amt des Reparationsagenten und die Kontrolle der Reichsbank abgeschafft. Für die Abwicklung der Reparationsleistungen wurde von den an den Reparationen beteiligten Ländern die »Bank für Internationalen Zahlungsausgleich« (BIZ) mit Sitz in Basel gegründet. Sie hatte alle Reparationszahlungen entgegenzunehmen und an die Empfänger weiterzuleiten. Über ihren Sitz hatte es einige Auseinandersetzungen gegeben. Sie sollte an keinem Bankzentrum eines der beteiligten Länder errichtet werden, damit dieses nicht einen besonderen Einfluß geltend machen könnte. Ein Ort in einem neutralen Land sollte daher gewählt werden. Nachdem gegen Amsterdam wegen seiner Verbindungen mit London Bedenken vorgebracht wurden, entschloß man sich schließlich für Basel.

Die Gründung der Bank für Internationalen Zahlungsausgleich ging auf einen Vorschlag Schachts zurück, den er zu Beginn der Konferenz Young übergeben hatte. Schacht hatte die Bank nicht nur als »Reparationsbank« gedacht, sondern wollte ihr einen größeren Tätigkeitsbereich im internationalen Geld- und Kapitalwesen verleihen. Sie sollte der Entfaltung des Welthandels und der Überbrückung von Finanzierungsschwierigkeiten dienen. Er nahm damit Gedanken vorweg, die in Bretton Woods für die Zeit nach dem Zweiten Weltkrieg ihre Ausgestaltung erfuhren. Dieser Entwurf Schachts »ist nicht nur deshalb interessant« – so urteilt Lüke –, »weil er die ›Keimzelle‹ der heutigen ›Bank für Internationalen Zahlungsausgleich‹ ist, sondern weil er in gewisser Hinsicht trotz aller Verschiedenheiten dem späteren ›Internationalen Währungsfonds‹, der erst ein Kind des Zweiten Weltkrieges ist, vorwegnimmt und auch einige Merkmale eines europäischen Verrechnungssystems enthält, wie sie ähnlich nach dem Zweiten Welt-

krieg mit der Europäischen Zahlungsunion verwirklicht worden sind«.
Die Verschiedenheiten zum späteren Internationalen Währungsfonds
ergeben sich vor allem daraus, daß Schacht die Bank nicht nur
für den Ausgleich kurzfristiger Störungen im internationalen Zahlungsverkehr, wie es die Hauptaufgabe des Internationalen Währungsfonds ist, einsetzen wollte; sondern sie sollte, wie es Aufgabe der
Weltbank wurde, auch langfristige Anleihen geben. Für solche Vorstellungen war die Zeit aber noch nicht rief. Das heißt, die Einsicht für
die Notwendigkeit internationaler Kreditinstitute war noch nicht ge-
reift. Die Entwicklung des Welthandels und der Kreditverpflichtungen
ließ es damals bereits dringend angezeigt sein, eine internationale
Bank zu schaffen, die bei Störungen dort eingreifen konnte, wo die
Banken der einzelnen Länder, einschließlich der Notenbanken, versagen mußten.

Doch dies erkannten damals nur Schacht und vielleicht noch einzelne
andere führende Finanzleute, wie Norman, Stamp und Strong, die
aber keine Möglichkeit sahen, solche Vorstellungen in die Praxis umzusetzen. Die Mitglieder der Young-Kommission waren viel zu sehr
mit ihren Gedanken auf die Reparationsregelung konzentriert, als
daß sie sich bereitgefunden hätten, den weiterreichenden Plan Schachts
und seine Verwirklichungsmöglichkeiten näher zu betrachten. Den
meisten von ihnen genügte es, daß sie mit der Bank für Internationalen Zahlungsausgleich ein geeignetes Instrument zur Abwicklung der
Reparationszahlungen erhielten. – Die Bank hat in den kommenden
Jahren jedoch als Treffpunkt der Leiter der führenden Notenbanken
der Welt eine wichtige Rolle im internationalen Zahlungsverkehr ein-
genommen.

Schacht war sich der Problematik des Young-Planes voll bewußt.
In seinen Memoiren schreibt er, sie »trat mir noch einmal kraß vor
Augen, als mir meine Frau in Marienbad, wo ich sie unmittelbar anschließend an die Young-Konferenz aufsuchte, schon auf dem Bahnhof entgegenrief: ›Du hättest niemals unterzeichnen dürfen.‹«

Als positiv wertete Schacht an den Vereinbarungen: »Der Reparationsagent verschwand aus Deutschland... Die jährlich zu zahlende
Reparationssumme wurde durchschnittlich um eine halbe Milliarde
erniedrigt. Die Pfänder, die bisher zugunsten der Alliierten als Sicherung der Reparationszahlungen unter fremde Verwaltung gestellt waren, wurden freigegeben. Alle ausländischen Kontrollorgane wurden
zurückgezogen. Reichsbank und Reichsbahn kamen wieder unter rein
deutsche Verwaltung.« Wichtig war für ihn, daß die Revisionsklau-
sel aufgenommen war.

Daß Young sich für die Gründung der Bank für Internationalen Zahlungsausgleich eingesetzt hatte, führte Schacht auf das Geltungsbedürfnis des Kommissionsvorsitzenden zurück. Dawes hatte mit seiner Konferenz weltweites Aufsehen erregt, weil sie politisch und wirtschaftlich eine neue Entwicklung einleitete. Das konnte niemand von der Young-Konferenz sagen. Die Gründung einer internationalen Bank brachte dagegen auch eine Neuerung, von der sich Young eine starke Beachtung erhoffte. So wenigstens glaubte es Schacht, der meinte: »Meine Bank für Internationalen Zahlungsausgleich blieb das propagandistische Kernstück des Young-Planes.«

Die Gründe, die ihn bei der Unterzeichnung des Young-Planes bestimmt hatten, legt Schacht so dar:

»Die Entscheidung für oder gegen die Unterzeichnung lag nicht in der Frage der wirtschaftlichen Durchführbarkeit des Planes, sondern darin, ob man durch Nichtunterzeichnung die Gefahr schwerer neuer politischer Verwicklungen heraufbeschwören durfte, oder ob man durch Unterzeichnung den hinhaltenden Widerstand gegen die Reparationen fortführen sollte, bis sich eine neue Gelegenheit ergab, die Reparationszahlungen endgültig aus dem Wege zu räumen. Ich hatte mich zu dem letzteren Weg entschlossen. Der Plan enthielt eine Anzahl von Paragraphen und Klauseln, die bei geschickter Anwendung sehr wohl vorteilhaft genutzt werden konnten. Es kam jetzt nur darauf an, daß die deutschen Politiker den Bericht der Sachverständigen als Ausgangspunkt für ihre eigene Politik nahmen.«

Anschließend sagt er: »Sie taten es nicht. Sie blieben genau so unsicher und schwach, wie sie während unserer Verhandlungen gewesen waren.«

Rücktritt

Am 6. August trat in Den Haag die internationale Konferenz zusammen, die über die Annahme des Young-Planes durch die beteiligten Staaten zu beschließen hatte. Stresemann hatte sich von seiner Erkrankung etwas erholt. Sein Gesundheitszustand war aber immer noch so schlecht, daß ihm sein Arzt, seine Familienangehörigen und Freunde dringend abrieten, die Strapazen der – wie es zu erwarten war – harten Verhandlungen auf sich zu nehmen. Doch er wollte es sich nicht nehmen lassen, an dieser Konferenz teilzunehmen, weil er hoffte, hier seine Arbeit für die Verständigung mit den Alliierten endlich durch ihre Zusage zur Räumung der besetzten Gebiete zum Erfolg führen zu können. In der Tat konnte er dies erreichen, jedoch nur um den Preis einer über den Young-Plan hinausgehenden Erhöhung der deutschen Reparations-Jahresleistungen.

Hierzu sah er sich durch das Vorgehen des britischen Schatzkanzlers Philip Snowden gezwungen, der mit großer Energie und noch größerer Härte Forderungen erhob, die sich zuerst gar nicht gegen Deutschland richteten, schließlich aber von Deutschland beglichen werden mußten. Snowden machte geltend, daß Großbritannien im Dawes-Plan bei der Verteilung der deutschen Reparationen unter ihre Empfänger benachteiligt worden war. Ihm war eine Quote von 17,5 Prozent zugestanden worden. Auf der Konferenz der Alliierten im Juli 1920 in Spa war jedoch vereinbart worden, daß Großbritannien 23 Prozent der deutschen Reparationsleistungen erhalten sollte. Nun forderte Snowden eine Erhöhung des britischen Anteils im Rahmen des Young-Planes auf diesen Satz. Die anderen Empfängerländer waren nur keineswegs bereit, ihre Ansprüche entsprechend zu kürzen, und sahen den einfachsten Weg darin, daß Deutschland seine Leistung an Großbritannien vergrößerte.

Stresemann und die anderen deutschen Delegationsmitglieder – Finanzminister Hilferding, Wirtschaftsminister Curtius und der Minister für die besetzten Gebiete Wirth – leisteten keinen erheblichen Widerstand, so daß die deutschen Leistungen um insgesamt rund 400 Millionen Goldmark heraufgesetzt wurden. Schacht war als Sachverständiger auch nach Den Haag mitgenommen worden. Er wurde zu der Frage der Erhöhung der Leistungen an Großbritannien gar nicht gehört; er wurde auch sonst zu den Verhandlungen und Beratungen nur einmal bei der Erörterung einer mit finanztechnischen Regelungen verbundenen Frage – der »overlapping surplus«, das heißt: der Anrechnung nachträglich eingehender Zahlungen aus dem Dawes-Plan auf Zahlungsverpflichtungen aus dem Young-Plan – herangezogen.

Er hätte gegenüber den britischen Forderungen wahrscheinlich versucht, die Beträge, um die es hier ging, herunterzuhandeln; er hätte aber wohl keinen harten Widerspruch geltend gemacht. Denn so unnachgiebig sich Snowden in seiner finanziellen Forderung zeigte, so entgegenkommend war der britische Außenminister Arthur Henderson, der es gegenüber den Franzosen durchsetzte, endlich feste Termine für die Rheinlandräumung zu beschließen. Das Ende der Besetzung aber war für Schacht, nicht anders als für Stresemann, ein Ziel, das vor anderen den Vorrang hatte. Im Hinblick auf die Befreiung des Rheinlandes hatte er im September 1928 in einem Brief an Stresemann geschrieben: »Wichtiger als die auszuhandelnde Summe ist die Wiedererlangung unserer absoluten außenpolitischen Freiheit.« In seinem Buch »Das Ende der Reparationen« bemerkte er zynischer: »... schließlich war es nicht von entscheidender Bedeutung, ob man 40 Milliarden oder 40,4 Milliarden nicht zahlen konnte.«

Auf dieser »ersten« Haager Konferenz wurde vereinbart, im September mit der Räumung der Zweiten Besatzungszone zu beginnen und diese spätestens innerhalb von drei Monaten durchzuführen. Die Räumung der Dritten Zone sollte unmittelbar nach der Ratifizierung beginnen und spätestens am 30. Juni 1930 beendet sein. Im Versailler Vertrag war eine Dauer der Besetzung bis Mitte Januar 1935 vorgesehen. Von französischer Seite war sogar mehrfach behauptet worden, die Besetzung könnte noch über diesen Zeitpunkt hinaus verlängert werden, falls das Verhalten Deutschlands in der Abrüstung oder der Reparationserfüllung zu Beanstandungen Anlaß geben sollte.

Über die Annahme des Young-Planes kam noch kein endgültiger Beschluß zustande. Es wurden lediglich die Abänderungen der Quoten des Dawes-Planes – mit der Erhöhung der nichttransfergeschützten Zahlungen an Großbritannien entsprechend den Forderungen Snowdens – unterzeichnet, und es wurden Sachverständigen-Ausschüsse für die Regelung verschiedener Einzelheiten des Young-Planes eingesetzt. Damit schloß diese Konferenz am 31. August 1929.

In Deutschland setzte jetzt ein innenpolitischer Kampf mit ungewöhnlicher Schärfe gegen die Annahme des Young-Planes ein. Alfred Hugenberg als Führer der Deutsch-Nationalen Volkspartei – der hierbei jedoch schon nicht mehr die ganze Partei und ihre Reichstagsfraktion hinter sich hatte – und Franz Seldte, der 1. Bundesführer des Bundes der Frontsoldaten »Stahlhelm«, hatten zusammen mit Hitler den »Reichsausschuß für das deutsche Volksbegehren« gegründet, der im September 1929 einen »Entwurf eines Gesetzes gegen die Versklavung des deutschen Volkes« vorlegte. Nach diesem Gesetz, das durch ein Volksbegehren angenommen und in Kraft gesetzt werden sollte, sollte die Reichsregierung das Kriegsschuldanerkenntnis widerrufen, keine auf dieser Anerkenntnis beruhenden Lasten, darunter die Lasten aus dem Dawes- und Young-Plan, übernehmen und auf die bedingungslose, sofortige Räumung der besetzten Gebiete »unabhängig von der Annahme oder Ablehnung der Beschlüsse der Haager Konferenz« hinwirken. Reichskanzler und Reichsminister – nach einem ersten, aber auf Veranlassung der Deutschnationalen abgeänderten Entwurf sollte dies auch für den Reichspräsidenten gelten – die entgegen diesem Gesetz »Verträge mit auswärtigen Mächten zeichnen«, sollten den Strafbestimmungen für Landesverrat unterworfen werden, die Zuchthausstrafen vorsahen.

Schacht verurteilte diese Aktion, weil er sie für innen- und außenpolitisch falsch und gefährlich hielt. Sie hatte keine Aussichten auf Erfolg und schürte nur die parteipolitischen Gegensätze, während sie im Ausland einmal wieder anti-deutschen Stimmungen Nahrung gab und Unsicherheit zum Schaden der wirtschaftlichen Entwicklung Deutschlands hervorrief. Deshalb gab er seine Unterschrift für einen Aufruf gegen dieses Volksbegehren. Seine Unterschrift stand dort zusammen mit den Unterschriften führender Sozialdemokraten, wie des Reichsinnenministers Carl Severing, der ihn später, nach 1945, mit Haß verfolgt hat. Das Volksbegehren erhielt zwar die erforderliche Anzahl von Eintragungen. Im Reichstag hatte es aber keine Chance für seine Annahme. Es führte zu einer Spaltung der deutschnationalen Fraktion. Treviranus mit einer Gruppe »Jung-Konservativer«, Schiele und Schlange-Schöningen mit Vertretern des Agrarflügels sowie Lambach mit Vertretern der nicht-sozialistischen Gewerkschaften kündigten Hugenberg die Gefolgschaft. Graf Westarp legte den Fraktionsvorsitz nieder. Danach sanken die Aussichten für die Annahme in der Volksabstimmung, sofern überhaupt solche vorhanden gewesen waren.

Am 22. Dezember stimmten nur 5,83 Millionen für seine Annahme; 25 Millionen Stimmen wären dafür notwendig gewesen.

In der Zeit des Kampfes um das Volksbegehren, am 3. Oktober 1929 war Stresemann gestorben. Die Angriffe, die gegen ihn nach seiner Rückkehr von der Haager Konferenz vorgebracht wurden, haben sicher zur Verschlechterung seiner schwer mitgenommenen Gesundheit beigetragen. Denn er mußte sie nun als besonders bitter empfinden, weil er glaubte, mit der Festlegung der Termine für die Rheinlandräumung endlich das erreicht zu haben, was auch Gegner aus dem nationalen Lager anerkennen mußten. Doch schlimmer noch haben ihn die Auseinandersetzungen mit seinen Parteifreunden mitgenommen, die am Ende seinen Tod herbeiführten. Es ging im Reichstag um eine Erhöhung der Arbeitslosenversicherung um ein halbes Prozent, von dem je die Hälfte, also je ein viertel Prozent, die Arbeitgeber und die Arbeitnehmer zu tragen hatten. Wenn die Abgeordneten der Deutschen Volkspartei gegen die Gesetzesvorlage, die diese Erhöhung vorsah, stimmten, dann bedeutete dies das Ende der Koalition, die von der SPD bis zur Deutschen Volkspartei reichte. Deshalb raffte sich Stresemann am 2. Oktober von seinem Krankenbett auf und ging am Nachmittag in die Fraktionssitzung. Er erreichte, daß die Fraktion Stimmenthaltung beschloß, und rettete damit – zwar nur für knapp fünf Monate – den Fortbestand der Koalition und der Regierung. Nach der für den Kranken allzu großen Anstrengung traf ihn am nächsten Morgen der Schlaganfall, der in wenigen Stunden den Tod brachte.

Schachts Verhältnis zur Regierung trieb schon bald nach der Unterzeichnung des Aufrufs gegen das Volksbegehren einer Krise zu. Einen neuen Konflikt gab es, als auf den Verhandlungen über die Errichtung der Bank für Internationalen Zahlungsausgleich, die am 4. Oktober 1929 in Baden-Baden begannen, Schacht dem belgischen Delegierten erklärte, daß er Belgien in der Frage des Sitzes der Bank gern entgegenkommen und sich für Brüssel einsetzen würde und er auch den von der Regierung mit Belgien vereinbarten Entschädigungen, die über den Young-Plan hinausgingen, zustimmen würde, wenn Belgien zur Räumung des Gebietes Eupen-Malmedy bereit sein würde. Hierauf reagierte die belgische Delegation heftig mit persönlichen Angriffen gegen Schacht, der daraufhin dazu noch einen Zusammenstoß mit dem Vertreter des Wirtschaftsministeriums in Baden-Baden, Ministerialrat Hans Schäffer – dem späteren Staatssekretär des Reichsfinanzministeriums – hatte. Schäffer hielt Schacht vor, daß er wieder die Reparationsregelungen mit politischen Forderungen verknüpfte.

Schacht war davon überzeugt, daß die Gegenseite ein großes Interesse an der Reparationsregelung mit den finanziellen Leistungen Deutschlands hatte und deshalb bei einem entsprechenden Vorgehen zu politischen Gegenleistungen zu bewegen war. Die Regierung befürchte, daß durch sein Auftreten ihre Politik des Entgegenkommens gefährdet werden könnte, und hatte ihn deshalb bei der Regelung der belgischen Entschädigungsansprüche sowie den Vereinbarungen mit Polen und anderen Ländern ausgeschaltet. Die Folge war, daß sich Deutschland hierdurch zu Leistungen verpflichtete, die in ihrer Gesamtheit erheblich über den Young-Plan hinausgingen. So bedenklich dies war – Schacht wäre bereit gewesen, es in Kauf zu nehmen, wenn dafür politische Vorteile eingehandelt worden wären, die mit einer Verbesserung der politischen Stellung Deutschlands auch zu einer Stärkung seiner Wirtschaft hätten beitragen können.

Während einer Unterbrechung der Baden-Badener Konferenz wurde Schacht auf einer Kabinettssitzung in Berlin vorstellig. Er wies darauf hin, daß er keine Rückendeckung von der Regierung erhalte und dadurch seine Verhandlungsposition geschwächt werde. Doch in der Regierung hatte niemand Verständnis für seine Vorstellungen. Es fehlte das Gefühl dafür, daß durch festes Auftreten durchaus noch politische oder wirtschaftliche Vorteile herauszuhandeln gewesen wären.

Zu schweren Konflikten kam es in der Finanzpolitik. Seitdem Schacht an der Spitze der Reichsbank stand, hatte er die Regierung immer wieder aufgefordert, eine durchgreifende Finanzreform einzuleiten, damit die Schuldenaufnahme gestoppt und der Haushalt auf eine gesunde Grundlage gestellt würde. Aber seine Vorstellungen waren vergeblich. Soweit die Regierung größere Änderungen im Steuersystem durchführen wollte, scheiterte sie, weil sich dafür nicht die erforderlichen Mehrheiten im Parlament finden ließen. Im Jahre 1929 kam es nun zu einer bedrohlichen Entwicklung der Haushalts- und auch der Kassenlage.

Infolge des Konjunkturrückganges, der Anfang des Jahres mit einer starken Verschlechterung der Lage der Landwirtschaft einsetzte und im weiteren Verlauf eine steigende Arbeitslosigkeit brachte, minderten sich die Steuereinnahmen, während die Ausgaben, vor allem durch Zuschüsse zur Arbeitslosenversicherung, wuchsen. Schon im Frühjahr 1929 wurde die Kassenlage des Reiches schwierig. Der Rückgriff auf sämtliche Guthaben bei der Reichsbank, der Bahn und der Post reichte nicht aus, die notwendigen Barmittel zur Zahlung der Beamtengehälter herbeizuschaffen. Bei deutschen Banken wurde ein Kredit von 225 Millionen und bei einem amerikanischen Bankhaus ein weiterer von 50 Millionen Dollar gleich 210 Millionen Reichsmark aufgenommen. Für Dezember 1929 drohte eine ähnlich schwierige Kassenlage. Es war vorauszusehen, daß über 300 Millionen Reichsmark fehlen würden.

Für diesen Betrag wurde eine steuerfreie Reichsanleihe aufgelegt. Sie wurde aber nur in Höhe von 180 Millionen gezeichnet. Eine Rettung bot nun der schwedische Finanz- und Zündholzkonzern Ivar Kreugers mit einer Anleihe in Höhe von 500 Millionen Reichsmark. Diese Auslandsanleihe mußte aber vom Reparationsagenten genehmigt werden, der seine Genehmigung davon abhängig machte, daß auch der Reichsbankpräsident seine Zustimmung gab. Schacht war dazu aber nicht ohne weiteres bereit, weil er sowohl die steigende Staatsverschuldung als auch das weitere Anwachsen der Auslandsverschuldung für gefährlich hielt. Er machte seine Zustimmung deshalb davon abhängig, daß für diese Anleihe ein Tilgungsfonds gebildet wurde und die Regierung sich verpflichtete, bis zum Ende des Jahres 1930 für Schuldentilgung 450 Millionen Reichsmark durch Ausgabenkürzungen und Steuererhöhungen aufzubringen. Mit der sogenannten »Lex Schacht« ging die Regierung hierauf ein. Die meisten Kabinettsmitglieder, vor allem auch der Finanzminister Rudolf Hilferding – der bald danach seinen Rücktritt erklärte –, wollten nicht einsehen, daß Schachts Verhalten von seiner Erkenntnis der immer bedrohlicher gewordenen Wirtschaftslage bestimmt war, und meinten, daß es sich lediglich um ungerechtfertigte Angriffe gegen die Regierung und die Koalitionsparteien handelte.

Auf noch größeres Unverständnis in diesen Kreisen stieß er, als er in einem »Memorandum zum Youngplan« seine Bedenken zu der Reparationspolitik, wie sie nach der ersten Haager Konferenz betrieben wurde, darlegte und dieses Memorandum, um ihm stärkeren Nachdruck zu verleihen, am 6. Dezember 1929 veröffentlichte. Es waren mehrere Vorgänge, die ihn zu diesem Schritt veranlaßten. Am 29. Oktober hatte die Regierung – ohne ihn davon in Kenntnis zu setzen, obwohl sie dazu verpflichtet war, weil hier die Reparationsregelung betroffen war – mit der polnischen Regierung einen Vertrag über die Liquidierung des deutschen Eigentums in Polen abgeschlossen, mit dem sie deutsche Ansprüche in Höhe von gut einer Milliarde Reichsmark aufgab und Entschädigungsansprüche von mehreren hundert Millionen Reichsmark auf sich nahm. Mit anderen Regierungen wurde über ähnliche Verträge verhandelt, die auch die Preisgabe deutscher Vermögen und Ansprüche sowie weitere Belastungen aus der Übernahme von Entschädigungsansprüchen erwarten ließen. Mit Belgien traf die Regierung Vereinbarungen über Vergütungen für Guthaben aus der Kriegszeit. Außerdem hatte sie Frankreich hohe Rückkaufpreise für die Saargruben in Aussicht gestellt, obwohl die französische Regierung im Haag sich nicht zur Rückgabe des Saargebietes bereit erklärt hatte.

In dem Memorandum wies Schacht darauf hin, daß er sich von der Reichsregierung, als er sich bereit erklärte, als Berater an der Haager Konferenz teilzunehmen, ausdrücklich die Befugnis hatte zusichern lassen, im Hinblick auf seine Verantwortung als Mitunterzeichner des Young-Planes, eine »von der Regierung etwa abweichende Auffassung öffentlich bekanntzugeben«. Er betonte, daß es »gegen das Prinzip des Young-Planes« verstoße, wenn die Regierung in Sonderabmachungen unentgeltliche Entschädigungen zugestehe, weil der Young-Plan auf der Klausel »all inclusive amounts« aufgebaut sei und die Erfüllung der übernommenen Verpflichtungen nicht durch die Übernahme zusätzlicher Verpflichtungen beeinträchtigt werden dürfe.

Weiter heißt es in dem Memorandum:

»In dem Young-Plan habe ich in gutem Glauben und mit gutem Willen ein Vertragswerk mitaufbauen helfen, für dessen restlose Durchführbarkeit ich zwar keine Mitverantwortung übernommen habe, das aber von mir und allen anderen an der Schaffung des Planes Beteiligten als die einzige Möglichkeit angesehen wurde, die Reparationsfrage zu regeln und der Welt durch gemeinschaftliche Zusammenarbeit den Frieden wiederzugeben. Dieser Plan ist nicht ein beliebiges schriftstellerisches Machwerk, sondern ist getragen von dem ganzen sittlichen Ernst und dem Verantwortungsgefühl seiner Verfasser nicht nur gegenüber ihren eigenen Völkern, sondern gegenüber der ganzen zivilisierten Welt. Es muß verlangt werden, daß die Regierungen nicht durch Hervorkehrung einseitiger Interessen dieses Friedenswerk gefährden. Ich für meinen Teil muß es auf das bestimmteste ablehnen, für die Inkraftsetzung des Young-Planes verantwortlich gemacht zu werden, wenn seine Absichten und Voraussetzungen in einer Weise mißachtet werden, wie es nach den derzeitigen Maßnahmen und Forderungen der Fall zu sein scheint.

Das deutsche Volk muß erwarten, daß die ausländischen Regierungen endgültig ihre Versuche aufgeben, über den Young-Plan hinaus Sonderleistungen und Sonderverzichte aus der deutschen Wirtschaft herauszupressen. Sie müssen wissen, daß sie durch eine solche falsche Politik die Verantwortung dafür auf sich laden, wenn der Young-Plan von vornherein mit schweren Störungen zu rechnen hat und die Mobilisierung der Annuitäten gefährdet wird.

Von der deutschen Regierung aber muß verlangt werden, daß sie keinerlei zusätzliche Leistungen bewilligt. Es muß ferner verlangt werden, daß sie, bevor der Young-Plan von ihr endgültig angenommen wird, Ordnung in den Haushalt von Reich, Ländern und Gemeinden bringt und die Zurückführung der Belastung des deutschen Volkes auf ein Maß vorsieht, das mit der Ertragsfähigkeit der deutschen Wirtschaft vereinbar ist. Gerade diejenigen, die mit mir der Meinung sind, daß der Young-Plan ein endgültiges Friedensinstrument ist, ein Plan, der die internationale Zusammenarbeit und das Gedeihen der deutschen Wirtschaft voraussetzt und ohne diese beiden Voraussetzungen nicht durchführbar ist, müssen verlangen, daß alles getan wird, um diese Voraussetzungen zu erfüllen. Es wäre eine Selbsttäuschung der Welt, zu glauben, wir könnten über die Young-Zahlungen hinaus noch weitere beliebige Millionen oder Milliarden zahlen oder auf Eigentumsrechte verzichten. Es wäre eine Selbsttäuschung des eigenen Volkes, zu glauben, daß es bei der heutigen oder womöglich noch gesteigerten Wirtschaftsbelastung die Young-Zahlungen und womöglich noch zusätzliche Beträge aufzubringen in der Lage ist.

Ich will und werde nicht dazu beitragen, daß eine solche Täuschung Platz greift.«

Das Memorandum änderte die Haltung der Regierung nicht. Auf der zweiten Haager Konferenz, die am 3. Januar 1930 begann, machte die deutsche Delegation mit Außenminister Curtius, Innenminister Wirth und Finanzminister Paul Moldenhauer keinen Versuch, von den Zugeständnissen wieder abzugehen und auf den Young-Plan in seiner ursprünglichen Form zurückzukehren. In der Regierung hatten Bedenken bestanden, Schacht in die Delegation aufzunehmen, weil die meisten Kabinettsmitglieder, vor allem Curtius – mit Recht – befürchteten, daß sich Schacht ihrem nachgiebigen und immer nachgiebiger werdenden Kurs nicht anschließen würde. Doch es gab keinen anderen Sachkenner, der so wie Schacht mit der Materie vertraut war. Außerdem setzte sich Hermann Pünder, Staatssekretär im Reichskanzleramt, der Schacht schätzte und wohl auch seine festere Haltung richtig wertete, dafür ein, daß Schacht wieder der Delegation angehörte.

Zu einem Eklat kam es im Haag bei den Verhandlungen über die Frage der Sanktionen. Schacht hielt – und hierin hatten ihm auf den früheren Konferenzen die Wirtschaftssachverständigen Großbritanniens und der Vereinigten Staaten in vollem Umfang zugestimmt – es für notwendig, daß im Hinblick auf die Sicherstellung der ausländischen Kreditgeber, und zwar sowohl der Zeichner der Dawes- und Young-Anleihen wie der Kreditgeber an deutsche Privatunternehmen, ein klarer Verzicht der Alliierten auf Sanktionen ausgesprochen wurde. Zwar wurde immer wieder behauptet, daß nach der außenpolitischen Entwicklung der letzten Jahre, vor allem nach Locarno, Sanktionen unmöglich geworden seien. Aber Frankreich hielt unverändert an seinem Sanktionsanspruch fest.

Im Haag verhandelte nun Curtius mit dem französischen Außenminister André Tardieu wieder ergebnislos über die Aufgabe der Sanktionen. Um dem deutschen Außenminister den Rücken zu stärken und in dieser Frage endlich zu einem Ergebnis zu kommen – das immer dringender wurde, weil sich die Lage auf den internationalen Kreditmärkten verschlechterte und die Kreditwürdigkeit Deutschlands nicht mehr so positiv beurteilt wurde wie zur Zeit der Dawes-Konferenz – erklärte Schacht, daß die deutsche Reichsbank sich an der Durchführung des Young-Planes mit einer Mitgliedschaft an der Bank für Internationalen Zahlungsausgleich nur beteiligen könne, wenn Frankreich einen Verzicht auf politische und militärische Sanktionen erkläre.

Nun mußte Schacht erleben, daß die Franzosen diese Forderung gar nicht zurückzuweisen brauchten, weil die deutschen Delegationsmitglieder sich gegen ihn wandten und das Vorbringen der Forderung in diesem Stadium der Verhandlungen als abwegig erklärten. In einem Gespräch zwischen Schacht und Moldenhauer erklärte Schacht, daß er an seinem Standpunkt festhalten müsse. Darauf sagte ihm Moldenhauer, wie Schacht berichtet: »Herr Schacht, Sie wissen, welche Schwierigkeiten für die Regierung durch Ihre Haltung entstehen. Darf ich Ihnen nicht einmal nahelegen, ob Sie es nicht für richtiger halten, vom Amt des Reichsbankpräsidenten freiwillig zurückzutreten.« Darauf entgegnete Schacht: »Herr Moldenhauer, freiwillig werde ich aus meinem Amt sofort zurücktreten, wenn der Reichspräsident mir den Rücktritt nahelegt; keineswegs aber nur auf den Wunsch einer vorübergehenden Regierung.«

Nach dem Gesetz war der Reichsbankpräsident auf Lebenszeit bestellt. Schacht selbst hielt diese Regelung nicht für glücklich und war schon immer der Ansicht gewesen, daß der Reichspräsident das Recht haben müsse, den Reichsbankpräsidenten, den er zu bestellen hatte, auch absetzen zu können. In einem Dauerkonflikt mit der Regierung konnte und wollte Schacht das Amt des Reichsbankpräsidenten nicht festhalten, so gern – und so erfolgreich – er es bis dahin auch ausgeübt hatte.

Moldenhauer telefonierte nach diesem Gespräch mit Schacht sofort mit Berlin, bekam aber von Staatssekretär Otto Meissner zu hören, daß dieser nicht daran dachte, eine solche Anregung an den Reichspräsidenten weiterzugeben, der ihr unter keinen Umständen folgen würde.

Am 20. Januar 1930 wurde die zweite Haager Konferenz mit der Annahme des Young-Planes abgeschlossen. Es stellte sich bald heraus, daß er, anders als der Dawes-Plan, von der Weltöffentlichkeit nicht als ein Fortschritt angesehen wurde, so sehr die offiziellen Verlautbarungen das Ergebnis der Haager Konferenzen auch als einen Erfolg für alle Beteiligten hinzustellen versuchten. Deutlich zeigte sich dies bei der Auflegung des ersten Abschnittes der Young-Anleihe im Juni 1930. Trotz eines wesentlich höheren Disagios als bei der Dawes-Anleihe, das eine erheblich bessere Netto-Rendite brachte, konnte nur mit Mühe seine volle Zeichnung erreicht werden.

Da die Bestimmungen des Young-Planes die Mitwirkung des Reichsbankpräsidenten an seiner Ausführung über die Teilnahme an der Bank für Internationalen Zahlungsausgleich vorsahen, er sich dazu aber weder freiwillig hergeben noch durch ein Gesetz, wie es in der Regierung erwogen wurde, dazu zwingen lassen wollte, sah er keinen anderen Ausweg, als von seinem Amt zurückzutreten. Am 3. März legte er seinen Standpunkt in einem Schreiben an den Reichspräsidenten von Hindenburg dar und bat ihn, Verständnis dafür zu haben, daß er das Amt als Reichsbankpräsident in seine Hände zurücklege. Am 6. März hatte er dann eine lange Aussprache mit dem Reichspräsidenten, in dem beide darin übereinstimmten, daß ein Rücktritt unter den gegebenen Umständen die beste Lösung war. Hindenburg schrieb unmittelbar nach dieser Unterredung an Schacht:

»Sehr geehrter Herr Reichsbankpräsident!

Aus Ihrem Schreiben vom 3. d. M. und unserer heutigen Besprechung habe ich leider Ihren Entschluß entnehmen müssen, alsbald von Ihrem verantwortungsvollen Amte als Reichsbankpräsident zurückzutreten. Ich bedauere, wie ich Ihnen schon mündlich erklärt habe, diesen Entschluß sehr. Ich muß aber nun, nachdem in der heutigen Unterredung meine Versuche, Sie zum Verbleiben in Ihrem Amte zu bewegen, gescheitert sind, Ihre Entscheidung als unabänderlich ansehen.

Auf meine Bitte, Ihren Rücktritt wenigstens hinauszuschieben, haben Sie mir geantwortet, daß Sie den Zeitpunkt Ihres Ausscheidens im Benehmen mit dem Reichsbankdirektorium und dem Generalrat festsetzen wollten, und daß es hierbei für Sie nicht entscheidend sei, ob Ihr Rücktritt in 14 Tagen oder in drei Monaten erfolge; Sie haben mir weiter zugesagt, vor Ihrer endgültigen Entschließung mich zu verständigen. Ich nehme hiervon gern Kenntnis.

Weiter haben Sie mir auf meine Bitte in der heutigen Besprechung zugesagt, Ihrem Schritte vor der Öffentlichkeit nicht dieselbe Begründung zu geben, die Sie mir in Ihrem Briefe gegeben haben, haben sich aber die Form derselben noch vorbehalten, da Sie sich verpflichtet fühlten, die wahren Beweggründe Ihres Entschlusses öffentlich darzulegen. Ich wiederhole daher meinen Appell an Ihr vaterländisches Verantwortungsgefühl und die eindringliche Bitte, für die Erklärung Ihres Ausscheidens vor der Öffentlichkeit eine andere Begründung zu wählen als die am Schlusse Ihres Schreibens an mich gegebene. Insbesondere bitte ich, die Ausführungen über die nach Ihrer Meinung durch den Young-Plan den beteiligten Gläubigermächten, zu denen Sie ausdrücklich auch Polen rechnen, gegebene »Aktionsfreiheit« zu streichen. Diese meines Erachtens falsche Auslegung ist bisher nur von der äußersten Opposition aufgestellt, von der französischen Regierung selbst aber nicht vertreten worden. Es wäre daher höchst bedauerlich und schädlich, wenn Sie die im Haager Abkommen enthaltene bloße Feststellung dessen, was nach Völkerrecht ohnehin rechtens ist, als die Einführung neuer Saktionsmöglichkeiten hinstellen würden. Ebenso bitte ich Sie, die am Schlusse Ihres Schreibens enthaltene Bemerkung über die Gefährdung unserer Währung und die Andeutungen über die Möglichkeit einer neuen Inflation zu unterlassen, da solche Bemerkungen aus so prominentem Munde zu einer schweren Gefährdung unserer Wirtschaft durch Kapitalflucht und Krediterschwerung führen müßten.

Ihrer hochbedeutsamen und wertvollen Arbeit für Deutschland und Ihrer Verdienste um unser Vaterland zu gedenken, werde ich später Gelegenheit nehmen, wenn Ihr von mir bedauerter Entschluß endgültige Tatsache geworden sein wird.

Mit der Versicherung meiner besonderen Hochschätzung und mit freundlichen Grüßen bin ich

Ihr sehr ergebener

von Hindenburg.«

Am 7. März 1930 gab Schacht seine Rücktrittsabsicht bekannt; mit dem 2. April 1930 schied er aus dem Amt des Reichsbankpräsidenten aus. Bei der Bekanntgabe der Rücktrittserklärung kam er, wie es für ihn selbstverständlich war, den Wünschen des Reichspräsidenten nach. Es setzten nun sofort in der Presse und im Reichstag heftige Angriffe gegen Schacht ein. Ihm wurde vorgeworfen, daß er der Regierung zum Nutzen der Opposition in den Rücken gefallen sei und er die Durchführung des Young-Planes, an dem er selbst mitgearbeitet und den er

unterzeichnet habe, jetzt sabotieren wolle. Fair verhielt sich Finanzminister Moldenhauer, der im Reichstag erklärte:

»Alle Verhandlungen mit Schacht haben sich in durchaus freund-
lichem Verhältnis abgespielt, und ich persönlich habe niemals eine
ernstliche Auseinandersetzung mit ihm gehabt ... Dr. Schacht zieht die
Konsequenz daraus, daß er den Young-Plan nicht mehr verantworten
zu können glaubt. Niemand kann bestreiten, daß er damit der Regierung im Augenblick gewisse Unbequemlichkeiten schafft ...

Ich bedaure seinen Rücktritt, aber ich erkenne an, daß er den Weg
gewählt hat, den ein Mann in dieser Lage wählen mußte.«

Krisenjahre

In der Zeit, in der Schacht aus seinem Amt als Präsident der Reichsbank ausschied, setzte eine krisenhafte Entwicklung in der Innenpolitik und in der Wirtschaft Deutschlands ein. Am 27. März 1930 wurde die Regierung Hermann Müller gestürzt, die letzte Regierung, die sich auf eine Mehrheit im Parlament stützen konnte. Ihr folgte die Regierung Heinrich Brüning, die nur noch mit Hilfe des Notstandsartikels 48 der Verfassung amtieren konnte. Das Gleiche galt für die danach kommenden Regierungen von Franz von Papen und Kurt von Schleicher, bis am 30. Januar 1933 Adolf Hitler Reichskanzler wurde.

Der 27. März 1930 hatte das Ende der parlamentarischen Demokratie – so wie sie die Väter der Weimarer Verfassung vom 11. August 1919 hatten gestalten wollen – gebracht. Was danach kam, war, um eine treffende Formulierung Stampfers zu gebrauchen, »ein eigentümlicher Schwebezustand, ein System, das man als Parlamentarismus mit Artikel 48 oder als parlamentarisch tolerierte Präsidialregierung bezeichnen kann«. Doch auch schon vorher hatte die parlamentarische Demokratie in Deutschland nur mangelhaft funktioniert.

In der »Nationalversammlung«, die am 19. Januar 1919 – genau eine Woche nachdem der Spartakus-Aufstand in Berlin niedergeschlagen war – gewählt wurde, hatte eine Koalition zwischen der SPD, dem Zentrum, dem damals die Abgeordneten der Bayerischen Volkspartei angehörten, und der Deutschen Demokratischen Partei, die »Weimarer Koalition«, eine klare Mehrheit mit dreihundertsechsundzwanzig von insgesamt vierhunderteinundzwanzig Abgeordneten in diesem Parlament gehabt. Zentrum und Demokraten hätten zusammen mit der Deutschen Volkspartei und den Deutschnationalen auch eine Mehrheit, allerdings eine schwächere, bilden können. Doch sie hätten sich damals wohl nur im Notfall – wenn überhaupt – dazu entschlossen. Sie waren zur Zusammenarbeit mit den Sozialdemokraten bereit, denen allerdings das Zusammengehen mit »bürgerlichen« Parteien recht schwer fiel. Viele der sozialdemokratischen Abgeordneten hätten viel lieber eine Koalition der »sozialistischen«, der »Arbeiter«-Parteien gemeinsam mit den von ihnen während des Krieges abgefallenen Unabgängigen Sozialdemokraten gebildet, doch diese beiden Parteien wären gegenüber den »bürgerlichen« in der Minderheit geblieben.

Mit der Auflösung der Nationalversammlung am 21. Mai 1920 fand auch die Weimarer Koalition ihr Ende. Die ersten Reichstagswahlen am 6. Juni 1920 brachten den Sozialdemokraten und den Demokraten erhebliche Stimmen- und Mandatsverluste, denen Gewinne der Unabhängigen Sozialdemokraten sowie der Deutschnationalen und der Deutschen Volkspartei gegenüberstanden. Immerhin hatten die Parteien der Weimarer Koalition noch eine klare Mehrheit. Doch die Sozialdemokraten wollten im Reich die Regierungsverantwortung zusammen mit bürgerlichen Parteien nicht tragen und konnten – sehr zu ihrem Bedauern, wie es in ihren Entschließungen und Sitzungsprotokollen immer wieder vermerkt worden ist – mit den Unabhängigen Sozialdemokraten keine Koalition bilden, weil diese keine Gewähr für die Erhaltung der demokratischen Staatsform bildeten.

So kam es dann unter dem Zentrumspolitiker Konstantin Fehrenbach zu einer Regierung, die sich sicher nur auf die Parteien der »Mitte« mit einer Minderheit der Abgeordneten im Reichstag stützen konnte und für Mehrheitsbeschlüsse die Unterstützung der Sozialdemokraten oder der Deutschnationalen brauchte. Solche Minderheitenregierungen hat es mehrfach während der Weimarer Republik gegeben. Die »große Koalition« von SPD bis zur Deutschen Volkspartei, die sich unter Stresemann angesichts des Zusammenbruchs des »passiven Widerstandes« an der Ruhr am 12. August 1923 gebildet hatte, überdauerte die beiden Kabinette Stresemann nicht. Nach dem Sturz Stresemanns als Kanzler am 23. November bildete der Zentrumspolitiker Wilhelm Marx ein »überparteiliches« Kabinett, das im Reichstag die Unterstützung der großen Parteien erhielt, die wohl fallweise zu einer Unterstützung aber nicht zur Übernahme der Regierungsverantwortung bereit waren.

Die Taktik der Parteien, die Verantwortung für Entscheidungen zu vermeiden, die ihnen abträglich für die Wählergunst erschienen, führte dazu, daß wichtige Gesetze nicht vom Parlament beschlossen werden konnten und an ihre Stelle Notverordnungen traten, die der Reichspräsident, gestützt auf den Artikel 48 der Verfassung, erlassen konnte. Sie hatten Gesetzeskraft, sofern der Reichstag nicht verlangte, sie außer Kraft zu setzen. Der Artikel 48 war von den Vätern der Verfassung für den äußersten Notfall gedacht. »Wenn ein Land die ihm nach der Reichsverfassung oder den obliegenden Pflichten nicht erfüllt«, und, »wenn im Deutschen Reiche die öffentliche Sicherheit und Ordnung erheblich gestört oder gefährdet wird«, dann sollte der Reichspräsident – im Bedarfsfall »mit Hilfe der bewaffneten Macht« und unter vorübergehender Aufhebung der Grundrechte – die Vollmacht zum Eingreifen haben, ohne vorher dafür eine Ermächtigung vom Parlament einzuholen. Doch nun bot der Artikel 48 den Regierungen eine Handhabe, unabwendbar notwendige Entscheidungen zu treffen, wenn keine Mehrheit der Abgeordneten dafür offen die Verantwortung tragen wollte. Daß das Regieren mit Hilfe des Notstandsartikels die parlamentarische Demokratie in Not brachte, erkannten nur wenige der Abgeordneten. Weite Kreise der Bevölkerung spürten aber, daß die Parteien, die den Staat tragen sollten, hier versagten.

Nach den Reichstagswahlen im Mai 1924 – die erneut den Sozialdemokraten Verluste und den Kommunisten, die an die Stelle der Unabhängigen Sozialdemokraten getreten waren, Stimmengewinne sowie den Nationalsozialisten einen Erfolg mit dem Einzug von zweiunddreißig Abgeordneten in den Reichstag gebracht hatten – war für eine »Weimarer Koalition« im Reichstag keine Mehrheit mehr gegeben. Aber eine Wiederherstellung der »großen Koalition« hätte eine sichere parlamentarische Grundlage schaffen können, wie sie sich in Preußen unter dem sozialdemokratischen Ministerpräsidenten fast für die ganze Dauer der Weimarer Republik bewährt hat. Nach der vorzeitigen Auflösung dieses Reichstages und den Neuwahlen im Dezember 1924 schien sich für die Sozialdemokraten bei neuem großen Stimmengewinn ihre Politik des Verzichts auf Regierungsverantwortung ausgezahlt zu haben. Jetzt hätte eine Weimarer Koalition wieder eine Mehrheit gehabt, wenn die Bayerische Volkspartei noch zu einem Zusammengehen mit dem Zentrum bereit gewesen wäre. Aber auch im Zentrum war man nicht mehr unbedingt zu einer Wiederherstellung der Weimarer Koalition geneigt.

Die Deutsche Volkspartei wollte jetzt die Deutschnationale Volkspartei, die zweitstärkste Partei, in die Regierungsverantwortung einbeziehen. So bildete sich unter Luther als Reichskanzler der »Bürger-Block«, der aber alles andere als ein Block war. Denn die Fraktionen des Zentrums und der Demokratischen Partei lehnten die Bildung einer »Koalition« mit den Deutschnationalen ab, beließen aber ihre »Vertrauensleute« als »Fachminister« im Kabinett und stellten ihre Unterstützung bis zu den Abstimmungen in Aussicht. Nach diesem Muster wurde am 31. Januar 1927 eine zweite Bürgerblockregierung – nachdem die erste im Mai 1926 gescheitert und von einer neuen Regierung der Mitte abgelöst war – unter Marx gebildet, der alle deutschnationalen Abgeordneten, bis auf Alfred Hugenberg, der bei der Abstimmung nicht anwesend war, ihr Vertrauen aussprach.

Die vierte Reichstagswahl am 20. Mai 1928 brachte den Sozialdemokraten weitere Stimmengewinne, den Deutschnationalen, aber auch der deutschen Volkspartei, den Demokraten und zum ersten Male auch dem Zentrum Verluste. Gewinner waren auch die Kommunisten, während die Nationalsozialisten weitere Verluste hinnehmen mußten und nur noch mit zwölf Mann im Reichstag vertreten waren. Die Sozialdemokraten als die weitaus stärkste Reichstagsfraktion – mit 152 Abgeordneten vor 78 Deutschnationalen – mußten und wollten jetzt auch die Regierungsführung übernehmen. Doch Hermann Müller, der mit der Kabinettsbildung beauftragt war, konnte keine Koalition zustande bringen, die bereit war, mit Stimmenmehrheit die Regierung zu tragen.

Dem Zentrum fiel die Umkehr vom Bürgerblock zurück zum Bündnis mit den Sozialdemokraten schwer. Die Reichstagsfraktion der Deutschen Volkspartei hätte gerne bei dieser Gelegenheit eine Erweiterung der großen Koalition in Preußen durch Hereinnahme der Deutschnationalen ausgehandelt. Sie empfand es als einen »Schuß in den Rücken« als sie erfuhr, daß Stresemann – der zur Kur auf der Bühler Höhe weilte – sich auf eine Anfrage Hermann Müllers bereit erklärt hatte, zusammen mit Curtius als »Fachminister« einem Kabinett ohne Koalitionsbindung beizutreten. So bildete dann Hermann Müller am 3. August 1928 seine Regierung »ohne Koalitionsbindung«, der Minister aus den Parteien der großen Koalition – von den Sozialdemokraten über Demokraten, Zentrum und Bayerische Volkspartei bis zur Deutschen Volkspartei – angehörten, ohne daß die Reichstagsfraktionen dieser Parteien sich zur Stützung dieser Regierung verpflichtet fühlten.

Dieses Verhalten der Parteien und ihrer Reichstagsfraktionen, das die Bildung tragfähiger, parlamentarischer Grundlagen für die Regierung erschwerte und die Regierungsarbeit ständig hemmte, war die Folge der inneren Zerrissenheit des deutschen Volkes in der Zeit der Weimarer Republik. Sie wurde von den Parteien und Regierungen nicht gemindert, geschweige denn geheilt, sondern noch verschlimmert, weil eine klare Regierungsführung vermißt wurde. Die Zerrissenheit und die Schwäche des politischen Systems war eine der entscheidenden Ursachen für das Emporkommen des Nationalsozialismus, als die parlamentarische Demokratie sich den Belastungen der dreißiger Jahre nicht gewachsen zeigte. Hier lag auch die entscheidende Ursache dafür, daß Schacht und andere Männer der Politik und Wirtschaft schließlich eine Zusammenarbeit mit Hitler für unausweichlich hielten, der mit seinem Kampf gegen das »System« – das war eines seiner wirksamsten Schlagworte – die innere Zerrissenheit zu überwinden begann und eine Volksgemeinschaft verhieß, nach der sich so viele sehnten.

Hier wirkte noch verhängnisvoll nach, daß die Sozialdemokratische Partei und mit ihr weite Teile der deutschen Arbeiterschaft – aber keineswegs die gesamte Arbeiterschaft – jahrzehntelang in einer Kampfstellung gegenüber dem Staate gestanden und auch nach der Revolution vom November 1918 nur schwer ein neues Staatsverständnis erlangen konnte, während das früher staatstragende Bürgertum der neuen Staatsform skeptisch oder ablehnend gegenüberstand und nur zum Teil – und auch zu diesem Teil nur zögernd und mit Vorbehalten – zu ihrer Anerkennung und Bejahung gewonnen werden konnte. Ungeschickte Parteitaktik auf beiden Seiten ließ die Kluft immer größer werden, statt sie zu überbrücken. Fortwirkend erschwerte die wachsende Kluft eine Zusammenarbeit zwischen den Parteien, wie sie für das Funktionieren einer parlamentarischen Demokratie erforderlich ist.

Es war ein unheilvoller Satz, den Artur Crispien – ein Sozialdemokrat, der sich den Unabhängigen Sozialdemokraten anschloß und später wieder zur Mutterpartei zurückkehrte – im November 1922 auf einem Parteitag der Unabhängigen in Leipzig aussprach: »Wir kennen kein Vaterland, das Deutschland heißt.« Er verschaffte den nationalistischen Agitatoren das Schlagwort von den »vaterlandslosen Gesellen«, das viele Arbeiter ebenso verletzend und kränkend empfanden, wie national empfindende Deutsche darunter litten, daß ihr Eintreten für einen stärkeren Widerstand gegen die moralische Herabsetzung Deutschlands und gegen die Friedensbedingungen der Alliierten mit immer neuen Rechtsbrüchen von den Verfechtern des – mehr oder weniger notwendigen – auf Nachgiebigkeit eingestellten Regierungskurses als etwas Verwerfliches hingestellt wurde.

Die in Weimar konstruierte Staatsform hatte keinen Rückhalt im Volk. Die Parteien waren in ihren Entschlüssen nur allzu oft stärker von der Rücksicht auf die Wählergunst als von der Einsicht in das staatspolitisch Notwendige bestimmt worden. Allzu häufig ging es ihnen mehr um den Vorteil für die Partei als um das Staatswohl. Sie hatten es nicht verstanden, das parlamentarische System so zu gestalten, daß es auch unter Belastungen leistungsfähig blieb. Als es auf die Probe gestellt war, versagte es. Im Streit um eine Erhöhung der Arbeitslosenversicherung um ein halbes Prozent brach es zusammen.

142

Das Jahr 1929 hatte eine starke Zunahme der Arbeitslosen gebracht. Ihre Zahl war im Jahresdurchschnitt gegenüber dem Vorjahr von 1,4 auf 1,9 Millionen gestiegen. Im Februar 1930 war sie um fast 300 000 höher als im gleichen Monat des Vorjahres, und für den Verlauf des Jahres war ein weiterer hoher Anstieg zu befürchten. Die Regierung Hermann Müller brachte deshalb, um die wachsenden Kosten der gesetzlich geregelten Arbeitslosenversicherung zu decken, im März 1930 ein Gesetz ein, das den Vorstand der Reichsanstalt ermächtigen sollte, den Beitragssatz von 3½ auf 4 Prozent zu erhöhen. Der Beitrag war je zur Hälfte von den Arbeitnehmern und den Arbeitgebern zu zahlen. Die SPD stimmte der Regierungsvorlage zu. Die Deutsche Volkspartei lehnte sie dagegen ab mit der Begründung, daß der deutschen Industrie, die mit großen Schwierigkeiten im Export zu kämpfen hatte, die hierdurch entstehende Kostenerhöhung, die weit mehr als 70 Millionen Mark im Jahr ausmachen würde, nicht zugemutet werden könnte.

Heinrich Brüning, Vorsitzender der Zentrumsfraktion, machte einen Vermittlungsvorschlag: Der Beitragssatz sollte 3½ Prozent bleiben, und zur Deckung der Lücke sollten aus dem Reichshaushalt 150 Millionen RM zugeschossen werden. Sollte dieser Betrag nicht ausreichen, dann sollten weitere Mittel als Darlehen bereitgestellt werden. Diese Darlehen sollte die Reichsanstalt später zurückzahlen. Dabei wurde in dem Vermittlungsvorschlag auf eine »Prüfung weiterer Ersparnismöglichkeiten auf dem Wege der Gesetzgebung« und eine mögliche »Reform des Gesetzes über Arbeitsvermittlung und Arbeitslosenversicherung« zum Ausgleich zwischen Einnahmen und Ausgaben hingewiesen.

Gegen diesen Vermittlungsvorschlag nahm der sozialdemokratische Arbeitsminister Rudolf Wissell, der von den Gewerkschaften herkam, entschieden Stellung. Die Gewerkschaften standen 1930, wie schon 1929 und wie weiter noch bis zum Herbst 1931, in heftigen Lohnkämpfen, in denen sie ungeachtet der steigenden Arbeitslosigkeit und mit den sinkenden Preisen gleichfalls sinkenden Lebenshaltungskosten höhere Tarife durchsetzten – die den in Arbeit Stehenden bessere Einkünfte verschafften aber nur dazu beitrugen, daß die Zahl der Arbeitslosen wuchs. In dieser Situation wollten Wissel und mit ihm die Gewerkschaftsvertreter in der sozialdemokratischen Fraktion von vornherein jedes Antasten der Regelungen der Arbeitslosenversicherung, die für sie ein wichtiger Schutzwall in den Lohnkämpfen war, verhindern.

Mit der gleichen Einsichtslosigkeit – und Ahnungslosigkeit für das, was jetzt heraufbeschworen wurde –, mit der die Abgeordneten der Deutschen Volkspartei die Beitragserhöhung abgewiesen hatten, verwarfen die Gewerkschaften den Kompromiß. Ihre Vertreter setzten durch, daß er von der SPD-Fraktion einstimmig abgelehnt wurde. Darauf erklärte der Reichsfinanzminister Moldenhauer, der der Deutschen Volkspartei angehörte, daß er die Regierungsvorlage nicht mehr vertreten könne und zurücktreten müsse, wenn sie doch im Reichstage eingebracht würde. Nun glaubten auch die Reichsminister, die Mitglieder der Zentrumspartei waren, nicht weiter mitmachen zu können. So beschloß die gesamte Regierung Hermann Müller, ohne sich noch dem Reichstag zu stellen, am 27. März 1930 ihren Rücktritt.

Brüning, der am 28. März mit der Regierungsbildung beauftragt war und am 1. April dem Reichstag sein Kabinett vorstellte – dem ein Deutschnationaler und ein Volkskonservativer neben Mitgliedern des Zentrums, der Bayerischen Volkspartei, der Demokratischen Partei, der Deutschen Volkspartei und der Wirtschaftspartei sowie der parteilose Reichswehrminister angehörten – versuchte noch die Unterstützung des Parlaments zu gewinnen, um nicht ständig nur mit Hilfe des Notstandsartikels 48 zu regieren. Doch durch die Ausdehnung seines Kabinetts nach rechts verlor er die Duldung durch die SPD, während ein Teil der deutschnationalen Abgeordneten ihn ablehnte. Nach einer Abstimmungsniederlage verkündete er am 18. Juli 1930 die Auflösung des Reichstages.

Das war ein entscheidender Fehler. Denn die Wahlen am 14. November 1930 brachten einen großen Sieg der Nationalsozialisten, die mit hundertsieben Stimmen in den Reichstag einrückten und jetzt hinter einer geschwächten SPD die zweitstärkste Fraktion bildeten. Zur drittstärksten Fraktion mit 77 Abgeordneten rückten die Kommunisten auf. Die schwerste Niederlage mußten die Deutschnationalen hinnehmen; auch die zur »Staatspartei« gewandelten Demokraten und die Deutsche Volkspartei erlitten starke Verluste. Recht gut abgeschnitten hatte das Zentrum, das seine Mandatszahl von einundsechzig auf achtundsechzig erhöhte. Brüning fand damit aber keine besseren sondern weit schlechtere Voraussetzungen, um wieder eine vom Parlament getragene Regierung bilden zu können.

Zu dem Siege der Nationalsozialisten hatte die Verschlechterung der Wirtschaftslage beigetragen. Die Mehrzahl der mittelständischen Handel- und Gewerbetreibenden, die in der Inflation ihre Rücklagen verloren hatten, konnten danach einige Jahre lang noch Hoffnung schöpfen, daß sie ihre wirtschaftliche Existenz behaupten und auch wieder verbessern könnten. Durch den Rückschlag, der 1929 einsetzte, waren sie aber in eine schlimme und immer schlimmer werdende Notlage geraten. Sie sahen, daß sie von der Wirtschaftspolitik der Regierung, die im Grunde in einem tatenlosen Hinnehmen der rückläufigen

144

13. Besprechung in einer Konferenzpause. Es sind zu erkennen (von links): Dr. Breitscheid, Finanzminister Dr. Hilferding, Graf Zech, Schacht.

14. Im Gespräch mit Montagu Norman, dem britischen Notenbankpräsidenten.

15. Schacht bei einer Sitzung des Reichskabinetts.

16. Schacht im Gespräch mit seinem Mitarbeiter Karl Blessing, dem späteren Präsidenten der Bundesbank.

17. Harzburger Front 1931:
Hitler spricht im Kursaal
von Bad Harzburg. Hinter
Hugenberg (Mitte): Schacht.

18. So sah der Karikaturist
Th. Th. Heine im Simpli-
zissimus die Harzburger
Tagung.

19. Schacht spricht beim deutschen Studen-
tentag 1931 im Stadion von Potsdam über
Kriegsschuld und Reparationen.

20. »Vom Führer ernannt: Dr. Hjalmar
Schacht« schrieb die »Grüne Post« 1933 zu
diesem Bild.

21. Der Zivilist unter Uniformierten. Tag
des deutschen Handwerks in Braunschweig
1934.

22. Schacht beim Betreten der Reichsbank,
die wieder unter seiner Leitung steht.

23. Schacht (ganz rechts) auf der Regie-
rungsbank bei einer Reichstagssitzung.

24. Schacht sammelt für das Winterhilfs-
werk.

25. Bei der Ostmesse in Königsberg 1935
trägt sich Schacht ins Goldene Buch ein. Zur
Eröffnung dieser Messe hielt er seine große
kritische Rede.

26. Zwei Porträts des Reichsbankpräsidenten und kommissarischen Reichswirtschaftsministers um 1935.

27. Der eloquente Schacht.

Entwicklung bestand, keine Besserung zu erwarten hatten. Noch verzweifelter war die Lage der Arbeitslosen, da die Unterstützungen, die sie erhielten, kaum zur Deckung des allerdringendsten Lebensunterhaltes ausreichten. Neben den Millionen bereits Arbeitsloser standen Millionen, die das gleiche Schicksal zu befürchten hatten. Weder die Regierung noch die Partei, für die sie bisher gestimmt hatten oder deren Mitglied sie waren, die SPD, gaben ihnen noch das Vertrauen, daß sie ihr Schicksal verbessern würden. Sie konnten ihnen keinen Silberstreifen am düsteren Horizont mehr zeigen.

Die Verschlechterung der Wirtschaftslage hatte in Deutschland während des Winters 1928/29 in der Landwirtschaft eingesetzt. Die Minderung der Kaufkraft der Landbevölkerung führte im Verlauf des Jahres 1929 zu Umsatz- und Produktionsrückgängen in weiteren Bereichen der Wirtschaft. Der Börsenkrach in New York im Oktober 1929, der einen scharfen Konjunkturrückschlag in den Vereinigten Staaten herbeiführte und infolge des großen Gewichtes dieses Staates im internationalen Wirtschaftsverkehr einen weltweiten wirtschaftlichen Rückgang einleitete, hatte auch für Deutschland durch das schnelle Absinken seiner Ausfuhr harte Auswirkungen, so daß die Arbeitslosigkeit 1930 noch weit stärker als im Vorjahre – auf 4,4 Millionen im Dezember – stieg.

Böse Folgen hatten auch die Septemberwahlen 1930. Sie zeigten die innenpolitische Unsicherheit Deutschlands und lösten eine Kapitalflucht aus. Es waren sowohl Deutsche, die ihre Guthaben ins Ausland brachten als auch Ausländer, die ihre Kredite aus Deutschland abzogen. Die Reichsbank verlor erhebliche Devisenbestände und stand schon geschwächt da, als im Sommer 1931 die große Kreditkrise hereinbrach. Jetzt zeigte es sich, daß Schacht mit seinen Warnungen vor der hohen Auslandsverschuldung und vor allem vor der Hereinnahme kurzfristiger Auslandskredite recht gehabt hatte. Nicht minder recht hatte er mit seinen Warnungen vor der steigenden Staatsverschuldung gehabt. Denn in den Tagen, in denen die Devisenabflüsse die Reichsbank in eine Notlage brachten, stand das Reichsfinanzministerium in einer gleichen Notlage und wußte nicht, wie es die notwendigen Mittel zur Bezahlung der Beamtengehälter beschaffen sollte. Bald sollte es auch deutlich werden, daß es – wie man es ihm bei den Verhandlungen um den Young-Plan nicht hatte glauben wollen – ein verhängnisvoller Fehler war, von den Transferschutz-Regelungen des Dawes-Planes abzugehen.

Die kurzfristigen Auslandskredite der deutschen Banken waren bis zum Ende des Jahres 1929 auf 4 Milliarden RM gestiegen. Das waren

34 Prozent ihrer gesamten Einlagen. Dazu kamen noch um dreimal so hohe kurzfristige Auslandsschulden der übrigen Wirtschaft. Auf 15,7 Milliarden RM beliefen sich, soweit es sich hat feststellen lassen, Ende 1929 die gesamten kurzfristigen Auslandsverbindlichkeiten Deutschlands. Das war, um eine Vergleichszahl anzuführen, erheblich mehr als die deutsche Ausfuhr des gleichen Jahres, die – ein Rekordergebnis für die damalige Zeit – 13,5 Milliarden erreichte. Im Jahre 1930 wurden, hauptsächlich als Folge der September-Wahlen, für rund 600 Millionen RM kurzfristige ausländische Kredite abgezogen. Der Gold- und Devisenbestand der Reichsbank, der am 30. Juni 1930 mit 3,08 Milliarden RM seinen bis dahin höchsten Stand erreicht hatte, verminderte sich bis Ende des Jahres 1930 bereits auf 2,69 und bis zum 31. März 1931 weiter auf 2,51 Milliarden RM. Dann setzte eine katastrophale Entwicklung ein.

Eine politisch gut gemeinte, aber von einer völlig verfehlten Einschätzung der außenpolitischen Lage geleitete Aktion der Regierung Brüning löste sie aus. Der Reichskanzler hatte, beraten und vorangetrieben durch seinen Außenminister Curtius und den Reichsbankpräsidenten Luther, der in diesem Amt die Nachfolge Schachts angetreten hatte, am 19. März 1931 mit der österreichischen Regierung einen Vertrag über den Abschluß einer – zunächst auf drei Jahre befristeten – Zollunion abgeschlossen. Am 21. März wurde der Abschluß bekannt gegeben. Sofort protestierten Frankreich, die Tschechoslowakei und Italien dagegen und wiesen darauf hin, daß die Bedingungen, unter denen Österreich 1922 eine Völkerbundsanleihe erhalten hatten, keine »wirtschaftliche Annäherung« an ein anderes Land zuließen. Frankreich gewann darüber hinaus andere Staaten für einen Einspruch gegen die Zollunion.

Als ein weiteres sehr wirksames Mittel veranlaßte die französische Regierung die französischen Banken, ihre kurzfristigen Kredite aus Österreich abzuziehen. Montagu Norman, der Gouverneur der Bank von England, Schachts vertrauter Freund, erkannte, welch ein gefährliches Spiel die Franzosen hier trieben. Er veranlaßte die englische Regierung, Brüning und Curtius zu einem Wochenendbesuch auf ihrem Landsitz Chequers bei London einzuladen. Beide baten um eine Verschiebung dieses Treffens; sie wollten erst die nächste Völkerbundssitzung abwarten, die zur Zollunion Stellung nehmen sollte. Norman flog daraufhin in die Vereinigten Staaten, um vor den drohenden Gefahren zu warnen und die amerikanische Regierung und die Zentralbankleitung für Hilfsmaßnahmen zu gewinnen. Doch er fand kein Gehör.

146

Österreich kam durch die Devisenabflüsse in Bedrängnis. Als Opfer der französischen Aktion geriet die Österreichische Kreditanstalt, die größte Bank des Landes, in Zahlungsschwierigkeiten und mußte am 11. Mai 1931 ihre Schalter schließen. Die Bank für Internationalen Zahlungsausgleich sandte Karl Blessing, den Vertreter der Reichsbank in diesem Institut – den späteren Präsidenten der Deutschen Bundesbank – zur Prüfung des Status der Kreditanstalt nach Wien. Blessing stellte fest, daß fast 40 Prozent ihrer Einlagen kurzfristige Auslandskredite waren, die Österreichische Kreditanstalt aber auch mit so hohen Verlusten gearbeitet hatte, daß fast ihr gesamtes Kapital verloren war. Nach diesen Feststellungen wies Blessing in Berlin Luther darauf hin, daß die Lage der deutschen Banken nicht viel anders sei und für Deutschland eine gleiche Entwicklung wie in Österreich zu erwarten sei. Aber Luther nahm diese Warnung nicht ernst.

Doch es vergrößerten sich die Devisenabzüge aus Deutschland. Vom 1. bis 11. Juni verlor die Reichsbank Devisen für 400 Millionen RM. Am 12. Juni für weitere 200 Millionen RM. Nur die festgelegten Kreditfristen verhinderten, daß die Devisenverluste nicht sogleich Milliardenhöhe erreichten. Luther hielt es jedoch immer noch nicht für notwendig, etwas gegen den Devisenabfluß zu unternehmen oder sich im Ausland nach neuen Deckungsmöglichkeiten umzusehen. Weit größere Sorge bereitete ihm zu diesem Zeitpunkt die Kassenlage des Reiches. Mitte Juni hatte die Reichsregierung feststellen müssen, daß ihr die Mittel für die Anweisung der Beamtengehälter zum Ende des Monats sowie für die Einlösung von Schatzwechseln fehlten, die im Juli fällig wurden.

Als aber am 19. Juni die Devisenabzüge von der Reichsbank, die einige Tage lang etwas nachgelassen hatten, wieder in die Höhe schnellten, sah Luther, daß er ohne Hilfe des Auslandes nicht länger operieren konnte. Inzwischen hatte die Krise im internationalen Zahlungsverkehr von Österreich und Deutschland schnell auf andere Länder übergegriffen und zu weltweiten Störungen geführt, unter denen schließlich alle zu leiden hatten. Jetzt griffen die Vereinigten Staaten ein. Anfang Juni hatte ihr Präsident Herbert C. Hoover erklärt, er könne es nicht zulassen, daß die europäischen Staaten zu Lasten der amerikanischen Steuerzahler ihren Schuldendienst einstellten, solange sie 20 Milliarden jährlich für ihre Rüstung ausgeben; Deutschland könne seine Lasten weiter tragen. Doch nachdem seine Finanzexperten ihn darüber aufgeklärt hatten, wie kritisch die Lage sich zugespitzt hatte, verkündete er am 19. Juni, daß die Vereinigten Staaten bereit seien, für ein Jahr alle Kriegsschuldenzahlungen zu stunden unter der

Voraussetzung, daß während dieser Zeit auch alle anderen politischen Zahlungen gestundet würden. Frankreich sträubte sich erst noch gegen eine Stundung der deutschen Reparationszahlungen, gab dann aber doch seine Zustimmung, so daß mit Wirkung vom 1. Juli das »Hoover-Moratorium« in Kraft treten konnte.

Die Stundung der Reparationszahlungen brachte keine große Hilfe für die deutsche Devisenlage; sie schuf aber eine Erleichterung für die Haushaltslage des Staates. Die Reichsbank erhielt am 25. Juni von den Notenbanken der Vereinigten Staaten, Großbritanniens und Frankreichs unter Mitwirkung der Bank für Internationalen Zahlungsausgleich einen Überbrückungskredit von 100 Millionen Dollar, der aber nur bis zum 16. Juli befristet war. Einer Verlängerung wollte Frankreich nur gegen politische Zugeständnisse – Verzicht auf den Bau von Panzerkreuzern, der Deutschland vertragsgemäß zugestanden war – zustimmen.

Unterdessen hatte sich die Lage im Inland krisenhaft zugespitzt. Der Zusammenbruch eines großen Industrieunternehmens, des Nordwolle-Konzerns, am 18. Juni, der seinen Hauptkreditgeber, die Darmstädter- und Nationalbank (Danat-Bank), in Schwierigkeiten brachte, hatte eine Kettenreaktion eingeleitet. Als am 13. Juli die Danatbank ihre Zahlungen einstellte, setzte ein panikartiger Run der Inhaber von Bank- und Sparkassenguthaben auf die Kreditinstitute ein. Die Regierung sah keinen anderen Ausweg, als anzuordnen, daß am 14. und 15. Juli die Schalter aller Kreditinstitute geschlossen blieben und danach die Auszahlung von Guthaben nur in beschränktem Ausmaß erfolgte. Es zeigte sich, daß auch andere Banken sanierungsbedürftig waren. Viele Industrieunternehmen brachen durch die Kreditkrise zusammen, und nur durch Errichtung neuer Kreditorganisationen konnte eine totale Lähmung der Wirtschaft verhindert werden.

Der fortdauernde Abzug von Devisen zwang schließlich Reichsregierung und Reichsbank zu einem »Moratorium«, das heißt: zu einer Zahlungseinstellung für sämtliche kurzfristigen Auslandskredite. Um sie durchzuführen, mußte der gesamte Zahlungsverkehr mit dem Ausland reglementiert werden. Eine Notverordnung der Reichsregierung vom 15. Juli 1931 brachte für Deutschland das Ende des freien Zahlungsverkehrs und die Einführung der Devisenbewirtschaftung. Die Bestimmungen vom 15. Juli, die den gesamten Zahlungsverkehr mit dem Ausland bei der Reichsbank zentralisierten, wurden durch eine Notverordnung vom 18. Juli dahin erweitert, daß sämtliche ausländische Zahlungsmittel und Forderungen an Ausländer der Reichsbank angeboten werden mußten. Mit einer Notverordnung vom 1. August wurde die Reglementierung auch auf den Handel mit Wertpapieren mit dem Ausland ausgeweitet.

Eine schnell einberufene internationale Konferenz in London vom 20. bis 22. Juli unter Vorsitz des britischen Premierministers Ramsay MacDonald brachte für Deutschland eine Verlängerung des Hundertmillionenkredits und eine Empfehlung an seine privaten ausländischen Kreditgeber, ihre kurzfristigen Forderungen zu stunden. Die Bank für Internationalen Zahlungsausgleich übernahm die Regelungen hierfür, die in den sogenannten »Baseler Stillhalteabkommen« festgelegt wurden. Sie wandelten die kurzfristigen Kredite in mittel- und langfristige. Ferner wurde die Bank für Internationalen Zahlungsausgleich veranlaßt, einen Ausschuß zur Prüfung der Zahlungsfähigkeit Deutschlands einzusetzen.

Alle Maßnahmen, die zur Abwehr der Krisenfolgen im weltweiten Rahmen und im Inlande ergriffen wurden, brachten keine Wendung zum Besseren. Der Rückgang in der Weltwirtschaft und in Deutschland hielt weiter an. Ja, er war in Deutschland – ähnlich vielleicht auch noch in den Vereinigten Staaten – am allerschlimmsten. Die Arbeitslosigkeit wuchs weiter; jedes Jahr um Millionen. Ihren höchsten Stand mit 6,04 Millionen gemeldeten Arbeitslosen erreichte sie im Januar 1932. Das waren 1,15 Millionen mehr als im Januar 1931. Im ganzen Jahr 1932 blieb sie über dem Vorjahresstand; im Jahresdurchschnitt um 1,06 Millionen. Neben den gemeldeten Arbeitslosen – 5,6 Millionen im Jahresdurchschnitt 1932 – gab es mindestens noch eine halbe Million nicht gemeldeter Arbeitsloser. Damit waren rund ein Drittel aller Arbeiter und Angestellten ohne Beschäftigung. Nicht viel besser sah es unter den Selbständigen in der Landwirtschaft, dem Handwerk, der Industrie und dem Handel aus. Die Zahl der Konkurse stieg von Jahr zu Jahr, und die meisten der Unternehmen, die noch am Leben blieben, arbeiteten mit Verlusten.

Schacht war in den Krisenjahren von aktiver wirtschaftlicher Tätigkeit ausgeschlossen, aber er war nicht untätig geblieben. Nach seinem Rücktritt als Reichsbankpräsident hatte er sich zunächst auf sein Landgut Gühlen zurückgezogen. Dieses Gut im Gebiet der Stadt Finow zwischen Neuruppin und Rheinsberg gelegen, hatte er im Jahre 1926 – und nicht wie es oft, um ihn als »Inflationsgewinnler« hinzustellen, behauptet wurde, während der Inflationszeit – erworben.

Gühlen war der Ort, an den er sich in der Zeit härtester Arbeit und Anspannung gern zurückgezogen hatte. Schacht liebte die märkische Landschaft mit ihrem Wechsel von Äckern, Wiesen und Kiefernwald, mit ihren verträumten Seen. Hier kam seine Naturliebe mit einer zur Romantik neigenden Seite seines Wesens zum Ausdruck. Seiner Neigung zur Dichtung gab er hier wie nirgendwo anders seit seiner Studentenzeit nach. In vielen Gedichten pries er sein Gühlen und die umgebende Landschaft. Nach Sagen der Mark dichtete er Balladen. Aber mit seinem praktischen Sinn hatte er sich gleich nach Erwerb des Gutes auch als Land- und Forstwirt betätigt. Mit dem Betrieb einer Ziegelei machte er das Gut rentabel. Sehr stolz war er darauf, daß seine Schweinezucht in der Nachbarschaft als mustergültig angesehen wurde und die Qualität seiner Milch mit einem Preis anerkannt wurde.

Er führte aber keineswegs ein zurückgezogenes Leben auf Gühlen. Mit seinen Freunden und Bekannten blieb er in engem Kontakt. Schon kurze Zeit nach seinem Rücktritt als Reichsbankpräsident nahm er eine Einladung zu einem währungspolitischen Vortrag in Bukarest an, in dem er darlegte, daß mit den Reparationszahlungen ein Ende gemacht werden müsse, um schwere Gefahren für die Weltwirtschaft abzuwenden. Ähnliche Vorträge hielt er in Bern, Kopenhagen und Stockholm. Am 14. September 1930, am Tage der verhängnisvollen Reichstagswahl, reiste er, nachdem er seine Stimme abgegeben hatte, über London in die Vereinigten Staaten. In der Londoner City traf er die führenden britischen Finanzleute, die über das Wahlergebnis in Deutschland erschreckt waren. Schacht versuchte, ihr erschüttertes Vertrauen wiederherzustellen. Seine eigenen Befürchtungen wuchsen aber, als er vor seiner Weiterfahrt nach New York erfuhr, daß die deutsche Regierung mit amerikanischen Banken über die Aufnahme einer neuen Anleihe verhandelte, also die Auslandsverschuldung selbst weiter vergrößerte statt ihr entgegenzuwirken.

Bei seiner Ankunft in New York wurde Schacht sogleich von Presseleuten interviewt. Ihre erste Frage war, wie er die politische Lage in Deutschland beurteilte und welche Ursachen seiner Meinung nach der Wahlerfolg Hitlers hatte. Er antwortete, daß das Wahlergebnis eine »Revolte« gegen die Behandlung Deutschlands durch die Alliierten Mächte darstelle und der Young-Plan revidiert werden müsse, um die deutschen Finanzen wieder in Ordnung zu bringen. Nach dem Bericht der »New Yorker Times« sagte er, die wirtschaftliche Lage müsse stärker als die politische beachtet werden; denn »wenn das deutsche Volk hungern wird, dann wird es viel mehr Hitlers geben (if the German people are going to starve there are going to be many more Hitlers)«.

In den Vereinigten Staaten hielt er eine Reihe von Vorträgen, in denen er den Widersinn der Reparation und der Kriegsschuldenzahlungen aufwies. Diese Vorträge fanden nicht nur in Finanzkreisen, sondern auch in der breiten Öffentlichkeit der Vereinigten Staaten große Beachtung. Sie haben ohne Zweifel wesentlich dazu beigetragen, daß in Amerika die Einsicht wuchs, wie verfehlt und schädlich die Reparations- und Kriegsschuldenpolitik war, und daß damit die Voraussetzung für Hoovers Entschluß zur Verkündung des Moratoriums geschaffen wurde. Das wurde damals auch im Ausland und in Deutschland von allen Einsichtigen so gesehen.

Der »Deutsche Volkswirt« – der damals von seinem Gründer Gustav Stolper geleitet wurde, einem Mann, der Schacht kritisch gegenüberstand und der 1932 versuchte, mit seinem »Stolper-Bund« Wirtschafts- und Intellektuellenkreise gegen den Nationalsozialismus zu aktivieren – schrieb im Oktober 1930: »Was Schacht jetzt in Amerika leistet, ist überaus verdienstvoll. Es scheint ihm gelungen zu sein, die öffentliche Meinung der Vereinigten Staaten für die Problematik der deutschen Lage und des internationalen Schuldenproblems von neuem zu interessieren.« Ähnlich schrieben auch andere Zeitungen, die bemerkten, daß Schachts Vorträge, wie es in der »Frankfurter Zeitung« hieß, »viel zum Aufkommen einer revisionsfreundlichen Stimmung beitrugen«. Die Londoner »Times« brachte zum Ausdruck, daß sie mit den Darlegungen Schachts übereinstimmte und Großbritannien bei einem

Erlaß der Kriegsschulden auf deutsche Reparationen verzichten könne.

Auf Veranlassung seiner amerikanischen Freunde wurde der Inhalt der Vorträge als Buch in den Vereinigten Staaten herausgebracht. Es erschien kurz danach, Anfang März 1931, unter dem Titel, das »Ende der Reparationen« in Deutschland. Hier fand es allerdings eine sehr geteilte Aufnahme. Die Ausführungen, in denen er den »Widersinn der Reparationen« darlegte, konnten nur begrüßt werden. Aber die Kritik an der Finanzpolitik der Regierung und der Aufnahme von Auslandsschulden sowie den Schwächen der Verhandlungsführungen auf den Reparationskonferenzen, die Schacht aufzeigte, empfanden die Regierungsmitglieder und ihre Parteigänger als unberechtigte Angriffe.

Sie wollten sie nicht unwidersprochen lassen. Aber sie wußten nicht recht, was sie unternehmen sollten. Der Reichsbankpräsident Luther und der frühere Finanzminister Hilferding teilten der Regierung mit, daß sie eine Widerlegung der Darstellungen Schachts erwarteten. Auch Gustav Stolper, als Publizist und Wirtschaftsexperte der Demokratischen Partei, fragte, was die Regierung erklären wolle. In mehreren Ressorts – in der Reichskanzlei, im Auswärtigen Amt, im Wirtschafts- und im Finanzministerium – wurden Beamte beauftragt, Akten und Protokolle zu prüfen, um mit einer Dokumentation nachzuweisen, daß Schacht unrecht habe. Das Kabinet befaßte sich in einer Sitzung am 27. März 1931 mit der Angelegenheit. Wie grotesk verworren sie war, ist einem Bericht über diese Sitzung zu entnehmen. Sie steht in dem Buch von Eckhard Wandel »Hans Schäffer«, in dem dessen umfangreiche Tagebuchaufzeichnungen ausgewählt und gekürzt wiedergegeben werden.

Dort heißt es: »... die Regierung gewann trotz aller Vorbereitungen keine Klarheit über ihr Vorgehen.« Reichskanzler Brüning, der den Young-Plan schon in seiner Entstehungszeit skeptisch beurteilt hatte, erklärte, »daß das jetzige Kabinett sich nicht allzu stark mit der Reparationspolitik identifizieren dürfe. Das treffe speziell für seine Person zu.«

Reichsbankpräsident Luther, von dem Schäffer den Eindruck gewonnen hatte, er wünsche eine Widerlegung Schachts, ohne sie selbst verantworten zu müssen, meinte in der Ministerbesprechung, das Buch Schachts hätte eine willkommene »Waffe für die Fortsetzung der Reparationspolitik« werden können, wäre es mit der Feststellung ausgeklungen, daß Deutschland eines Tages die Reparationszahlungen einstellen müsse. Es gebe keinen anderen Weg, die Reparationszahlungen zu beenden: »Schacht aber habe mit seinem Buch den Eindruck erzeugt, daß das deutsche Volk bisher von Trotteln und Betrügern regiert worden sei.«

Als Ergebnis dieser Kabinettsberatung wurde Schäffer beauftragt, einen Historiker zu finden, der mit Hilfe des Reichsarchivs »nach wissenschaftlichen Methoden« eine »streng objektive« Beantwortung der Schachtschen Vorwürfe ausarbeiten sollte. Doch weder hat Schäffer den hierzu bereiten Historiker gefunden, noch hat das Reichsarchiv das geeignete Material zusammengestellt. Curtius, der sich am stärksten getroffen fühlte, hat dies nicht hinnehmen können und sich selbst daran gemacht, in einer Schrift »Der Young-Plan« seine Gegenthesen zu Schacht darzulegen. Diese Schrift ist aber erst nach dem Zweiten Weltkriege, im Jahre 1950, veröffentlicht worden.

Obwohl es schwierig war, sachliche Gegenargumente zu den Ausführungen Schachts in seinem Buch »Das Ende der Reparationen« vorzubringen, und er mit ihnen ohne Zweifel zu der Veränderung der Haltung in den alliierten Staaten zur Reparationspolitik beigetragen hatte, wurde ihm von seinen Kritikern und Gegnern diese Veröffentlichung verübelt. Sie sahen in seiner Kritik der Finanz- und Schuldenpolitik und der Offenlegung der Schwächen der deutschen Verhandlungstaktik in der Reparationsfrage Angriffe auf die Regierung, aus der die Opposition Nutzen zog. Diese hatte schon seinen Rücktritt vom Amt des Reichsbankpräsidenten als einen Beweis dafür, daß die Regierung eine verfehlte, falsche Politik betrieb, propagandistisch für ihre Zielsetzungen ausgewertet.

Daraus läßt sich jedoch schwerlich ein Vorwurf gegen Schacht herleiten. Denn es hat ihm zu jenem Zeitpunkt völlig fern gelegen, mit seinem Vorgehen irgendwie der Opposition in die Hände zu arbeiten. Seine Absicht, als er während der Verhandlungen in Baden-Baden eine harte Haltung einnahm, war es, der fortdauernden Nachgiebigkeit gegenüber den Alliierten ein Ende zu bereiten und untragbare Belastungen für Deutschland abzuwehren. Er war sich bewußt, daß er dabei ein doppeltes Risiko einging: Einmal ein Risiko für Deutschland gegenüber den Alliierten, zum anderen ein persönliches Risiko für seine eigene Stellung gegenüber der Regierung.

Schacht hatte in der Einschätzung der Stellung Deutschlands gegenüber den Siegermächten keine Illusionen. Er wußte, daß das Reich sich zunächst den Bedingungen von Versailles unterwerfen und daß es im Ruhrkampf den passiven Widerstand aufgeben mußte. Deshalb folgte er hier Stresemann auf seinem Weg und unterstützte ihn. Dann aber sah er, wie auf Seiten der Alliierten die Vernunft sich regte und die Wirtschaftssachverständigen zunehmend Gehör fanden, die nachwiesen, daß die Weltwirtschaft sich nur mit einer gesunden deutschen Wirtschaft günstig entwickeln könne. Darauf aufbauend glaubte er an die Chance, vernünftige Regelungen der Reparationsfrage durchsetzen und auch politische Forderungen – wie vor allem nach Räumung der besetzten Gebiete und Aufgabe des französischen Sanktionsanspruches – wirksamer vertreten zu können. Er war auch dazu bereit, wirtschaftliche Zugeständnisse zu machen, die allein vom Gesichtspunkt des Wirtschaftsexperten kaum zu vertreten waren, wenn dafür die Gegenseite wirklich ins Gewicht fallende politische Zugeständnisse machte. Doch wirtschaftliche Zugeständnisse Deutschlands ohne entsprechende Gegenleistungen der anderen Seite wollte er nicht hinnehmen. Deshalb grollte er später Stresemann und mehr noch seinem Nachfolger.

Deutlicher als die Regierungsmitglieder erkannte Schacht, daß die Front der Alliierten keineswegs einheitlich war. Zu der schon bald nach dem Ende des Ersten Weltkrieges hervortretenden Rivalität zwischen Großbritannien und Frankreich in der Politik wie in der Wirtschaft kam hinzu, daß in London die Wirtschaftsexperten, die vor den Gefahren der Reparations- und Kriegsschuldenpolitik warnten, weit stärker Gehör fanden als in Paris. Das verleitete ihn nicht zu dem Fehlschluß, – dem Helfferich erlag – daß Großbritannien sich gegen Frankreich völlig auf die Seite Deutschlands stellen könnte. Er rechnete aber damit, daß im Falle eines Konfliktes, wenn Deutschland allzu harte Bedingungen ablehnte, die britischen Wirtschaftssachkundigen, unterstützt von den amerikanischen, sich schließlich durchsetzen und für eine Lösung eintreten würden, die annehmbar war.

Deshalb hielt er es für richtig, es in den Verhandlungen um den Young-Plan auf einen Konflikt ankommen zu lassen. Die gleiche Erwägung war für ihn bestimmend, als er in Baden-Baden noch einmal alles daran setzen wollte, die Belastungen, die von den Regierungen über den Young-Plan hinaus vereinbart worden waren, wieder rückgängig zu machen oder dafür wenigstens politische Gegenleistungen herauszuhandeln. Ob er das Gewicht der Wirtschaftsexperten und der mit ihnen übereinstimmenden angelsächsischen Finanzkreise gegenüber den französischen und mit ihnen zusammengehenden belgischen Politikern richtig eingeschätzt und ob er mit seiner Taktik, falls die Regierungsvertreter ihn unterstützt hätten, Erfolg hätte haben können, oder ob sie, wie die Regierung es befürchtete, mit einem Fehlschlag geendet hätte, darüber kann, nachdem die Geschichte einen anderen Verlauf genommen hat, niemand mit Gewißheit urteilen.

In der Erkenntnis – die er mit den besten Wirtschaftsfachleuten aller Länder teilte –, daß die Belastungen Deutschlands aus dem Young-Plan mit den danach noch hinzugekommenen Belastungen zu einer wirtschaftlichen Krise führen mußten, glaubte Schacht, daß es besser sei, die Risiken des Scheiterns der Verhandlungen in Baden-Baden einzugehen. Dabei war er sich des Risikos für seine eigene Stellung bewußt. Nur ist es falsch anzunehmen, daß er es leicht oder gern heraufbeschworen hat. In der Stellung an der Spitze der Reichsbank sah er seine Lebensaufgabe. Nachdem es ihm schnell gelungen war, den Widerstand zu überwinden, der ihm bei seiner Ernennung entgegengebracht war, hat er ein Arbeitsklima geschaffen, in dem er sich mit seinen Mitarbeitern wohlfühlte.

Völlig abwegig ist die Annahme, er habe die Verantwortung für die Währungspolitik abgeben wollen, weil er wußte, welche Schwierigkeiten in den nächsten Jahren bevorstanden. Wer das meinte, der kannte nicht das hohe Maß von Selbstvertrauen, das Schacht besaß. Daß er sich in einer noch so schwierigen Situation mit seinen Fähigkeiten nicht bewähren könnte, war ihm unvorstellbar. Mit seinem Vorgehen in Baden-Baden wollte er die Regierung auf den Kurs zwingen, den er für richtig hielt. Als er sah, daß ihm dies nicht gelang, war er nicht bereit, einer Lösung zuzustimmen, die ihn in seinem Amt als Reichsbankpräsident beließ, ihn oder die Reichsbank – durch die Schaffung eines besonderen Kreditinstitutes für die Beteiligung Deutschlands an der Bank für Internationalen Zahlungsausgleich – aber von wichtigen Aufgaben ausschloß. Noch weniger wollte er sich durch ein besonderes Gesetz – das die Mitgliedschaft der Reichsbank am Baseler Institut zum Zwang machte – zu Handlungen nötigen lassen, die er für falsch hielt.

Die Beurteilung seines Verhaltens in der Öffentlichkeit litt darunter, daß die Regierung die genauen Umstände seines Rücktritts nicht bekannt gab. Es lag am Ungeschick der Regierung und nicht an Schacht, daß die Opposition dies nutzte. Er hatte zu ihr wenig Verbindungen, die in der Hauptsache durch persönliche, keineswegs enge, Bekanntschaften mit einzelnen Mitgliedern der Deutschnationalen Volkspartei, des Landbundes und des Stahlhelms bestanden. Nationalsozialisten lernte Schacht erst später kennen.

Im Dezember 1930 war er im Hause des Vorstandsmitgliedes der Deutschen Bank Emil G. von Stauss mit Hermann Göring zusammengekommen. Danach lud ihn Göring für den 5. Januar 1931 zu einem Abendessen in seiner Wohnung ein. Es war ein einfaches Essen mit einer Erbsensuppe – die so oft erwähnt wurde, daß sie beinahe sprichwörtlich wurde –, das Görings erste Frau Karin, eine Schwedin, ausgerichtet hatte. Anwesend waren neben dem Ehepaar Göring und dem Sohn Frau Görings aus erster Ehe, Dr. Josef Goebbels und der Industrielle Fritz Thyssen. Nach dem Essen erschien Hitler zu einem Gespräch, das nach der Darstellung Schachts, allerdings fast nur ein Monolog des Führers der Nationalsozialistischen Partei war.

Ungeachtet dessen gewann Schacht einen ganz günstigen Eindruck von Hitler, wie vordem schon von Göring, und glaubte, daß es möglich und politisch taktisch richtig sein würde, die Nationalsozialisten in die Regierungsverantwortung einzubeziehen. Ausschlaggebend war dafür seine Erwägung, daß angesichts der Haltung der SPD, die nur zu einer fallweisen Stützung der Regierung aber nicht zur Bildung einer tragfähigen Koalition bereit war, ein Regieren gegen die zweitstärkste Reichstagsfraktion auf die Dauer nicht möglich wäre. Schacht glaubte – und hier wird er sich wohl getäuscht haben – daß die Nationalsozialisten bereit sein würden, die Regierung zu stützen, wenn ihnen zwei Sitze im Kabinett zugestanden würden. Er sprach deshalb mit dem Reichskanzler Brüning und riet ihm dringend, Verhandlungen mit Hitler aufzunehmen. Doch bei Brüning, der für Schacht wenig Sympathie hatte und ihm sehr kritisch gegenüberstand, stieß er auf Ablehnung. Andere Mitglieder der Zentrumspartei nahmen allerdings etwa zur gleichen Zeit über Abgeordnete des preußischen Landtages und auch des Reichstages Kontakte mit der NSDAP auf. Sie mußten aber feststellen, daß nur eine Gruppe um Gregor Strasser wirklich zu einer Koalition bereit war. Brüning stand den Versuchen seiner Parteigenossen, mit den Nationalsozialisten Verbindung aufzunehmen, skeptisch gegenüber. Er hat, wie er in seinen Memoiren dargelegt hat, sie aber später, im Verlauf des Jahres 1932, gebilligt und für unvermeidlich oder sogar für richtig angesehen, auch wenn er sich selbst an ihnen nicht beteiligt hat.

Die Empfehlung Schachts, eine Koalition mit den Nationalsozialisten zu versuchen, war rein taktisch-politisch bedingt. Ungeachtet des Eindruckes, den er von Göring und Hitler gewonnen hatte, stand er der nationalsozialistischen Bewegung weiterhin kritisch gegenüber. Wie aus seinen Erklärungen in den Vereinigten Staaten hervorging, hatte er in ihr eine große Gefahr gesehen. Daran hatte sich durch seine Bekanntschaft mit Göring und Hitler nicht viel geändert. Doch er glaubte jetzt, daß es gelingen könne, diese Bewegung zu zügeln, wenn die NSDAP mit anderen Parteien zusammen an der Regierung beteiligt würde. Nur dadurch könnte, so meinte er, die Demokratie – an der er, von nationalliberalen Gedanken in seiner Jugend geprägt, im Grunde stets hing – lebensfähig bleiben. Nachdem die Nationalsozialisten ihre Stellung im Reichstage verstärkt hatten, hielt er die Zusammenarbeit anderer Parteien mit der NSDAP für eine unausweichliche Notwendigkeit.

Deshalb begrüßte er es, daß Hugenberg zusammen mit dem 1. Bundesführer des Stahlhelm Seldte eine gemeinsame Kundgebung nationaler Verbände, darunter auch des Landbundes, mit den Nationalsozialisten zur Bildung einer »nationalen Front« am 11. Oktober 1931 in Bad Harzburg veranstaltete. Schacht wurde durch den Vorsitzenden der Deutschnationalen Partei, Schmidt-Hannover, eingeladen und gebeten, auf dieser Kundgebung zu sprechen. Dieser Aufforderung kam er gern nach. Er hielt nach den Ansprachen von Hugenberg, Hitler und Feldmarschall von der Goltz eine kurze Rede, in der er die Finanzpolitik und darüber hinaus die Handlungsschwäche der Regierung scharf angriff. Nach den Aufzeichnungen in seinen Lebenserinnerungen sagte er:

»Die Tatsache, daß ein Wirtschaftler ohne jede parteimäßige Bindung heute vor Ihnen sprechen darf, ist ein weiterer Beweis dafür, daß diese Tagung weit über den Rahmen einer Parteiveranstaltung hinausgreift. In der Tat hat die deutsche Wirtschaft an dem Enderfolg der nationalen Bewegung das brennendste Interesse. Eine Schrumpfung der Produktion um rund ein Drittel, eine Arbeitslosigkeit, die mit ihren hohen Ziffern zur Dauererscheinung wird, eine Verschuldung im Inland, die in täglich wachsenden Konkurszahlen zum Ausdruck kommt, eine Verschuldung an das Ausland, die eine Rückzahlung bei Fälligkeit ausschließt, eine Währung, die nicht mehr dem regulären Warenverkehr dient, sondern nur noch dazu, die Illiquidität unserer Finanzinstitute und der öffentlichen Hand zu verbergen, das ist der Zustand Deutschlands.

Dazu eine öffentliche Finanzwirtschaft, von der selbst der Finanzminister nicht zu sagen weiß, wovon sie die nächsten Monate, ja Wochen weiterleben will. Es ist ein schweres Erbe, das die kommende Regierung anzutreten haben wird.

Dennoch wiegen schwerer als diese erschütternden Tatsachen die falschen inneren Grundlagen des bisherigen Systems, seine Unaufrichtigkeit, seine Rechtsunsicherheit und sein Mangel an Handlungsfreiheit. Insbesondere ist unsere Finanzlage in Wirklichkeit stets viel ungünstiger gewesen, als sie dem Publikum suggeriert worden ist. Und sie ist es noch heute. Unsere Auslandsverschuldung beispielsweise ist wesentlich höher, als sie im Basler Bericht dargestellt worden ist. Aber niemand wagt es, das öffentlich zu sagen. Aus Angst, daß das Publikum nervös werden könnte, sagt man nicht, daß das Reichsbankportefeuille nur noch zu einem Bruchteil aus reichsbankfähigen Wechseln besteht, und man schließt in die Berechnung der Gelddeckung einige hundert Millionen Devisen ein, die in Kürze zur Rückzahlung fällig sind.

Ein zweiter grundlegender Fehler des Systems ist seine Rechtsunsicherheit. Wer kann heute noch wirtschaften, wenn ihm durch Notverordnungen sein Eigentum wegdisponiert wird zugunsten von Verpflichtungen, die er gar nicht hat voraussehen können. Wir haben in Deutschland keine dauernden rechtlichen Grundlagen mehr für die produktive Arbeit.

Und ein Drittes ist verurteilenswert, der Mangel an Mut zum Handeln. Die anderen sind nicht um ein Deut klüger als wir, und die ganze wirtschaftliche Welt würde geradezu erlöst aufatmen, wenn von Deutschland eine Initiative ausginge zur Herbeiführung einer Gesundung. Wir sollen mit einem Programm herauskommen, so verlangt man. Auch das beste Programm, dessen sich die jetzt Maßgebenden bemächtigen würden, müßte sich in ihren Händen zum Unheil auswirken. Die Gesundung Deutschlands ist nicht eine Frage von einzelnen Programmpunkten, ist nicht eine Frage der Intelligenz, sondern ist eine Frage des Charakters. Die Wiederherstellung einer dauernden Rechtssicherheit, die Aufrichtigkeit in allen Fragen des öffentlichen Lebens und der Wille zum eigenen Handeln sind das Entscheidende. Uns hilft kein Zauberstück, kein Gelddrucken und kein Auslandskredit.

Das Programm, das eine nationale Regierung durchzuführen haben wird, beruht einzig in wenigen Grundgedanken. Es ist das Programm Friedrichs des Großen nach dem Siebenjährigen Kriege: sich fest auf die heimische Wirtschaft stellen, aus dem heimischen Boden herausholen, was nur irgend herauszuholen ist, und im übrigen sich für eine Generation bescheiden, sparen und arbeiten. Borgen und Betteln macht verächtlich, macht verhandlungsunfähig, macht bündnisunfähig. Ich habe es am eigenen Leibe spüren müssen, was es heißt, gegen das Ausland am Verhandlungstisch zu kämpfen, wenn zu Hause eine Regierung sitzt, der es an nationalem Rückhalt fehlt. Darum wünsche ich, daß der nationale Sturmwind, der durch Deutschland fegt, nicht ermatten möge, bis die Wege zur Selbstbehauptung und zum Enderfolg wieder freigemacht sind.«

Diese Rede forderte eine scharfe Antwort des Reichsfinanzministers Hermann Diedrich heraus und brachte Schacht harte Kritik in der demokratischen Presse ein, die zwar seine sachlichen Feststellungen nicht widerlegen konnte, aber die Form seiner Ausführungen und sein gemeinsames Auftreten mit Hitler aufs heftigste angriffen.

158

Schacht konnte seine Augen nicht vor dem Tatbestand verschließen, daß die Kundgebung keineswegs den Erfolg gehabt hatte, den sich die Initiatoren Hugenberg und Seldte versprochen hatten. In der Presse und in der Öffentlichkeit wurde zwar – von Anhängern wie von Gegnern – von der »Harzburger Front« gesprochen. Doch es hatte sich gezeigt, daß die Nationalsozialisten keineswegs bereit waren, mit den anderen nationalen Organisationen zusammenzugehen. Hitler hatte Hugenberg und Seldte durch seine Absage, an einem gemeinsamen Essen teilzunehmen, brüskiert und hatte die Tribüne verlassen, als der Vorbeimarsch des Stahlhelms und anderer nationaler Verbände begann; worauf dann Hugenberg und die Stahlhelmführer beim Vorbeimarsch der SA von der Tribüne gingen. Nach diesem Verhalten ihrer Führer war es dann nicht mehr zum Verwundern, daß es zwischen einzelnen SA- und Stahlhelmgruppen zu Schlägereien kam.

Hier zeigten sich im »nationalen Lager« Fronten, die Schacht und allen anderen, die meinten, die Nationalsozialisten für ein gemeinsames Handeln gewinnen zu können, schon damals hätten ahnen lassen sollen, wie wenig Aussicht bestand, einen Mann wie Hitler zügeln zu können. Klar erkannte die Lage der 2. Bundesführer des Stahlhelms Theodor Düsterberg. Er hatte von der Harzberger Kundgebung dringend abgeraten und nur aus Loyalität an ihr teilgenommen. Nach der Tagung bewog er Seldte, mit ihm gemeinsam einen Brief an Hitler zu schreiben, in dem sie offen dessen Verhalten tadelten. Aus der Antwort Hitlers auf diesen Brief sind die beiden Schlußsätze aufschlußreich:

»Versuche, Einfluß auf die Führung meiner Bewegung in irgendeiner offenen oder vertarnten Form zu gewinnen, muß ich allerdings schärfstens zurückweisen. Das besagt aber nicht, daß ich nicht ebenfalls vom aufrichtigsten Wunsch erfüllt bin, eine gemeinsame Kampfbasis mit all den Parteien und Verbänden zu schaffen und aufrecht zu erhalten, die das gleiche Ziel verfechten wollen wie wir.«

Hier ist zu erkennen, daß Hitler nie daran gedacht hat, etwas von seinen Zielsetzungen aufzugeben, und das Zusammengehen mit anderen, soweit er überhaupt dazu geneigt war, auch für ihn nur taktisch-politisch, für ein zeitweiliges Zwischenstadium bedingt war. Nur glaubten beide Seiten, die nationalen Kreise außerhalb der NSDAP wie Hitler, mit ihrer Taktik gewinnen zu können.

Die innerpolitische Krise verschärfte sich im Jahre 1932 immer mehr, obwohl sich außenpolitisch eine Wende abzeichnete. Die Regierung Brüning mußte am 30. Mai ihren Rücktritt erklären. Papen, der am 1. Juni Reichskanzler wurde, konnte auf der Konferenz von Lausanne, die am 17. Juni begann, den Beschluß der Siegermächte entgegennehmen, daß aufgrund des Berichtes der Bank für Internationalen Zahlungsausgleich die Reparationszahlungen bis auf einen Restbetrag von drei Milliarden RM – der aber auch nicht mehr gezahlt wurde – erlassen wurden. Doch auf die deutsche Bevölkerung machte dies – und ebenso später im Dezember die Erklärung der alliierten Staaten, mit der die Bestimmungen des Versailler Vertrages über die Abrüstung hinfällig und Deutschland auf diesem Gebiet die Gleichberechtigung zugesprochen wurde – keinen großen Eindruck mehr, weil die wirtschaftliche Not alles andere überschattete. Die Öffentlichkeit erregte sich auch nur wenig, als am 20. Juli Papen, gestützt auf eine Notverordnung, die preußische Regierung – die ihre parlamentarische Mehrheit verloren hatte – absetzte und sich selbst als »Reichskommissar« an ihre Stelle setzte. Einige Sozialdemokraten überlegten zwar, ob sie hiergegen mit einem Generalstreik vorgehen sollten. Doch es bestand wenig Aussicht, daß größere Teile der Arbeiterschaft dazu bereit waren.

Die Neuwahlen zum Reichstag, die am 31. Juli stattfanden, bewiesen dann auch, daß große Teile der Bevölkerung sich Hitler zugewandt hatten. Mit zweihundertdreißig Abgeordneten wurden die Nationalsozialisten die bei weitem stärkste Partei. Die SPD war mit hundert Abgeordneten weit abgeschlagen auf den zweiten Platz gefallen. Daß eine weitere Wahl am 6. November – man sagte damals: die Weimarer Republik wähle sich zu Tode – einen Rückgang der Abgeordneten der NSDAP auf hundertsechshundneunzig und eine Zunahme für die SPD auf hunderteinundzwanzig brachte, daß Papen sich nicht als Reichskanzler halten und durch Schleicher abgelöst wurde und daß die Nationalsozialisten eine Krise in ihrer Führung mit dem Ausscheiden von Gregor Strasser und seinen Parteigängern durchmachte – alles dies hielt den Lauf des Schicksals nicht auf. Am 30. Januar 1933 wurde Hitler Reichskanzler.

Mit Hitler – gegen Hitler

In seiner Schrift »Abrechnung mit Hitler«, die Schacht unmittelbar nach seiner Entlassung aus Internierung und Untersuchungshaft der württembergischen Entnazifizierungs-Spruchkammer im Herbst 1948 geschrieben hat, sagt er: »Ich habe vor den Juliwahlen 1932 mit keinem einzigen Wort schriftlich oder mündlich für den Nationalsozialismus Partei genommen.« Und weiter schreibt er: »Jetzt aber nach der Juliwahl 1932 war die innenpolitische Lage geklärt. Das Kabinett Papen war in hoffnungsloser Minderheit. Es gab nur noch die Wahl zwischen einer Militärregierung, die nur durch Verfassungsbruch erstellt werden konnte, und einer Reichskanzlerschaft Hitlers. Zwischen diesen beiden Eventualitäten habe ich mich nach meiner ganzen demokratischen Grundeinstellung gegen die Militärregierung und für eine Kabinettsbildung durch die Nationalsozialisten ausgesprochen.«

Zu seiner Entscheidung hat neben der »demokratischen Grundeinstellung« sicher auch der Eindruck, den er von Hitler persönlich gewonnen hatte, viel beigetragen. In der genannten Schrift geht er auf sein erstes Zusammentreffen mit Hitler ein und bemerkt dazu: »Was ich aus der Unterhaltung des Abends als dauernden Eindruck mitnahm, war eine Ahnung von dem Temperament dieses Mannes, das mich das Anwachsen der nationalsozialistischen Bewegung noch besser als bloß aus den äußeren unglücklichen wirtschaftlichen und politischen Verhältnissen verstehen ließ. In diesem Hitler steckte ein mitreißender Elan, ein Tatwille, der, einmal zur Regierung gelangt, sich nicht mit theoretischen Überlegungen aufhalten, sondern in praktisches Handeln umsetzen würde.«

In seinen Lebenserinnerungen schrieb er später: »Was mir Eindruck machte, war die absolute Überzeugung dieses Mannes von der Richtigkeit seiner Auffassungen und die Entschlossenheit, diesen Auffassungen Geltung zu verschaffen. Schon bei dieser ersten Begegnung wurde mir klar, daß die propagandistische Kraft Hitlers ungeheuerliche Chancen bei der deutschen Bevölkerung haben mußte, falls es nicht gelang, die Wirtschaftskrise zu beheben und die Massen dem Radikalismus abspenstig zu machen. Hitler war besessen von dem, was er sagte, ein echter Fanatiker mit der stärksten Wirkung auf seine Zuhörer, ein geborener Agitator trotz seiner heiseren, manchmal gebrochenen und nicht selten krähenden Stimme.«

Der »Tatwille« machte auf Schacht einen um so stärkeren Eindruck, als er bei Brüning und seiner Regierung Entschlossenheit und Handlungsbereitschaft vermißte, während in dieser Zeit die Verschlechterung der Wirtschaftslage, die dem Wirtschaftsexperten bereits das Herannahen der Krise erkennen ließ, ein energisches Vorgehen der Wirtschaft notwendig geworden wäre. Doch »dem ehrlich ringenden, aber niemals entschlußkräftigen Brüning« – wie Schacht über den Reichskanzler urteilte – war es nicht möglich, sich dazu durchzuringen.

Aber auf Schacht hat, ohne daß er sich dessen wohl bewußt war, noch eine andere Fähigkeit Hitlers Eindruck gemacht, und ihn für das Zusammengehen mit ihm gewonnen. Hitler verfügte nicht nur über die Gabe, in seinen Reden die Massen anzusprechen und mitzureißen. Ebenso geschickt war er, im Gespräch den Einzelnen und kleine Gruppen für sich zu gewinnen. Er besaß ein ungewöhnliches – man kann auch sagen: feminines – Einfühlungsvermögen in das Denken und die Absichten seiner Gesprächspartner. Er verstand es, hierauf einzugehen, so daß er oft schon das vorwegnahm, was der andere vorbringen wollte. So stellte er eine Übereinstimmung der Gedanken und Vorstellungen her. Der Gesprächsteilnehmer gewann den Eindruck, daß Hitler das gleiche dachte und wollte, wie er selbst. Hitler konnte dann mit seiner Geschicklichkeit die meisten in die Bahnen lenken, die er verfolgt haben wollte.

Es besteht kein Zweifel daran, daß Hitler sehr viel daran gelegen war, die Unterstützung Schachts zu gewinnen. Der Reichsbankpräsident gehörte zu den wenigen Männern der Weimarer Republik, die ihm imponierten. Er erkannte seine Leistung bei der Überwindung der Inflation; Schachts Verhalten in den Reparationsverhandlungen hatte starken Eindruck auf ihn gemacht; nicht minder beeindruckte ihn die Wertschätzung, die Schacht international genoß. Einen erfahrenen Wirtschaftsfachmann auf seiner Seite zu haben, war für Hitler ebenso wichtig, wie der propagandistische Erfolg, den er mit dem Namen Schacht im Inland wie im Ausland erzielen konnte. Deshalb hat sich Hitler sicherlich besondere Mühe gegeben, Schacht für sich und seine Ziele einzunehmen und ihm den Eindruck zu vermitteln, daß beide im Grunde dieselben Absichten hatten.

Schacht war für Hitler sehr wichtig, weil die führenden Wirtschaftskreise die NSDAP auch in der Zeit, in der sie aus weiten Bevölke-
rungskreisen starken Zulauf hatte, entschieden ablehnten. Zwar fand
Hitler mit seiner anti-marxistischen Einstellung bei ihnen einigen Anklang. Aber alle anderen Punkte des Parteiprogramms der Nationalsozialisten waren ihnen zu verworren und erschienen ihnen gefährlich.
Das von Gottfried Feder im Jahre 1927 verfaßte offizielle »Programm
der NSDAP und seine weltanschaulichen Grundlagen« mit seinen
»fünfundzwanzig Punkten« hatte bei aller Unausgegorenheit und Wi-
dersprüchlichkeit im wirtschaftspolitischen Teil eine rein sozialistische
– wenn auch nicht »marxistische« – Tendenz mit Angriffen gegen die
»Hochfinanz«.

Der Anti-Semitismus der Nationalsozialisten erschreckte viele. Noch
größer war die Besorgnis, daß Hitler aus einem übersteigerten Nationalismus mit ungeschicktem Vorgehen außenpolitische Konflikte herbeiführen konnte. Denn so sehr auch in den führenden Wirtschaftskreisen eine nationale Einstellung vorherrschte und von ihnen oft die
nachgiebige Haltung der Regierung gegenüber den alliierten Mächten
kritisiert worden war – die radikale Haltung Hitlers flößte ihnen Angst
ein. Sie waren auch erschreckt durch seine Kampfweise mit den Saal-
und Straßenschlachten der SA und Ausschreitungen, die bis zu – von
Hitler gebilligten – Mordtaten gingen.

Nach der Bankenkrise vom Juli 1931 hatte aber auch eine andere
Strömung eingesetzt. In Wirtschaftskreisen war man, ungeachtet der
selbst begangenen Fehler, über das Versagen der Regierung schwer
enttäuscht und bekümmert. Es waren gar nicht so sehr die Mißgriffe,
die hervortraten und Kritik herausforderten. Als die schlimmsten Übel
erschienen vielmehr die Schwerfälligkeit und Energielosigkeit der Regierung, deren Mitglieder mit dem Kanzler an der Spitze mehr Zeit
für Auseinandersetzungen in den Fraktionen und für Koalitionsver-
handlungen als für die dringend notwendigen Arbeiten aufbringen
mußten. Das Versagen der parlamentarischen Regierungsform – oder
richtiger gesagt: der Parteien, die sie tragen sollten – gegenüber Belastungen und Anforderungen, das hatte in der Bevölkerung vorwiegend gefühlsmäßig die Abkehr von den Parteien dieses »Systems« be-
wirkt und die Hinwendung zu ihrem Gegner, Hitler, gebracht. Es ließ
nun auch führende Wirtschaftskreise darüber nachdenken, ob von den
bisher hinter der Regierung stehenden Parteien wirklich noch eine
Besserung, eine Überwindung der immer schlimmer werdenden Notlage erwartet werden könnte, oder ob nur noch eine neue Kraft eine
Wendung herbeiführen könnte.

Große Besorgnis und Furcht hatte auch – und dies nicht nur in Wirtschaftskreisen – das Anwachsen der Kommunisten hervorgerufen. Sie bildeten zwar mit ihren Abgeordneten in den Parlamenten wie auch unter der Arbeiterschaft erst eine Minderheit, aber eine entschlossene und kampfbereite Minderheit. Die letzten Wahlen hatten eine starke Zunahme ihrer Anhängerschaft gezeigt. Mit dem Steigen der wirtschaftlichen Not schlossen sich ihnen ständig mehr Arbeiter an. Gleichzeitig gewannen sie auch immer mehr Anhänger in Intellektuellenkreisen. Unter den Gegnern der Kommunisten traten die Nationalsozialisten als die bei weitem entschiedensten auf. Angesichts des Versagens der bürgerlichen Parteien und der Sozialdemokraten glaubten deshalb damals viele, daß es, wenn die Entwicklung so weiter lief, für die Zukunft Deutschlands schließlich nur noch die Alternative Kommunismus oder Nationalsozialismus gebe.

In der breiten Bevölkerung war es die Ausweglosigkeit und Hoffnungslosigkeit, die sich während der andauernden wirtschaftlichen Not breit gemacht hatte und gegen die von den Politikern der alten Parteien keine wirksame Hilfe mehr zu erwarten war, die sie in die Arme Hitlers trieb. Denn er erklärte ihnen, warum in den letzten »vierzehn Jahren« – mit deren Schilderung er stets seine Reden im letzten Jahr der Weimarer Republik begann – sich alles zum Schlimmen gewandelt hatte, und er stellte ihnen eine Besserung in Aussicht. Er machte ihnen wieder Hoffnung, und deshalb folgten sie ihm. In den führenden Wirtschaftskreisen waren das Wissen um die Vorgänge und die Vorstellungen wohl etwas anders. Aber auch dort sah man keine Aussichten, daß die alten Parteien die wirtschaftliche und ebenfalls die politische Entwicklung wieder stabilisieren könnten. Gegenüber dem sicheren Niedergang und der Gefahr, die vom Kommunismus drohte, schien es vielen richtiger zu sein, mit Hitler ein Risiko einzugehen, das zwar mit großen Gefahren verbunden war, aber auch Chancen zu bieten schien.

Ausschlaggebend für viele war, ebenso wie für Schacht, neben dieser mehr oder weniger gefühlsmäßigen Regung schließlich die rein rationale Erwägung, daß nach den Wahlerfolgen der NSDAP eine parlamentarische Regierung überhaupt nicht mehr möglich war und es letztlich um die Frage ging: Beteiligung Hitlers an der Regierung oder Militärdiktatur? Doch dabei stellten sich manche auch die Frage: Konnte im Jahre 1932 und danach eine Militärdiktatur sich gegen Hitler überhaupt noch durchsetzen? Konnte einer der Generale oder eine Gruppe von Generalen, die diesen Schritt unternahmen, sicher sein, daß die Soldaten, wenn es hart auf hart ging, gegen die SA schießen würden? Viele der jüngeren Offiziere – und dazu auch nicht wenige der älteren – standen schon auf der Seite der Nationalsozialisten.

Schacht hat sich seine Entscheidung, als er sich für eine Beteiligung Hitlers an der Regierung einsetzte, nicht leicht gemacht. Ihn beschäftigte auch die Frage, ob man mit einem unmoralischen Mann wie Hitler – als ein solcher hatte er sich erwiesen, als er die Bluttaten von SA-Angehörigen in der »Nacht der langen Messer« am 31. Juli 1932 in Königsberg und anderen Orten und die Ermordung eines schlafenden kommunistischen Arbeiters im schlesischen Potempa deckte und die SA-Männer, die diese Taten begangen hatten, als seine »Kameraden« bezeichnete – überhaupt verhandeln dürfe. Sein Freund Paul Rohrbach, den diese Frage stark bewegte, hatte deshalb, als er von Verhandlungen zwischen der Zentrumspartei und der NSDAP hörte, an Brüning geschrieben und von ihm eine Antwort erhalten, die darauf schließen läßt, daß auch ein Mann wie Brüning – Schacht zitiert diesen Brief in seinen Lebenserinnerungen – in Hitlers Moral keinen Grund zur Ablehnung von Verhandlungen mit ihm sah. Diese Übereinstimmung mit Brüning mag wohl Schacht über seine Bedenken hinweggeholfen haben.

Die sich anbahnende Änderung der Einstellung in führenden Wirtschaftskreisen kam Hitler sehr gelegen. Einmal erhoffte er von ihnen größere Geldspenden für die Parteikasse, der die häufigen Wahlkämpfe teuer zu stehen kamen und die für die SA mit dem Wachsen ihrer Stärke immer mehr Mittel brauchte. Zum anderen, und das war der wichtigere Grund, hatte er erkannt, daß er in dem Augenblick, in dem er die Macht ergreifen würde, eine leistungsfähige Wirtschaft brauchte. Hitler war, als er im Herbst 1919 mit der Deutschen Arbeiterpartei – die sich dann bald Nationalsozialistische Deutsche Arbeiterpartei – NSDAP nannte – von Gottfried Feder und seinen wirtschaftspolitischen Vorstellungen sehr beeindruckt gewesen. Feder, ein Ingenieur, hatte 1917 den »Deutschen Kampfbund zur Brechung der Zinsknechtschaft« gegründet. In ihm glaubte Hitler den geeigneten Wirtschaftstheoretiker der Partei gewonnen zu haben. Feder wurde der Sprecher der nationalsozialistischen Reichstagsfraktion für wirtschafts- und finanzpolitische Fragen.

Doch Hitler fühlte sich keineswegs an Feders Programm gebunden. Vielmehr ließ er, wenn es ihm zweckmäßig erschien, dieses Programm ändern oder setzte sich einfach über seine Forderungen hinweg. Als nach der Verschlechterung der Wirtschaftslage seit dem Winter 1928/29 die NSDAP Zulauf aus bürgerlichen Kreisen erhielt, ließ Hitler sogleich eine entsprechende Änderung des Programms vornehmen.

Hieß es zuerst unter Punkt 14, daß die Arbeiter am Gewinn der Unternehmer beteiligt werden sollten, so wurde nun die Gewinnbeteiligung auf die Arbeiter in großen Betrieben wie der IG-Farben beschränkt. 1935 wurde der Hinweis auf die IG-Farben aus dem Programm gestrichen. Zu dieser Zeit gingen von diesem wie auch von anderen Unternehmen Spenden – wenn auch, wie Hitler bedauerte, keineswegs hohe – auf das Konto seiner Partei ein.

Hitler war stets bereit, die Grundsätze der NSDAP und seine eigenen Zielsetzungen zu verleugnen, wenn es ihm dazu geeignet erschien, Gesprächspartner für sich einzunehmen und Vorteile zu erlangen. Das ging soweit, daß er, wie Theodor Heuss berichtet, einem ausländischen Besucher nach den Septemberwahlen 1930 erklärte, er habe nichts gegen »anständige« Juden. Hermann Rauschning, der als führendes Mitglied der NSDAP 1933 Präsident des Senats der Freien Stadt Danzig geworden war, 1934 aber mit der Partei gebrochen hatte und 1935 ins Ausland gegangen war, hat aus dem Verhalten Hitlers gefolgert, daß er und mit ihm der Nationalsozialismus überhaupt keine anderen Ziele als die Erlangung und Behauptung politischer Macht gehabt haben und die nationalsozialistische Revolution, wie er es in dem Titel eines Buches formulierte, »Die Revolution des Nihilismus« gewesen sei.

Wie immer man dies beurteilen mag, Hitler war auf kein festes Wirtschaftsprogramm eingeschworen. In Gesprächen und in seinen Reden äußerte er sich meist so, wie es seine Zuhörer gern hören wollten. Wirtschaftsleuten versicherte er, daß er ihre Auffassung teile. Sozialistisch eingestellten alten Parteigenossen erklärte er, das Ziel der Nationalsozialisten sei es, eine Synthese zwischen Kapitalismus und Sozialismus herbeizuführen. Seine Äußerungen vor Industriellen stellte er ihnen gegenüber als rein taktisches Vorgehen hin. Vieles spricht dafür, daß Hitler – wie es der amerikanische Historiker H. A. Turner Jr. in einem Zeitschriftenartikel »Hitlers Einstellung zu Wirtschaft und Gesellschaft vor 1933« und in der Einleitung zu den von ihm herausgegebenen Aufzeichnungen des Leiters der Wirtschaftspolitischen Abteilung der Reichsleitung der NSDAP Otto Wagener »Hitler aus nächster Nähe« beschrieben hat – in seiner Einstellung schwankte »zwischen seinem Wunsch einerseits, die von ihm verachtete Gesellschaftsordnung jener Zeit zu ändern, und seinem Widerstreben andererseits gegen eine Beeinträchtigung des ökonomischen Wettbewerbsprinzips, das einen Bestandteil des seiner Weltanschauung wesentlich zugrundeliegenden Sozialdarwinismus bildete«.

Man war unter dem Nationalsozialismus – wie die englische Wirtschaftswochenschrift »The Economist« am 7. Dezember 1935 in einem Artikel »Dr. Schacht and the Nazis« schrieb – zugleich pro-kapitalistisch und pro-sozialistisch. Radikal-sozialistisch Eingestellte hatten sich von Hitler bereits 1930 und 1931 getrennt. So Otto Strasser, der nach der Trennung von der NSDAP seine eigene Organisation, die »Schwarze Front«, gründete; und der Reichswehrleutnant Richard Scheringer, der im September 1930 im »Ulmer Reichswehrprozeß« mit den Leutnants Ludin und Wendt als Nationalsozialist wegen Hochverrats verurteilt war, trat noch während seiner Festungshaft aus der NSDAP aus und wurde Mitglied der Kommunistischen Partei. Die Revolte einer SA-Gruppe unter Walter Stennes, der Ende August 1930 die Berliner Gaugeschäftsstelle besetzte und mit Gewalt von SS-Leuten daraus vertrieben werden mußte, war sicherlich mehr von innerparteilichen Machtkämpfen als von wirtschafts- und sozialpolitischen Gegensätzen bestimmt. Zur Gefolgschaft des revoltierenden Stennes gehörten aber vor allem radikal-sozialistisch eingestellte SA-Männer.

Das gleiche gilt auch für Hitlers Konflikt mit Gregor Strasser, der im Dezember 1932 zum Ausbruch kam und mit dem Ausscheiden Strassers aus allen Parteiämtern endete. Auch hier standen die wirtschafts- und sozialpolitischen Gegensätze im Hintergrund. Aber sie wirkten in diesem Konflikt mit, und mit der Niederlage Gregor Strassers wurden die für eine stärker sozialistisch ausgerichtete Politik eintretenden Kräfte in der NSDAP zurückgedrängt. Die Bevorzugung, die Hitler seit 1929 deutlich der SS und ihrem Führer Himmler zukommen ließ, hatte einen ihrer Gründe darin, daß er ein stärkeres Gegengewicht gegen die SA haben wollte, weil dort eine sozialistische Strömung vorherrschte, die ihm in seiner beweglichen Taktik hinderlich und für seine künftigen politischen Absichten gefährlich erschien.

Mit Beginn der dreißiger Jahre sind Hitler sicherlich auch Bedenken gekommen, ob Feders Programm wirklich eine Grundlage für eine durchführbare Wirtschaftspolitik bilden könnte. Auf jeden Fall merkte er, daß er mit ihm führende Wirtschaftskreise nicht zur Unterstützung der Partei und für eine spätere Zusammenarbeit gewinnen konnte. Wo er Kontakt mit Männern der Wirtschaft gewann, brachte er deshalb zum Ausdruck, daß er sich in seinen wirtschaftspolitischen Zielsetzungen keineswegs gebunden fühlte und gewillt sei, sie nach den Vorstellungen der Wirtschaft auszurichten. Als einen Erfolg konnte er es werten, daß er in seiner viel beachteten Rede vom 26. Januar 1932 im Düsseldorfer Industrie-Club auf viele der Anwesenden einen guten Eindruck machte, auch wenn der Schatzmeister der Partei danach keineswegs den von ihm erhofften Spendenzufluß feststellen konnte.

Einen Mann, der ihn in Wirtschaftsfragen beraten und ihn mit den in führenden Wirtschaftskreisen vorherrschenden Anschauungen und Gedankengängen vertraut machen konnte, fand Hitler in Wilhelm Keppler – einem Nachkommen des Astronomen Johannes Kepler –, der als Ingenieur ein chemisches Werk in Eberbach (Baden) leitete. Keppler war von der Überzeugung durchdrungen, daß Deutschland eine starke Führung brauchte und nur Hitler diese Führung geben könnte. Ebenso war er davon überzeugt, daß er mit Unterstützung anderer Männer aus der Wirtschaft Hitler den richtigen Weg für eine vernünftige Wirtschaftspolitik weisen könnte, und Hitler nach diesen Weisungen auch handeln würde. Er suchte deshalb nach Männern der Wirtschaft, die Hitler unterstützen und ihn in wirtschaftlichen und wirtschaftspolitischen Fragen beraten sollten.

Ende März 1932 reiste er nach Hamburg, um dort Kaufleute für seine Absichten zu gewinnen. Doch er fand kaum Gehör und konnte nur zwei Außenhandelskaufleute davon überzeugen, daß eine Zusammenarbeit mit Hitler notwendig sei. Mit einem von ihnen, Emil Helfferich, einem Bruder Karl Helfferichs, besuchte er dann am 30. April 1932 Hitler und Hess in ihrem Berliner Standquartier, dem Hotel Kaiserhof. Helfferich führte aus, was seiner Auffassung nach in der Wirtschaft und Wirtschaftspolitik notwendig war. Er hatte den Eindruck – so schreibt er in seinem durch seine ungeschminkte Offenheit bemerkenswerten Buch »1932-1946 Tatsachen« –, daß Hitler mit seinen Gedanken »ganz woanders, bei der nächsten Wahlschlacht« war. Keppler wurde in dieser Unterredung aber ermächtigt, einen »Wirtschaftsausschuß« ins Leben zu rufen. Dieser Ausschuß nannte sich auf seiner ersten offiziellen Sitzung »Studienausschuß für Wirtschaftsfragen«. Allgemein wurde er »Keppler-Kreis« genannt.

Es waren zuerst nur wenige, die Keppler für seinen Kreis an Rhein und Ruhr und in den Hansestädten gewinnen konnte. Die ersten, mit denen er Verbindung aufnahm, wie August Rosterg, der Herr des großen deutschen Kali-Konzerns, und der Stahlindustrielle Paul Reusch, rieten ihm, Verbindung mit Schacht aufzunehmen, wenn er mit seinem Vorhaben Erfolg haben wolle. Schacht traf sich mit Keppler im Sommer 1932, zögerte aber zunächst, sich seinem Kreis anzuschließen. Bei den Freunden Kepplers entstand der Eindruck, daß Schacht einen eigenen Kreis schaffen wollte; aber er schloß sich dann doch dem Keppler-Kreis an.

Der Bericht Helfferichs über die Sitzung am 20. Juni offenbart, wie geschickt Hitler es verstand, die hier versammelten Männer, die Spitzenstellungen in der Wirtschaft innehatten, für sich zu gewinnen:

»Nach der Begrüßung durch Keppler und einigen Ausführungen von ihm über die Aufgaben des Ausschusses, ergriff Hitler das Wort. Er dankte den Herren der Wirtschaft, daß sie sich zur Verfügung gestellt hätten, und versicherte sie seiner vollen Unterstützung. Er wies auf die großen Probleme hin, die der Lösung harrten, es gelte Millionen Deutsche wieder der Arbeit zuzuführen und sie mit Vertrauen zu sich selbst zu erfüllen. ›Ich bin nicht doktrinär‹, sagte er, ›und wenn Sie mit guten Gründen der Ansicht sind, daß einige Punkte in unserem Parteiprogramm wirtschaftlich nicht ausführbar und nachteilig sind, werden sie geändert. Ich bin Politiker und kein Wirtschaftler. Ich verlasse mich auf Ihr besseres Wissen und Ihre große Erfahrung.‹ So sprach er ungefähr und machte noch weitere Ausführungen, die mir nicht mehr erinnerlich sind. Alle hatte er in seinen Bann geschlagen, auch mich. Das war in seiner Mäßigung, seinem Verständnis und seiner Bescheidung ein anderer Mann als der, dem ich vor einigen Wochen im selben ›Kaiserhof‹ gegenübergesessen hatte. Was er aussprach, waren unsere eigenen Gedanken. Ich war zum ersten Mal dem Zauber seines Einfühlungsvermögens, wovon ich später noch ganz andere Proben erleben sollte, erlegen.«

Der Keppler-Kreis, der drei Unterausschüsse – für Finanz-, Industrie- und allgemeine Wirtschaftsfragen – bildete, legte Hitler, bevor er Kanzler wurde, eine Reihe von Gutachten für wichtige Wirtschaftsfragen vor, die Ergänzungen und vor allem Korrekturen des Wirtschaftsprogramms der NSDAP bringen sollten. So verteidigte er in einer Denkschrift die Warenhäuser – die in Feders Programm als ein zu bekämpfendes Übel hingestellt waren – und forderte eine Einstellung der Ausschreitungen gegen sie. Nach der Regierungsübernahme durch Hitler setzte der Kreis diese Tätigkeit fort und kritisierte viele der Maßnahmen, die unter Parteieinfluß und die unter Hugenberg vom Wirtschaftsministerium ausgeführt wurden. Gegen diese offenen Worte in den Denkschriften – die allerdings streng vertraulich blieben – ist weder von Hitler noch von Parteistellen etwas eingewendet worden. Nur waren sie völlig wirkungslos. Keppler konnte wohl bei Hitler und anderen Parteigrößen vorsprechen und seine Gedanken vortragen. Doch es blieb bei den Vorträgen, ohne daß sie irgendwelchen Einfluß hatten.

Für die Wirtschaft blieb der Keppler-Kreis ohne Bedeutung. Doch er spielte einmal eine politische Rolle. Während des Wahlkampfes zur Reichstagswahl am 6. November 1932 hörten Mitglieder des Keppler-Kreises, daß von Industriellen des Rheinlandes beabsichtigt sei, einen Wahlaufruf zugunsten Hitlers zu veröffentlichen. Es hieß, auch Schacht sei an diesem Vorhaben beteiligt. Eine Rückfrage Kepplers bei ihm ergab aber, daß dies nicht der Fall war. Doch das Gerücht veranlaßte Mitglieder des Keppler-Kreises, nun selbst einen Wahlruf zu entwerfen. Keppler hielt dies für falsch und verhinderte dessen Veröffentlichung. Statt dessen wurde ein Schreiben an Hindenburg entworfen, mit dem der Reichspräsident in sehr gewundenen Formulierungen aufgefordert wurde, dem Führer der größten nationalen Gruppe die »Führung der Staatsgeschäfte« anzuvertrauen. Nach der Reichstagswahl wurde das Schreiben endgültig formuliert und von den Mitgliedern des Keppler-Kreises und einer Reihe weiterer führender Personen unterschrieben. Hitler wurde von Keppler über dieses Schreiben unterrichtet. Schacht hatte ihm bekannte Industrielle aufgefordert, ihre Unterschrift für dieses Schreiben zu geben, von vielen aber eine Absage erhalten. Dem darüber enttäuschten Hitler hat er geschrieben, die Schwerindustrie, »sie trägt ihren Namen ›Schwerindustrie‹ mit Recht von ihrer Schwerfälligkeit«.

Von sich selbst sagten die Unterzeichner des Briefes an den Reichspräsidenten: »Wir bekennen uns frei von jeder engen parteipolitischen Einstellung. Wir erkennen in der nationalen Bewegung, die durch unser Volk geht, den verheißungsvollen Beginn einer Zeit, die durch Überwindung des Klassengegensatzes die unerläßliche Grundlage für einen Wiederaufstieg der deutschen Wirtschaft erst schafft.« Einleitend stellten sie sich auf den Standpunkt, daß eine »vom parlamentarischen Parteiwesen unabhängige Regierung« notwendig sei, wie sie in den von Hindenburg »formulierten Gedanken eines Präsidialkabinetts zum Ausdruck kommt«; denn eine Rückkehr zum parlamentarischen Parteiregime sei nicht mehr möglich. Weiter erklärten sie: »Es ist aber auch klar, daß jede Verfassungsänderung, die nicht von breitester Volksströmung getragen ist, noch schlimmere wirtschaftliche, politische und seelische Wirkungen auslösen wird. Wir erachten es deshalb für unsere Gewissenspflicht, Eure Exzellenz ehrerbietigst zu bitten, daß zur Erreichung des von uns gesetzten Zieles Eurer Exzellenz die Umgestaltung des Reichskabinetts in einer Weise erfolgen möge, die die größtmögliche Volkskraft hinter das Kabinett bringt.«

Welchen Einfluß dieser Brief auf die Entscheidung Hindenburgs, Hitler zum Reichskanzler zu berufen, gehabt hat, darüber gehen die Meinungen auseinander. Fest steht, daß er Hindenburg erst am 30. Januar, unmittelbar bevor er Hitler empfing, überreicht wurde. Seine Entscheidung hatte er da bereits getroffen. Da der Reichspräsident aber vorher von diesem Brief mit der Stellungnahme führender Wirtschaftler zugunsten der Berufung Hitlers gewußt hatte, kann er ihn in seinem Beschluß bestärkt haben. Ausschlaggebend ist er sicher nicht gewesen.

Schacht und andere, die, ohne selbst Nationalsozialisten gewesen zu sein, sich für die Berufung Hitlers zum Reichskanzler einsetzten, sind sich – Schacht weist darauf in seiner »Abrechnung mit Hitler« nachdrücklich hin – darüber klar gewesen, daß der Führer der NSDAP eine Diktatur anstrebte und damit große Gefahren verbunden waren. Sie haben sich deshalb gefragt, ob hiergegen hinreichende Sicherungen bestanden, und sie haben diese Frage bejaht. Um darzulegen, aus welchen Erwägungen dies geschah, zitiert Schacht aus der Erklärung, die der Staatssekretär der Präsidialkanzlei Otto Meissner – der eine wichtige Rolle bei der Bildung der Regierung mit Hitler als Kanzler gespielt hatte – als Zeuge im Spruchkammerverfahren gegen Schacht abgegeben hat und die treffend den Sachverhalt und die Haltung der Beteiligten aufzeigt: »Diese Regierung war eine verfassungsmäßige Koalitionsregierung der politischen und parlamentarischen Rechten, in der zwar Hitler die Führung, die ›Bürgerlichen‹ also Nicht-Naziminister, aber die große Mehrheit hatten. Die Bildung dieses Kabinetts wurde damals von allen Beteiligten als die einzige und letzte Möglichkeit einer verfassungsmäßigen Lösung angesehen. Der Wunsch oder die Absicht, aus diesem Kabinett ein totales Regiment der NSDAP oder eine Diktatur Hitler zu entwickeln, bestand bei keinem der an dieser Regierungsbildung beteiligten Partner. ... Die Besorgnis, daß eine von Hitler geführte Regierung sich zu einer Parteidiktatur auswachsen könne, wurde bei den Verhandlungen um diese Koalition sehr wohl beachtet. Den bürgerlichen Parteien dieser Regierungsbildung sowie dem Reichspräsidenten und darüber hinaus auch den Politikern der Mittelparteien schienen aber gegen eine solche Entwicklung ausreichende Gegengewichte eingebaut zu sein. Es waren dies der Reichstag und die Parteien, die verfassungsmäßigen Rechte des Reichspräsidenten, insbesondere sein Oberbefehl über die Reichswehr sowie das Übergewicht der bürgerlichen Minister in dem Koalitionskabinett. Die verfassungsmäßigen Rechte des Reichspräsidenten, die Aufrechterhaltung des Reichstags, die Unantastbarkeit der Reichswehr durch die NSDAP und auch eine Art Garantie für die Erhaltung des Bestandes und der Zusammensetzung des Kabinetts hatte Hitler bei den Verhandlungen ausdrücklich zugesagt. Daß die politische Entwicklung später einen anderen Weg nahm, war damals nicht vorauszusehen und auch nicht zwangsläufig.«

Daß dann eine Wendung eintrat, führte Meissner auf das Ermächtigungsgesetz vom 23. März 1933 zurück. Schacht hat gleichfalls diese

Ansicht – ausdrücklich in seiner »Abrechnung mit Hitler«, ähnlich auch in seinen Lebenserinnerungen und später noch in Gesprächen – vertreten. Das Gleiche haben auch andere getan, die daran mitgewirkt haben, daß Hitler Reichskanzler wurde. Hugenberg hat später sogar erklärt, nach seinem Ausscheiden aus der Regierung, das am 26. Juni 1933 erfolgte, wäre es noch möglich gewesen, Hitler die Vollmachten wieder zu nehmen. Das Ermächtigungsgesetz wäre hinfällig geworden, weil die Regierung ja nicht mehr aus den Mitgliedern bestand, die vom Reichstag die Ermächtigung erhalten hatten. Doch so wichtig das Ermächtigungsgesetz im Ablauf der Ereignisse auch erschien, die Bedeutung, die ihm zugemessen wurde, hat es für den tatsächlichen Ablauf der Ereignisse nicht gehabt.

Hitler hatte als eine seiner ersten Regierungshandlungen am 1. Februar 1933 den Reichstag aufgelöst und Neuwahlen zum 5. März angesetzt. Diese Wahl brachte eine weit größere Wahlbeteiligung als die voraufgegangenen Wahlen. Den Nationalsozialisten gelang es, bisherige Nicht-Wähler zu mobilisieren. Das war ein Erfolg ihrer Propaganda aber auch ein Ausdruck der Stimmung des Volkes, das aus seiner Lethargie geweckt war. Viele hatten Hoffnung geschöpft, daß unter Hitler eine neue, bessere Entwicklung eingeleitet werden könnte.

Die Nationalsozialisten erhielten am 5. März siebzehn Millionen und die Deutschnationalen drei Millionen Stimmen. Das waren zusammen einundfünfzig Prozent der Stimmen. An Mandaten gewannen die Nationalsozialisten zweihundertachtundachtzig und die Deutschnationalen dreiundfünfzig von der auf sechshundertachtundvierzig gewachsenen Abgeordnetenzahl. Auf der Reichstagssitzung vom 23. März forderte Hitler mit dem Ermächtigungsgesetz – das die Regierung ermächtigte, an Stelle des Reichstages Verordnungen mit Gesetzeskraft zu erlassen, so daß das Parlament ausgeschaltet wurde – diktatorische Vollmachten für vier Jahre. Mit vierhunderteinundvierzig zu vierundneunzig Stimmen erhielt er sie. Nur die Sozialdemokraten hatten mit Nein gestimmt. Sechsundzwanzig ihrer Abgeordneten waren nicht anwesend. Manche von ihnen waren durch Verhaftungen an der Teilnahme verhindert, andere bereits ins Ausland geflohen. Die Kommunistische Partei war vorher verboten worden, und ihre Abgeordneten konnten nicht mehr im Reichstag erscheinen. Mit den Nationalsozialisten und Deutschnationalen stimmten die Abgeordneten aller anderen Parteien für »Ja«, so daß Hitler selbst bei vollzähliger Anwesenheit aller sozialdemokratischen und der kommunistischen Abgeordneten die erforderliche Mehrheit für das Ermächtigungsgesetz erhalten hätte.

So kläglich Anhängern einer parlamentarischen Regierungsform die Zustimmung der Vertreter der demokratischen Parteien zur Selbstaufgabe des Reichstages auch erscheinen mag, sie hatte wenig Einfluß auf die kommenden politischen Ereignisse in Deutschland. Mit diesem Akt wurde nicht mehr – auch wenn es so aussah – eine neue Entwicklung eingeleitet. Es war nur noch der nach außen dokumentierende Ausdruck eines bereits eingetretenen Tatbestandes. Im preußischen Landtag hatten zuvor, kurz nach Hitlers Regierungsantritt, am 4. Februar die demokratischen Parteien von den Sozialdemokraten bis zur Staatspartei zusammen mit den Kommunisten einem Antrag der Nationalsozialisten auf Auflösung widersprochen und seine Ablehnung mit zweihundertvierzehn gegen hundertsechsundneunzig durchgesetzt. Sie hatten damit aber nicht verhindert, daß wenige Tage danach der Landtag doch aufgelöst wurde.

Mit der Notverordnung »zum Schutz von Volk und Staat«, die am 28. Februar, am Tage nach dem Reichstagsbrand, ergangen war, hatte Hitler bereits die wirklich entscheidenden Vollmachten in seiner Hand. Diese Notverordnung gab der Polizei alle Vollmacht zur Festnahme von Personen und stellte ihr die SA als Hilfspolizei mit gleicher Vollmacht zur Seite. Weitgehend hatte die SA aber schon die Macht ausgeübt, die nur einem staatlichen Organ, wie einer Polizei, hätte zukommen sollen. Die Notverordnung vom 28. Februar »legalisierte« ihr Vorgehen.

Die Staatsorgane hatten dem Vorgehen der SA fast überall untätig zugesehen, hatten es geduldet. Manche Bürger waren wohl erschreckt. Viele hatten das radikale Vorgehen der SA mit der Festnahme politischer Gegner und ihrer brutalen Behandlung sowie den Ausschreitungen gegenüber jüdischen Warenhäusern gar nicht bemerkt oder ihr als Randerscheinung eines politischen Umbruchs, die ihrer Meinung nach nur vorübergehenden Charakter haben könnte, keine Bedeutung zugemessen. Am stärksten war die Betroffenheit beim Stahlhelm, dessen Mitglieder nun erleben mußten, daß von einem Bündnis mit den Nationalsozialisten nichts zu spüren war, daß die SA gegen sie in gleicher Weise oder noch härter vorging als gegen ihre früheren politischen Gegner. Düsterberg, der 2. Bundesführer dieser Organisation dachte an Widerstand und versuchte, Reichswehrgeneräle dafür zu gewinnen. Doch der 1. Bundesführer Seldte, der Arbeitsminister in Hitlers Kabinett geworden war, glaubte weiter mit den Nationalsozialisten zusammengehen zu müssen. Es fand sich zu dieser Zeit keiner der Generäle bereit, gegen Hitler aufzutreten. Als allerdings gegen Ende des Jahres 1933 die SS sich stärker bewaffnete, wurden einige von ihnen deshalb bei Hitler vorstellig. Doch als er ihnen versprach, daß die Bewaffnung der SS nicht weiter betrieben werden sollte, gaben sie sich mit diesem Versprechen – das nicht eingehalten wurde – zufrieden.

Die Befürworter der Kanzlerschaft Hitlers, und mit ihnen Schacht, wollten oder konnten im Februar 1933 nicht erkennen, mit welcher Entschlossenheit die Nationalsozialisten nach diktatorischer Macht strebten. Die meisten von ihnen glaubten, daß die SA hier ganz auf eigene Faust handelte und Hitler sie bald wieder »zur Räson bringen« würde. Nur wenige von ihnen teilten die damals weit verbreitete Meinung, daß man Hitler ruhig die Regierung überlassen sollte; er würde sich in einigen Monaten – viele glaubten mit Bestimmtheit »bis zum Herbst« – schon »abgewirtschaftet« haben. Von Brüning wird sogar berichtet, daß er gesagt hat: »Es ist gut, daß Hitler jetzt an die Macht gekommen ist, in drei Wochen hat er ja doch abgewirtschaftet.« Ähnlich berichteten ausländische Diplomaten ihren Regierungen; und so erklärten auch nach dem 23. März viele der Abgeordneten, die für das Ermächtigungsgesetz gestimmt hatten, ihr Verhalten.

Schacht teilte diese Auffassung von einem zu erwartenden »Abwirtschaften« Hitlers keineswegs. Es wäre ihm auch als ein verantwortungsloses, frivoles politisches Spiel erschienen, mit solcher Aussicht eine Regierung ihr Amt antreten zu lassen. Denn das Abwirtschaften hätte einen weiteren wirtschaftlichen Rückgang, eine noch schlimmere Verelendung des deutschen Volkes bedeutet, von dem bereits ein Drittel an der Grenze des Hungers lebte. Er war der Überzeugung, daß nur mit einer starken Regierung eine Wendung zum Besseren herbeigeführt werden könnte, und daß nur mit Hitler diese starke Regierung geschaffen werden könnte. »Es muß zugestanden werden«, schrieb er später – 1968, in seinem Buch »1933 – Wie eine Demokratie stirbt«, aber das war auch 1933 seine Meinung, »daß die Kampfmethoden der Nationalsozialisten eine Zusammenarbeit mit ihnen nicht gerade verlockend machten, aber das durfte für eine politische Notwendigkeit kein Hindernis sein.«

Der gleichen Auffassung waren die meisten der Wirtschaftler, die den beiden Parteien, die Hitlers Regierung stützten, der NSDAP und der Deutschnationalen Volkspartei, für die Reichstagswahl am 5. März Hilfe gaben. Am 25. Februar hatte Göring eine größere Anzahl führender Wirtschaftler, unter ihnen Schacht, zu einer Zusammenkunft in seinem Amtssitz als Reichstagspräsident eingeladen. Die meisten von ihnen waren keine Nationalsozialisten, aber keiner hatte Lust oder den Mut gehabt, diese Einladung abzulehnen. Göring teilte seinen Gästen gleich bei der Begrüßung mit, daß der Zweck dieser Versammlung die

Schaffung eines Wahlfonds für die Rechtsparteien sei. Dann erschien Hitler und hielt eine Rede, die, wie es stets bei seinen Reden der Fall war, ihre Wirkung nicht verfehlte. Sogleich nachdem er geendet hatte, erhob sich Gustav Krupp von Bohlen und Halbach und erklärte spontan für alle Anwesenden die Bereitschaft zur Unterstützung der Regierung Hitler. Schacht erinnerte sich, daß Krupp vier Wochen zuvor noch eine Einladung Fritz Thyssens zu einer Versammlung rheinisch-westfälischer Industrieller, auf der Hitler sprechen wollte, abgelehnt hatte.

Als Hitler Schacht aufforderte, die Verwaltung des Spendenfonds zu übernehmen, war er dazu bereit. Viel Gunst hat Schacht bei Hitler damit aber nicht erworben. Denn das Aufkommen des Fonds blieb mit insgesamt drei Millionen Reichsmark erheblich hinter dessen Erwartungen zurück. Schacht mit seiner Sparsamkeit verwaltete den Fond – dessen Mittel zwischen der NSDAP, der Deutschnationalen und der Deutschen Volkspartei aufgeteilt wurden – so, daß am Ende des Wahlkampfes noch 600 000 Reichsmark als Überschuß verblieben.

Die Sicherung gegen eine diktatorische Macht Hitlers sahen alle an seiner Berufung zum Reichskanzler irgendwie beteiligten Nicht-Nationalsozialisten vor allem darin, daß die Naionalsozialisten in einem Kabinett von elf Mitgliedern nur drei stellten. Neben Hitler besetzte Wilhelm Frick zwar den wichtigen Posten des Innenministers, aber außer ihnen gehörte nur noch Hermann Göring als Minister ohne Geschäftsbereich der Reichsregierung an. Göring bekleidete allerdings auch – zugleich mit dem extra für ihn geschaffenen Amt des Reichskommissars für zivile Luftfahrt – die sehr wichtige Stellung des Reichskommissars für das preußische Innenministerium, mit dem er die Befehlsgewalt über die preußische Polizei besaß. Doch in dieser Stellung war er von Papen unterstellt, der zunächst noch die Stellung des Reichskommissars, also der Regierungsspitze, für Preußen innehatte.

Hindenburg hatte, als er Hitler das Amt des Reichskanzlers übergab, geglaubt, sich fest darauf verlassen zu können – das hat Fritz Günther von Tschirsky, der Leiter des »Büros des Stellvertreters des Reichskanzlers«, der auch zum Hause von Hindenburg enge Beziehungen hatte, sehr deutlich in seinem Buch »Erinnerungen eines Hochverräters« nachgewiesen –, daß von Papen und General Werner von Blomberg Hitler in Schranken halten würden. Von Papen hätte als Vizekanzler eine starke Stellung im Kabinett einnehmen können, und von Blomberg hatte Hindenburg gerade zu diesem Zweck in die Reichsregierung eintreten lassen.

Für Schacht kam noch eine andere Erwägung hinzu. Er hatte in seinen Gesprächen mit Hitler die Überzeugung gewonnen, daß der Führer der nationalsozialistischen Bewegung vernünftigen wirtschaftlichen Überlegungen zugänglich und aufs stärkste daran interessiert war, die deutsche Wirtschaft wieder leistungsfähig zu machen. Unter den Nationalsozialisten in der Umgebung Hitlers sah Schacht keinen erfahrenen Wirtschaftsfachmann, und nach den Elogen, die Hitler ihm gemacht hatte, glaubte er sicher zu sein, daß Hitler in allen wichtigen wirtschaftlichen Fragen auf ihn hören würde. Und so glaubte er, durch seinen Einfluß und durch das Gewicht der Wirtschaft in der Politik auf Hitler bestimmend einwirken zu können, so daß er innenpolitischen Exzessen Einhalt gebieten und auch in der Außenpolitik bedenkliche Entwicklungen würde aufhalten können.

Doch Schacht und ebenso Hindenburg mit seinen Beratern mußten erleben, daß sie die Kraft Hitlers unterschätzt und ihre eigene Stärke überschätzt hatten. Wieweit hier dem Versagen und der falschen Beurteilung der Entwicklung durch einzelne der Beteiligten die Schuld zuzuschreiben ist, oder ob die nationalsozialistische Bewegung schon eine unaufhaltsame Gewalt erlangt hatte, darüber gehen die Meinungen auseinander. Fest steht nur, daß von Papen wohl daran dachte, Hitlers diktatorischem Machtstreben entgegenzuwirken, aber es nicht fertig brachte, gegen ihn aufzutreten, und später eine entwürdigende Behandlung am 30. Juni 1934 sowie die Ermordung seiner Mitarbeiter hinnahm, ohne sich von Hitler loszusagen. Von Blomberg geriet ganz in den Bann Hitlers und wurde einer seiner treuesten Gefolgsleute.

Ohne daß sich ein tatsächlicher Widerstand regte, konnte Hitler seine Machtstellung ausbauen. Am 13. März 1933 wurde das »Ministerium für Volksaufklärung und Propaganda« mit Joseph Goebbels als Minister gegründet. Daß damit die Zahl der nationalsozialistischen Minister auf vier stieg, hatte weit weniger Bedeutung als der Tatbestand, daß nunmehr Presse und Rundfunk einer Kontrolle durch Nationalsozialisten unterworfen wurden und abweichende Meinungen sowie unbequeme Meldungen nur noch unter Schwierigkeiten verbreitet werden konnten. Mit der Einsetzung von Reichskommissaren in den Ländern auf Grund der Gesetze zur »Gleichschaltung« übernahmen die Nationalsozialisten die Hoheitsrechte in den Ländern. Die Gewerkschaften, deren Führung am 20. März noch eine Loyalitätserklärung für Hitler abgegeben hatte, wurden am 1. Mai 1933 verboten. Nach dem Verbot der Sozialdemokratischen Partei am 22. Juni lösten sich die anderen Parteien selbst auf. Ein neues Beamtenrecht sorgte dafür, daß nicht-genehme Beamte entlassen wurden. So erlangte Hitler innerhalb eines Jahres alle Macht. Am 30. Januar 1934, dem Jahrestag der Ernennung Hitlers zum Reichskanzler, billigte der Reichstag alle seine Maßnahmen einstimmig.

Im Kabinett versuchte allein Hugenberg, der Landwirtschafts- und zugleich Wirtschaftsminister war, eine selbständige Rolle zu spielen. Nur ging er dabei so ungeschickt vor, daß er damit keinen Erfolg hatte, sondern nur den Kreis der Nicht-Nationalsozialisten in der Regierung schwächte. Auf der Londoner Weltwirtschaftskonferenz, die am 12. Juni 1933 begann, hatte er ein Memorandum vorgelegt, das in der Hauptsache Agrarpreise behandelte, in dem er aber in Nachahmung des Vorgehens Schachts auf der Haager Konferenz die Rückgabe von Kolonien an Deutschland forderte. Die deutsche Delegation, die vom Außenminister von Neurath geführt wurde, nahm sofort von dem Memorandum Abstand. Hugenberg beschwerte sich wegen dieser Brüskierung in einer Kabinettssitzung am 23. Juni und forderte, daß zum Ausdruck seiner Rehabilitierung der Staatssekretär des Reichswirtschaftsministeriums Dr. Hans E. Posse zum Rücktritt aufgefordert werden sollte. Doch in der Regierung hatte niemand Neigung, diese Forderung zu unterstützen, zumal auch niemand mit seiner Führung des Wirtschaftsministeriums sonderlich zufrieden war, Posse dagegen sehr geschätzt wurde. Als Hugenberg darauf mit seinem Rücktritt drohte und ihn nach einer Unterredung mit Hitler am 27. Juni vollzog, nahmen das seine Kabinettskollegen – bei denen er wenig beliebt war – ruhig oder sogar gern hin. Nur war damit auch die »Harzburger Front« endgültig zerbrochen, und die nationalen Kreise wurden von den Nationalsozialisten völlig zur Seite gedrängt.

Dessen ungeachtet hat Schacht weiter geglaubt, mit Hitler zusammenarbeiten zu können. Er hielt das Positive seines Wirkens für wichtiger und wertvoller als das Negative. Die starke, energievolle Staatsführung war in den Augen Schachts die unentbehrliche Voraussetzung für die wirtschaftliche Gesundung und ebenso auch für die außenpolitische Stellung Deutschlands. Starken Eindruck machte auf ihn auch, daß es Hitler gelang, weite Kreise des Volkes, von den Arbeitern über den Mittelstand bis zu Unternehmern und selbst zu großen Teilen der Intelligenz, für seine »Bewegung« zu gewinnen. Hitler hatte ein Gefühl für die Volksgemeinschaft entstehen und den »Klassenkampfgedanken« zurücktreten lassen. Diese Herstellung der »Volksgemeinschaft« begrüßte, ja, sie begeisterte Schacht. In fast allen Reden, die Schacht während der ersten Jahre der nationalsozialistischen Regierung hielt, preist er die Volksgemeinschaft und Hitlers Leistung, sie hergestellt zu haben.

Schacht war kein Nationalsozialist. Das hat er nicht erst als Angeklagter vor dem Nürnberger Militärgerichtshof und danach in den Entnazifizierungsverfahren erklärt und in seinen später veröffentlichten Schriften wiederholt. Wer ihn persönlich gut kannte, wußte dies auch aus Gesprächen mit ihm aus früheren wie auch den späteren Jahren. Von Schachts Gegnern wird als ein Zeugnis zur Widerlegung dieser Feststellung die Biographie Schachts angeführt, die Dr. Franz Reuter verfaßt hat, der als Herausgeber des »Deutschen Volkswirts« – nach der Emigration Stolpers – eng und vertrauensvoll mit Schacht zusammenarbeitete. Reuter hat diese Biographie Ende des Jahres 1933 geschrieben und Anfang 1934 veröffentlicht. Hier schildert er den Lebenslauf Schachts bis zu seiner erneuten Berufung zum Reichsbankpräsidenten durch Hitler. Er hebt seine nationale Einstellung hervor, betont seinen Gegensatz zu früheren Regierungen und sucht sein Verhalten so darzustellen, als ob er den Nationalsozialisten nahegestanden hätte. In einem durch gesperrten Druck hervorgehobenen Absatz sagt er über Schacht: »Er gehört in seinem innersten Denken zur nationalsozialistischen Bewegung lange, ehe er auch äußerlich mit ihr zusammengeht, ja als er noch zu den Regierenden des alten Regimes zählt.«

Reuter, der selbst der nationalsozialistischen Politik kritisch und ablehnend gegenüberstand, glaubte, mit dieser Darstellung Schacht einen Dienst zu erweisen. Denn zu der Zeit, als er dies schrieb, hatte sich die nationalsozialistische Herrschaft so verfestigt, daß für Nicht-Nationalsozialisten, gleichgültig, ob sie im nationalen Lager standen oder zu den früheren entschiedenen Gegnern der Nationalsozialisten zählten, eine Betätigung im öffentlichen Leben immer schwieriger wurde. Ein großer Teil der Nationalsozialisten stand aber Schacht ablehnend und ausgesprochen feindlich gegenüber. Dazu gehörte keineswegs nur der »sozialistische« Flügel, der vor allem in der SA aber auch in weiten Kreisen der »Politischen Organisation (PO)« der NSDAP stark vertreten war und auf dem sich viele mit ihren Idealen und Zielsetzungen von Hitler »verraten« fühlten. In der Zusammenarbeit mit Schacht, dem Vertreter der »Hochfinanz«, sahen sie den deutlichsten Ausdruck dieses Verrates. Darüber hinaus spürten auch andere Nationalsozialisten, daß Schacht nicht zu ihnen gehörte, und wollten verhindern – besorgt zum Teil um eigene Machtstellungen, zum Teil um die Verwirklichung des ihnen vorschwebenden »echten« oder »reinen« Nationalsozialismus –, daß er Einfluß auf den »Führer« ausübte. Um Angriffen auf Schacht entgegenzuwirken und sein Ansehen unter Parteigenossen zu verbessern, hat Reuter in der Biographie das nationalsozialistisch eingefärbte Bild Schachts entworfen.

Schacht selbst hat sich lange kaum um die Gegnerschaft gekümmert, die unter Nationalsozialisten gegen ihn bestand. Er hatte sich auf die Hochachtung verlassen, die er bei Hitler genoß, und war außerdem lange der Meinung, daß Hitler mit der ihm eigenen Intelligenz die Schwächen und Fehler des nationalsozialistischen Programms sehen und nach einer Zeit des Übergangs – in der er nach der Auffassung Schachts wohl oder übel den Übereifer und Ausschreitungen eines Teiles seiner Anhänger hinnehmen mußte – den Weg zu einer maßvollen und vernünftigen Politik finden würde. Dabei mag bei Schacht die Überzeugung mitgespielt haben, daß es ihm gelingen würde, mit seinem Einfluß Hitler auf diesen Weg zu bringen. In dieser Überzeugung wurde er in seinen Unterredungen mit Hitler gestärkt, in denen dieser stets seine Übereinstimmung mit den Gedanken Schachts zum Ausdruck brachte.

Es dauerte seine Zeit, bis Schacht merkte, daß er sich auf Hitlers Worte nicht verlassen konnte. Erst im Verlauf des Jahres 1936 wurde ihm klar, daß Hitler eine ganz andere Politik verfolgte, als er es Schacht versichert hatte, daß er sich von Schacht behindert fühlte und deshalb Befugnisse des Wirtschaftsministers – Teil für Teil – auf Hermann Göring, dem »Beauftragten für den Vierjahresplan«, übertrug. Wie er von Hitler hintergangen war, erfuhr Schacht in vollem Umfang sogar erst während des Nürnberger Prozesses, als er die Aussagen prominenter Nationalsozialisten anhörte und Speer ihm eine Denkschrift zeigte, die Hitler im August 1936 verfaßt und in der er die Wirtschaftspolitik Schachts als falsch bezeichnet hatte.

Zumindest von diesem Zeitpunkt an – wahrscheinlich war die Wende schon im Herbst 1935 eingetreten – wurde Schacht von Hitler nur wegen seines internationalen Ansehens im Amt gehalten. Mit Schacht als Regierungsmitglied konnte Hitler seine außenpolitischen Absichten tarnen, während ein Bruch mit dem weltweit anerkannten Wirtschafts- und Finanzfachmann Zweifel an der wirtschaftlichen Stabilität Deutschlands und auch an der Bereitschaft zur friedlichen internationalen Zusammenarbeit wachgerufen hätte. Seit dem Herbst 1935 empfand er jedoch Schachts Wirtschafts-, Finanz- und Währungspolitik immer mehr als einen Hemmschuh für die von ihm forciert vorangetriebene Rüstung. Deshalb schränkte er die Befugnisse des Wirtschaftsministeriums zugunsten des Amtes für den Vierjahresplan immer mehr ein und veranlaßte Schacht, im November 1937 von der Leitung des Wirtschaftsministeriums zurückzutreten. Er beließ ihm aber die Stellung des Reichsbankpräsidenten und hielt ihn als »Minister ohne Portefeuille« weiter im Kabinett, um den Bruch nach außen nicht deutlich erkennen zu lassen.

Selbst als er Schacht im Januar 1939 von seinem Posten als Reichsbankpräsident enthob, hielt er ihn noch weiter im Kabinett, bis er ihn am 22. Januar 1943, wie es im Entlassungsschreiben hieß, mit Rücksicht auf seine »Gesamthaltung im gegenwärtigen Schicksalskampf der deutschen Nation« aus seinem Amt als Reichsminister verabschiedete. Bezeichnend war, daß die Entlassung Schachts von seiner Stellung als Reichsbankpräsident und die Entlassung der beiden anderen Mitglieder des Reichsbankdirektoriums als »geheime Reichssache« behandelt wurde. Auch das Entlassungsschreiben, mit dem Schacht aus dem Kabinett ausgeschlossen wurde, war als »Geheim« gekennzeichnet und die Entlassung sollte geheimgehalten werden.

Schacht hatte in seiner Tätigkeit als Reichsbankpräsident und an der Spitze des Reichswirtschaftsministeriums sowie durch alle Einflußmöglichkeiten, die ihm seine Stellung und seine Verbindungen boten, eine Politik verfolgt, deren Hauptziel die wirtschaftliche Gesundung Deutschlands mit Beseitigung der Arbeitslosigkeit und der Sicherung der Stabilität der Währung war. Gegen alle Maßnahmen und Einflüsse, die dieses Ziel gefährdeten, wandte er sich mit aller Entschiedenheit und ohne Furcht, sich dadurch die Gegnerschaft starker Männer und Kräfte unter den Nationalsozialisten zuzuziehen. So trat er allen Steigerungen der öffentlichen Ausgaben entgegen, von denen er eine Schwächung der Finanzkraft und inflatorische Auswirkungen befürchtete. Dabei ging er so weit, daß er am 3. Mai 1935 in einer Denkschrift für Hitler und die übrigen Regierungsmitglieder eine Einschränkung der häufigen Geldsammlungen nationalsozialistischer Organisationen forderte.

Mit der gleichen Entschiedenheit, mit der er seine wirtschafts- und währungspolitischen Ziele verfolgte, setzte Schacht sich für eine Politik des Rechtes und der Ordnung ein. Er versuchte auch auf einen außenpolitischen Kurs hinzuwirken, der Krieg und Kriegsgefahr ausschließen sollte. Gleichzeitig mit der Denkschrift gegen die Sammeltätigkeit nationalsozialistischer Organisationen legte er am 3. Mai 1935 eine weit gewichtigere Denkschrift vor, in der er gegen die von Nationalsozialisten durchgeführten Maßnahmen gegen die Kirchen und die Ausschreitungen gegen Juden sowie gegen gesetzeswidriges Vorgehen der Gestapo Stellung nahm und die Abstellung dieser Übelstände forderte. Er begründete seine Stellungnahme und seine Forderung damit, daß alle diese Vorgänge im Ausland Aufsehen erregten und dort eine deutschfeindliche Stimmung schufen, die sich nachteilig auf die Wirtschaftsbeziehungen mit Deutschland auswirkten und damit den wirtschaftlichen Aufbau hemmten.

Diese Begründung mag manch einem, der mit den damaligen Verhältnissen in Deutschland nicht vertraut ist, vordergründig, rein materialistisch oder sogar zynisch erscheinen. Aber nur mit einer solchen Sprache konnte sich Schacht bei den Machthabern Gehör verschaffen. Mit dem Hinweis auf die wirtschaftlichen Auswirkungen stellte er seine »Zuständigkeit« für seine Stellungnahme klar und zeigte zugleich auf, daß die Nationalsozialisten mit ihrem Vorgehen den eigenen Interessen zuwider handelten. Schacht ließ es keineswegs bei dieser einen Denkschrift bewenden, sondern brachte seine Stellungnahmen und Forderungen noch wiederholt vor.

Die stärkste Beachtung fanden seine Ausführungen in einer Rede zur Eröffnung der Königsberger Messe am 18. August 1935. Hier verurteilte er mit aller Entschiedenheit die Verfolgung von Angehörigen der Kirchen und der Juden. Natürlich mußte er sich dabei einer Sprache bedienen, die ihn nicht im offenen Gegensatz zur nationalsozialistischen Politik erscheinen ließ. Deshalb sagte er zunächst: »Die Pfarrer und Kapläne sollen Seelsorge treiben und keine Politik. Die Juden müssen sich damit abfinden, daß ihr Einfluß bei uns ein für allemal vorbei ist. Wir wünschen unser Volk und unsere Kultur rein und eigen zu erhalten, wie es die Juden seit dem Propheten Esra für ihr Volk als Forderung jederzeit aufgestellt haben.« Jedoch dann sagte er: »Aber die Lösung all dieser Aufgaben muß unter stattlicher Führung geschehen und« – so fuhr er fort, und dies waren die am stärksten ins Gewicht fallenden Erklärungen – »kann nicht ungeregelten Einzelaktionen überlassen bleiben, die eine schwere Beunruhigung der Wirtschaft bedeuten und die deshalb immer wieder von den staatlichen wie den Parteiorganen verboten worden sind. Nach wie vor ist nach dem Stande der Gesetzgebung wie nach verschiedensten Erklärungen des Stellvertreters des Führers, des Reichsministers des Inneren und des Reichsministers für Volksaufklärung und Propaganda (vom Wirtschaftsministerium ganz zu schweigen) den jüdischen Geschäften die Ausübung ihrer geschäftlichen Tätigkeit gestattet.«

In dieser Rede legte er weiter dar, welche Wirtschafts- und Finanzpolitik verfolgt werden müsse und wie die Arbeitsbeschaffungspolitik finanziert werde, um anschließend daran vor einer Übersteigerung der öffentlichen Ausgaben zu warnen, die zu einer Gefährdung der Währungsstabilität führen müßte. Mit diesen Bemerkungen erregte Schacht bei vielen Nationalsozialisten in führenden Stellungen fast noch mehr Ärgernis als mit seiner Stellungnahme zu den Ausschreitungen gegen Christen und Juden. Denn in den Ländern und Kommunen betrieben örtliche Machthaber zur Förderung ihres Ansehens – in Einzelfällen auch zur Hebung ihres Lebensstandards und ihres Einkommens – mit dem Bau von Prestigeobjekten und öffentlichen Veranstaltungen eine Ausgabenpolitik, die in nichts mehr der Ausgabenpolitik während der Weimarer Republik in den Jahren vor 1929 nachstand, sondern sie zu übertreffen drohte.

Obwohl Schacht die Reaktion auf die Königsberger Rede unter Nationalsozialisten deutlich merkte, ließ er sich nicht davon abhalten, seine Forderungen unbeirrt weiter vorzubringen. Am 24. Dezember 1935 schrieb er an Blomberg – damit dieser entsprechend Hitler unterrichten und auf ihn einwirken sollte –, daß die Devisenbeschaffung für die Rüstung in dem Ausmaß, das er Hitler zugesichert hatte, unmöglich werde, weil die deutsche Kulturpolitik, das hieß, die Kirchenpolitik, und die Tätigkeit der Gestapo in der ganzen Welt Widerstand und Abscheu gegen Deutschland wecke. »Die wirtschafts- und rechtspolitische Behandlung der Juden« – so schrieb er nach einer längeren Darstellung der Devisenlage –, »die antikirchliche Bewegung gewisser Parteiorganisationen und die Rechtswillkür, die sich um die Gestapo herumgruppiert, bilden eine Beeinträchtigung unserer Rüstungsaufgabe ...« Am 22. Januar 1937 sagte Schacht in seiner Ansprache auf einer Festsitzung der Reichswirtschaftskammer: »Es kann in keinem Staat eine Wirtschaft arbeiten und gedeihen, die nicht mit ganz festen Rechtsgrundsätzen und Ordnungsprinzipien ausgestattet ist.«

In der Außenpolitik hatte Schacht sich in der Zeit der Weimarer Republik für eine entschiedene Vertretung des deutschen Rechtsstandpunktes eingesetzt und war – wie auch Stresemann und andere demokratische Politiker, nur eben entschiedener als diese – für eine Beendigung der einseitigen Abrüstung Deutschlands eingetreten, die nach dem Versailler Vertrag ja auch nur der Beginn einer allgemeinen Abrüstung sein sollte. In einer waffenstarrenden und ständig weiter aufrüstenden Welt erschien ihm auch eine bessere Rüstung Deutschlands notwendig, zumal seit 1919 eine Bedrohung der deutschen Ostgrenze durch Polen nicht auszuschließen war, – wie es sich auch 1933 mit polnischen Aktionen auf der Westerplatte im Danziger Hafen bestätigte, deren Fortsetzung in einem Angriff auf die Stadt nur ein Veto des Sicherheitsrates des Völkerbundes verhinderte – und die wachsende Stärke der Roten Armee den Aufbau einer entsprechenden Verteidigungskraft angezeigt sein ließ. Aus solchen Erwägungen begrüßte Schacht die Rüstungsmaßnahmen, die Hitler sogleich nach dem Antritt des Kanzleramtes einleitete.

Er war deshalb auch bereit, im Reichsverteidigungsrat – der am 22. Mai 1933 gebildet wurde und dem alle Minister angehörten, in deren Zuständigkeitsbereich Aufgaben fielen, die mit der Rüstung zusammenhingen – mitzuwirken und das Amt des »Generalbevollmächtigten (G.B.) für die Kriegswirtschaft« zu übernehmen, das 1935 geschaffen wurde. Sobald er aber erkannte, daß Hitlers Politik auf einen Krieg gegen Rußland abzielte, versuchte er mit allen Mitteln, die ihm zur Verfügung standen, dieses Vorhaben zu verhindern. Seit 1936 suchte er die Rüstungsmaßnahmen aufzuhalten, die über das für die Verteidigung notwendige Maß hinausgingen. Wie General Georg Thomas, der Chef des Wehrwirtschafts- und Rüstungsamtes beim Oberkommando der Wehrmacht, vor dem Nürnberger Tribunal bezeugt hat, hat Schacht ab 1936 – so wurde die Aussage von Thomas protokolliert – »jede Gelegenheit benutzt, bei Blomberg auf Einschränkung des Tempos und Umfanges der Rüstung hinzuwirken. Seine Gründe waren folgende: 1. Gefährdung der Währung, 2. Mangelnde Produktion von Verbrauchsgütern, 3. die außenpolitische Gefahr, die Schacht in einer übergroßen Rüstung für Deutschland sah. Der letzte Punkt hat ihn mehrfach veranlaßt, Blomberg und mir gegenüber immer wieder darauf hinzuweisen, daß die Rüstung keinesfalls zu einem neuen Krieg führen darf. Dieses waren auch die Gründe, die ihn 1936 und wiederum 1937 veranlaßten, Blomberg mit seinem Rücktritt zu drohen. Beide Male wurde ich von Blomberg beauftragt, Schacht zu veranlassen, seine Rücktrittsdrohung nicht in die Tat umzusetzen«.

Um mit allem Nachdruck auf Hitler einzuwirken, und sich dessen bewußt, daß er selber kaum noch Gehör finden würde, veranlaßte Schacht den Reichsfinanzminister Johann Ludwig Schwerin von Krosigk, mit einem Schreiben vom 1. September 1938 dem »Führer« die Lage der Reichsfinanzen darzustellen und darauf hinzuweisen, daß Deutschland für einen »Wirtschaftskrieg größten Formats« – wie er sich entwickeln müßte, wenn »im Fall einer Auseinandersetzung mit der Tschechoslowakei« der Krieg nicht »lokalisiert« bleibt und es zu einer aktiven Teilnahme Amerikas am Krieg kommt – nicht genügend vorbereitet war. In diesem Schreiben riet Schwerin-Krosigk zum Abwarten mit dem Hinweis: »Die Zeit arbeitet für uns.« Die für Hitler geeignete Sprache glaubte er zu treffen mit der Bemerkung: »Wir können also durch Warten nur gewinnen. Deshalb aber auch das fanatische Bestreben der Kommunisten, Juden, Tschechen, uns jetzt in einen Krieg zu hetzen. Denn sie sehen in der jetzigen Lage die letzte Möglichkeit, daß aus der Tschechenfrage ein Weltbrand und aus dem Weltbrand die Vernichtung des verhaßten Dritten Reiches kommen könnte. Sie werden deshalb nach Kräften provozieren.«

Ein letzter Versuch, der Kriegspolitik Hitlers entgegenzutreten, war die »Eingabe« des Reichsbankdirektoriums an die Reichskanzlei vom 7. Januar 1939. Sie stellte das Wachsen der Inflationsgefahr durch das Anschwellen der Staatsausgaben dar und wies darauf hin, daß infolge der Auslastung aller Kapazitäten mit größeren Ausgaben die wirtschaftliche Leistung nicht mehr vergrößert werden könnte. Diese Ausführungen waren zwar allgemein gehalten, brachten aber deutlich zum Ausdruck, daß damit auch die Leistung für die Rüstung nicht vergrößert werden könnte. Das wurde in einzelnen Bemerkungen noch deutlich gemacht. So einleitend mit dem Hinweis auf die Rolle, die die Reichsbank bei der Finanzierung der Rüstung gespielt hat. Weiter wurde gesagt, daß infolge des Übermaßes der Aufträge »auf dem Gebiet der Investitionsgüter, zu denen auch die Rüstung gezählt werden muß«, und dem Druck auf schnelle Fertigung »bei den bestellenden Behörden sowohl wie bei den ausführenden Firmen jede Planung versagt hat«. Wie sehr die währungspolitischen Gefahren mit den Grenzen der wirtschaftlichen und wehrwirtschaftlichen Leistungsfähigkeit verknüpft waren, kam unmißverständlich in dem Satz zum Ausdruck: »Mit einer Vermehrung des Geldumlaufs kann man angesichts der voll-, ja, überbeschäftigten Wirtschaft nur noch die Preise und Löhne, nicht aber die Produktion steigern.«

Schacht gab sich keiner Illusion über die Aussichten für eine heilsame Wirkung dieser Eingabe hin. Er hielt es aber für seine Pflicht, nichts unversucht zu lassen, was vielleicht doch noch eine Wende herbeiführen konnte. Er war sich auch der Risiken bewußt, die er mit diesem Schritt einging und die auch die anderen Mitglieder des Reichsbankdirektoriums durch die Unterzeichnung auf sich nahmen. Es folgte seine Entlassung und die Entlassung des Vizepräsidenten Dreyse und des Mitglieds des Direktoriums Hülse.

Mit dem Ausscheiden aus dem Amt des Reichsbankpräsidenten war für Schacht jedes weitere Einwirken auf das politische und wirtschaftliche Geschehen unmöglich geworden. »Opposition von innen«, wie er seine Haltung in den ersten Jahren der Regierung der Nationalsozialisten in seiner »Abrechnung mit Hitler« bezeichnet hatte, war nicht mehr möglich. Auch das, was er als »offenen Widerstand« mit seinen Reden und Stellungnahmen gegen die Willkürmaßnahmen der Gestapo, die Verfolgung von gläubigen Christen und Juden und gegen die Kriegspolitik Hitlers angesehen hatte, von dem aber die Öffentlichkeit infolge der Beherrschung der Massenmedien durch die Nationalsozialisten kaum etwas erfuhr, war nun nicht weiter möglich. Es blieb jetzt nur noch die geheime Verschwörung mit dem Ziel eines Staatsstreiches.

Von dem Nürnberger Tribunal, von den Spruchkammern und von den Gegnern Schachts wurde die Frage erhoben, wie er danach noch Mitglied der Reichsregierung bleiben konnte, auch wenn diese Mitgliedschaft nur noch formalen Charakter hatte. Hätte er nicht, damit sein Bruch mit Hitler deutlich wurde, sein Ministeramt niederlegen müssen? Die Frage des Rücktritts oder des Im-Amt-Bleibens hat alle am geheimen Widerstand gegen Hitler ständig bewegt. Doch was hätte ein Rücktritt nutzen können? Heidemarie Gräfin Schall-Riaucour, die sich in ihrer Biographie des Generalobersten Franz Halder eingehend mit dieser Frage beschäftigt, bemerkt dazu treffend, daß »der erhoffte moralisch-psychologische Erfolg, den ein ostentativer Rücktritt auf die Öffentlichkeit haben sollte«, ausbleiben mußte, »denn er wäre dem Volk kaum bekannt geworden. Dafür sorgte schon Goebbels' Propagandasystem und die von Hitler bereits 1938 angelegte Reserve qualifizierter und loyaler Persönlichkeiten (selbst so unentbehrliche Sachverständige wie Schacht und Beck mußten das einsehen)«.

Gräfin Schall-Riaucour hebt hier einen Gesichtspunkt hervor, auf den Dieter Ehlers in seiner Untersuchung »Technik und Moral einer Verschwörung, der Aufstand vom 20. Juli 1944« hingewiesen hat: »Es ist das subalterne Autoritätsdenken, das in Deutschland ausgeprägter ist als in den angelsächsischen oder romanischen Ländern. ›Amt und Würde waren synonym mit Macht und Einfluß.‹« Sie weist darauf hin, wie Goerdeler, Beck, Hassell und andere immer wieder bestürzt waren über die Reserviertheit, der sie als Privatpersonen überall begegneten, und führt weiter aus: »Diese Tatsache erschwerte natürlich sehr die konspirative Kontaktaufnahme. ›Statt selbst zu weichen, müsse der andere, d. h. Hitler gehen, richtiger gesagt, unschädlich gemacht werden‹, forderte deshalb Halder, und Hassell erklärte: ›Unter der Diktatur (gibt) es für einen Oppositionellen nur eins: Mit Zähnen und Klauen seinen Posten verteidigen und, für den Fall der Entlassung mit allen Mitteln versuchen, wieder hereinzukommen.‹«

Das waren auch die Erwägungen, die Schacht veranlaßten, sein Ministeramt zu behalten. Es erhielt ihm sein Ansehen und gab ihm bessere Möglichkeiten, als er sie als reiner Privatmann gehabt hätte, zu Kontaktaufnahmen, die er zu einem Staatsstreich gegen Hitler brauchte, den er schon im Herbst 1938 zum ersten Male versuchen wollte. Denn da hatte er erkannt, daß mit den Nationalsozialisten keine Politik zum Nutzen Deutschlands mehr möglich war und Hitler den Staat in einen Krieg hineinriß, der, wie Schacht es mit seiner Kenntnis der Weltlage deutlich sah, nur mit einer Katastrophe enden konnte.

Überwindung der Arbeitslosigkeit

Am 17. März 1933 wurde Schacht durch den Reichskanzler Hitler – formal erfolgte die Ernennung durch den Reichspräsidenten – wieder in das Amt des Präsidenten der Deutschen Reichsbank eingesetzt. In dieser Stellung war er berechtigt, an den Sitzungen der Reichsregierung teilzunehmen, und er hat von dieser Berechtigung, von Hitler dazu aufgefordert, Gebrauch gemacht, um über die Politik der Reichsregierung unterrichtet zu sein und seinen Standpunkt zur Geltung zu bringen.

Seiner Wiederernennung zum Reichsbankpräsidenten war eine Unterredung mit Hitler voraufgegangen, in der er vor allem nach seiner Auffassung über die Finanzierung eines großzügigen Arbeitsbeschaffungsprogramms mit Unterstützung der Reichsbank gefragt wurde. Schacht stimmte mit Hitler darin überein, daß die Überwindung der Arbeitslosigkeit die wichtigste Aufgabe sei und daß bei der Finanzierung von Arbeitsbeschaffungsmaßnahmen die Reichsbank mitwirken müsse. Hitler wollte nun wissen, um welche Summen es sich hierbei handeln könne. Schacht sagte, daß es völlig unmöglich sei, hierfür »irgendeinen Betrag ziffernmäßig anzugeben«, weil es nicht feststünde, mit welchen Aufträgen die Wirtschaft wieder in Gang gebracht werden solle. »Meine Auffassung geht dahin« – so verzeichnet er seine Erklärung, die protokollarisch nicht festgehalten worden ist, aber sicherlich so oder ähnlich gelautet haben wird, in seinen Lebenserinnerungen –, »daß die Arbeitslosigkeit unter allen Umständen beseitigt werden muß und daß die Reichsbank deshalb so viel zur Verfügung stellen muß wie notwendig sein wird, um auch den letzten Arbeitslosen von der Straße zu bringen.« Hitler fragte ihn darauf, ob er bereit sei, die Leitung der Reichsbank wieder zu übernehmen. Schacht meinte zunächst, daß er Luther nicht aus seinem Amt verdrängen wolle. Als Hitler ihm darauf versicherte, daß Luther ohnehin nicht Reichsbankpräsident bleiben und eine andere Aufgabe übernehmen würde, erklärte sich Schacht bereit, wieder die Leitung der Reichsbank zu übernehmen. In seinen Lebenserinnerungen schreibt er dazu: »Nicht aus persönlichem Ehrgeiz, nicht aus Übereinstimmung mit der Nationalsozialistischen Partei, nicht aus Gewinnsucht habe ich mein altes Amt wieder übernommen. Es geschah einzig und allein aus dem brennenden Interesse für die Wohlfahrt der breiten Massen unseres Volkes.« Er hat das Amt gern wieder übernommen, weil er in seinem Tätigkeitsdrang ein Arbeitsfeld mit großen Aufgaben suchte und weil er davon überzeugt war, daß er mit seinem Wissen und Können Bedeutendes würde leisten können.

Schacht hatte bei seiner Unterredung mit Hitler nicht gewußt, daß dieser wenige Tage zuvor mit Luther eine Unterredung über die gleiche Frage gehabt hatte. Luther hatte gleichfalls erklärt, daß die Reichsbank bei der Bekämpfung der Arbeitslosigkeit mitwirken müsse, dann aber, als er eine Summe nennen sollte, einen sehr niedrigen Betrag genannt. Hitler hatte darauf das Gespräch abgebrochen. Am nächsten Tag forderte er Luther auf, von seiner Stellung als Reichsbankpräsident zurückzutreten und den Posten des deutschen Botschafters in Washington anzunehmen; was Luther dann auch tat.

Es wäre falsch, anzunehmen, daß für die Entscheidungen Hitlers, die unterschiedliche Antwort auf die Frage nach der Höhe des Beitrages der Reichsbank für die Finanzierung der Arbeitsbeschaffung von ausschlaggebender Bedeutung gewesen ist. Hitler wußte, daß Luther seine starre Haltung über die Grenzen der Kreditgewährung der Reichsbank, die er in der Krise 1931 gezeigt hatte, inzwischen schon weitgehend geändert hatte und er deshalb von ihm kaum Schwierigkeiten zu erwarten brauchte, wenn größere Beträge von der Notenbank angefordert werden mußten. Hitler war entschlossen, sich in jedem Fall von Luther zu trennen, der allzu lange im Lager seiner Gegner gestanden hatte und zu dessen Fähigkeiten auf wirtschaftlichem Gebiet er kein sonderliches Zutrauen hatte. Andererseits wollte er Schacht zur Mitarbeit heranziehen, weil er in ihm den Mann sah, der am ehesten die schwierigen wirtschaftlichen Aufgaben bewältigen konnte, vor denen die Regierung stand, und weil er mit Schacht als seinem Mitarbeiter im Ausland an Ansehen gewinnen konnte. Überdies stand eine Weltwirtschaftskonferenz bevor, auf der Deutschland mit einem international anerkannten Fachmann vertreten sein mußte. Hugenberg reichte dafür nicht aus, und ein besserer als Schacht war schwerlich zu finden.

Über die Lösung des Problems der Arbeitslosigkeit hatten sich seit 1929 und verstärkt seit 1931 in Deutschland – wie auch in allen anderen Ländern – viele die Köpfe zerbrochen. Von Wirtschaftstheoretikern, Politikern, Unternehmern, Gewerkschaftlern und anderen mehr waren Programme in unübersehbarer Zahl entworfen worden. Die Regierungen aber hatten sich lange Zeit hindurch nicht entschließen können, Maßnahmen zu ergreifen, die über »Notstandsarbeiten« als »wertschaffende Arbeitslosenhilfe« für die Beschäftigung langfristiger Arbeitsloser für zusätzliche gemeinnützige Arbeit hinausgingen und die mit Darlehen und Zuschüssen von der Reichsanstalt für Arbeitsvermittlung und Arbeitslosenversicherung finanziert wurden. In manchen Gebieten waren zeitweilig nahezu die Hälfte der gemeldeten Arbeitslosen für Notstandsarbeiten eingesetzt. Mit diesen Arbeiten wurde, vor allem für kleinere Gemeinden, manches Nützliche geschaffen. Doch dies war nur eine Beschäftigung Arbeitsloser, keine echte Arbeitsbeschaffung zur Beseitigung der Arbeitslosigkeit.

Eine Änderung hatte sich unter der Regierung Papen angebahnt. Nach eingehenden Beratungen im Wirtschafts- und Finanzministerium sowie der Reichsbank, zu denen auch private Fachleute hinzugezogen wurden, verkündete am 28. August 1932 die Reichsregierung einen Plan zur Arbeitsbeschaffung, der »Papen-Plan« genannt wurde. Er sah vor, daß einmal Unternehmen, die zusätzliche Arbeitskräfte einstellten, dafür Zuschüsse in der Form von Steuergutscheinen erhielten, die sie in den nächsten Jahren 1934 bis 1939 beim Fälligwerden bestimmter Steuern (der Umsatz-, Gewerbe-, Grund-, Gebäude- und Beförderungssteuer) in Höhe von 49 Prozent des Steuerbetrages in Zahlung geben konnten. Außerdem wurde es ihnen gestattet, bei den zusätzlich eingestellten Arbeitnehmern die Tariflöhne zu unterschreiten. Vorgesehen waren Steuergutscheine bis zu einer Summe von 700 Millionen RM. Die Steuergutscheine konnten bei Banken beliehen werden, so daß die Unternehmen dafür sogleich Bargeld zur Bezahlung der Löhne erhalten konnten. Die Banken wiederum konnten die Steuergutscheine bei der Reichsbank zum Diskont einreichen. Zum anderen sollten nach dem Papen-Plan öffentliche Aufträge von Bahn, Post und für den Wohnungsbau in Höhe von 740 Millionen RM vergeben werden. Da aber vierzehn Tage nach der Verkündung des Planes, am 12. September 1932, der Reichstag aufgelöst wurde, Papen danach andere Sorgen hatte, und nur noch bis zum 3. Dezember im Amt blieb, wurden nur wenige der in Aussicht gestellten Großaufträge vergeben, und auch die Ausnutzung der Steuergutscheine blieb anfangs hinter den Erwartungen zurück.

Die erste Maßnahme, die Schacht zur Arbeitsbeschaffung einleitete, war die Bereitstellung von einer Milliarde Mark zur Aufstockung der

Mittel für Steuergutscheine auf 1,7 Milliarden RM, die jetzt für die Durchführung des sogenannten »Reinhardt-Programms« verwendet wurden. Fritz Reinhardt, ein Steuerfachmann, der seit 1928 der NSDAP angehörte und 1930 in den Reichstag gewählt worden war, hatte dort zusammen mit Gregor Strasser im Jahre 1932 mehrfach in Reden und Debatten die Durchführung von Arbeitsbeschaffungsmaßnahmen gefordert. Am 1. April 1933 erhielt er die Stellung eines Staatssekretärs im Reichsfinanzministerium. Schon bevor er dieses Amt antrat, hatte er sein Programm ausgearbeitet, das in der Hauptsache die Zuteilung von Steuergutscheinen und Steuervergünstigungen für Ausbesserung und Umbau von Häusern und Fabriken sowie für die Anschaffung von Maschinen vorsah.

Schachts zweite Maßnahme war die Bereitstellung eines Kredits in Höhe von 600 Millionen RM für den Beginn des Baus von Autobahnen. Auf die Durchführung dieses Vorhabens legte Hitler einen ganz besonderen Wert. Verschiedene Beweggründe spielten dabei mit. Hitler war ein großer Liebhaber von Automobilen, er war ein »Autonarr«. Gern hatte er Automobilrennen besucht, und es machte ihm Freude, in großen motorstarken Wagen zu fahren. Der verbreitete Besitz von Kraftfahrzeugen in den Vereinigten Staaten, wo viele Arbeiter eigene Personenkraftwagen besaßen, erschien ihm der deutlichste Ausdruck des Wohlstandes dieses Landes.

Es ist, so sagte er in seiner Rede zur Eröffnung der Berliner Automobilausstellung 1934, »ein bitteres Gefühl, von vornherein Millionen braver, fleißiger und tüchtiger Mitmenschen, denen das Leben ohnehin nur begrenzte Möglichkeiten einräumt, von der Benutzung eines Verkehrsmittels ausgeschlossen zu wissen, das ihnen vor allem an Sonn- und Feiertagen zur Quelle eines bisher unbekannten, freudigen Glückes würde«. Deshalb trieb er bald auch die Vorbereitungen für den Bau des »Volkswagens« voran. Und deshalb maß er allen Vorhaben zur Förderung des Kraftwagenverkehrs, vom Straßenbau bis zur Entwicklung besserer Motoren, eine große Bedeutung zu. Daneben fielen aber auch militärisch-strategische Erwägungen ebenso sehr ins Gewicht. Hitler hatte erkannt, daß im nächsten Krieg die motorisierten Streitkräfte – Panzerwagen, motorisierte Artillerie und motorisierte Infanterie, dazu die Luftwaffe – die ausschlaggebende Rolle spielen würden. Die Motorisierung der Streitkräfte konnte um so schneller und besser durchgeführt werden, je stärker der Kraftfahrzeug- und Motorenbau auch für zivile Zwecke entwickelt war. Dafür war ein Ausbau des Straßennetzes notwendig, weil mehr und bessere Straßen einen wirksamen Anreiz zum Einsatz von Kraftfahrzeugen gaben, vor allem auch von Lastkraftwagen mit stärkeren Motoren, wie sie ähnlich für militärische Fahrzeuge benötigt wurden. Überdies waren große und schnelle Straßen, wie sie die Autobahnen darstellten, die Voraussetzung für die rasche Bewegung motorisierter Streitkräfte im eigenen Lande.

Schacht sah sowohl im Reinhardt-Programm wie im Autobahnbau vernünftige, zweckentsprechende Maßnahmen zur Arbeitsbeschaffung. Beide führten mit den eingeleiteten Arbeiten sofort zur Einstellung von Arbeitslosen. Die Bauwirtschaft – beim Reinhardt-Programm war es der Hochbau, bei den Autobahnen der Tiefbau – ist zudem von jeher ein »Schlüsselgewerbe« gewesen, dessen Beschäftigung schnell auf die Zubringergewerbe übergreift. Kennzeichnend für die Veränderung der Lage im Jahre 1933 war, daß von dem Reinhardt-Programm in ganz anderem Umfang als im Jahr zuvor von dem Papen-Programm Gebrauch gemacht wurde, weil im Gegensatz zu der damals vorherrschenden Skepsis und Lethargie jetzt eine hoffnungsvolle, zuversichtliche Stimmung vorherrschte. Erschien damals der Einsatz der eigenen Mittel auch bei den Vergünstigungen, die die Steuergutscheine boten, weiterhin zu risikoreich, so bekam jetzt die sich wieder regende Unternehmenslust durch die Vergünstigung noch den letzten entscheidenden Anstoß.

Die Bereitstellung von Mitteln für den Bau von Autobahnen hielt Schacht auch deshalb für zweckmäßig, weil hier ohne Verzögerung umfangreiche Arbeiten mit der Beschäftigung einer erheblichen Zahl von Arbeitslosen eingeleitet werden konnten, da hierfür bereits wichtige Vorarbeiten durchgeführt waren. Nachdem die 1909 gegründete Automobil-Verkehrs- und Übungsstraßen GmbH in Berlin die AVUS gebaut hatte, waren in den zwanziger Jahren mehrere Studiengesellschaften entstanden, die Streckenführungen und Baudurchführungen mit Kostenkalkulationen untersucht hatten. Eine der aktivsten von ihnen war der 1926 gegründete Verein zur Vorbereitung der Autostraße Hansestädte–Frankfurt–Basel, abgekürzt »Hafraba« genannt. Die Untersuchungen der Hafraba lagen im Reichsarbeitsministerium vor und waren dort überprüft und ergänzt worden, so daß ohne größeren Zeitverlust mit der Vergabe der Aufträge begonnen werden konnte. Für die Finanzierung des Baus der Autobahnen hat Schacht über die für ihren Beginn zur Verfügung gestellten 600 Millionen RM keine weiteren Mittel bereitzustellen brauchen. Die 600 Millionen wurden überdies in den nächsten Jahren der Reichsbank zurückgezahlt.

Es war nicht die Aufgabe Schachts, sich um die einzelnen Arbeitsbeschaffungsvorhaben zu kümmern. Das fiel unter die Zuständigkeit des Reichsarbeitsministeriums und anderer Ministerien sowie der Bahn und der Post, die die Aufträge zu vergeben hatte. Ja, selbst für die Finanzierung war zunächst das Reichsfinanzministerium zuständig, das aber die Rückendeckung durch die Reichsbank brauchte, weil es damit rechnen mußte, daß es zur Bestreitung der Ausgaben Kredite in Anspruch nehmen mußte. Das Finanzministerium hat deshalb stets in enger Fühlungnahme mit der Reichsbank zusammengearbeitet. Auf diese Weise hat Schacht bis in das Jahr 1938 hinein weitgehend – bis Ende 1935 so gut wie vollständig, danach in abnehmendem Ausmaß – den Umfang bestimmt, in dem Mittel für die Arbeitsbeschaffung und ähnlich auch für die Rüstung bereitgestellt wurden. Durch eine enge und auch vertrauensvolle Zusammenarbeit zwischen der Reichsbank und den privaten Banken sorgte er für eine glatte Abwicklung der Kredite und die Bereitstellung der Mittel für die Wirtschaft. Zugleich hatte er eine wirksame Kontrolle über den Gesamtumfang der Kreditmenge und der von ihr ausgehenden Kaufkraft, so daß er – solange er bestimmenden Einfluß hatte – unerwünschte inflatorische Einflüsse unterbinden konnte.

Mit seinen Maßnahmen zur Finanzierung der Arbeitsbeschaffung hat Schacht sich von der bis dahin herrschenden Auffassung über die richtige Finanz- und Kreditpolitik, wie sie der bis dahin ebenfalls vorherrschenden nationalökonomischen Theorie entsprach – abgekehrt und einen Weg eingeschlagen, der weitgehend der Politik glich, die später, aufbauend auf der Theorie, die der britische Nationalökonom John Maynard Keynes in seiner 1936 veröffentlichten »Allgemeinen Theorie der Beschäftigung, des Zinses und des Geldes« darlegte, allgemein empfohlen wurde. Sie ging im Kern davon aus, daß bei ungenügender Nachfrage der Wirtschaft der Staat eine zusätzliche Nachfrage entfalten müsse. Dabei müsse er von dem bis dahin geltenden Grundsatz abgehen, daß sich im Staatshaushalt Ausgaben und Einnahmen entsprechen müßten. Er müsse vielmehr die Ausgaben – zum Ausgleich der fehlenden privaten Nachfrage – über seine Einnahmen steigern, um so mit dem »deficit spending«, wie dies auch bei den deutschen Keynesianern heißt, die Konjunktur wieder anzukurbeln.

1933 hatte Keynes die »Neue Wirtschaftslehre« (New Economics), wie sie von seinen Anhängern bezeichnet wurde, noch nicht entwickelt. Einzelne der in seiner »Allgemeinen Theorie« ausgearbeiteten Gedankengänge waren aber schon in früheren Arbeiten zum Ausdruck gekommen. So war er schon 1926 in seiner Broschüre »The End of Laissez-Faire« für eine vorbeugende Kreditpolitik und Staatsaufträge zur Bekämpfung der Arbeitslosigkeit eingetreten; gleiche Gedanken brachte er auch als Mitarbeiter des Ausschusses zum Ausdruck, der in den Jahren 1927 bis 1929 Vorschläge zur Bekämpfung der Arbeitslosigkeit ausarbeitete, und ebenso als Mitarbeiter des sogenannten Macmillan-Berichtes, des Berichtes des »Committee on Finance and Industry«, der 1931 veröffentlicht wurde. Neue geldtheoretische Gedanken hatte er 1930 in dem zweibändigen Werk »A Treatise on Money« vorgetragen, das 1932 unter dem Titel »Vom Gelde« in deutscher Übersetzung erschien.

Schacht kannte diese Arbeiten; ebenso war er mit den wichtigsten der Programme vertraut, die in Deutschland seit 1929 zur Bekämpfung der Arbeitslosigkeit ausgearbeitet waren. Seine eigenen Erwägungen waren einfacher. Er ging hier, wie er er stets bei seinen wirtschaftspolitischen Entscheidungen tat, von den »Grundfaktoren der Volkswirtschaft« aus. Diese manifestierten sich 1933 in dem Tatbestand, daß die beiden Produktionskräfte, Arbeitskraft und Maschinenanlagen, zum großen Teil, zu weit mehr als einem Drittel brachlagen. Mit zusätzlicher Nachfrage konnten sie wieder genutzt werden. Wenn dann mehr Güter auf den Markt kamen, stand der vergrößerten Nachfrage ein vergrößertes Angebot gegenüber, so daß keine nachteilige Wirkung auf das Preisniveau befürchtet zu werden brauchte. Schacht setzte bei dieser Politik auf die Veränderung des wirtschaftlichen Klimas, die mit einer Wiederherstellung der Zuversicht in die künftige Entwicklung die Unternehmenslust wieder anreizen würde, so daß die öffentlichen Arbeitsbeschaffungsmaßnahmen als Initialzündung wirken und eine breite wirtschaftliche Belebung auslösen konnten.

Dies erschien ihm aus finanzpolitischen Gründen notwendig. Denn seiner Auffassung nach durfte vom Staatshaushalt nur ein Anstoß ausgehen. Zu hoch getriebene und vor allem andauernde hohe Fehlbeträge in den öffentlichen Haushalten hielt er für gefährlich, weil sie schließlich wieder eine Inflation herbeiführen müßten. Aus diesem Grunde hatte er die Ausgabenpolitik des Reiches, der Länder und vor allem der Gemeinden in den zwanziger Jahren so scharf angegriffen, denn sie hatten zu einer übermäßigen Belastung der Haushalte geführt, ohne der Wirtschaft einen wirksamen Auftrieb zu geben.

Soweit die zusätzlichen Staatsausgaben aber die Wirkung einer Initialzündung hätten, würden sie, wie Schacht erkannte, mit dem wirtschaftlichen Aufschwung auch die Staatseinnahmen steigen lassen und zu einem weitgehenden Ausgleich der erhöhten Ausgaben führen. Deshalb begrüßte er auch das Zweite Reinhardt-Programm und die verschiedenen, in ihrem Gesamtumfang allerdings bescheidenen, Steuersenkungen und die Senkung der Beiträge zur Arbeitslosenversicherung, da all diese Maßnahmen zur Belebung der Wirtschaft beitrugen, die in der Tat auch die Staatseinnahmen schnell und stark steigen ließen. Die effektiven Steuereinnahmen (das heißt ohne Steuergutscheine) stiegen bis 1939 rund um das Dreifache; vom Haushaltsjahr 1932 (vom 1. April bis 31. März) bis zum Haushaltsjahr 1938, dem letzten, für das vollständige Angaben vorliegen, erhöhten sie sich von 6,42 auf 17,73 Milliarden RM.

Für die Finanzierung – oder richtiger gesagt: die Vorfinanzierung der Arbeitsbeschaffungsmaßnahmen, deren endgültige Finanzierung über die Haushalte des Reiches, der Länder, der Bahn und der Post erfolgte – bediente sich Schacht einer Methode, die später mit der zum Schlagwort gewordenen Methode der »Mefo-Wechsel« so heftige Kritik gefunden hat. Diese Methode war aber keineswegs neu. Schacht knüpfte mit ihr an eine bereits bestehende Praxis an. Nur brachte er sie in einem vor ihm auch nicht annähernd genutzten Umfang zur Anwendung und erreichte gerade durch ihren starken Einsatz den durchschlagenden Erfolg. Bereits im Jahre 1930 war die »Deutsche Gesellschaft für öffentliche Arbeiten AG«, abgekürzt »Oeffa« genannt, mit Sitz in Berlin und Frankfurt/Main gegründet worden. Sie diente in der Zeit der Kreditknappheit der Finanzierung von Aufträgen der Bahn und der Post, und zwar in der Weise, daß sie den öffentlichen Unternehmen Kredite gegen Wechsel gab. Diese Wechsel nahmen Banken in Zahlung; sie konnten sie bei der Reichsbank zum Diskont einreichen. Damit entsprachen sie den Vorschriften über Wechsel, die die Reichsbank nach ihren Statuten diskontieren durfte: es mußten Wechsel mit drei Unterschriften sein; es waren dies die Unterschriften des Auftraggebers, z. B. der Bahn, des Unternehmens, das den Auftrag ausführte, und einer Bank, hier der Oeffa. Die Wechsel der Oeffa wurden 1932 für die Finanzierung der Aufträge aus dem Papen-Programm benutzt.

In gleicher Weise ging Schacht vor. Der größte Teil der Mittel für die Arbeitsbeschaffung wurde in den Jahren 1933 bis 1935 mit Arbeitsbeschaffungswechseln zur Verfügung gestellt, davon wiederum der größte Teil mit Wechseln der Oeffa. Es wurden auch andere Kreditinstitute herangezogen; die Deutsche Bau- und Bodenbank für die Wohnungsbaufinanzierung, die Deutsche Rentenbank-Kreditanstalt und die Deutsche Siedlungsbank für Arbeitsbeschaffungsmaßnahmen im Bereich der Landwirtschaft und die Deutsche Verkehrs-Kredit-Bank AG für Aufträge von Bahn und Post. Bei den Wechseln dieser Kreditinstitute wurde in gleicher Weise verfahren wie bei den Oeffa-Wechseln. Daneben wurden auch Arbeitsbeschaffungsaufträge mit

Reichsschatzanweisungen finanziert, die von den privaten Unternehmen ebenfalls gern übernommen wurden, weil sie von Schacht die Zusage hatten, daß sie sie im Bedarfsfall an die Reichsbank verkaufen konnten.

Die Arbeitsbeschaffungswechsel der Oeffa und der anderen genannten Kreditinstitute hatten jeweils eine Laufzeit von drei Monaten, weil die Reichsbank üblicherweise nur Drei-Monats-Wechsel diskontierte. Schacht hatte aber zugesagt, daß die Oeffa-Wechsel bis zu fünf Jahren prolongiert würden. Sie stellten auf Grund der Rediskontozusage für die Banken eine sehr günstige Anlage dar, weil diese sie jederzeit, wenn sie flüssige Mittel brauchten, bei der Reichsbank einreichen konnten. Für Arbeitsbeschaffungsmaßnahmen im Bereich der zivilen Wirtschaft wurden in den Jahren 1933 und 1934 insgesamt 6,2 Milliarden RM bewilligt, von denen 0,8 Milliarden bis Ende 1934 noch nicht verwendet worden waren. Für Arbeitsbeschaffung ausgegeben wurden 1933 und 1934 zusammen 5,3 Milliarden RM. Davon entfielen 1,3 Milliarden auf den Wohnungsbau und 1,0 Milliarden auf öffentliche Bauinvestitionen. 2,1 Milliarden entfielen auf Verkehrsinvestitionen, darunter 1,0 Milliarde auf Investitionen der Reichsbahn, während für die Autobahnen erst 400 Millionen aufgewendet wurden. Der gleiche Betrag entfiel auf Investitionen der Landwirtschaft. Für Konsumförderung wurden 100 Millionen aufgewendet, und die Reichsanstalt für Arbeitsvermittlung und Arbeitslosenversicherung brachte 600 Millionen an Förderungsbeträgen auf.

Neben den Arbeitsbeschaffungsmaßnahmen im Bereich der zivilen Wirtschaft spielte auch die Rüstung, die unter Hitler verstärkt wurde, eine Rolle; im Jahre 1933 jedoch eine sehr geringe. Im Vergleich zum Vorjahre wurden die Rüstungsausgaben nur um rund 100 Millionen von 620 auf 720 Millionen RM erhöht. Im Jahre 1934 machten sie allerdings einen Sprung auf 4,2 Milliarden RM und übertrafen damit die Aufwendungen für Arbeitsbeschaffung im zivilen Bereich. Doch obwohl 1934 erhebliche Kreditmittel für die Rüstung zur Verfügung gestellt wurden, konnte Schacht den Gesamtumfang der öffentlichen Kredite in einem vertretbaren Rahmen halten. Da ein erheblicher Teil der Kredite dank steigender Steuereinnahmen laufend abgedeckt wurde, überstiegen die ausstehenden über Arbeitsbeschaffungswechsel, Steuergutscheine und Schatzscheine bereitgestellten Kredite Ende des Jahres 1934 – soweit die verfügbaren Statistiken es erkennen lassen – nur etwa knapp drei Milliarden RM.

Ihre Bereitstellung hatte einen durchschlagenden Erfolg gebracht. Die Zahl der Arbeitslosen im Monat August – als dem Monat, dessen

Zahl am wenigsten von jahreszeitlichen Schwankungen beeinflußt ist – die 5,2 Millionen im Jahre 1932 betragen hatte, war 1933 bereits auf 4,1 und 1934 auf 2,4 Millionen, also weit unter die Hälfte gesunken. Entsprechend hatte sich die Zahl der beschäftigten Arbeitnehmer von 12,8 Millionen 1932 auf 13,7 Millionen 1933 und 15,6 Millionen 1934 erhöht. Das Volkseinkommen hatte sich von 45,2 Milliarden RM im Jahre 1932 zunächst 1933 erst auf 46,5 dann aber 1934 auf 52,7 Milliarden RM erhöht. Die Preise waren dabei verhältnismäßig stabil geblieben. Für die Lebenshaltungskosten ergab sich im Jahresdurchschnitt 1933 sogar noch ein kleiner Rückgang gegenüber 1932, der 1934 dann von einem leichten Anstieg abgelöst wurde. Der Lebenshaltungsindex auf der damals noch angewandten Grundlage von 1913/14 = 100 stellte sich 1932 auf 120,6, 1933 auf 118,0 und 1934 auf 121,1. Als größter Erfolg konnte gewertet werden, daß die Investitionen der privaten Wirtschaft, die von 7,2 Milliarden RM im Jahre 1928 bis auf nur noch 2,2 Milliarden im Jahre 1932 geschrumpft waren, sich wieder aufwärts bewegten. 1933 waren sie auf 2,6 und 1934 bereits auf 3,8 Milliarden RM gestiegen.

Erstaunlich gering war die Ausweitung des Zahlungsmittelumlaufs, die in ihrem Ausmaß hinter der Zunahme der Produktion und der Umsätze zurückblieb. Der gesamte Umlauf an Zahlungsmitteln – Reichsbanknoten, Rentenbankscheinen, Privatbanknoten (die erst 1936 aus dem Umlauf verschwanden) und Scheidemünzen –, der sich am Jahresende 1932 auf 5,6 Milliarden RM belaufen hatte, betrug 1933 am Jahresende 5,7 und 1934 am Jahresende 6,0 Milliarden RM. Etwas stärker, aber keineswegs in einem übermäßigen, sondern eher geringen Ausmaß im Verhältnis zur Umsatzbelebung, hatten sich die Ausleihungen der Banken vergrößert. Sie wuchsen von insgesamt 53,5 Milliarden RM am Jahresende 1932 auf 54,1 Milliarden RM 1933 und 58,2 Milliarden RM 1934.

Nach diesen überaus günstigen Ergebnissen der Jahre 1933 und 1934 und angesichts einer sich deutlich fortsetzenden Belebung der Wirtschaft hielt Schacht es für angezeigt, die Arbeitsbeschaffungsmaßnahmen einzuschränken. Sie waren seiner Auffassung nach nicht mehr im erreichten Umfang für eine Stützung der Wirtschaft erforderlich, während sie zu einer Erhöhung der Haushaltsdefizite und Staatsverschuldung führen konnten, von denen, wenn diese Entwicklung länger anhielt, bedenkliche Folgen für die Währungsstabilität zu befürchten waren. Deshalb wirkte er dahin, die Bereitstellung von Mitteln für Arbeitsbeschaffungsmaßnahmen einzuschränken. Er konnte dies allerdings nur im zivilen Bereich durchsetzen. Auch hier stieg der Gesamtumfang der öffentlichen Investitionen zwar 1935 und in den folgenden Jahren noch weiter. Das war im Zuge einer wachsenden Wirtschaft auch notwendig, zumal angelaufene Projekte, wie vor allem der Bau der Autobahnen, weiter fortgeführt wurden. Es wurden aber keine neuen Vorhaben zum Zweck der Arbeitsbeschaffung eingeleitet, und Schacht drängte darauf, daß der Umfang der ausstehenden Kredite durch Zahlung fällig werdender Beträge verringert wurde. Ende des Haushaltsjahres 1934, das heißt am 31. März 1935, betrug die Arbeitsbeschaffungsschuld 2,7 Milliarden RM; am 31. März 1936 war sie bereits auf 2 Milliarden zurückgeführt, und am 31. März 1939 war sie mit einem Restbetrag von 2 Millionen RM praktisch getilgt.

Dagegen gelang es Schacht nicht, das Steigen der Ausgaben für die Rüstung aufzuhalten. Sie wuchsen im Haushaltsjahr 1934 bereits auf 3,5, dann 1935 auf 5,2 und in den folgenden Jahren noch stärker auf schließlich 15,5 Milliarden RM 1938. Für die Finanzierung eines Teiles der Rüstungsausgaben hatte Schacht, beginnend im Jahre 1934, die Mefo-Wechsel eingesetzt. Mefo ist die Abkürzung des Namens der Metallurgischen Forschungsgesellschaft mbH, die 1933 von fünf auf die Herstellung von Rüstungsmaterial ausgerichteten Unternehmen mit einem Kapital von einer Million RM gegründet worden war. Die Mefo-Wechsel wurden in gleicher Weise wie die Oeffa- und andere Arbeitsbeschaffungswechsel behandelt.

Aber während Schacht niemals einen Vorwurf wegen der Verwendung von Oeffa-Wechseln erhalten hatte, brachten ihm die Mefo-Wechsel die härtesten Vorwürfe ein. Dabei wurde ihm keineswegs nur vorgehalten – was verständlich wäre –, daß er hiermit zur Finanzierung der Rüstung beigetragen hat, sondern es wurde diese Finanzierungsmethode an sich als verwerflich und volkswirtschaftlich falsch hingestellt. Doch das Steigen der Rüstungsausgaben wäre auch ohne den Einsatz der Mefo-Wechsel – mit denen auch nur wenig mehr als ein Drittel der Rüstungsaufwendungen finanziert wurde – nicht aufzuhalten gewesen. Schacht hatte sogar das Instrument der Wechsel benutzt, um bremsend auf die Rüstung einzuwirken, indem er ständig auf ihre Einlösung aus dem Haushalt des Reichsfinanzministeriums drängte. Er hat damit allerdings nicht viel erreicht, da dann anstelle der Wechselkredite Reichsschatzanweisungen für die Bezahlung der Rüstungsaufträge verwendet wurden.

Die Arbeitslosigkeit verminderte sich, wie Schacht es angenommen hatte, auch nach der Einschränkung der Arbeitsbeschaffungsmaßnahmen im zivilen Bereich schnell weiter. Dabei hat sicherlich die verstärkte Rüstung in einem erheblichen Ausmaß mitgespielt. Im August

1935 war die Zahl der Arbeitslosen auf 1,7 und im August 1936 auf 1,1 Millionen gesunken. Sie fiel danach noch weiter auf schließlich nur noch 156 000 im September und 164 000 im Oktober 1938. Schon im Jahre 1936 war die deutsche Wirtschaft einer »Vollbeschäftigung« nahe gekommen. In vielen Wirtschaftszweigen machte sich bereits ein starker Mangel an Facharbeitern geltend, und die noch gemeldeten Arbeitslosen bestanden zum größten Teil aus nicht voll einsatzfähigen Arbeitern und Angestellten, die von den Betrieben meist erst unter Bedingungen der »Überbeschäftigung«, das heißt bei einem starken Mangel an geeigneten Kräften, eingestellt werden.

Mit der Annäherung an die Vollbeschäftigung wuchsen für die deutsche Wirtschaft neue Gefahren heran. Gleichzeitig mit der Überwindung der Arbeitslosigkeit waren auch die Kapazitäten der Betriebe voll ausgelastet. Durch neue Investitionen wurden sie zwar laufend vergrößert, aber nicht in dem Ausmaß, in dem die Aufträge – vor allem infolge der verstärkten Rüstung – zunahmen. Überdies verknappten sich infolge der schwierigen Außenhandelssituation die Rohstoffe. Jedes weitere Steigen der Nachfrage drohte jetzt die Preise in die Höhe zu treiben.

Diesen Auftrieb hätte Schacht schwerlich allein mit kreditpolitischen Maßnahmen auf die Dauer aufhalten können. Die nationalsozialistische Wirtschaftspolitik der Lohn- und Preiskontrollen hemmte zunächst den Preisauftrieb. Am 1. Mai 1933 waren die Gewerkschaften aufgelöst worden. Die Arbeitgeberverbände beschlossen darauf auch ihre Auflösung. Am 10. Mai 1933 erfolgte die Gründung der Deutschen Arbeitsfront als »Organisation aller Schaffenden Deutschen der Stirn und der Faust«, in der Arbeitgeber und Arbeitnehmer zusammenzuwirken hatten. In einer Verordnung des Reichskanzlers vom 24. Oktober 1933 wurden die Ziele und Aufgaben der Arbeitsfront genauer umrissen, und das Gesetz zur Ordnung der nationalen Arbeit vom 20. Januar 1934 brachte genaue Bestimmungen zur Regelung arbeitsrechtlicher Verhältnisse und der Löhne und Gehälter. Das Streikrecht wurde abgeschafft, und an die Stelle der Tarifverträge traten Tarifordnungen, die von den Treuhändern der Arbeit erlassen wurden.

Das brachte einen Stopp für Tariferhöhungen. Die Lohn- und Gehaltstarife wurden 1933 bis 1937, von einigen wenigen Ausnahmen abgesehen, unverändert gehalten und danach nur unbedeutend angehoben. Das bedeutete jedoch, wie die vom Reichsamt für Statistik verzeichneten Lohnerhebungen zeigen, keineswegs einen Stopp der Lohn- und Gehaltsentwicklung. Die Wochenverdienste der Arbeiter gingen durch Verminderung von Arbeitszeitkürzungen und bald einsetzende Überstunden schon 1933 erheblich in die Höhe. Seit 1936 stiegen auch durch Zuschläge verschiedener Art die Stundenverdienste. Mit der Zunahme der Zahl der Beschäftigten wuchsen noch schneller die Lohnsummen. Solange auch das Angebot von Gütern entsprechend stieg, hatte dies keine nachteilige Auswirkung auf die Preisentwicklung. Nachdem aber seit 1936 die Rüstung stärker forciert wurde, und sich dementsprechend die Produktion ziviler Güter nicht mehr so stark vergrößern konnte, blieb das Warenangebot hinter der Nachfrage zurück.

Auswirkungen auf die Preise wurden zunächst durch »freiwillige« Übereinkommen der Unternehmer – als kennzeichnend für das Verhalten der Wirtschaft in vielen Bereichen sprach man damals vom »freiwilligen Zwang« –, bald aber auch durch staatliche Anordnungen aufgehalten. Als Gegenstück zum Lohnstopp wurde ein »Dividendenstopp« für Kapitalgesellschaften angeordnet, der die Ausschüttung von Gewinnen begrenzte. Alle solche Maßnahmen zum Aufhalten eines Preisanstieges bewegten sich, so bedenklich das Anwachsen der Reglementierungen auch war, bis Anfang des Jahres 1938 in einem Rahmen, der noch keine sehr bedrohlichen Entwicklungen hervortreten ließ. Im Verlauf des Jahres 1938 setzten aber tiefgreifende Veränderungen ein. Der Anschluß Österreichs im März und die Sudetenkrise im September 1938 waren mit Truppenbewegungen und anderen militärischen Aktionen verbunden, die erhebliche Kosten verursachten; der Bau des »Westwalls« brachte neue hohe Aufwendungen, während zugleich die Rüstung des Heeres, der Marine und der Luftwaffe – die besonders kostspielig war – noch mehr als bis dahin beschleunigt wurde. Die Vergrößerung der Truppenstärke und die Erweiterung des Arbeitsdienstes verhinderten zudem, daß die Anzahl der in der Industrie Beschäftigten in dem Ausmaß erhöht werden konnte, das notwendig war, um die Produktion entsprechend den Anforderungen für die zivile Wirtschaft und die Rüstung steigern zu können. An die Stelle der Probleme der Arbeitslosigkeit waren jetzt die Schwierigkeiten des Mangels an Arbeitskräften getreten.

Jetzt veränderte sich auch die Finanzlage. Während bis zum Frühjahr 1938 dank des Wachsens der Produktion und der Umsätze im zivilen Bereich die Steuereinkünfte so stark stiegen, daß mit ihnen ein erheblicher Teil der Arbeitsbeschaffungs- und Rüstungsaufwendungen bestritten – und zur Vorfinanzierung ausgestellte Wechsel zurückgezahlt – werden konnten, schnellten jetzt infolge der erhöhten Aufwendungen die Fehlbeträge im Staatshaushalt in die Höhe. Die Schulden des Reichs, deren Zunahme bis dahin in Grenzen gehalten wurde, stiegen von April bis Dezember um 6,2 Milliarden RM. Das mußte die Stabilität der Währung in Gefahr bringen, auch wenn mit Preiskontrollen und einem Zwang zur Annahme und Stillegung von staatlichen Kreditpapieren – wie es nach Schachts Entlassung vom Amt des Reichsbankpräsidenten unter dem »Neuen Finanzplan« gehandhabt wurde – das offene Hervortreten der Inflationspolitik verhindert wurde. Schacht war nicht bereit, diese Politik zu betreiben oder sie mit seinem Namen zu decken.

Schachts Gegner haben oft behauptet, er habe die Arbeitslosigkeit nur oder zur Hauptsache durch die Finanzierung der Rüstung beseitigt. Diese Behauptung ist jedoch grundfalsch. Sicherlich hat die Rüstung eine erhebliche Zahl von Arbeitskräften in Anspruch genommen. Die Wende auf dem Arbeitsmarkt wurde jedoch erreicht, als die Rüstungsaufträge und die Vergrößerung der Truppenstärke nur bescheidene Umfänge hatten. In dieser Zeit wies die Zunahme der privaten Investitionen ein beachtliches Ausmaß auf, das ein weiteres Steigen der Beschäftigung sicherte. Aller Wahrscheinlichkeit nach hätten sich in den Jahren nach 1935 die Investitionen im zivilen Bereich erheblich günstiger entwickeln können, als es geschah, wenn die hohe Inanspruchnahme der Wirtschaft für militärische Zwecke ausgeblieben wäre. Die Abnahme der Zahl der Arbeitslosen wäre dann vielleicht nicht ganz so schnell erfolgt; aber dafür hätte es dann auch nicht zu den Engpässen zu kommen brauchen, die 1938 hervortraten.

Andere Gegner Schachts haben eine entgegengesetzte Auffassung vertreten und gemeint, daß auch ohne sein Wirken die Arbeitslosigkeit ihr Ende gefunden hätte. Sie meinen, daß sich bereits an der Jahreswende 1932/33 ein Umschwung angebahnt hatte. Die Arbeitslosigkeit stieg zwar bis zum Februar 1933 weiter an. Die Steigerungsrate hatte sich aber in den letzten Monaten erheblich abgeschwächt. Im Januar und Februar lag die Zahl der gemeldeten Arbeitslosen sogar schon etwas – um 18 000 und 127 000 – niedriger als in den entsprechenden Monaten des Vorjahres. Auch der Index der Produktion von Investitionsgütern zeigte Anfang 1933 eine leichte Zunahme. Demgegenüber war die Zahl der Beschäftigten in den beiden ersten Monaten des Jahres 1933 aber noch erheblich niedriger als im Januar und Februar 1932, und der Index der Produktion von Verbrauchsgütern war weiter rückläufig. Weder die Statistik noch andere Berichte lassen eindeutig erkennen, welche Entwicklung die Arbeitslosigkeit und die Produktion ohne die Einleitung von Arbeitsbeschaffungsmaßnahmen 1933 genommen hätten. Möglicherweise, man kann auch sagen, wahrscheinlich wäre die Arbeitslosigkeit nicht mehr weiter gestiegen. Nur ist es wenig wahrscheinlich, daß die Wirtschaft sich ohne wirksame neue Impulse so schnell aus der Erstarrung gelöst hätte und die Beschäftigung so schnell zugenommen hätte, wie es geschah.

Zutreffend sind die Hinweise darauf, daß die Wende zu einer neuen Wirtschaftspolitik mit der Bereitschaft, zur Belebung der Wirtschaft staatliche Ausgaben unter Hinnahme von Haushaltsdefiziten einzusetzen, nicht erst von Schacht, sondern schon unter Papen herbeigeführt worden war. Schacht hat auch niemals behauptet, er habe die von ihm angewandte Methode der Finanzierung der Arbeitsbeschaffung selbst erdacht. Er kannte ja viele andere Arbeitsbeschaffungsprogramme, in denen ähnliche Maßnahmen, wie er sie durchführte, vorgeschlagen waren, und er hat auch darauf hingewiesen, daß Roosevelt mit seinem »New Deal«, den er im März 1933 verkündete, eine ähnliche Politik betrieben hat. Nur war Schacht stolz auf den Erfolg, den er mit seinem Vorgehen gehabt hat.

Mehrere Nationalökonomen haben sich mit der Frage beschäftigt, wieweit Schachts Arbeitsbeschaffungspolitik mit der Theorie von Keynes in Übereinstimmung steht, ob sie »keynesianisch« gewesen ist. Ihre Antworten sind keineswegs übereinstimmend ausgefallen. Im deutschsprachigen Schrifttum geht der Schweizer René Erbe in seiner Arbeit »Die nationalsozialistische Wirtschaftspolitik 1933-1939 im Lichte moderner Theorie« dieser Frage nach und verneint sie. Denn seiner Auffassung nach ist die nationalsozialistische Zielsetzung mit ihrer Rüstungspolitik eine andere gewesen als die keynesianische. Er glaubt, daß auch in der Methode, bei aller Ähnlichkeit, Verschiedenheiten bestanden. Denn »die Natur des Schachtschen ›deficit spending‹ (kann) nur verstanden werden, wenn man nicht nur die – zugegebenermaßen gewaltige – Höhe des Budgetdefizits sieht, sondern auch jene Vielzahl von Maßnahmen, welche darauf angelegt waren, die expansiven Maßnahmen dieses Budgetdefizit soweit als möglich zu dämpfen. Bei dieser Betrachtungsweise bleibt von der Ähnlichkeit der Methode – sei es nun hinsichtlich des ›deficit spending‹ oder hinsichtlich der direkten Kontrollen – nicht mehr viel übrig.«

Mit dieser Feststellung hat Erbe, wenn auch anders als er selbst meinte, durchaus recht. Schacht war kein »Keynesianer«. Selbst Keynes war es nicht; dafür war er zulange praktisch in die Wirtschaftspolitik eingespannt gewesen. In seiner »Allgemeinen Theorie« hat er auch gesagt – was von seinen Anhängern jedoch wenig beachtet worden ist – daß er mit seiner Analyse »keine Maschine oder blind anwendbare Methode, die unfehlbare Antworten liefert«, sondern eine »Methode zum Überlegen bestimmter Probleme« gegeben hat. Schacht, der in

200

großem Stil die Politik des »deficit spending« durchgeführt hat, bevor Keynes die Zweckmäßigkeit eines solchen Vorgehens für Nationalökonomen theoretisch begründete, war auch den Keynesianern in einer wichtigen Erkenntnis voraus, und zwar gerade mit dem von Erbe angeführten Bemühen, »die expansiven Maßnahmen dieses Budgetdefizits soweit als möglich zu dämpfen«. Er war sich von vornherein darüber im klaren, daß mit Budgetdefiziten nicht auf die Dauer gearbeitet werden konnte, ohne daß ihre inflatorische Wirkung hervortrat, während sie dann auch nicht mehr zur erhöhten Beschäftigung beitragen.

Bei der Finanzierung der Arbeitsbeschaffung und Rüstung hat Schacht, wie er es in einer Rede vor dem Wirtschaftsrat der Deutschen Akademie in Berlin 1938 dargelegt hat, entscheidenden Wert darauf gelegt, »den Ablauf der Kreditausweitung zu kontrollieren, ein Auseinanderklaffen zwischen Geld und Güterseite zu verhindern und überschüssige Gelder in Rüstungsanleihen festzulegen«. Er hat darauf hingewirkt, daß zu den Finanzierungsmitteln, die von der Reichsbank vorgeschossen wurden, möglichst bald erhebliche Mittel des Geldmarktes herangezogen wurden und eine übermäßige Liquidität des Geldmarktes durch Anleihen abgeschöpft wurde.

Daß es mit der Bereitstellung zusätzlicher Kredite allein nicht getan ist, um Vollbeschäftigung zu erreichen und zu sichern, sahen manche Keynesianer erst an der Wende der sechziger zu den siebziger Jahren – und manche erfaßten es auch dann noch nicht –, als mit der »Stagflation«, der Inflation bei wirtschaftlicher Stagnation und zunehmender Arbeitslosigkeit, die sich dann ausbreitete, das »deficit spending« nur die Preise weiter in die Höhe trieb, aber nicht zu einer Verbesserung, sondern nur zur Verschlechterung der Beschäftigung führte. Ungefähr zur selben Zeit wiesen Nationalökonomen der »nach keynesianischen« Schulen – James Tobin, Don Patinkin und andere – darauf hin, welche Bedeutung im Zusammenhang mit Notenbankkrediten der Geld- und Kapitalmarktpolitik zukommt, wie es Schacht von vornherein gesehen und bei seinem Vorgehen beachtet hatte.

Durch Devisennot zum Neuen Plan

Als Schacht die Leitung der Reichsbank wieder übernahm, befand sich Deutschland in einer schwierigen Devisensituation, die sich noch weiter zu verschlechtern drohte. Zwar war die Belastung durch die Reparationszahlungen bis auf die Bedienung der Dawes- und Younganleihen geschwunden. Aber auch diese stellte mit Jahresleistungen im Betrage von 738 Millionen RM eine sehr hohe Anforderung dar, wenn man bedenkt, daß die deutsche Ausfuhr sich 1933 auf 4,81 Milliarden RM stellte. Zu befürchten war – und diese Befürchtungen bewahrheiteten sich auch –, daß die Exporte noch weiter schrumpfen würden. Denn der Rückgang des Welthandels, der 1929 eingesetzt hatte, hielt weiter an. Alle Länder erschwerten zum Schutze ihrer heimischen Industrie die Einfuhr ausländischer Waren immer stärker, so daß es für die deutsche Ausfuhrindustrie überaus schwierig wurde, für ihre Waren Absatz zu finden.

Die Verstärkung des Wettbewerbs im Welthandel hatte für die deutschen Exporteure noch eine zusätzliche Verschärfung erfahren, als Großbritannien am 21. September 1931 die Goldeinlösungspflicht für das Pfund aufhob und den Kurs seiner Währung sinken ließ. Es verschaffte damit seiner Ausfuhrindustrie einen Preisvorteil, den sie im Konkurrenzkampf gegenüber den Wettbewerbern aus anderen Ländern weidlich ausnutzte. Eine Reihe von Ländern, vor allem Mitgliederstaaten des Britischen Commonwealth und Länder, für die, wie zum Beispiel für die skandinavischen Staaten, Großbritannien der wichtigste Handelspartner war, folgten dem britischen Vorgehen; sie lösten gleichfalls ihre Währungen vom Goldstandard und ließen die Kurse meist parallel zum Kurs des englischen Pfundes sinken.

Für Deutschland verbot sich eine solche Politik vor allem deshalb, weil seine Reparationsverpflichtungen – mit Jahresleistungen, die auf mehr als zwei Milliarden RM im Jahr steigen sollten – in Goldmark festgelegt waren. Außerdem war ein erheblicher Teil der privaten

Auslandskredite von amerikanischen Banken in Dollarwährung gegeben. Eine Abwertung der Reichsmark hätte, in dieser Währung gerechnet, eine Erhöhung der Schuldenverpflichtungen gebracht, die völlig untragbar gewesen wäre. Andererseits brachte die Abwertung des Pfundes eine Erleichterung der Schuldenverpflichtungen in dieser Währung, die überaus willkommen war. Luther, der damals Reichsbankpräsident war, und die Reichsregierung haben deshalb überhaupt nicht erwogen, ob es vielleicht im Interesse der deutschen Ausfuhr zweckmäßig sein könnte, die Reichsmark ebenso oder ähnlich wie das Pfund abzuwerten.

Ernsthaft stellte sich die Frage einer Reichsmarkabwertung für Schacht, als am 19. April 1933 die Vereinigten Staaten die Goldeinlösungspflicht aufhoben und den Kurs des Dollar sinken ließen. Die Vereinigten Staaten hatten sich zu diesem Schritt entschlossen, nachdem im Februar 1933 eine Welle von Bankzusammenbrüchen – diesmal nicht wie die Börsen- und Bankenkrise im Herbst 1929 von New York, sondern nun vom Mittleren Westen ausgehend – durch das Land gelaufen war. Der Kurs des englischen Pfundes war gegenüber der Parität vor der Aufhebung der Goldeinlösungspflicht bis 1933, im Jahresdurchschnitt, um 32 Prozent und bis 1934 auf einem neuen Kurs stabilisiert, der um 41 Prozent unter seiner alten Parität lag.

Viele Nationalökonomen haben – später, als man wußte, wie die Dinge sich entwickelt hatten – die Ansicht vertreten, daß es besser gewesen wäre, wenn Schacht bei der Abwertung des Dollar diesem Schritt mit einer entsprechenden Abwertung der Reichsmark gefolgt wäre. Denn die Verschiebung des Kursverhältnisses zwischen dem Dollar und der Reichsmark brachte ja eine ähnliche Verschlechterung der Konkurrenzverhältnisse für die deutschen Exporteure mit sich wie dreieinhalb Jahre zuvor die Abwertung des englischen Pfundes. Nach dieser Auffassung hätte nicht nur die neue Verschlechterung vermieden, sondern auch die voraufgegangene gegenüber dem Pfund wieder ausgeglichen werden können.

Schacht, der diese Argumentation wohl kannte, hielt trotzdem eine Abwertung der Reichsmark für falsch, und zwar aus zwei Gründen. Einmal glaubte er nicht, daß die Preisvorteile, soweit sie die Abwertung mit sich bringen würden, tatsächlich zu einer Steigerung der Ausfuhr führen würden. Denn das Haupthindernis für einen größeren Absatz deutscher Waren im Auslande waren nicht die mangelnde Wettbewerbsfähigkeit der deutschen Ausfuhrindustrie, sondern vielmehr die wachsenden Handelsschranken, die überall in der Welt von den Staaten errichtet wurden und unter ihnen die mengenmäßigen

Beschränkungen der Einfuhr, die Kontingentierungen, die immer stärker angewandt wurden. Demgegenüber fiel der Preiswettbewerb weniger und weniger ins Gewicht. Zum anderen – und diese Erwägung war für Schachts Entscheidung gegen eine Abwertung ausschlaggebend – war zu befürchten, daß von einer Abwertung der Reichsmark inflatorische Wirkungen ausgehen würden. Dies war weniger aus den sachlichen Folgen einer solchen Maßnahme, als vielmehr aus psychologischen Gründen zu befürchten. Eine Abwertung der Reichsmark hätte, so wie die Wirtschaftslage damals war, die Einfuhr etwas, wenn auch nur in beschränktem Ausmaß verteuert. Dieses Ausmaß wäre um so geringer gewesen, als zu jener Zeit die Preise auf den Weltmärkten sich noch rückläufig entwickelten. Daraus allein hätten sich kaum inflatorische Preissteigerungen entwickeln können.

Doch die große Inflation lag noch keine zehn Jahre zurück. Im letzten Jahr ihres Ablaufes bestimmte die Entwicklung der Devisenkurse weitgehend die Preisbewegung in Deutschland. Jede Kurssteigerung des Dollar löste, gleichgültig wie die Entwicklung der Geldmenge, der Kosten oder der Staatsverschuldung – oder welche Faktoren man sonst noch als bestimmend für die Gestaltung der Preise ansehen konnte – war, sogleich entsprechende Preiserhöhungen aus. Nun waren die Verhältnisse 1933 im Inlande wie auf den internationalen Devisenmärkten völlig anders als im Jahre 1923 und in den voraufgegangenen Inflationsjahren. Wenn allein die sachlich vorliegenden Bedingungen bei einer Änderung des Wertverhältnisses der Reichsmark zum Golde und anderen Währungen zu bedenken gewesen wären, dann hätte eine Abwertung der Reichsmark im Gefolge der Dollarabwertung in Erwägung gezogen werden können. Aber nun war zu befürchten, daß schon bei einem kleinen Anstoß der Preise eine starke Bewegung nach oben ausgelöst würde. Denn im Geld- und Kreditwesen spielen psychologische Faktoren eine wichtige, zeitweilig stärkere Rolle als die sachlichen Umstände. Eine einmal aus psychologischen Ursachen einsetzende Preisbewegung, kann sehr schnell auch Tatbestände schaffen, die dann von sich aus weiterwirken. Angesichts der noch frischen und sehr bösen Erinnerung an die große Inflation kam für Schacht ein Abgehen vom geltenden Goldwert der Reichsmark nicht in Frage, so sehr auch andere Argumente dafür sprachen.

Nachdem Schacht die ersten Entscheidungen für die Finanzierung der Arbeitsbeschaffungsmaßnahmen getroffen hatte, mußte er zur Weltwirtschaftskonferenz nach London fahren, um dort der deutschen Delegation als Sachverständiger zur Seite zu stehen. Ihre Einberufung war im Juli 1932 auf der Konferenz von Lausanne beschlossen worden, die den Schlußstrich unter die Reparationsregelung gebracht hatte, ihren Teilnehmern aber angesichts der anhaltenden weltwirtschaftlichen Depression nach der Krise des Jahres 1931 es angezeigt sein ließ, in einer weiteren Konferenz über die »monetären und wirtschaftlichen Probleme« zu beraten. Ein Ausschuß für die Vorbereitungen der Weltwirtschaftskonferenz wurde vom Völkerbund eingesetzt. Sechs Monate arbeitete er an der Aufstellung einer Tagesordnung, die von der Arbeitslosigkeit über Absatzschwierigkeiten für Agrarprodukte und andere Rohstoffe, Schrumpfung des Welthandels, Preisrückgänge und Störungen im Währungssystem bis zum Wachsen der Handelsbarrieren die schwierigen Aufgaben umfaßte, vor denen sich die Regierungen aller Länder zu jener Zeit gestellt sahen.

Am 12. Juni 1933 wurde die Weltwirtschaftskonferenz in London feierlich von König Georg V. eröffnet. Er rief die Teilnehmer auf, »zusammen zu arbeiten zum Wohle der ganzen Welt« und forderte »ein neues Bewußtsein des gemeinsamen Interesses im Dienste der Menschheit«. Der britische Premierminister J. Ramsay Macdonald sagte in seiner theatralisch vorgetragenen Begrüßungsansprache: »Das Schicksal von Generationen kann abhängen von unserem Mut, unserer Aufrichtigkeit, dem Weitblick, den wir zu beweisen haben. ... Wir dürfen nicht versagen.« Doch die Konferenz versagte kläglich. Sie stand von Anbeginn unter einem ungünstigen Stern. Die wenige Wochen vorher erfolgte Abwertung des Dollar wurde als eine handelspolitische Kampfmaßnahme der Vereinigten Staaten zur Erlangung von Vorteilen für ihre Exporteure auf Kosten anderer Länder gewertet. Frankreich, dessen Vertreter auf der Konferenz die währungspolitischen Maßnahmen Großbritanniens und der Vereinigten Staaten scharf attackierten, errichtete gleichzeitig neue Importbarrieren. Der Führer der Delegation der Sowjetunion, die wenig Beiträge für die Beratungen lieferte, stellte zutreffend fest, daß die Konferenz »tief durchdrungen von einer Grundeinstellung« war, der Grundeinstellung zur Vertagung. Und so vertagte sie sich nach gut vier Wochen auf einen unbestimmten Termin.

Schacht hatte für die deutsche Delegation die Schlußrede zu halten. Sie gipfelte in den Worten:

»Nach dem Scheitern einer internationalen Einigung wird es jetzt nötig sein, daß jedes Land zunächst in seiner Wirtschaft Ordnung schafft. Wenn dies geschehen ist, wird eine neue Weltwirtschaftskonferenz vielleicht eher Chancen haben.«

Soweit Schacht noch Hoffnungen auf einen Abbau der weltweiten Handelsbeschränkungen und Kampfmaßnahmen gehabt haben sollte, mußte er sie nach dem Scheitern der Konferenz endgültig aufgeben und seine Politik auf einen Fortbestand und sogar auf eine Verschlimmerung der Reglementierungen im internationalen Wirtschaftsverkehr einstellen. So gern er nach einem freieren Außenhandel und Zahlungsverkehr gestrebt hätte, unter dem Zwang der Verhältnisse mußte er mit Beschränkungen und Kontrollen arbeiten und sie sogar verstärken und verschärfen, da der fortgesetzte Rückgang der Ausfuhr bei steigendem Bedarf an Einfuhrgütern die Devisenlage immer schwieriger machte.

In der Reichsregierung hatte es infolge des unglücklichen Auftretens Hugenbergs auf der Londoner Konferenz und seines Austritts aus dem Kabinett zwei wichtige Neubesetzungen gegeben. Auf seinem Posten als Reichsminister für Ernährung und Landwirtschaft und Preußischer Minister für Landwirtschaft, Domänen und Forsten folgte ihm am 29. Juni 1933 Walter Darré, als Reichswirtschaftsminister und Preußischer Minister für Wirtschaft und Arbeit Dr. Kurt Schmitt.

Darré, Diplomkolonial- und Diplomlandwirt, ein sachkundiger Agrarbetriebswirt mit Auslandserfahrung, war ein überzeugter Nationalsozialist, der der arischen Rasse und dem Bauerntum einen besonderen Wert zumaß. Die Verstädterung des deutschen Volkes sah er als eine große Gefahr an. Aus seinen Schriften entnahmen die Nationalsozialisten das Schlagwort »Blut und Boden«. Seit 1930 war er agrarpolitischer Berater Hitlers und seit 1931 Leiter des Rassen- und Siedlungsamtes der SS. Als Landwirtschaftsminister verfolgte er eine Politik, die zur Erreichung der »Selbstversorgung«, der »Autarkie«, einseitig auf eine Erhöhung der Produktion ohne Rücksicht auf die Kosten ausgerichtet war. Die Gründung des Reichsnährstandes als der berufsständischen Organisation der Landwirtschaft im September 1933 ging weitgehend auf seine Initiative zurück, ebenso das Reichserbhofgesetz. Im Januar 1934 ernannte ihn Hitler zum Reichsbauernführer. Später, im Jahre 1942, brach er mit Hitler, weil er dessen Kriegspolitik verurteilte, und wurde aus allen Ämtern entlassen.

Schmitt, von Haus aus Jurist, war ein hervorragender Wirtschaftsfachmann. Seit 1921 stand er an der Spitze des Allianz-Konzerns, der sich unter seiner Leitung von einer mittleren Versicherungsgesellschaft zum führenden deutschen Unternehmen dieses Wirtschaftszweiges mit Weltgeltung entwickelte. Er war in vielen Organisationen der Wirtschaft tätig und gehörte seit 1928 dem Reichswirtschaftsrat an. Durch den Keppler-Kreis hatte er Verbindung zur Partei, und eine Empfehlung Kepplers hat bei seiner Ernennung zum Minister wohl mitgewirkt.

Mit dem Ausscheiden Hugenbergs aus dem Reichswirtschaftsministeriums ging auch der von ihm ernannte Staatssekretär Oberfinanzrat Dr. Paul Bang. Jetzt rückte Gottfried Feder als Staatssekretär ins Ministerium ein. Da man bezweifelte, daß er die für dieses Amt erforderlichen Fähigkeiten besaß, wurde ein zweiter Staatssekretär ernannt. Die Wahl fiel auf Dr. Hans Ernst Posse, der aus dem preußischen Verwaltungsdienst stammte, als Ministerialrat im Reichswirtschaftsministerium seine Eignung bewiesen und in Verhandlungen auf internationaler Ebene hohes Ansehen erworben hatte.

Durch Feders Ernennung kam es zu Spannungen und Reibungen im Ministerium. Der nationalsozialistische Staatssekretär nahm Anstoß daran, daß viele Beamte nicht der Partei angehörten und daß jüdische »Mischlinge« und »jüdisch-versippte« Beamte – die nach den Bestimmungen des Gesetzes über die Wiederherstellung der Berufsbeamtentums mit seinen »Arier«-Paragraphen ihre Stellungen behalten sollten, vor allem wenn es sich um Teilnehmer oder gar Kriegsverletzte des Ersten Weltkrieges handelte – nicht entlassen wurden. Er forderte die Einstellung von Parteigenossen in das Ministerium. Die gleiche Forderung brachte die Auslandsorganisation der NSDAP vor für die Besetzung von Beamtenstellungen in der Außenhandelsabteilung, und das Propagandaministerium verlangte, daß an allen mit Informationsaufgaben befaßten Stellen seine Vertrauensmänner eingesetzt werden sollten. Einige der von den Parteistellen vorgeschlagenen Männer waren geeignete Fachkräfte mit juristischen und Wirtschaftskenntnissen und auch mit Erfahrung im Verwaltungsdienst. Andere aber, deren Einstellung die Auslandsorganisation und das Propagandaministerium durchsetzte, hatten keinerlei geeignete Ausbildung oder Kenntnisse, sondern erhielten ihr Amt lediglich wegen ihrer Verdienste um Partei und Bewegung, und weil die Partei sie als ihre Vertrauensleute im Ministerium tätig haben wollte.

In Feders Vorzimmer befand sich ständig eine Wache von SA-Männern. Das veranlaßte die SS, die Schmitt bei seiner Ernennung in ihre Reihen aufgenommen und ihm einen Offiziersrang verliehen hatte, in seinem Vorzimmer eine SS-Wache in Bereitschaft zu halten. Neben den Spannungen im Personalbereich kam es zu Auseinandersetzungen in Sachfragen, in denen Schmitt, unterstützt von Staatssekretär Posse, um wirtschaftlich vernünftige Lösungen bemüht war, sich aber mit Vorschlägen und Forderungen auseinanderzusetzen hatte, die Feder und anderen Parteileute vorbrachten. Diesem ständigen Kampf war die Gesundheit Schmitts nicht gewachsen. Auf einer Sitzung am 28. Juni 1934 brach er mit einer Kreislaufstörung zusammen. Danach sah er sich nicht mehr in der Lage, das Ministeramt wieder auszuüben. Auf Anraten seines Arztes und Drängen seiner Frau teilte er Mitte Juli Hitler mit, daß er aus der Reichsregierung ausscheiden müsse. Bis zur Wiederherstellung seiner Gesundheit blieb er formal Minister und Kabinettsmitglied. Zum 30. Januar 1934 wurde seine Entlassung ausgesprochen.

Inzwischen wurde Schacht kommissarisch »mit der Führung der Geschäfte des Reichswirtschaftsministeriums« betraut. Er übernahm dieses Amt am 30. Juli 1934. Nach dem 30. Januar 1934, der Entlassung Schmitts, wäre seine Ernennung zum Reichswirtschaftsminister möglich gewesen. Doch Schacht, der auf Formalitäten nie besonderen Wert legte, drängte nicht auf diese Ernennung, zumal ihm die Trennung zwischen Ministeramt und dem Amt des Reichsbankpräsidenten auch wichtig erschien, so sehr er andererseits für die damals drängenden Aufgaben eine Übereinstimmung des Vorgehens des Wirtschaftsministeriums und der Reichsbank für notwendig hielt. Daß Hitler Schacht nicht zum Wirtschaftsminister ernannt, sondern lieber in der Stellung des kommissarischen Leiters des Ministeriums beließ, deutet jedoch darauf hin, daß er ihm, entgegen allen Beteuerungen in seinen Unterredungen mit ihm, stets mit einer Reserve gegenüberstand.

Schacht forderte bei der Übernahme des Amtes die sofortige Entlassung Feders aus dem Ministerium. Hitler erklärte sich damit einverstanden. Schacht deutete dies als einen Beweis seiner starken Wertschätzung beim Reichskanzler. Er wußte nichts von einem Vorgang, der sich gerade zu dieser Zeit abgespielt hatte. Rudolf Diels, der Leiter des Preußischen Geheimen Staatspolizeiamtes, hatte bei einer Untersuchung gegen andere Personen durch Zufall Briefe in die Hand bekommen, die Feder an eine ihm befreundete Frau geschrieben hatte. In diesen Briefen hatte Feder darüber geklagt, daß Hitler keine echte nationalsozialistische Wirtschaftspolitik betreiben ließ, und hatte einige despektierliche Bemerkungen über Hitler niedergeschrieben. Hitler war über Feder empört, als Diels ihm diese Briefe vorlegte. Er wollte jedoch nicht – und konnte es zu diesem Zeitpunkt auch nicht, ohne Auseinandersetzungen in der Partei auszulösen, – öffentlich gegen den Verfasser des Programms der NSDAP vorgehen. Es kam ihm deshalb ganz gelegen, daß er mit dem Wechsel an der Spitze des Ministeriums Feder aus seiner Stellung entlassen und in den Hintergrund treten lassen konnte. Er ließ ihm einen Lehrauftrag für Raumforschung, Siedlungs- und Stadtplanung an der Technischen Hochschule Berlin-Charlottenburg geben und den Titel Professor verleihen. Von

weiterem Wirken in der Politik und der Partei war Feder damit ausgeschlossen.

Schacht nahm die Führung des Wirtschaftsministeriums straff in
seine Hände. Zwei seiner engsten Mitarbeiter aus seiner früheren
Reichsbankzeit setzte er als »Generalreferenten« in das Ministerium
ein. Es waren dies einmal Reichsbankrat Rudolf Brinkmann, den er
bei seiner Rückkehr in die Reichsbank zum stellvertretenden Vorstandsmitglied der Golddiskont-Bank bestellt hatte; im Jahre 1937
nahm er Brinkmann, der seine Stellung im Ministerium beibehielt, in
das Direktorium der Reichsbank auf; im Februar 1939 ernannte er ihn
zum Staatssekretär des Reichswirtschaftsministeriums. Als Generalreferenten setzte er ferner Karl Blessing ein, den er als seinen As-
sistenten bei den Verhandlungen auf der Pariser Young-Konferenz,
den beiden Haager Reparationskonferenzen und der Baden-Badener Konferenz schätzen gelernt hatte. Blessing war nach dieser Konferenz als Vertreter der Reichsbank Abteilungsleiter der Bank für
Internationalen Zahlungsausgleich (BIZ) geworden. Im Jahre 1937
berief ihn Schacht ebenso wie Brinkmann ins Direktorium der Reichsbank.

Außer den beiden Generalbevollmächtigten setzte Schacht noch
einige vertraute Mitarbeiter aus der Reichsbank in das Wirtschaftsministerium ein; voran Reichsbankrat Waldemar Ludwig – mit dem
er später nach dem Zweiten Weltkriege noch eng zusammenarbeiten
sollte –, der in der handelspolitischen Abteilung tätig wurde. Die
Reichsbankräte übten auf Schachts Weisung bestimmenden Einfluß aus,
so daß die Beamten des Ministeriums ironisch meinten, das Ministerium
sei nunmehr – nach seinem Sitz in der Behrenstraße – die »Reichs-
banknebenstelle Behrenstraße«. Die enge Aufeinanderabstimmung
der Arbeit des Wirtschaftsministeriums und der Reichsbank hatte zu
dieser Zeit aber seinen guten, fast könnte man sagen, einen zwingenden Grund. Denn die wachsenden Schwierigkeiten der Devisensituation machten ein gleichgerichtetes Vorgehen in allen währungspolitischen und wirtschaftspolitischen Maßnahmen notwendig. Über die
auch sonst bestehenden Verknüpfungen zwischen Währungs- und
Außenhandelspolitik hinaus wurden jetzt auch in den Wechselbezie-
hungen zwischen Binnen- und Außenwirtschaft Regelungen erforderlich, die nur dann ihren Zweck erfüllen konnten, wenn sie nach einheitlichen Gesichtspunkten ausgerichtet waren.

Die Ursache aller Schwierigkeiten lag in den fortdauernden hohen
Fehlbeträgen der deutschen Zahlungsbilanz. Sie war belastet durch
die öffentliche und private Verschuldung Deutschlands, bei der die

Bedienung der Dawes- und Young-Anleihen einen Vorrang hatten. Hinzu kam, daß mit dem Steigen der Produktion und vor allem dem Steigen der Rüstungsproduktion der Bedarf an Einfuhrwaren und zwar sowohl an Lebensmitteln als an Rohstoffen stieg. Mit der Zunahme der Zahl der Beschäftigten wuchs auch der Verbrauch an Nahrungsmitteln; denn der arbeitende Mensch brauchte mehr Kalorien und mehr hochwertige Lebensmittel als der Arbeitslose. Je stärker die Werktätigen in die Arbeit eingespannt wurden, um so mehr erhöhte sich ihr Nahrungsbedarf. Hermann Göring prägte, als dieser Bedarf stark gestiegen war, er die Rüstungsproduktion aber noch mehr forcieren wollte, das Wort: »Kanonen statt Butter«. Doch dieses Wort ließ sich in der Praxis nicht verwirklichen. Mit der Produktion von Kanonen stieg der Verbrauch von Butter in Deutschland wie nie zuvor.

Die deutsche Einfuhr stieg, trotz aller Bemühungen, sie möglichst niedrig zu halten, seit 1933 ständig. Zwar gelang es, mit Hilfe vieler Förderungsmaßnahmen, auch die Ausfuhr zu vergrößern, aber nicht in gleichem Ausmaß, in dem sich die Einfuhr erhöhte. In den Krisen- und Depressionsjahren 1929 bis 1932 hatte die deutsche Handelsbilanz infolge des stärkeren Schrumpfens der Einfuhr Ausfuhrüberschüsse aufgewiesen. 1929 erst einen sehr kleinen von rund 30 Millionen RM, der bis 1931 auf 2,87 Milliarden RM stieg und 1932 noch die beachtliche Höhe von 1,07 Milliarden hatte.

Die Einfuhr stieg von 4,20 Milliarden im Jahre 1933 auf 5,5 Milliarden RM 1937 und 5,4 Milliarden RM 1938. Dadurch verminderte sich der Ausfuhrüberschuß. Er betrug 1933 nur noch 670 Millionen RM. In den Jahren 1935 bis 1937 bewegte er sich zwischen 110 und 550 Millionen; die Jahre 1934 und 1938 brachten sogar Einfuhrüberschüsse von 280 und 430 Millionen RM.

Schacht mußte deshalb die Zins- und Tilgungszahlungen der öffentlichen und privaten Auslandsschulden einschränken und versuchen, die Einfuhr möglichst niedrig zu halten, die Ausfuhr dagegen zu steigern. Dabei entwickelte er ein System, in dem er Schuldenbedienung und Exportförderung miteinander verknüpfte und die Einfuhren begünstigte, die zugleich den Absatz deutscher Waren im Auslande erhöhten. Dieses System – im Auslande »Schachtianismus« genannt – war mit vielfältigen Reglementierungen und Kontrollen verbunden, die Schacht im Grunde zuwider waren. Eine freie Entwicklung des Zahlungs- und Warenverkehrs mit dem Ausland wäre ihm weit lieber gewesen. Er stand bei seinem Vorgehen aber unter einem unausweichlichen Zwang. Die übermäßige Auslandsverschuldung forderte jetzt ihren Tribut. Und die Handelsbarrieren der anderen Länder machten eine Steigerung der Ausfuhr, die sonst einen Ausgleich hätte bringen können, unmöglich.

Eine Besserung der Devisenlage hat Schacht mit allen seinen Künsten nicht erreichen können. Der Gold- und Devisenbestand der Reichsbank, der von einstmals, zur Jahresmitte 1930, von mehr als drei Milliarden RM, bei seiner Rückkehr zur Reichsbank auf weniger als eine Milliarde – 920 Millionen RM – geschrumpft war, betrug am Jahresende 1933 nur noch 395 Millionen RM und verminderte sich ständig weiter auf nur noch 77 Millionen RM am Jahresende 1938, um sich dann bis zum Ende des Zweiten Weltkrieges mit geringfügigen Schwankungen auf diesem Stand zu halten. Doch die Höhe des Devisenbestandes erschien Schacht weniger wichtig als der laufende Ausgleich zwischen den Devisenanforderungen und dem Devisenanfall.

Unmittelbar nach der Übernahme des Amtes des Reichsbankpräsidenten, noch bevor er sich zur Weltwirtschaftskonferenz nach London begab, hatte Schacht mit den ausländischen Gläubigern zu verhandeln gehabt, deren Forderungen seit August 1931 durch Stillhalteabkommen in Deutschland festgelegt waren und sich seitdem von ihrem Umfang von 6,28 Milliarden RM, auf den sie sich zu jenem Zeitpunkt beliefen, nur wenig vermindert hatten. Die Gläubiger mußten Schacht darin zustimmen, daß angesichts des Tiefstandes der deutschen Devisenbestände die Schuldenbedienung nur aus Überschüssen der deutschen Handels- und Dienstleistungsbilanz erfolgen könne und deshalb eine Erhöhung der deutschen Ausfuhr anzustreben sei. Er erreichte, daß sie folgender Regelung zustimmten, die am 1. Juli 1933 in Kraft trat:

die Zinsen und Tilgungsraten der Dawes-Anleihe werden voll transferiert; die Zinsen der Young-Anleihe werden transferiert, die Tilgung dieser Anleihe jedoch gestundet;

ebenso werden die Tilgungen aller anderen Anleihen gestundet;

Die Zinsen dieser Anleihen werden soweit transferiert, wie es die jeweilige Devisenlage zuläßt.

Außerdem wurde anerkannt, daß die deutsche Ausfuhr nach Möglichkeit gefördert werden müsse. In der Folgezeit fanden alle Halbjahre Verhandlungen mit den Stillhaltegläubigern über die Höhe des Transfers statt. Schacht strebte, obwohl nach diesen Vereinbarungen kein Zwang dazu bestand, eine Rückzahlung der Auslandskredite an. Zu diesem Zweck gründete er aufgrund eines Gesetzes vom 9. Juni 1933 über Zahlungsverbindlichkeiten gegenüber dem Ausland die Konversionskasse für deutsche Auslandsschulden. In die Konversionskasse hatten die deutschen Schuldner alle an ausländische Gläubiger fällig werdenden Zins- und Tilgungsbeträge einzuzahlen. Die Gläubiger erhielten, soweit die für sie eingehenden Beträge nicht transferiert werden konnten, Schuldscheine der Konversionskasse, die sogenannten »Skrips«, wie im anglo-amerikanischen Sprachgebrauch unter anderem Gutscheine für ausstehende Zinszahlungen bezeichnet werden.

Die ausländischen Gläubiger konnten für die Skrips Devisen erhalten, wenn sie sie zu 50 Prozent ihres Nennwertes bei der Golddiskontbank einlösten. Die Golddiskontbank wiederum benutzte die 50 Prozent, die sie bei dieser Transaktion gewann, für Zuschüsse, die sie deutschen Exporteuren zur Förderung des Absatzes ihrer Waren im Auslande auszahlte. Für die ausländischen Gläubiger war diese Regelung keineswegs so ungünstig, wie es auf den ersten Blick erscheinen könnte. Denn da in den meisten Fällen ihre Landeswährungen gegenüber der Reichsmark abgewertet waren, die Reichsmark für sie also aufgewertet war, blieb der Betrag, den sie mit den 50 Prozent des Reichsmark-Nennbetrages in Devisen erhielten, nur wenig hinter einem Pari-Betrag in ihrer Landeswährung zurück. Da überdies mit diesem Verfahren der deutsche Export gefördert wurde, trug es dazu bei, daß ein Teil ihrer Forderung zum vollen Reichsmarkbetrag transferiert wurde. Stellt man dies mit in Rechnung, so kommt man zu dem Ergebnis, daß die Auslandsläubiger gar nicht schlecht abschnitten, sondern in der Mehrheit in ihren Landeswährungen die Zahlungen erhalten haben, die ihnen ohne Goldklausel zugestanden hätten. Nachteile erlitten allerdings die Gläubiger aus den Ländern, die nicht vom Goldstandard abgegangen waren.

Nach dem Muster der Skrips wurden in den nächsten Jahren mehrere ähnliche Regelungen getroffen. Ausländer konnten Forderungen verschiedener Art, darunter auch die Bezahlung von Warenlieferungen oder Dienstleistungen, die sonst unter den Devisenrestriktionen nicht zugelassen worden wären, auf Inlandskonten bezahlen lassen, die für die Verwendung zu bestimmten Zwecken freigegeben wurden. So entstanden verschiedene Marksorten, von denen die Aski-Mark (Ausländer-Sonderkonti-Mark), die Registermark und die Reisemark die bekanntesten und am meisten verwendeten waren. Ausländer, die Guthaben in solchen Marksorten hatten, konnten sie im Auslande an andere Ausländer gegen Devisen verkaufen oder gegen andere Marksorten – zum Beispiel Registermark – gegen Reisemark – tauschen. Auf diese Weise bildeten sich im Ausland verschiedene und häufig stark schwankende Kurse für die einzelnen Marksorten heraus.

Auch die Golddiskontbank änderte mehrmals den Kurs für Skrips, und zwar in der Weise, daß sie den Übernahmekurs senkte, wenn sie eine größere Quote für den Transfer in Devisen zum Nennwert freigab, und umgekehrt den Kurs heraufsetzte, wenn sie die Transferquote verringerte.

So unübersichtlich die Vielfalt der Marksorten und so verwirrend ihre Kursgestaltung für Außenseiter erschien und so heftig dieses System kritisiert worden ist, es hat Erfolge gebracht, die kaum für möglich gehalten wurden: bis zum Jahre 1939 wurden die Stillhalteschulden – ohne daß andere neue Auslandsschulden entstanden – bis auf einen Restbetrag von rund 700 Millionen RM getilgt.

Ähnlich der Regelung für die Begleichung der Zahlungsverpflichtungen aus Auslandskrediten über Sonderkonten wurde auch die Vermögensübertragung auswandernder Juden deutscher Staatsangehörigkeit ins Ausland geregelt. Wie alle Auswanderer hatten sie Geldbeträge, die sie ins Ausland transferieren wollten, auf ein Sonderkonto einzuzahlen, dessen Guthaben entsprechend der Aski-Mark für Zahlungen im Inlande verwendet oder mit Kursabschlag transferiert werden konnten. Für die Auswanderung nach Palästina wurden mit jüdischen Organisationen besondere Vereinbarungen in dem sogenannten »Haavara-Abkommen« getroffen. Sie waren notwendig, weil die Juden, die nach Palästina einwandern wollten, im voraus eine Einwanderungsgebühr zu zahlen hatten. Sie konnten sich darüber hinaus dort schon im voraus eine »Heimstätte« gegen entsprechende Zahlung sichern. Für diese Vorauszahlungen mußte ein besonderes Konto geschaffen werden, von dem dann die Transferzahlungen gegen den Bezug von Waren aus Palästina erfolgten. Der Leiter der Reichsdevisenstelle Hans Hartenstein hat im Einvernehmen mit Schacht die Regelungen des Haavara-Abkommens ausgearbeitet. Im August 1933 wurden sie durch einen Devisen-Runderlaß in Kraft gesetzt; sie blieben bis 1939 wirksam.

Die Devisennot wurde durch die Exportförderung mit Hilfe der Verwendung von Ausländer-Sonderkonten nicht gemindert. Denn soweit auf diese Weise zusätzliche Deviseneinkünfte erzielt wurden, dienten sie zum größten Teil der Abgeltung von Forderungen der Ausländer. Sie standen also nicht – oder nur in einem verhältnismäßig geringen Umfang – für die Deckung der steigenden Devisenanforderungen für die Bezahlung der Einfuhr zur Verfügung. Infolgedessen mußte die Devisenbewirtschaftung, die seit dem Sommer 1931 bestand, weiter verschärft werden. Sie sollte ursprünglich nur den Abzug ausländischer Kredite aufhalten und eine Kapitalflucht aus Deutschland verhindern. Sie mußte aber auch gleich für Reisende ins Ausland auf die Mitnahme von Geld – und zwar sowohl von Devisen als auch von inländischer Währung – ausgedehnt werden. Konnte anfangs jeder Reisende noch hundert Mark frei ins Ausland mitnehmen, so wurde dieser Betrag im Lauf der Jahre stärker, 1933 auf 20 RM und später auf nur noch 10 RM, begrenzt.

Für jeden darüber hinausgehenden Betrag war eine Sondergenehmigung einzuholen, die nur erteilt wurde, wenn die Reise aus wirtschaftlichen – Devisen bringenden – oder anderen wichtigen Gründen unbedingt notwendig war. Die Stellen, die diese Genehmigungen zu erteilen hatten, machten sich in Parteikreisen unbeliebt, weil sie auch hohen Parteifunktionären, die ins Ausland reisen wollten, die Reise-Devisen strikt begrenzten oder auch ganz verweigerten, wenn sie keinen zwingenden Grund für ihren Auslandsaufenthalt nachweisen konnten. Die Beamten der Devisenstellen wußten, daß sie mit diesem Verhalten durch Schacht voll gedeckt wurden und Tadel zu erwarten hatten, wenn sie bei der Erteilung von Bewilligungen irgendjemanden, gleichgültig ob er der Partei angehörte oder nicht, begünstigten.

Der Warenverkehr sollte durch die Devisenbewirtschaftung möglichst nicht behindert werden. Die Exporteure waren dem Grundsatz nach verpflichtet, alle Devisen, die sie als Erlös für ihre im Ausland verkauften Waren erhielten, der Reichsbank anzubieten. Sie bekamen aber zunächst sehr leicht die Genehmigung, Teilbeträge zur eigenen Verwendung zu behalten, wenn sie geltend machen konnten, daß sie diese für die weitere Entwicklung ihres Außenhandelsgeschäfts brauchten. Außerdem bekamen Importeure die Genehmigung, Waren aus dem Ausland zu beziehen, wenn sie die Bezahlung durch ein Gegengeschäft mit der Lieferung deutscher Waren erreichten. Solche »Kompensationsgeschäfte« nahmen bald einen erheblichen Umfang an, da auch viele ausländische Importeure durch die Devisenkontrollen ihrer Länder in der gleichen Lage waren wie die deutschen. Auch sie konnten ausländische Waren beziehen, wenn sie ihre Käufe mit der Lieferung von Waren ihres Landes bezahlten. Deshalb waren auch die deutschen Exporteure zunehmend an Kompensationsgeschäften interessiert.

Die großzügige und liberale Politik, um die sich anfänglich die Reichsdevisenstelle bemühte, und die schwere Überschaubarkeit aller Vorgänge bei Kompensationsgeschäften wurden nicht selten mißbraucht und für eine Kapitalflucht ausgenutzt. Manche Exporteure gaben ihre Erlöse falsch an. Sie nannten niedrigere Beträge und benutzten die Differenz zwischen den Erlösen, die sie der Reichsbank angaben, und den wirklichen Erlösen, um sich selbst frei verfügbare Guthaben im Ausland zu verschaffen oder diese Guthaben anderen gegen ein Aufgeld, das sie sich in Reichsmark auszahlen ließen, zu überlassen. Gleiches taten auch manche Importeure, die für eingeführte Waren höhere Preise angaben und sich dementsprechend mehr Devisen, als es bei richtiger Preisangabe der Fall gewesen wäre, zur Bezahlung zuteilen ließen. Auf diese Weise konnten sie sich Guthaben im Auslande anlegen oder die ihnen über den wirklichen Preis hinausgehend zugeteilten Devisen verkaufen. Die für die Transaktionen im Auslande benötigten Mittelsmänner ließen sich dort leicht finden. Um ein Übermaß dieser Mißbräuche zu verhindern – daß es unmöglich war, sie ganz zu unterbinden, darüber waren sich alle, die mit diesen Vorgängen etwas zu tun hatten, im klaren – mußten die Reichsdevisenstellen ihre Kontrollen verschärfen und einen umfangreichen Kontrollapparat aufbauen.

Doch es waren weniger die Kapitalflucht und andere illegale Handlungen, die zur Verschärfung der Devisensituation führten; sondern die Hauptursache war der steigende Einfuhrbedarf. Dabei spielte noch die Einstellung des Landwirtschaftsministers und Reichsbauernführers Darré eine besondere Rolle. Er hatte, um die Lebenshaltung der Bauern in Deutschland – die infolge der seit dem Herbst 1928 anhaltenden Agrarkrise in der Tat sehr schlecht geworden war – zu verbessern und um stärkere Produktionsanreize zu geben, die Preise für viele landwirtschaftliche Erzeugnisse angehoben. Dank seiner Bemühungen, die Eigenerzeugung Deutschlands zu vergrößern, gelang es zwar, die Einfuhr von Agrarprodukten in ihrer Gesamtheit zu verringern. Während im Durchschnitt der Jahre 1928 bis 1932 noch 11,51 Millionen Tonnen landwirtschaftlicher Erzeugnisse eingeführt wurden, waren es in den Jahren 1933 bis 1937 nur noch 6,95 Millionen Tonnen. Aber auch das war noch eine Menge, deren Bezahlung erhebliche Devisenbeträge erforderte. Darré wollte nun, daß den ausländischen Bauern für ihre Produkte, die sie nach Deutschland lieferten, die gleichen Preise gezahlt würden, wie den deutschen Bauern; das waren oft doppelt so hohe Preise als sie im eigenen Land erhielten. Schacht hielt dies für eine sinnlose Devisenverschwendung; er ließ deshalb für die Einfuhren agrarischer Erzeugnisse nur die Devisenbeträge zuweisen, die den Weltmarktpreisen entsprachen. Darüber kam es zwischen ihm und Darré, für den Schacht sonst, weil er ihn für einen aufrichtigen, wenn auch ideologisch irregeleiteten Menschen hielt, eine gewisse Sympathie hatte, zu heftigen Auseinandersetzungen.

Die Zuteilungen von Devisen für Rohstoffeinfuhren wurde im Verlauf des Jahres 1933 und schlimmer noch 1934 immer schwieriger. Für die Einfuhr von Verbrauchsgütern des zivilen Bedarfs, die auch im Inland hergestellt oder durch ähnliche Inlandswaren ersetzt werden konnten, wurden Devisen schon kaum noch bewilligt. Im Spätsommer 1934 häuften sich die Fälle, in denen nicht genügend oder nicht rechtzeitig die Devisen für dringend benötigte Rohstoffkäufe zur Verfügung gestellt werden konnten, so daß in einigen Betrieben Arbeitskürzungen und sogar Arbeitseinstellungen drohten. Das zwang Schacht zu einer umfassenden und durchgreifenden Reglementierung der Einfuhr und Verteilung der eingeführten Waren. Als erstes wurde im Wirtschaftsministerium eine Regelung für die Zuteilung von Devisen für die Einfuhr von Textilrohstoffen und die Verteilung der eingeführten Rohstoffe auf die verarbeitenden Betriebe ausgearbeitet. Als Anhaltspunkt für ihre Ausarbeitung dienten die Reglementierungen, die zuletzt während des Ersten Weltkrieges angewandt waren, als mit den knappen Rohstoffen eine möglichst große Produktion erzielt und die Rohstoffe möglichst gerecht auf die einzelnen Produktionsbetriebe verteilt werden sollten.

Schacht beschloß dann aber, sogleich die gesamte Rohstoffeinfuhr und ihre Verarbeitung einer Regelung zu unterwerfen und verkündete diese Entscheidung am 4. September 1934 als »Neuen Plan«. Mit einer Verordnung über den Warenverkehr von diesem Tage und einer Abänderungsverordnung über die Devisenbewirtschaftung vom 11. September 1934 waren nicht mehr, wie es bis dahin der Fall war, die Devisenzuteilungen genehmigungspflichtig, sondern bereits die Einfuhren wurden der Genehmigungspflicht unterworfen, und zwar in der Weise, daß schon für den Abschluß eines Kaufvertrages für ausländische Waren die Genehmigung eingeholt werden mußte. Grundlage für die Bemessung der Genehmigungen war der Umfang der Auslandsbezüge der antragstellenden Unternehmen in einem bestimmten voraufgegangenen Zeitraum, der »Referenzperiode«. Größere Mengen durften nur beim Nachweis besonderer, als zwingend notwendig anerkannter Umstände bewilligt werden.

Die Durchführung des Neuen Planes mit der zentralen Lenkung der gesamten Einfuhr, der bald auch eine entsprechende zentrale Lenkung der Ausfuhr folgte, machte den Aufbau eines großen bürokratischen Apparates notwendig. Es wurden für die verschiedenen Produktionszweige fünfundzwanzig zentrale Überwachungsstellen geschaffen, die ihre örtlichen Zweigstellen benötigten. Schacht war mit seiner Grundeinstellung für eine freie Wirtschaft kein Freund dieser Zentralisierung und Bürokratisierung. Er hätte sie gern vermieden und hoffte, daß sie nur eine Übergangsregelung bleiben würde. Doch in der Notlage, in die die deutsche Wirtschaft geraten war, sah er keine andere Möglichkeit, schlimmere Entwicklungen aufzuhalten. Nun mußte er sehen, wie er aus den unvermeidlichen Reglementierungen das Beste machen konnte. Entscheidend war es, daß es infolge der Einfuhrbeschränkungen nicht zu einer Erstarrung oder gar zu einem weiteren Rückgang im Außenhandel kam. Die Begrenzung der Einfuhren auf die Mengen der voraufgegangenen Referenzperioden durfte kein Dauerzustand werden. Es mußte nach einem Weg gesucht werden, auf dem wieder größere Warenbezüge aus dem Ausland möglich wurden, ohne daß dadurch zusätzlich Devisen angefordert wurden, die ja nicht mehr zur Verfügung standen.

Dieser Weg eröffnete sich durch Verrechnungsabkommen mit einzelnen Staaten. Auf Grund dieser Abkommen zahlten die deutschen Importeure die Rechnungsbeträge für die eingeführten Waren auf ein Verrechnungskonto ein. Das Gleiche taten die Importeure des Partnerlandes für die von ihnen gekauften deutschen Waren. Mit dem Guthaben der deutschen Exporteure im Partnerland wurden dann – im Wege der Verrechnung – die Guthaben der Exporteure des Partnerlandes in Deutschland ausgeglichen. Je mehr deutsche Waren das Partnerland abnahm, um so mehr Waren konnte es nach Deutschland liefern. So bestand ein gegenseitiges Interesse zur Erhöhung des Warentausches.

Schacht war sich völlig darüber im klaren, daß dies keine ideale Lösung war. Denn die einzelnen Partnerländer waren nicht immer die günstigsten Anbieter – dem Preise wie der Qualität nach – für die Waren, die sie nach Deutschland lieferten. Andererseits mußten oft, nur zu oft, die deutschen Exporte in diese Länder, wenn es notwendig erschien, um von dort dringend benötigte Güter zu erhalten, durch hohe Zuschüsse wettbewerbsfähig gemacht werden; und diese Zuschüsse gingen auf Kosten der gesamten Volkswirtschaft. Die Verrechnungsabkommen waren deshalb in den Augen Schachts – wie in den Augen jedes Wirtschaftsfachmannes – ein Notbehelf. Doch mit diesem Notbehelf konnte er Erfolge erzielen. Er löste den Außenhandel aus der Erstarrung und brachte eine Steigerung der Umsätze auf der Einfuhr- wie der Ausfuhrseite.

Bis zum Jahre 1938 wurden mit fünfundzwanzig Staaten Verrechnungsabkommen geschlossen. Es waren dies südosteuropäische Staaten mit der Türkei sowie Ägypten und Staaten des Nahen Osten, lateinamerikanische und skandinavische Staaten. Daraus ergaben sich stark regionale Verlagerungen des deutschen Außenhandels. Er stieg, und

zwar recht erheblich, mit den Ländern, mit denen Verrechnungsabkommen bestanden, während er sich mit den anderen Ländern ungünstiger entwickelte. Der Anteil der Verrechnungsländer an der deutschen Einfuhr betrug 1932 rund 23,5 Prozent. 1935 war er bereits
auf 34,5 und bis 1938 weiter auf 39,3 Prozend gestiegen. Dagegen war
der Anteil anderer Länder gegenüber 1932 bis 1938 von 76,5 auf
60,1 Prozent gesunken. Die stärksten Rückgänge erfuhren die Anteile
Großbritanniens und der Vereinigten Staaten.

Noch stärker als die Einfuhr verlagerte sich die deutsche Ausfuhr.
Die Verrechnungsländer, die vor allem Lieferanten von Rohstoffen
und Nahrungsmitteln waren, hatten bis 1932 – bei unterschiedlicher
Lage für die einzelnen Staaten – im Handelsverkehr mit Deutschland
hohe Ausfuhrüberschüsse erzielt. Deutschland konnte sie früher mit
den Devisen bezahlen, die es durch seine Ausfuhrüberschüsse im Handel mit anderen Ländern erwarb. Doch diese Ausfuhrüberschüsse waren
infolge des Rückgangs des Welthandels und durch die Einfuhrbarrie-
ren der Einfuhrländer geschrumpft. Deutschland mußte deshalb auf
einen Ausgleich seiner Handelsbilanzen mit den einzelnen Rohstoff-
und Nahrungsmittel-Lieferländern hinarbeiten. Diesem Zweck dienten ja vor allem die Verrechnungsabkommen. Mit ihrer Hilfe stieg der
Anteil der Verrechnungsländer an der deutschen Ausfuhr noch stärker
als an der Einfuhr. Er erhöhte sich von 18,3 Prozent im Jahre 1932
auf 29,8 Prozent im Jahre 1935 und bis auf 40,3 Prozent im Jahre
1939. Entsprechend sank der Anteil der Länder, mit denen keine Verrechnungsabkommen bestanden.

Für die Verrechnungsländer hatten die Verlagerungen in ihrem
Außenhandel tiefgreifende Folgen; weniger für die skandinavischen
Staaten als für die lateinamerikanischen und ganz besonders für die
südosteuropäischen Staaten. Zwar wuchsen ihre Ausfuhren nach
Deutschland nicht ganz so stark wie ihre Einfuhren deutscher Waren.
Aber die erreichten Exportsteigerungen nach Deutschland und die Er-
wartung noch größerer Absatzmöglichkeiten in naher Zukunft veranlaßten sie zu Produktionsumstellungen mit der Ausrichtung auf engere wirtschaftliche Zusammenarbeit mit Deutschland. Ein besonders
auffälliges Beispiel dafür war, daß Bulgarien in den Tälern, in denen
es Rosen für die Gewinnung von Rosenöl angebaut hatte, nun große
Flächen auf den Anbau von Sojabohnen für Lieferung nach Deutschland umstellte. Ein anderes Beispiel, der Ausbau des Bergbaus mit
Jugoslawien mit technischer Hilfe aus Deutschland, zeigt noch deutlicher, wieweit solche Umstellungen gingen.

Das Ausland maß diesen Vorgängen nicht nur wirtschaftliche, son-

218

dern auch politische Bedeutung zu. Die Vereinigten Staaten, die um ihren Einfluß in den lateinamerikanischen Staaten sehr besorgt waren, stellten hier zu ihrem Kummer ein Wachsen der Geltung Deutschlands fest. Frankreich und nicht minder Großbritannien sahen mit wachsender Besorgnis die Erfolge des »Schachtianismus« in Südosteuropa; denn sie befürchteten, daß damit das wirtschaftliche und politische Gewicht Deutschlands in Europa wuchs. Frankreich stellte fest, daß sein Bündnissystem, daß es in Ost- und Südosteuropa aufgebaut hatte, brüchig wurde, und England merkte einen Rückgang seiner Wirtschaftsbeziehungen mit Südosteuropa und verbunden damit ein Sinken seines politischen Einflusses. Lange war die Regierung in London als ein entschiedener Gegner von Verrechnungsabkommen aufgetreten, doch nun begann sie, mit südosteuropäischen Staaten über solche Vereinbarungen zu verhandeln.

Die stärkere Ausrichtung der Wirtschaft südosteuropäischer Staaten auf den Warenaustausch mit Deutschland rief Gedanken wach, wie sie von Friedrich Naumann während des Ersten Weltkrieges in seinem damals und auch noch in den zwanziger Jahren viel beachteten Werk »Mitteleuropa« entwickelt worden waren. Ihr Ziel war, um es in der knappen, aber treffenden Formulierung von Theodor Heuss wiederzugeben, die »Schaffung eines wirtschaftlichen und militärischen Körpers von Zentraleuropa, das Deutsche und das Habsburger Reich in sich politisch und ökonomisch verklammert, Polen und Bulgarien als Nutzen gewinnende, gefestigte Anrainer begriffen«. Es waren vor allem die Kreise, die den von dem Schweden Rudolf Kjellén und Karl Haushofer aufgestellten geopolitischen Theorien anhingen, die nun dieses Mitteleuropa heranwachsen sahen. In einigen nationalsozialistischen Kreisen, vor allem in Kreisen um Rudolf Heß, der ein Schüler Haushofers war, hatten die geopolitischen Vorstellungen Eingang gefunden; und sie sahen hier ein Mitteleuropa als einen deutschen Herrschaftsbereich entstehen.

Diese Vorstellungen, über die in einigen nationalsozialistischen Zeitungen und Zeitschriften Artikel erschienen, verstärkten im Ausland das Mißtrauen gegen die deutsche Außenpolitik, obwohl amtliche deutsche Stellen sich nicht – wenigstens nicht in der Zeit vor dem Zweiten Weltkrieg, anders wurde es erst während des Krieges als propagandistisch von einer »Neuordnung Europas« gesprochen wurde – für eine solche Mitteleuropa-Politik einsetzten. Auch parteiamtliche Stellen taten dies nicht. Doch das minderte nicht das Mißtrauen des Auslandes, das nun argwöhnisch die deutsche Handelspolitik betrachtete und ihr unterstellte, daß sie mit den Verrechnungsabkommen auch die politische Absicht verfolge, die südosteuropäischen Staaten an Deutschland zu binden mit dem Ziel der Schaffung eines Herrschaftsbereiches. Schacht stand dem Mitteleuropa-Gedanken aber auch weiterhin ablehnend gegenüber.

Hierfür konnte ihn auch jetzt sein alter Freund Rohrbach, einer der eifrigsten Verfechter dieses Gedankens neben und nach Naumann, nicht gewinnen. Für Schacht waren die Verrechnungsabkommen ausschließlich ein handelspolitisches Instrument, mit dem er Einfuhren und Ausfuhren möglich machen wollte, die sonst nicht zustandekommen konnten. Eine Verbesserung und Sicherung der Rohstoffversorgung Deutschlands hielt auch er für wünschenswert. Doch als beste Lösung erschien ihm immer noch ein Zugang zu Kolonien. Das »koloniale Zeitalter« war damals ja noch nicht beendet und Schacht hielt es weiterhin für möglich, mit England und Frankreich zu einem Einvernehmen, wenn auch nicht zu einer Rückgabe der früheren deutschen Kolonien, so doch zu einem freien wirtschaftlichen Zugang zu ihnen, zu gelangen.

In seinem Bemühen, den Außenhandel trotz aller Schwierigkeiten aufrecht zu erhalten und nach Möglichkeit wieder auszuweiten, hatte Schacht einen harten Stand gegenüber den Vertretern eines anderen Gedankens, die einen breiteren Anhang gewonnen hatten und mit größerem Gewicht auftraten, den Vertretern des Autarkie-Gedankens. Dieser war, bestimmt durch Erfahrungen während des Ersten Weltkrieges, danach mit zunehmender Stärke herangewachsen. Er hatte im Auslande, besonders in Großbritannien, schon früher als in Deutschland viele Anhänger. In Deutschland hingen ihm Nicht-Nationalsozialisten wie Nationalsozialisten an. Schon vor dem Ersten Weltkrieg hatte er einen seiner eifrigsten Verfechter in dem britischen Staatsmann Joseph Chamberlain – dem Vater des Premierministers Arthur Neville Chamberlain –, der allerdings nicht für Großbritannien allein, sondern für das Britische Empire in seiner Gesamtheit die Selbstversorgung mit dem Ausschluß ausländischer Produkte anstrebte. Ähnliche Bestrebungen zur Erlangung einer größeren wirtschaftlichen Selbständigkeit durch Bildung eines Wirtschaftsblocks zeigten sich in Skandinavien, Belgien und den Niederlanden sowie nach Auflösung des Habsburger Reiches im Donauraum und auch noch in anderen Gebieten.

In Deutschland hatte der Autarkiegedanke seinen ersten starken Anstoß durch die Erfahrungen des Ersten Weltkrieges erhalten, in denen die militärische Schlagkraft und die Versorgung der Bevölkerung durch die Abhängigkeit von Rohstoff- und Lebensmittellieferun-

gen aus dem Ausland sehr gelitten hatte. Durch die Weltwirtschaftskrise und die von ihr heraufbeschworenen Handelsbeschränkungen erhielten die Autarkiebestrebungen im Ausland wie in Deutschland neu-
en Auftrieb. Ihre Anhänger hielten es für notwendig, die Abhängigkeit vom Ausland zu vermindern und statt dessen die inländische Produktion zu steigern. Für Rohstoffe, die es im eigenen Land nicht gab,
sollten »Ersatz«-Produkte geschaffen werden. Hier wirkten sehr stark
wehrpolitische Gesichtspunkte mit. Aber bei vielen der Nationalsozialisten, die dem Autarkiegedanken anhingen, kamen auch noch nationale, »völkische« Vorstellungen hinzu. Die Unabhängigkeit vom Ausland schien ihnen ein Wert an sich zu sein.

Schacht war ein entschiedener Gegner der Autarkie. Er war dies einmal wegen ihrer wirtschaftlichen Nachteile. Denn es bringt eine Minderung der gesamtwirtschaftlichen Leistung mit sich, wenn Güter, die
vorteilhafter aus dem Ausland bezogen werden können, mit höheren
Kosten im Inland hergestellt werden. Um diesen größeren Aufwand
auszugleichen, muß entweder der Verbrauch eingeschränkt oder die
Produktion verlagert werden, so daß sich an anderen Stellen Produk-
tionsausfälle ergeben. Zum anderen hielt Schacht, obwohl er eine Aufrüstung in bestimmtem Ausmaß für angebracht und sogar notwendig
erachtete, eine allzu starke Ausrichtung der Produktion auf die Rüstung auch politisch für gefährlich, weil dadurch Hitler in seiner
Kriegspolitik bestärkt werden konnte.

Ähnliche nachteilige Wirkungen wie sie die Autarkiebestrebungen
mit sich brachten, gingen ohnehin schon von der Außenhandelsregle-
mentierung aus. Bei Kompensationsgeschäften und beim Handel im
Verrechnungsverkehr wurden ja keineswegs die Einfuhrwaren zu den
Preisen bezogen, die im internationalen Warenverkehr am vorteilhaf-
testen gewesen waren, während bei den deutschen Exporten andererseits keineswegs die bestmöglichen Erlöse erzielt wurden. Das waren
Nachteile, die bei der damaligen Lage im Welthandel in Kauf genommen werden mußten. Über diese Nachteile war sich Schacht bei seiner
Handelspolitik völlig im klaren. Um so mehr war er dagegen, sie durch
eine Autarkiepolitik über das unvermeidliche Ausmaß hinaus zu
steigern.

Eines der Hauptargumente der Autarkie-Anhänger, mit denen sich
Schachts Vorgänger an der Spitze des Wirtschaftsministeriums, Schmitt,
auseinanderzusetzen hatte, war die Bekämpfung der Arbeitslosigkeit.
Die Autarkie-Anhänger behaupteten, mit der Einschränkung von Ein-
fuhren könnte die Inlandsproduktion erhöht und dadurch könnten
Neueinstellungen von Arbeitskräften erreicht werden. Demgegenüber

wies Schmitt – er tat dies wiederholt; am nachdrücklichsten in einer Rede vor dem Außenhandelsbeirat im November 1933 – darauf hin, daß jede Beschränkung der Einfuhr vom Ausland mit Gegenmaßnahmen beantwortet würde, die zu einer Verminderung der deutschen Ausfuhr führen müsse. Die Folgen würden dann Entlassungen in der Ausfuhrindustrie sein, die dann sicher eintreten würden, während es fraglich bliebe, ob entsprechende Neueinstellungen für eine Steigerung der Inlandsproduktion erreicht würden. Mit einer Erhöhung des Exports wäre demgegenüber eher eine Besserung des Beschäftigungsstandes zu erreichen.

Das Wirtschaftsministerium vertrat diese Auffassung unter Schachts Leitung auch weiterhin, sogar noch mit größerem Nachdruck. Damit konnte aber nicht verhindert werden, daß die Autarkiebestrebungen immer stärker wurden. Es war Hitler selbst, der zu wehrpolitischen Zwecken eine möglichst weitreichende Unabhängigkeit von Einfuhren aus dem Ausland erreichen wollte. Am 9. September 1936, auf dem Parteitag in Nürnberg, verkündete Hitler einen »Vierjahresplan«, der zum Ziele hatte, Deutschland in der Versorgung mit Nahrungsmitteln und industriellen Rohstoffen »autark« zu machen: »In vier Jahren muß Deutschland in allen jenen Stoffen vom Ausland gänzlich unabhängig sein, die irgendwie durch die deutsche Fähigkeit, durch unsere Chemie und Maschinenindustrie, sowie durch unseren Bergbau selbst beschafft werden könnten ... Der Neuaufbau dieser großen deutschen Rohstoffindustrie wird auch die nach dem Abschluß der Aufrüstung freiwerdenden Menschenmassen nationalökonomisch nützlich beschäftigen.«

Man hat diesen Vierjahresplan auch als »Zweiten« oder »Neuen Vierjahresplan« bezeichnet. Denn schon im Frühjahr 1933 hatte Hugenberg als Wirtschaftsminister – im Anklang an die programmatische Rede Hitlers, in der er gesagt hatte: »Gebt mir vier Jahre Zeit« – einen Vierjahresplan »zur Rettung des deutschen Volkes, zur Sicherung der deutschen Ernährung und zur Rettung des deutschen Arbeiters durch einen machtvollen Angriff auf die Arbeitslosigkeit« angekündigt. Doch es war bei dieser Ankündigung geblieben, sofern man nicht die verschiedenen Maßnahmen zur Förderung der Agrarproduktion und zur Bekämpfung der Arbeitslosigkeit diesem »Plan« zurechnen will, der nie im einzelnen ausgearbeitet worden war und dementsprechend auch keine Organe zu seiner Durchführung erhalten hatte.

Doch der am 9. September 1936 verkündete Plan erhielt mit einer Durchführungsverordnung vom 18. Oktober seine Zielsetzung und seinen Organisationsrahmen. Hitler betraute mit seiner Durchführung

Göring, dessen Kenntnisse für diese Aufgabe, wie Schacht sagte: »gleich Null« waren, der aber dessen ungeachtet, die ihm übertragene Aufgabe annahm. Gestützt auf Fachleute, die er heranzog, packte er sie mit großer Energie an und leitete eine »Ära der Wirtschaftspolitik unter der Herrschaft des Nationalsozialismus« ein, in der Schacht nicht mehr mitwirkte.

Kampf mit Göring

Während seiner Tätigkeit als Reichsbankpräsident und (kommissarischer) Wirtschaftsminister hat sich Schacht wenig darum gekümmert, ob er mit seinen Maßnahmen und seiner Haltung bei Nationalsozialisten Anstoß erregte oder nicht. Er ließ es sich sogar deutlich anmerken, daß er sie, bis auf sehr wenige Ausnahmen, nicht sonderlich schätzte. Witzige und dabei nicht selten bissige Bemerkungen über manche der führenden Nationalsozialisten äußerte er auch dann, wenn er wußte, daß sie den Betreffenden zu Ohren kommen würden. Als ihm Hitler auf einer Autobahnfahrt sagte, er überlege, ob er den Autobahnbau an Feder oder an Todt übertragen sollte, und ihn fragte, wen er von beiden für den Geeigneteren halte, antwortete Schacht sofort: »Todt.« Auf Hitlers anschließende Frage, ob er Todt denn kenne, sagte Schacht: »Nein, aber ich kenne Feder.« – Oder – um nur noch ein Beispiel für solche Äußerungen anzuführen – in einer Rede vor der Bremer Schaffergesellschaft kam er auf die Preispolitik des Landwirtschaftsministers Darré zu sprechen und erzählte von einem Bauern, der ihm gesagt habe, hohe Schweinepreise, die wären schon immer ein schönes »Brauchtum« gewesen.

Mit seiner offen zu erkennen gegebenen Geringschätzung reizte Schacht die Nationalsozialisten, die ohnehin schon darüber aufgebracht waren, daß ein Mann, der nicht ihrer Bewegung angehörte und zudem noch Freimaurer war, mit hohen Ämtern betraut war und seine Stellung obendrein dazu benutzte, ihren Bestrebungen entgegenzuwirken. Feinde machte ihm sein Eintreten für Freimaurer und Juden. Selbst seit langem Mitglied einer Loge, duldete er es nicht, daß Freimaurer aus den von ihm geleiteten Ämtern, der Reichsbank und dem Reichswirtschaftsministerium, wegen ihrer früheren Zugehörigkeit zur Freimaurerei – alle Logen waren ja unter der nationalsozialistischen Herrschaft geschlossen worden – entlassen wurden. Als der Reichsinnenminister Frick ihm eine Verordnung zustellte, nach der Freimaurer nicht befördert und keine Vertrauensstellungen bekleiden durften, antwortete Schacht, daß diese Verordnung in seinem Zuständigkeitsbereich nicht durchgeführt werden könne, solange er, auch ein Freimaurer, an der Spitze der Reichsbank stünde. Ebenso hielt er Juden, soweit sie durch die Bestimmungen des Gesetzes zur Wiederherstellung des Berufsbeamtentums vom 7. April 1933 noch geschützt waren, in ihren Stellungen. Die »Arisierung der Wirtschaft« suchte er nach Möglichkeit aufzuhalten, und immer wieder verurteilte er ungesetzliche Ausschreitungen gegen Juden.

Schacht war kein Philosemit, aber ein ausgesprochener Gegner jedes Antisemitismus. Die Rolle, die jüdische Intellektuelle im deutschen Kulturleben der zwanziger und Anfang der dreißiger Jahre spielten, hat er kritisch gesehen. Andererseits erkannte er die positiven Werte, die von Juden in Deutschland geschaffen waren, voll an. Er hatte jüdische Bekannte und Freunde, die er hoch schätzte. Diskriminierung eines Menschen wegen seiner Abstammung oder seines Glaubens sah er als ein Verbrechen an. Als der »Stürmer«, die antisemitische Wochenzeitschrift des Nürnberger Gauleiters und engen »Mitkämpfer« Hitlers, Julius Streicher, ein Mitglied des Reichsbankdirektoriums, Ernst Hülse, als »Jüdisch-Versippten« angriff, setzte er durch, daß der »Stürmer« die Angriffe zurücknahm und eine Entschuldigung brachte. Drastisch ging er in Arnswalde, einer Kreisstadt in Pommern, vor. Der Leiter der dortigen Reichsbankstelle war wegen eines Einkaufs in einem jüdischen Geschäft angeprangert worden. Schacht forderte darauf vom Gauleiter eine öffentliche Entschuldigung und Rechtfertigung des Beamten. Als der Gauleiter dies ablehnte, schloß Schacht die Reichsbankstelle, bis der Gauleiter die gewünschte Erklärung veröffentlichen ließ.

Am 2. August 1934 – knapp fünf Wochen, nachdem am 30. Juni der SA-Führer Ernst Röhm und mit ihm andere der Führung der NSDAP und der SS gefährlich erscheinende Männer ermordet worden waren – übernahm Schacht die Leitung des Reichswirtschaftsministeriums, an das zu dieser Zeit das Preußische Ministerium für Wirtschaft und Arbeit angegliedert wurde. Die Berichte von den Vorgängen am 30. Juni waren für Schacht ein starker Schock. Er war entsetzt über das Vorgehen Hitlers und der SS. Ebenso oder fast noch mehr betroffen war er darüber, daß die Generalität die Ermordung Schleichers hinnahm. Doch er sah keine Möglichkeit, durch eigene Schritte noch etwas zu ändern. Wie so viele andere gab er sich dem Glauben hin, daß mit dieser Schreckenstat die »revolutionäre Phase« der nationalsozialistischen Bewegung ihren Abschluß gefunden habe und jetzt die »Phase der Konsolidierung« beginnen werde, in der sich eine vernünftige Aufbaupolitik werde durchführen lassen.

Schon wenige Tage nach seinem Amtsantritt hätte er sich aber dessen bewußt werden können, daß er in seiner Arbeit nicht unbehindert bleiben würde. Denn Himmler ließ ihm durch seinen Adjutanten Kranefuß mitteilen, er möge freiwillig die Leitung des Wirtschaftsministeriums wieder abgeben. In diesem Falle würde Himmler bereit sein, ihn im Amt des Reichsbankpräsidenten unbehelligt zu lassen. Doch als Leiter des Reichswirtschaftsministeriums habe er große Widerstände und Unannehmlichkeiten von der SS zu erwarten; denn der Reichsführer SS vertrete eine völlig andere Wirtschaftsauffassung als er. Schachts Antwort darauf lautete, so wie er sie in seinen Erinnerungen verzeichnet hat: »Mein lieber Herr Kranefuß, das ist ja hochinteressant. Leider bin ich nicht in der Lage, dem Wunsch von Herrn Himmler nachzukommen, nachdem mich der Reichskanzler in dieses Amt berufen hat. Sagen Sie bitte Herrn Himmler, daß es zwei Wege gibt, mich aus dem Amt zu entfernen. Der erste ist, daß er den Reichskanzler veranlaßt, mich wieder abzuberufen. Einer solchen Aufforderung werde ich sofort folgen. Der zweite Weg ist der, daß er mich abschießt. Aber das muß von vorne geschehen, denn von hinten lasse ich mich nicht kriegen.« Anschließend bat er Kranefuß, die SS-Wache aus dem Vorzimmer des Wirtschaftsministers abzurufen, die sich aus der Zeit Schmitts noch weiter dort befand. Sie wurde am nächsten Tag abgezogen.

Zu den Gegensätzen mit der Partei kam ein Konflikt mit der Arbeitsfront hinzu, der ihren Führer Robert Ley aufs schärfste aufbrachte. Schacht war dagegen, daß in den Betrieben Parteipropaganda betrieben wurde. Vor allem aber hielt er es für einen schweren Fehler, daß in der Lehrlingsausbildung wertvolle Zeit, die für die fachliche Arbeit benötigt wurde, statt dessen für politische Schulung verwendet werden sollte. Deswegen verhinderte er es, daß die Lehrlingsausbildung von den Handels- und Handwerkskammern auf die Arbeitsfront übertragen wurde. Auch die Zusammenarbeit mit dem Landwirtschaftsministerium verschlechterte sich ständig.

Dagegen arbeitete Schacht eng und vertrauensvoll mit dem Finanzminister von Schwerin-Krosigk zusammen. Beide verstanden sich persönlich sehr gut, auch wenn es nach den Erinnerungen, die von Schwerin-Krosigk in seinem Buch »Es geschah in Deutschland« wiedergegeben hat, ein wenig anders erscheinen mag. Beide stimmten in ihrer politischen Einstellung und in ihrer Erkenntnis, was wirtschafts- und finanzpolitisch erstrebenswert und möglich war, weitgehend überein.

Auch mit dem Reichswehrminister General von Blomberg stand Schacht in einem guten Einvernehmen. Schacht stieß mit seinem Bemühen, die Rüstung nicht übermäßig zu forcieren, bei Blomberg auf volles Verständnis. Wenn Schacht die Devisenzuteilungen für die Einfuhr von Rohstoffen, die von der Rüstungsindustrie angefordert wurden, knapp hielt, brachte das Reichswehrministerium deswegen keine Beschwerden vor.

Trotz aller Angriffe aus Parteikreisen und der Vorwürfe, die führende Nationalsozialisten, wie Himmler und Ley, gegen ihn ständig bei Hitler vorbrachten, konnte Schacht in seinem Zuständigkeitsbereich bis zum Herbst 1935 verhältnismäßig unbehelligt arbeiten. Die Veränderung, die dann eintrat, war anfänglich kaum zu erkennen. Auch Schacht erfaßte sie nicht sogleich in ihrer vollen Tragweite. Den Umschwung löste Schacht durch die Rede aus, die er am 18. August 1935 in Königsberg zur Eröffnung der Ostmesse hielt.

Schachts engste Mitarbeiter in der Reichsbank und im Reichswirtschaftsministerium hatten, klarer als er selbst, gesehen, welchen Sprengstoff diese Rede mit ihrer Kritik an den Ausschreitungen von Nationalsozialisten und einer falschen Ausgabenpolitik enthielt. Deshalb hatten sie die Rede in ihrem Wortlaut schon im voraus drucken und zum Versand in Bahn-Postsäcken bereit halten lassen. Sie befürchteten, daß der Gauleiter von Ostpreußen, Erich Koch, ein nicht sehr intelligenter fanatischer Nationalsozialist, der bei dieser Rede als Hausherr anwesend sein würde, möglicherweise die Ausführungen Schachts nicht hinnehmen würde und es zu einem Eklat kommen könnte.

Doch von Koch kam kein Widerspruch. Er hatte in der Mitte der ersten Reihe vor dem Redner-Pult Platz genommen und hatte zu seiner Linken einen Gast, mit dem er sich im Flüsterton unterhielt; durch dieses Gespräch war er so gefesselt, daß er überhaupt nicht zur Kenntnis nahm, was Schacht vortrug. Aber zur Rechten Kochs saß der höchste Königsberger SS-Offizier, der Obergruppenführer Erich von dem Bach-Zelewski. Da der hinter ihm plazierte Finanzminister von Schwerin-Krosigk, der den Inhalt von Schachts Rede kannte, seinen Nebenmann mehrfach durch Anstoßen aufmerksam machte, wenn besonders markante Ausführungen kamen, merkte auch Bach-Zelewski, daß die Rede einen wichtigen Inhalt hatte. Als er nun kritische Äußerungen über das Vorgehen der Nationalsozialisten hörte, stieß er Koch an und forderte ihn auf, etwas zu unternehmen. Doch Koch wies ihn ärgerlich zurück, weil er sich in der Unterhaltung mit seinem Nachbarn nicht stören lassen wollte. Da erhob sich Bach-Zelewski mit seinem neben ihm sitzenden Adjutanten, winkte den unter den Zuhörern verstreut sitzenden SS-Leuten, ein gutes Dutzend an der Zahl, zu, ein gleiches zu tun und verließ mit ihnen als Protest in lautem Marschschritt den Saal. Koch sah perplex auf; doch weder er noch ein anderer schloß sich den SS-Leuten an.

Schacht konnte ungestört zu Ende sprechen. Seine Rede war auch über den Rundfunk gesendet worden. Der Versand der gedruckten Rede ging glatt vonstatten; nur in Bremen verschwand der Postsack, der sie enthielt. Die deutsche Presse brachte knappe Auszüge, in denen keine der kritischen Wendungen enthalten waren. Sehr stark wurde die Rede im Ausland – als ein »flammender Gegenangriff« gegen die Parteiführer, wie das Londoner Wirtschaftsblatt »Economist« schrieb – beachtet. Doch in Deutschland wurde von der Partei keine Stimme gegen Schachts Kritik laut. An Himmler richtete Schacht einen Beschwerdebrief wegen des Verhaltens des Obergruppenführers. Als Bach-Zelewski bald darauf von Ostpreußen nach Schlesien versetzt wurde, hielt Schacht dies für eine Maßregelung aufgrund seiner Beschwerde.

Wenige Tage nach der Königsberger Rede hatte Schacht eine Besprechung mit Hitler, der mit einer kurzen Bemerkung die Rede streifte und sagte, Schacht habe recht mit seiner Bemerkung: »Wir sitzen alle im gleichen Boot.« Das faßte Schacht als eine auch weiterreichende Zustimmung auf. Daher bat er um eine Gelegenheit, vor den obersten Parteiführern über die Finanz- und Devisenlage zu sprechen. Hitler ging darauf ein. Am 17. September 1935, während des Parteitages, konnte Schacht vor Gauleitern, Reichsleitern und anderen hohen Parteifunktionären einen Vortrag halten. Er legte hier, nur in ein wenig vorsichtigerer Sprache, das Gleiche wie in der Königsberger Rede dar. Nachdem er die Schwierigkeiten der Finanzlage und der Rohstoffversorgung geschildert hatte, erklärte er, welche Schäden der deutsche Export durch nationalsozialistische Übergriffe erlitt: »Die Wiederaufnahme turbulenter Methoden unseres kultur- und rassepolitischen Kampfes hat die Auslandsatmosphäre in den letzten Monaten wieder weitgehend verschlechtert. Es handelt sich hierbei nicht allein um die Juden, die einen großen Teil des internationalen Welthandels mit Rohstoffen in den Händen haben, sondern vor allem um diejenigen Kreise, die aus der Art und Weise unserer Auseinandersetzung mit Protestanten, Katholiken, Juden und Freimaurern abträgliche Schlüsse auf die Staatsführung ziehen.« Er schloß mit den Worten: »Es ist deshalb entscheidend, daß die Methoden des rassen- und kulturpolitischen Kampfes auf gesetzliche Basis gestellt und mit den politischen und wirtschaftlichen Notwendigkeiten in Einklang gebracht werden.«

Es hätte ihn etwas bedenklich stimmen sollen, daß Hitler ihn nach diesem Vortrag aufforderte, an der anschließenden Besprechung mit den Parteifunktionären nicht teilzunehmen. Doch Schacht meinte, daß Hitler ihm im Grunde zustimmte, und gab sich dem Glauben hin, daß Hitler, auch wenn er mit manchem oder sogar vielem, was Schacht tat und sagte, nicht einverstanden war, auf ihn nicht verzichten könne, weil er keinen anderen Fachmann mit dem Wissen und Können, wie er es für die Staatsführung auf wirtschaftlichem Gebiet brauchte, zur Verfügung hätte. Wenn Staatssekretär Posse und andere leitende Beamte des Wirtschaftsministeriums Schacht vor der wachsenden Gegnerschaft in der nationalsozialistischen Führung warnen wollten, wies er sie schroff zurück, als wenn sie ihm damit zumuten wollten, seine Haltung zu ändern und mit seiner Politik auf den nationalsozialistischen Kurs einzuschwenken.

Ebenso wie über Hitler hatte sich Schacht über Göring getäuscht. Durch ihn war er mit Hitler in persönlichen Kontakt gekommen. Der Verkehr mit ihm hielt sich weiter in einem freundschaftlichen-gesellschaftlichen Rahmen, obwohl Schacht seine Fehler und Schwächen sah, vor allem seine Prunk- und Raffsucht. Schacht glaubte, daß Göring ihm persönlich wohlgesonnen sei. In diesem Glauben nahm er es hin und begrüßte es sogar, daß Hitler Ende April 1936 Göring mit der Übernahme der Leitung der Devisenbewirtschaftung beauftragte. Damit aber erhielt Göring die ersten Vollmachten im Bereich der Wirtschaft, die bald immer stärker ausgeweitet wurden, bis er schließlich am 26. November 1937 an Schachts Stelle die Leitung des Wirtschaftsministeriums übernahm.

In der Devisenbewirtschaftung hatte Schacht ständig Ärger mit Parteifunktionären und Parteidienststellen gehabt. Parteifunktionäre, die ins Ausland reisen wollten, konnten dafür natürlich stets einen dienstlichen, parteidienstlichen, Grund angeben, weil sie dort irgendwelche Parteidienststellen – teils aus wirklich dringenden, teils aber auch aus ganz unwichtigen Anlässen – besuchten. Sie fühlten sich brüskiert, wenn ihre Anträge auf Devisenzuteilung streng geprüft und häufig abgelehnt wurden. Überdies wurden im Verkehr zwischen Parteidienststellen des Inlandes und des Auslandes häufig hohe Reichsmarkbeträge unter Umgehung der Devisenkontrolle über die Grenze – sowohl von Deutschland ins Ausland wie auch auf dem umgekehrten Wege – gebracht. Die Reichsbank hatte diese illegalen Transaktioen lange hingenommen. Als sie aber einen übermäßigen Umfang anzunehmen drohten, wurde Schacht deswegen bei Hitler vorstellig. Er erklärte ihm, daß er für diese Vorgänge nicht länger die Verantwortung tragen könne und bat Hitler, für diese Aufgabe einen anderen Mann zu ernennen.

Schacht war zunächst ganz froh, daß Göring die Leitung der Devisenkontrolle übernahm, denn er glaubte, daß dieser als ein »Puffer« zwischen ihm und den unzufriedenen Parteifunktionären wirken würde. Da Göring für die Durchführung der hiermit verbundenen Arbeiten bewährte Beamte aus Schachts Mitarbeiterkreis heranzog, glaubte er, daß die Devisenbewirtschaftung weiterhin in guten Händen bleiben und eine glatte Zusammenarbeit dieses Amtes mit dem Wirtschaftsministerium gewährleistet sein würde. Schacht ahnte nicht, daß zu diesem Zeitpunkt Hitler bereits Schachts Wirtschaftspolitik als hinderlich für seine politischen Ziele ansah, und daß Göring in ihm einen Gegner sah, den er sobald wie möglich ausschalten wollte, auch wenn er ihm zur Täuschung vorerst noch weiter freundlich und verbindlich gegenübertrat. Der Grund für den Wandel der Einstellung Hitlers zu Schacht war weniger – wenn überhaupt – in dessen kritischer Einstellung zu den nationalsozialistischen Ausschreitungen und der Verurteilung der Rassen- und Kirchenpolitik begründet, als vielmehr durch Schachts Haltung zu Hitlers Ost- und Kriegspolitik verursacht.

»Nur ein genügend großer Raum auf dieser Erde sichert einem Volke die Freiheit des Daseins«, hatte Hitler in »Mein Kampf« geschrieben. Weiter betont er, deshalb »müssen wir Nationalsozialisten unverrückbar an unserem außenpolitischen Ziel festhalten, nämlich dem deutschen Volk den ihm gebührenden Grund und Boden auf dieser Erde zu sichern«. Und »wenn wir aber heute in Europa von neuem Grund und Boden reden, können wir in erster Linie nur an Rußland und die ihm untertanen Randstaaten denken«. Damit und den darauf noch folgenden Ausführungen in »Mein Kampf« hatte Hitler seine außenpolitischen Zielsetzungen klar zu erkennen gegeben und auch deutlich gemacht, daß er entschlossen war, für dieses Ziel einen Krieg gegen Rußland zu wagen. Schacht und mit ihm alle Nicht-Nationalsozialisten, die mit Hitler 1933 und den ersten Jahren danach zusammenarbeiteten, einschließlich der Führung der Wehrmacht, glaubten zunächst, daß Hitler als Staatsmann von den Ankündigungen des demagogischen Parteiführers aus der Zeit, in der er noch keine politische Macht besaß, Abstand nehmen würde, daß sie ihn, falls er nicht von selbst zur Einsicht gelangen würde, mit ihren Vernunftargumenten von falschen Entschlüssen würden abhalten können.

Es dauerte einige Zeit, bis Schacht merkte, daß Hitler an den Zielen, die er in »Mein Kampf« aufgezeigt hatte, festhielt und mit aller Entschlossenheit – auch wenn er zeitweilig aus taktischen Erwägungen eine andere Politik zu verfolgen schien – auf den kommenden großen Krieg mit Rußland hinarbeitete. So entschieden Schacht sich für eine Bekämpfung des Marxismus und Kommunismus einsetzte, ebenso entschieden wollte er einem Krieg gegen Rußland entgegenwirken. Denn er glaubte nicht, daß Deutschland einen solchen Krieg gewinnen konnte, und war, gleichgültig wie die Aussichten für Sieg oder Niederlage eingeschätzt wurden, grundsätzlich ein Gegner jeder Politik, die zu einem Krieg führen sollte oder auch nur die Gefahr eines Kriegsausbruches heraufbeschwor. Überdies hielt er, ungeachtet der Notwendigkeit einer Bekämpfung des Kommunismus eine wirtschaftliche Zusammenarbeit mit Rußland für nützlich.

Deshalb sorgte er, als sich 1933 die politischen Beziehungen Deutschlands zur Sowjetunion ernsthaft zu verschlechtern drohten, dafür, daß die Wirtschaftsbeziehungen zwischen beiden Staaten nicht beeinträchtigt, sondern sogar noch weiter ausgebaut wurden. Die Grundlagen für den Wirtschaftsverkehr zwischen Deutschland und der Sowjetunion bildeten der deutsch-sowjetische Wirtschaftsvertrag vom 12. Oktober 1925 und der Freundschaftsvertrag vom 24. April 1926, der sogenannte »Berliner Vertrag«. Auf Grund dieser Verträge wurden von deutscher Seite die »Russenkredite« gewährt, das heißt, vom Reich garantierte Kredite für Lieferungen der deutschen Industrie in die Sowjetunion. In einem Rahmen von 330 Millionen Reichsmark konnten solche Kredite laufend in der Weise eingeräumt werden, daß an Stelle zurückgezahlter Kredite neue gewährt wurden. Der Berliner Vertrag war auf fünf Jahre abgeschlossen worden. Die Russen wollten ihn 1931 um den gleichen Zeitraum verlängert haben. Auch das Auswärtige Amt setzte sich für eine Verlängerung um fünf Jahre ein. Brüning wollte ihn aber nur um zwei Jahre verlängert haben, stimmte dann aber einer Verlängerung um drei Jahre zu. Die Laufzeit des Vertrages sollte sich jeweils um ein Jahr verlängern, wenn nicht mit Jahresfrist eine Kündigung ausgesprochen wurde.

Hitler drang 1933 auf die Kündigung. Schacht hätte sie gern verhindert, konnte sie aber nicht aufhalten, da jetzt auch vom Auswärtigen Amt die Aufgabe des Berliner Vertrages empfohlen wurde. Als Hitler nun aber auch verlangte, bereits zugesagte Maschinenlieferungen einzustellen, kam Schacht dieser Forderung nicht nach. Er gab im Gegenteil als Wirtschaftsminister Weisungen zur Vergrößerung des Warenaustausches mit der Sowjetunion und stellte als Reichsbankpräsident die fortdauernde Gewährung von Russenkrediten sicher. Er konnte nicht ahnen, daß die Aufrechterhaltung der Wirtschaftsbeziehungen mit der Sowjetunion die Voraussetzung dafür schuf, daß am 23. August 1939 der deutsch-sowjetische Nichtangriffspakt – der sogenannte »Hitler-Stalin-Pakt« – abgeschlossen wurde, der den Auftakt für den Ausbruch des Zweiten Weltkrieges gab.

Das Verhalten Schachts im Wirtschaftsverkehr mit der Sowjetunion verärgerte sicherlich Hitler; er nahm es aber unbeanstandet hin. Dagegen empfand er es – von seinem Standpunkt aus gesehen, durchaus zu Recht – als einen Affront, daß Schacht die Bereitstellung höherer Beträge für die Aufrüstung durch die Reichsbank verweigerte, daß er die Devisenzuteilungen für die Einfuhr von Rohstoffen für die Rüstungsindustrie begrenzte und daß er sich einer Autarkiepolitik widersetzte, die Hitler für seine Kriegspolitik für unbedingt erforderlich hielt. Nach den Erfahrungen des Ersten Weltkrieges konnte Deutschland einen großen Krieg nur dann führen, wenn es in der Versorgung mit kriegswichtigen Rohstoffen vom Ausland unabhängig war.

Nachdem Schacht die Autobahnfinanzierung sichergestellt, die Arbeitslosigkeit weitgehend überwunden und einen wirtschaftlichen Aufschwung mit einer Verbesserung der Lebenshaltungskosten breiter Bevölkerungskreise herbeigeführt hatte, waren die Aufgaben erfüllt, für die Hitler ihn gebraucht hatte. Er war jetzt in der Wirtschaftspolitik entbehrlich geworden. Durch seine Weigerung, die Kriegspolitik zu unterstützen, und die Maßnahmen, mit denen er ihr sogar entgegenwirkte, wurde er für Hitler nun hinderlich. Nur brauchte er ihn noch, um dem Ausland gegenüber und auch dem deutschen Volk seine Kriegsabsichten nicht erkennbar zu machen. Deshalb ging Hitler daran, Schacht von wichtigen Aufgaben auszuschalten, ohne ihn abzusetzen. Im Sommer 1936 arbeitete er die Denkschrift aus, in der er Schachts Wirtschaftspolitik hart kritisierte und nach philosophischen und politischen Betrachtungen über die Lage Deutschlands die Grundsätze einer Wirtschaftspolitik umriß, die er im Hinblick auf einen kommenden Krieg für notwendig hielt. Diese Denkschrift händigte er nur Göring, Todt und Blomberg aus. Schacht und seine Mitarbeiter hatten von ihr keine Kenntnis.

Für Göring, der Hitler stets eifrig zu Willen war, gab die Änderung der Einstellung des Führers zu Schacht genügend Anlaß, auch seine eigene Einstellung zu ändern, zumal ihm mit der Ausschaltung Schachts große Aufgaben übertragen wurden. Hinzu kam noch, daß Schacht sich offen als ein Gegner der Polen-Politik zu erkennen gab, die im Herbst 1933 eingeleitet wurde und für die sich Göring persönlich stark einsetzte. Diese Politik brachte eine für viele überraschende

Wendung. Vor 1933 hatten Hitler und andere führende Nationalsozialisten immer von der »blutenden Ostgrenze« Deutschlands gesprochen, so daß allgemein erwartet wurde, die Politik der nationalsozialistischen Regierung würde sich zuerst gegen Polen richten.

Marschall Józef Piłsudski, der Machthaber in Warschau, wollte es
deshalb schnell auf einen Konflikt ankommen lassen, bevor Deutschland stärker aufgerüstet hatte. In der ersten Märzwoche 1933 verlegte
er polnische Truppen auf die Westerplatte im Danziger Hafen, auf
der Polen vertragsgemäß nur ein kleines Truppenkontingent – höchstens zwei Offiziere, zwanzig Unteroffiziere und sechsundsechzig Mann
– halten durfte. Er hoffte, bei seinem Vorgehen die Unterstützung
Frankreichs zu erhalten, das seiner Auffassung nach an einem Vorgehen gegen Deutschland interessiert sein mußte. Doch es war vor
allem der Vertreter Frankreichs beim Völkerbund, Joseph Paul-Boncour, der auf der auf Antrag Danzigs einberufenen Völkerbundtagung
am 14. März 1933 das Vorgehen der Polen verurteilte und den Beschluß herbeiführte, durch den Polen gezwungen wurde, die Truppen
von der Westerplatte zurückzuziehen.

Nicht lange danach suchte Hitler nach einem Weg, den Konfliktstoff
zwischen Polen und Deutschland zu beseitigen. Hierbei hat der Danziger Senatspräsident Hermann Rauschning mitgewirkt. Doch dessen
Vorstellungen über eine Zusammenarbeit zwischen Deutschland und
Polen haben bei Hitlers Vorgehen weniger den Ausschlag gegeben als
rein politisch-taktische Erwägungen. Rauschning, aus Thorn stammend, war nach 1918 in der Kulturarbeit der deutschen Volksgruppe
in Posen tätig gewesen, bevor er nach Danzig ging, dort Vorsitzender
des Danziger Landbundes wurde, in die NSDAP eintrat und 1933
nach einem Wahlsieg der Nationalsozialisten Präsident des Senats der
Freien Stadt wurde. Er wußte aus der Geschichte, daß Polen immer
dann eine Blütezeit erlebte, wenn es die in seinem Bereich ansässigen
Deutschen zur Mitwirkung in Staat, Wirtschaft und im Kulturleben
herangezogen hatte. In der Zusammenarbeit von Deutschen und Polen
sah er die beste Voraussetzung für eine gedeihliche Entwicklung beider Völker. Deshalb strebte er sogleich nach der Übernahme des Amtes des Senatspräsidenten eine Beendigung des Wirtschaftskampfes
zwischen Danzig und Polen an und räumte als Vorleistung der polnischen Minderheit in Danzig größere Rechte ein, als ihr nach dem Statut für die Freie Stadt zustanden.

Von Hitler wurde Rauschning Anfang September 1933 beauftragt,
auch für die Reichsregierung Kontakt mit Piłsudski aufzunehmen.
Er hatte hiermit vollen Erfolg, und schon am 26. Januar 1934 wurde

ein deutsch-polnisches Abkommen über eine engere Zusammenarbeit zwischen beiden Staaten unterzeichnet. Hitler hielt es als ein Ergebnis dieses Abkommens und einen Beweis für Piłsudskis aufrichtigen Willen, mit Deutschland zusammenzugehen, als Polen im Verlauf des Jahres 1934 den Vorschlägen des französischen Außenministers Jean Louis Barthou, sich an einem osteuropäischen Paktsystem zu beteiligen, klare Absagen erteilte.

Barthou wollte mit diesem Paktsystem, das von den baltischen Staaten bis zum Schwarzen Meer alle osteuropäischen Staaten zusammen mit der Sowjetunion umfassen sollte – es wurde »Ostpakt« und »Ost-Locarno« genannt – eine Abriegelung Deutschlands an seiner Ostgrenze schaffen. Er fand die volle Unterstützung der Sowjetunion und auch die Zustimmung der Regierungen mehrerer osteuropäischer Staaten, stieß aber bei Polen auf Ablehnung. Piłsudski befürchtete, daß es als Folge der Politik Barthous zu einem Krieg zwischen der Sowjetunion und Deutschland kommen könnte und Polen dann Durchmarschland für die Armeen dieser beiden Staaten und der Hauptkriegsschauplatz mit verheerenden Folgen für das Land sein würde, gleichgültig welche Partei am Ende Sieger wäre. Seine Politik war darauf abgestellt – und er hat ihre Fortführung in seinem Testament seinen Nachfolgern dringend angeraten – alles zu vermeiden, was Polen in einen kommenden Krieg von Anbeginn an verwickeln könnte. Ein militärisches Zusammengehen mit den Deutschen sah er für ebenso gefährlich an wie ein Zusammengehen mit den Russen. Hitler glaubte jedoch, daß Piłsudskis Politik von einer anti-sowjetischen und anti-französischen Einstellung bestimmt sei. Einen Beweis dafür glaubte er auch darin zu sehen, daß die polnische Regierung Einspruch gegen eine Aufnahme der Sowjetunion in den Völkerbund erhob, die Barthou betrieb.

Göring war der eifrigste Verfechter dieser Politik. Er glaubte, daß es ihm gelingen könnte, die polnische Regierung für ein Militärbündnis mit Deutschland zu gewinnen, so daß beide Länder gemeinsam gegen die Sowjetunion in den Krieg ziehen könnten. Offensichtlich wurde er in diesem Glauben durch Jóseph Lipski, der 1933 als polnischer Gesandter nach Berlin gekommen war, bestärkt. Lipski hielt engen persönlichen Kontakt mit Göring und sorgte dafür, daß er häufig nach Polen zu Staatsjagden in dem an Großwild reichen Forst von Bialowieza eingeladen, großartig empfangen und bewirtet wurde. Die Polen gingen in ihrer Gastfreundschaft soweit, daß sie einmal mehrere Infanterie-Kompanien einsetzten, damit sie einen Luchs vor Görings Büchse trieben. Nur wenn Göring versuchte, über ein Militärbündnis zu reden, wurde er hingehalten. Denn die polnische Regierung dachte niemals daran, ein solches Bündnis abzuschließen. Mit dem Verhalten Lipskis zu Göring war sie allerdings voll einverstanden, weil sie hoffte, dadurch Deutschland von einem Angriff auf Polen abhalten zu können.

Die Behandlung Görings brachte Polen einen Vorteil, als es im Frühjahr 1935 zu einem neuen Konflikt um Danzig kam. Die Danziger Regierung hatte schon unter Rauschning und verstärkt nach seiner Ablösung als Senatspräsident durch Arthur Greiser im November 1934 eine leichtfertige Finanz- und Wirtschaftspolitik getrieben, die dazu führte, daß die Devisenbestände schnell zusammenschmolzen und der Senat am 2. Mai 1935 eine Abwertung des Danziger Guldens um 42,37 Prozent beschloß. Der Kurs des Guldens entsprach damit einem polnischen Złoty, der bis dahin 58 Guldenpfennig notiert hatte. Die polnische Regierung nahm die Abwertung zum Anlaß, um ohne vorherige Ankündigung die danzig-polnische Zollunion außer Kraft zu setzen und den Wirtschaftsverkehr der Freien Stadt mit Polen durch eine Zollmauer abzuschnüren. Mit dieser – dem vom Völkerbund garantierten Statut Danzigs und bestehenden völkerrechtlichen Vereinbarungen widersprechenden – Maßnahme wollte sie Danzig, dessen Wirtschaft weitgehend auf den freien Warenverkehr mit Polen ausgerichtet war, seiner Eigenständigkeit berauben und zu einer wirtschaftlichen Eingliederung in Polen zwingen, der dann bald auch die politische Eingliederung folgen sollte.

Noch bevor das Auswärtige Amt und andere deutsche Dienststellen von dem Vorgehen in Polen unterrichtet waren, hatten der polnische Gesandte Lipski und Göring sich zu Hitler, der sich in diesen Tagen auf dem Obersalzberg aufhielt, auf den Weg gemacht und unterrichteten ihn in einer für Polen günstigen Darstellung über die Vorgänge, so daß er geneigt war, sie zu dulden und auch einen fortdauernden Druck auf Danzig hinzunehmen. In dieser Situation ließ Schacht die Reichsbank und das Wirtschaftsministerium Hilfsmaßnahmen für Danzig einleiten. Dadurch blieb die Wirtschaft der Freien Stadt – entgegen den polnischen Erwartungen – von einer Krise bewahrt. Sie überstand die Zollsperre, bis Polen sich schließlich zur Wiederherstellung der Zollunion bereitfand.

Göring war über das Vorgehen Schachts, das er als einen Schlag gegen die von ihm vorangetriebene Polenpolitik empfand, sehr verärgert – viel stärker verärgert, als Schacht es zunächst merkte. Doch im Laufe der Zeit sah Schacht, daß die Polenpolitik, so wie sie Hitler und Göring verfolgten, der gegen Rußland gerichteten Kriegspolitik dienen sollte. Das veranlaßte Schacht, ihr nach Kräften entgegenzuwirken; einmal, weil er die anti-russische Kriegspolitik für eine der schlimmsten Gefahren hielt, zum anderen, weil er erkannte, daß diese Polen-Politik zum Scheitern verurteilt war. Denn er sah, daß von polnischer Seite niemals ein militärisches Zusammengehen ernsthaft in Erwägung gezogen wurde, und die Polen die deutsch-polnische »Freundschaft« dazu benutzten, um, ungehindert durch Proteste aus Berlin, die deutsche Minderheit stärker noch als bis dahin zu unterdrücken und zur Aufgabe ihres Volkstums zu zwingen. Schacht warnte deshalb vor einer falschen Einschätzung des Verhältnisses zwischen Deutschland und Polen. Das aber war für Göring ein Angriff auf den politischen Kurs, für den er sich mit aller Kraft einsetzte und von dem er sich einen großen Erfolg erhoffte. Schacht wurde dadurch zu seinem persönlichen Feind. Nur suchte er dies nach außen zu verheimlichen, bis er glaubte, über hinreichend Macht zu verfügen, um gegen Schacht offen vorgehen zu können.

Den Zeitpunkt hielt er für gekommen, als er am 18. Oktober 1936 von Hitler zum »Beauftragten für den Vierjahresplan« mit weitreichenden Vollmachten ernannt war. Mit einem Erlaß vom 22. Oktober 1936 errichtete er das »Amt für deutsche Roh- und Werkstoffe« und bestimmte als dessen Arbeitsbereich:

a) Steigerung der produktiven industriellen Rohstoffe,
b) die Planung und Durchführung der Fabrikation deutscher Werkstoffe mit der Ausnahme industrieller Fette (für die Keppler zuständig blieb, aber Göring unterstellt war),
c) die Förderung der für die genannten Aufgaben nötigen Forschungsaufgaben,
d) die Mineralölwirtschaft einschließlich der Bewirtschaftung eingeführter und sonst außerhalb des Vierjahresplanes gefertigter Stoffe.

Mit den Geschäftsgruppen des Vierjahresplanes »Rohstoffverteilung« und »Devisen« sicherte er sich Kontroll- und Eingriffsmöglichkeiten über weite Bereiche der Wirtschaft.

In einem Schreiben vom 26. November 1936 an den Reichswirtschaftsminister forderte er eine Abgrenzung der Zuständigkeiten zwischen dem Beauftragten für den Vierjahresplan und dem Wirtschaftsminister in einer Weise, die ihm sogleich die volle Verfügungsmacht über das Ministerium gegeben hätte. Er verlangte, daß das Amt für deutsche Roh- und Werkstoffe mit den Referenten des Wirtschaftsministerium »unmittelbar verkehren« durfte.

Schacht war durch die Entscheidung Hitlers und das Vorgehen Görings in die Defensive gedrängt und hatte kaum noch Aussichten, sich ihnen gegenüber weiter durchsetzen zu können. Doch er wollte nicht widerstandslos aufgeben. Er berief sich jetzt auf seine Stellung als Generalbevollmächtigter für die Kriegswirtschaft. Durch das Reichsverteidigungsgesetz vom 21. Mai 1935 war ein Reichsverteidigungsrat gebildet worden, dessen Aufgabe es war, durch Zusammenarbeit der zuständigen Ministerien und Dienststellen sowie der Wehrmacht die Kriegsbereitschaft Deutschlands auf den Gebieten der Finanz, der Wirtschaft und des Außenhandels, der landwirtschaftlichen Produktion und ihrer Verteilung, des Verkehrs, des Nachrichtenwesens usw. herzustellen. Schacht, als Wirtschaftsminister, wurde zum »Generalbevollmächtigten für die Kriegswirtschaft« ernannt und erhielt in dieser Stellung weitgehende, nahezu unbeschränkte Vollmachten für Kontrollen und Weisungen in allen kriegswirtschaftlich wichtigen Ressorts zuerkannt.

Von diesen Vollmachten hat er jedoch nie Gebrauch gemacht und seine Tätigkeit als Generalbevollmächtigter auf die Teilnahme an Sitzungen und einer Veranstaltung beschränkt, auf der nach Art eines Manövers der Ablauf von Umstellungen in der Wirtschaft und im Verkehrswesen im Falle der Kriegsgefahr durchgespielt wurde. Für die praktischen Arbeiten, die in der Hauptsache in der Aufstellung von Organisationsplänen für den Kriegsfall bestanden, war ein »Arbeitsausschuß des Reichsverteidigungsrates« geschaffen, dem leitende Beamte der betreffenden Ministerien und der Wehrmachtsdienststellen angehörten. Für die Sicherung der Versorgung mit wichtigen Rohstoffen im Kriegsfall hatte Schacht es allerdings nicht an Vorsorge fehlen lassen. Durch das Wirtschaftsministerium hatte er die Vorarbeiten für die Errichtung von Werken zur Gewinnung von Treibstoff aus Kohle und für die Herstellung von Kunstfaserstoffen zum Ersatz von Wolle und Baumwolle ausführen lassen. Auch die Erweiterung des deutschen Erzbergbaus hatte er in Angriff genommen. Obwohl Schacht behutsam und unter Vermeidung allzu hoher Kosten vorging, zeichneten sich die Erfolge dieser Arbeiten bereits deutlich ab, als Göring dann unter dem Vierjahresplan alle diese Projekte ohne Rücksicht auf die damit verbundenen Kostensteigerungen forcierte.

Nach dem ersten Vorstoß Görings in den Zuständigkeitsbereich des Reichswirtschaftsministeriums und des mit ihm verbundenen Preußischen Wirtschaftsministeriums benutzte Schacht seine Vollmachten als Generalbevollmächtigter für die Kriegswirtschaft und wies unter Berufung auf sie alle Dienststellen im Zuständigkeitsbereich des Generalbevollmächtigten darauf hin, daß sie nur von ihm Weisungen entgegennehmen dürften. In dem Rundschreiben an alle Überwachungsstellen heißt es: »Die Überwachungsstellen sind gehalten, Anweisungen nur von mir entgegenzunehmen.« Den Ämtern Görings sollten sie auf Anfragen Antworten erteilen. Wenn diese ihnen Anweisungen gäben oder Richtlinien mitteilten, dann durften sie diese nach ihrem Ermessen befolgen oder ablehnen. »Für den Fall« – so hieß es weiter in dem Rundschreiben –, »daß Bedenken gegen die Ansuchen der genannten Stellen (Görings) bestehen und dieselben durch mündliche Verhandlungen mit den Sachbearbeitern dieser Stellen nicht ausgeräumt werden können, ist mir sofort Meldung zu erstatten. Ich werde dann in jedem Fall das Erforderliche veranlassen.«

Nun konnte sich aber auch Göring darauf berufen, daß ihm mit dem Auftrag, »die gesamte Wirtschaft in vier Jahren kriegsbereit zu stellen« – wie er seinen Auftrag in einem Schreiben vom 18. Dezember 1936 an Schacht darstellte – ebenfalls weitgehende Ermächtigungen erteilt waren, Weisungen an alle Obersten Dienststellen des Staates und der Partei zu geben. Außerdem war nicht zu verkennen, daß in den Göring unterstellten Dienststellen – neben der Devisenwirtschaft und dem Amt für deutsche Roh- und Werkstoffe gehörte auch das Reichskommissariat für Preisbildung dazu – rein fachlich gesehen gute Arbeit geleistet wurde. Göring war auf allen diesen Gebieten sicherlich der Ignorant, für den ihn Schacht immer gehalten hatte. Er verstand es aber, für die Ausführung der ihm übertragenen Aufgaben erstklassige Fachleute heranzuziehen.

Es waren dies Männer, die mit wenigen Ausnahmen keine überzeugten Nationalsozialisten, wohl aber meist gute Patrioten waren. Sie reizten die großen Aufgaben, die ihnen gestellt wurden und der freie Handlungsspielraum, den ihnen Göring gewährte, wenn sie nur nach seinen Richtlinien vorgingen. Soweit sie mehr Techniker als Wirtschaftler waren, wurden sie auch dadurch gewonnen, daß sie ihre Arbeit »ohne Rücksicht auf Kosten« in Angriff nehmen und durchführen durften. Den meisten von ihnen imponierte auch Hitler mit seinem politischen Aufstieg und seinen ersten außenpolitischen Erfolgen als Reichskanzler.

Anders als Schacht, glaubten sie nicht, daß eine Verlangsamung der Rüstung Deutschlands die Kriegsneigung Hitlers mindern könnte. Sie hielten eine möglichst große militärische Stärke Deutschlands – und dazu gehörte auch eine möglichst hohe kriegswirtschaftliche Leistungsfähigkeit – für notwendig, berechtigte Ansprüche, wie gegenüber Polen, auf den Anschluß Österreichs und auf Beseitigung der Unterdrückung der Sudetendeutschen durchsetzen zu können. Hitlers Kriegsabsichten gegenüber Rußland konnten oder wollten sie nicht sehen. Dagegen erschien ihnen für den Fall, daß es zu einem großen Krieg kommen sollte, ein möglichst starkes Rüstungspotential unbedingt erforderlich, damit es nicht durch eine Niederlage zu einer Katastrophe für Deutschland käme und, wenn schon ein deutscher Sieg nicht möglich sein würde, durch einen anhaltenden militärischen Widerstand von den Gegnern günstige oder wenigstens nicht allzu schlimme Friedensbedingungen herausgehandelt werden könnten. Aus solchen Erwägungen stellten sie Göring ihr Wissen und Können zur Verfügung und arbeiteten für den Aufbau einer starken Kriegswirtschaft, ungeachtet der damit verbundenen Nachteile auf anderen wirtschaftlichen Gebieten und der Opfer, die damit der Bevölkerung auferlegt wurden und die Schacht so gerne vermieden hätte, zumal er mit dem Wachsen der Rüstung die Kriegsgefahr wachsen sah.

Daß Göring sein erbitterter Gegner geworden war, hatte Schacht nach seiner Ernennung zum Beauftragten für den Vierjahresplan erkannt. Schon vorher hatte Göring, als er am 4. September 1936, wie es gelegentlich der Fall war, eine Ministerratssitzung leitete, deutlich ausgesprochen, daß er eine andere Wirtschaftspolitik, als Schacht sie betrieb, für notwendig hielt, und dabei zu erkennen gegeben, daß er gewillt war, die Führung der Wirtschaftspolitik an sich zu reißen. Auf dieser Sitzung erklärte er, wie es im Sitzungsprotokoll vermerkt ist: »Der ›Neue Plan‹ des Reichswirtschaftsministers ist in den Grundzügen brauchbar, nur in Einzelheiten verbesserungsfähig.« Anschließend hatte er aus der Denkschrift Hitlers einige Stellen zitiert, die sich auf die Notwendigkeit der »Selbstversorgung« und der Verhinderung des Abflusses von Devisen bezogen.

Schacht wußte – ebenso wie niemand anderer außerhalb des Kreises der engsten Vertrauten Hitlers – nichts von der bevorstehenden Ernennung Görings zum Beauftragten für den Vierjahresplan. Doch er merkte, daß Göring erwartete, in absehbarer Zeit Vollmachten zu erhalten, mit denen er Schacht in Grenzen halten und den Weg für eine andere Wirtschaftspolitik öffnen könnte. Nach der Verkündung des Vierjahresplanes und der Beauftragung Görings mit seiner Durchführung war es für Schacht klar, daß es nun zu einer harten Auseinandersetzung zwischen ihm und dem Mann, der ihn mit Hitler in Verbindung gebracht hatte, kommen würde. Doch da Göring beim Zitieren aus Hitlers Denkschrift nichts von der in ihr enthaltenen Kritik an Schachts Wirtschaftspolitik zu erkennen gegeben hatte, hielt Schacht es weiterhin für möglich, daß Hitler ihn nicht fallen und ihn seine Wirtschaftspolitik, abgesehen von größeren Maßnahmen für die Herstellung der Selbstversorgung, noch weiter fortführen lassen wollte. Sicher war er sich dessen aber nicht mehr, und er wurde sich auch dessen bewußt, daß er im Kampf gegen Göring unterliegen könnte.

Das hielt ihn aber nicht davon ab, diesen Kampf zu führen. In einer Ansprache vor der Reichswirtschaftskammer, die zur Feier seines sechzigsten Geburtstages am 22. Januar 1937 eine Festsitzung in Berlin veranstaltete, griff er Görings Wirtschaftspolitik scharf an. Er kritisierte, ohne den Namen Görings zu nennen, dessen kurz zuvor erfolgten Äußerungen, nach denen er jeden, der Devisen ins Land brächte, gewähren lassen würde, einerlei ob dies mit gesetzlich erlaubten oder mit unerlaubten Methoden geschähe. Noch härter nahm er gegen die Erklärung Görings Stellung, er verlange von der Wirtschaft, daß sie produziere, einerlei ob mit Gewinn oder Verlust. Schacht betonte: »Es kann in keinem Staat eine Wirtschaft arbeiten und gedeihen, die nicht mit ganz festen Rechtsgrundsätzen ausgestattet ist ... Deshalb ... wenn jemand sagt: Sie können ruhig die Gesetze und gesetzliche Bestimmungen umgehen, so erkläre ich Ihnen, daß ich jeden vor Gericht bringen werde, von dem ich erfahre, daß er die gesetzlich erlassenen Bestimmungen umgeht.« Und zu Görings Auffassung von der Wirtschaftlichkeit sagte Schacht, wieder ohne seinen Namen zu nennen, aber jeder wußte, wer gemeint war: »Wenn jemand sagt: die Hauptsache ist, daß Sie produzieren, ob Sie wirtschaftlich produzieren, ist nicht entscheidend, so sage ich Ihnen: Wenn Sie unwirtschaftlich produzieren, so vergeuden Sie die Substanz, die im deutschen Volk vorhanden ist. Wenn ich auf den Morgen einen Zentner Getreide aussäe und ernte nur dreiviertel Zentner, dann ist das der vollendetste Unsinn, den man sich denken kann. Ich kann und darf nicht einfach beliebig unwirtschaftlich arbeiten, weil ich damit die Substanz des deutschen Volkes aufbrauche.«

Daß Schacht seine Zukunft jetzt bereits skeptisch zu betrachten begann, zeigt die Wendung, mit der er die Schlußworte dieser Rede einleitete: »Wenn es mir vergönnt sein sollte, meine Freunde, noch längere Zeit mit Ihnen zusammenzuarbeiten ...« Gleichzeitig gab er zu erkennen, daß er nicht an seinen Ämtern kleben wollte. Er wollte sie nur unter der Voraussetzung behalten, daß er ihre Aufgaben auch ausführen konnte. Deshalb teilte er im Dezember 1936 Blomberg mit, daß er seine Tätigkeit als Generalbevollmächtigter für die Kriegswirtschaft nicht weiter ausüben könne, weil der Beauftragte für den Vierjahresplan immer wieder in seinen Zuständigkeitsbereich eingriff. Blomberg beschwor Schacht, sein Amt nicht aufgeben und setzte sich in Gesprächen mit Göring und Hitler für eine Abgrenzung der Zuständigkeit zwischen dem Reichskriegsminister, dem Generalbevoll-

28. Schacht im Hintergrund bei Hitlers
»Friedensrede« 1937.

29. Auch diese Zeichnung findet sich in
»Dr. Schacht in der Karikatur«, der Ge-
burtstagsgabe der Reichsbank an den Sech-
zigjährigen 1937.

32. Ein Rosenstrauß aus Kinderhand.

33. Diese Büste von Annie Höfken-Hempel wurde zum 60. Geburtstag Schachts in der Reichsbank aufgestellt.

30. Auf der Ehrentribühne, Berliner Schloßplatz am 1. Mai 1936.

31. Arbeiterhände strecken sich dem Führer entgegen«, lautet der zeitgenössische Kommentar.

34. Schacht im Gespräch mit Dr. Ley, dem Leiter der Deutschen Arbeiterfront.

35. Auf einem Manöver: Neben Schacht: Reichsfinanzminister Graf Schwerin von Krosigk; rechts Reichsarbeitsführer Hierl und Reichsverkehrsminister Dr. Dorpmüller. Vorn Generaloberst von Fritsch.

36. Rivalen applaudieren gemeinsam: Schacht und Hermann Göring.

37. Mitglieder der Reichsregierung hören eine Rede Görings. Unten von rechts: Hitler, Heß, von Ribbentrop. Oben: Frank, Schacht, Gurtner.

38. 1939 empfängt Schacht Montagu Norman in Berlin.

39. Ein Familienbild: Schacht mit seiner ersten Gattin und seinem Sohn 1935.

40. Nach seiner Entfernung vom Amt des Reichsbankpräsidenten reiste Schacht 1939 nach Indien.

41. Auf der Anklagebank im Nürnberger Prozeß. Schacht in der ersten Reihe der Angeklagten, ganz rechts.

42. Schacht hinter Stacheldraht während der Voruntersuchung zum Nürnberger Prozeß.

43. Der Angeklagte Schacht beim Essen in seiner Zelle.

44. Schacht wurde in Nürnberg freigesprochen, hatte aber große Probleme mit deutschen Entnazifizierungsinstanzen.

45. 1967 feierte Schacht seinen neunzigsten Geburtstag. Im Alter spielte er eine Rolle als Berater verschiedener Regierungen und als Kommentator des Wirtschaftsgeschehens.

mächtigten und dem Beauftragten für den Vierjahresplan ein. Nach seinen Vorschlägen, denen Schacht gern zustimmte und denen Göring formal auch zustimmen mußte, erhielt bei Kompetenzstreitigkeiten der Reichskriegsminister die oberste Entscheidung zu ihrer Klärung. Schacht nahm danach wieder an Sitzungen des Reichsverteidigungsrates teil. Die Streitigkeiten mit Göring und seinen Dienststellen um Kompetenzen und wirtschaftspolitische Maßnahmen gingen aber weiter.

Im Frühjahr 1937 forderte Schacht, um eine Klärung zu erreichen, in einem Gespräch Göring auf, bei Hitler dahin zu wirken, daß ihm das Reichswirtschaftsministerium übertragen würde. Ob Göring Hitler davon unterrichtet hat, ist nicht bekannt. Jedenfalls brachte dies Gespräch keine Änderung. Schacht aber wollte die Dinge nicht länger treiben lassen und eine Entscheidung herbeiführen. Die Gründung der Reichswerke AG für Erzbergbau und Eisenhütten »Hermann Göring«, Berlin, mit Verwaltungssitz in Salzgitter-Drütte, Ende Juni 1937 ohne Einschaltung des Wirtschaftsministeriums gab Schacht Anlaß zu einem formellen Protest. Hitler ließ darauf die beiden Kontrahenten am 7. Juli 1937 eine Vereinbarung über ihre Zusammenarbeit treffen, in der die Selbständigkeit Schachts als Generalbevollmächtigter für die Kriegswirtschaft ausdrücklich festgelegt wurde. Die von Göring und Schacht als »geheime Reichssache« unterzeichnete Aktennotiz hatte folgenden Wortlaut:

»Eine auf Veranlassung des Führers und Reichskanzlers von den beiden Unterzeichneten vorgenommene Nachprüfung der früher aufgeworfenen grundsätzlichen Fragen, die hierdurch erledigt werden, hat ergeben, daß die Aufgaben des Beauftragten für den Vierjahresplan und die Aufgaben des Generalbevollmächtigten für die Kriegswirtschaft in engster gegenseitiger Zusammenarbeit gelöst werden. Im übrigen besteht an der Tatsache, daß der Generalbevollmächtigte für die Kriegswirtschaft die Stellung einer Obersten Reichsbehörde hat, kein Zweifel.«

Göring ließ aber auch keinen Zweifel daran bestehen, daß er sich durch diese Vereinbarung nicht im geringsten gebunden fühlte. Schon Ende Juli 1937 erließ er eine Verordnung an die Bergbaubetriebe, ohne das Wirtschaftsministerium, zu dessen Zuständigkeitsbereich die Bergbaubetriebe gehörten, davon zu unterrichten. Für Schacht war dies ein erneuter Anlaß für einen weiteren förmlichen Protest. Er begnügte sich aber nicht damit, sondern ging jetzt zu einem scharfen Angriff gegen Göring vor, über dessen Ausgang er sich im klaren war. Am 5. August 1937 richtete er an Göring einen Brief, in dem er dessen

Wirtschaftspolitik scharf kritisierte. Einen Durchschlag dieses Briefes sandte er Hitler zu mit der Absicht, hierdurch einen Eklat herbeizuführen. Denn der Inhalt dieses Schreibens konnte in Kreisen der Staats- und der Parteiführung nicht unbekannt bleiben. In dem Begleitschreiben an Hitler ersuchte Schacht um seine Entlassung als Wirtschaftsminister.

In dem Schreiben führte Schacht aus:

»Die Einfuhr an Roh- und Halbstoffen ist durch die von mir inaugurierte neue Handelspolitik von 26 Millionen Tonnen auf nicht weniger als 46 Millionen Tonnen gesteigert worden. Aus dieser Gegenüberstellung ergibt sich bereits, daß die schneller wirkende Chance für eine Steigerung unserer Rohstoffversorgung im Außenhandel lag. Sie wurde von mir wahrgenommen durch eine Umstellung unseres Exportes auf rohstoffliefernde Länder und durch eine geeignete Handhabung des Verrechnungssystems unter Vermeidung von Devisenbarzahlungen.«

»Ich habe immer und immer wieder auf die Notwendigkeit eines gesteigerten Exportes hingewiesen und hingewirkt. Die übermäßige Inanspruchnahme unserer Industrie für inländische Aufträge mußte naturgemäß der Exportwilligkeit Abbruch tun. Die übermäßige Inanspruchnahme von Rohstoffen und Arbeitskräften für öffentliche Bauten, Aufrüstung und Vierjahresplan droht einen Rückgang in unserem Export herbeizuführen. Ich möchte nun ganz klar herausstellen, daß, wenn die Devisen, die uns aus dem Export anfallen, geringer werden, dann selbstverständlich auch die Zufuhr der Rohstoffe nachlassen muß und weitere Lücken in der Versorgung der Bautätigkeit, der Aufrüstung und des Vierjahresplanes eintreten müssen.«

»Während demnach unser Hauptziel immer darin bestehen mußte, neben der heimischen Rohstoffsteigerung den laufenden Deviseneingang durch Export zu erhöhen, haben Sie als eine Ihrer ersten Maßnahmen die Erfassung der im deutschen Besitz befindlichen ausländischen Wertpapiere sowie die beschleunigte Eintreibung deutscher Warenaußenstände und die möglichste Realisierung deutscher Auslandsbeteiligungen angeordnet. Sie haben damit einen Eingriff in Substanzteile vorgenommen, deren regelmäßiger Devisenertrag an Zinsen und Dividenden nunmehr in unseren laufenden Deviseneingängen fehlt.«

»Bei Ihrem neuen Vorhaben zur Steigerung der inländischen Eisenerzförderung handelt es sich um den Aufwand von vielen Hunderten von Millionen, für die bisher keine Deckung vorhanden ist. Die Bereitstellung von Banknoten und Buchgeld bedeutet nicht gleichzeitig die Bereitstellung von Rohstoffen und Nahrungsmitteln. Aus Papier kann man weder Brot backen noch Kanonen gießen. Die Investierung von Rohmaterial und Arbeitskraft in neue Unternehmungen des von Ihnen geplanten Ausmaßes muß eine weitere Beschränkung der Rohstoffzuteilung an solche Betriebe herbeiführen, die für den Export und für den Konsum der Bevölkerung arbeiten. Die Knappheit einer ganzen Reihe von Konsumartikeln ist heute schon im täglichen Leben spürbar.«

Und zum Abschluß schrieb er:

»Sie erinnern sich, daß ich schon vor Monaten Ihnen gegenüber zum Ausdruck gebracht habe, daß eine Einheitlichkeit in der Wirtschaftspolitik unerläßlich ist und daß ich Ihnen nahelegte, die Übertragung des Reichswirtschaftsministeriums auf Ihre Person herbeizuführen. Ich habe vorstehend ausgeführt, daß ich Ihre Devisenpolitik für unrichtig halte und nicht in der Lage bin, sie mitzuverantworten.«

Am 11. August hatte Schacht auf dem Obersalzberg eine Unterredung mit Hitler, der ihn auf das liebenswürdigste und freundlichste behandelte, um ihn dazu zu bewegen, sich doch mit Göring zu einigen. Schacht wies dagegen darauf hin, daß eine einheitliche Führung der Wirtschaftspolitik unbedingt notwendig sei, seine und Görings Ansichten aber völlig entgegengesetzt seien. »Lieber Herr Schacht«, sagte darauf Hitler, wie Schacht in seinen Erinnerungen berichtet, »Sie müssen sich mit Göring verständigen. Ich bitte Sie dringend, noch einmal den Versuch zu machen, mit Göring zu einer einheitlichen Linie zu kommen. Ich möchte Ihre Mitarbeit unter keinen Umständen entbehren.« Schacht erklärte sich zu einer weiteren Unterredung mit Göring bereit. Hitler versicherte ihm darauf: »Wenn Sie mir nach zwei Monaten wiederholen werden, daß Sie mangels einer einheitlichen Auffassung für die deutsche Wirtschaftspolitik bei Ihrem Entlassungsgesuch beharren, so werde ich Ihrer Bitte entsprechen.«

Es folgte zunächst ein Briefwechsel. Göring verteidigte in einem langen Schreiben vom 22. August seine wirtschaftspolitische Auffassung und seine Maßnahmen gegen die Kritik, die Schacht in seinem Brief vom 5. August vorgebracht hatte. Schacht antwortete darauf nur kurz: »Aus Ihrem Schreiben vom 22. ds. Mts. entnehme ich die Bestätigung, daß in unser beider wirtschaftspolitischen Auffassung grundsätzliche Unterschiede vorhanden sind, die, wie ich hoffe, dem Führer Veranlassung geben werden zu der Entscheidung, die Führung der Wirtschaftspolitik allein in Ihre Hand zu legen.«

Für Schacht war damit die Entscheidung gefallen. Am 5. September 1937 nahm er Urlaub als Reichswirtschaftsminister und gab damit dieses Amt auf, das er nur noch formal bekleiden sollte, ohne es wirklich führen zu dürfen. Anfang Oktober hatte er noch einmal eine Unterredung mit Hitler, nach der er am 8. Oktober folgenden Brief schrieb:

»Mein Führer!

Sehr verehrter Herr Reichskanzler!

Im Anschluß an die Unterhaltung vom 6. ds. Mts. beehre ich mich darauf hinzuweisen, daß eine erfolgreiche Führung der deutschen Wirtschaftspolitik nur möglich ist bei einheitlicher Kommandogewalt. Bei der ungeheuren Bedeutung der Wirtschaft für die Schlagfertigkeit der Wehrmacht ist weder ein Durcheinander und Nebeneinander von allen möglichen Wirtschaftskommissaren noch ein dauerndes Eingreifen außenstehender Stellen, noch ein permanentes Hineinfunken der Deutschen Arbeitsfront in die Wirtschaftsführung erträglich.

Die Ernennung eines besonderen Beauftragten für den Vierjahresplan konnte nur den Sinn haben, die Autorität einer in Staat und Partei gleich hoch stehenden Persönlichkeit sowie den Schwung der Bewegung für die gewünschte Sonderaufgabe einzusetzen. Dementsprechend hat Herr Ministerpräsident Göring immer erklärt, daß er keinen neuen Verwaltungsapparat aufbauen wolle, sondern zur Durchführung des Notwendigen sich der vorhandenen Ministerien unter Aufrechterhaltung ihrer Verantwortung bedienen wolle.

Tatsächlich geschehen ist das Gegenteil. Das Amt für den Vierjahresplan umfaßt heute mehrere hundert Personen, und die Exekutive der einzelnen Ministerien wird je nach Wunsch beiseite geschoben.

Die Wirtschaft kann aber nur von einer Seite geleitet werden. Wer diese Stelle sein soll, müssen Sie, mein Führer, auf Grund des Vertrauens, welches Sie in die Kenntnisse und Loyalität des zu Berufenden setzen, entscheiden. Sonderbeauftragte, also auch der Beauftragte für den Vierjahresplan, können immer nur die Planung, die Initiative und öffentliche Propagierung innehaben, nicht aber die Exekutive, die durch den bestehenden staatlichen Apparat vor sich gehen muß. Wenn die einzelnen Ministerien (Wirtschaft, Ernähung, Arbeit, Verkehr usw.) im Widerstreit miteinander waren, hat bisher der Ministerpräsident Göring als Vorsitzender des sogenannten Kleinen Ministerrats stets den Ausgleich herbeizuführen verstanden. Dies sollte auch künftig geschehen. Notfalls muß in grundsätzlichen Fragen wegen Entscheidung an Sie, mein Führer, herangetreten werden.

Für den Fall, daß Sie, mein Führer, nicht beabsichtigen, die Wirtschaftsführung – also einschließlich Exekutive – einheitlich in die Hände des Sonderbeauftragten für den Vierjahresplan zu legen, sondern das Wirtschaftsministerium als solches bestehen zu lassen, habe

244

ich mir erlaubt, in der Anlage einige Punkte aufzuführen, ohne die nach meiner festen Überzeugung eine verantwortliche Führung des Wirtschaftsministeriums nicht erwartet werden kann.

Es wird Sie vielleicht amüsieren, daß die Volksstimmung ein sicheres Gefühl für diese Dinge hat. Es flattert mir heute nämlich der Vers auf den Tisch:

> ›Gebt mir, sprach Göring, vier Jahre Zeit,
> Bis ich die Wirtschaft vom Gelde befreit;
> Ich lasse den Schacht Euch als Bürgen,
> Ihn mögt Ihr, entrinn' ich, erwürgen.‹

Wozu ich persönlich keine Neigung habe.

Ich verbleibe, wie immer, mein Führer,

Ihr unverändert ergebener ...«

Am 1. November traf sich Schacht, der Forderung Hitlers nachkommend, noch einmal mit Göring; diese Unterredung ließ aber nur erneut den Gegensatz zwischen beiden hervortreten. Als Göring erklärte: »Aber ich muß Ihnen doch Anweisungen geben können«, antwortete ihm Schacht: »Mir nicht, aber meinem Nachfolger«, und beendete damit seine letzte Begegnung – bevor beide sich als Angeklagte des Internationalen Militärgerichtshofes im Nürnberger Gefängnis in einer Badezelle mit zwei Wannen wiedertrafen.

Es dauerte noch bis zum 26. November 1937, bis Schacht sein Entlassungsschreiben als (kommissarischer) Reichswirtschafts- und Preußischer Wirtschaftsminister erhielt, in dem ihm Hitler für seine Tätigkeit in diesem Amt Dank sagte. Es folgte noch ein Schreiben des Chefs der Reichskanzlei Dr. Lammers, der Schacht mitteilte, »daß die Annahme Ihres Rücktritts von der Führung der Geschäfte des Reichswirtschaftsministers auch die von Ihnen schon früher angebotene Niederlegung Ihres Amtes als Generalbevollmächtigter für die Kriegswirtschaft in sich schließt«. Hinzugefügt war: »Keiner besonderen Hervorhebung bedarf es, daß der Ihnen bei Ihrem Ausscheiden aus dem Amt des Reichswirtschaftsministers bekundete Dank des Führers und Reichskanzlers auch Ihre Tätigkeit als Generalbevollmächtigter für die Kriegswirtschaft umfaßt.«

Die Entlassung

Die Verzögerung der förmlichen Annahme des Rücktrittsgesuches von Schacht hatte ihre Ursache vor allem darin, daß Hitler es schwer hatte, einen geeigneten Mann für den Posten des Reichswirtschaftsministers zu finden. Es fehlte nicht an Bewerbern; aber wen die eine Parteistelle empfahl, war einer anderen oder Göring nicht genehm. Sofort wurden gegen ihn bei Hitler Bedenken angemeldet. Als schließlich die Annahme von Schachts Rücktrittsgesuch nicht länger hinausgeschoben werden konnte, beauftragte Hitler am 26. November 1937, zugleich mit Schachts Entlassung aus diesem Amt, Hermann Göring mit der Wahrnehmung der Geschäfte des Reichswirtschaftsministers. Daraus, daß Hitler auch ihn nicht zum Wirtschaftsminister ernannte, war zu ersehen, daß er diese Aufgabe nur zeitweilig übernehmen sollte. Bei der Ämterhäufung, die sich bei Göring eingestellt hatte, wäre es ein untragbarer Zustand geworden, wenn ihm auf die Dauer das Amt des Wirtschaftsministers übergeben worden wäre. Er hätte dafür doch einen Stellvertreter einsetzen müssen. Außerdem war Blomberg dagegen, daß die gesamte Wirtschaftspolitik vollständig in die Hände Görings gelegt wurde.

Am 7. Februar 1938 wurde Walther Funk zum Reichswirtschaftsminister ernannt. Durch langjährige Tätigkeit als Wirtschaftsjournalist besaß er eine gute Kenntnis des Wirtschaftslebens, nach seiner Ernennung 1933 zum Staatssekretär im Propaganda-Ministerium hatte er auch einige Verwaltungspraxis erworben. So war er fachlich keineswegs für das Amt ungeeignet. Er besaß aber keine große Willensstärke und noch weniger Durchsetzungsvermögen. Blomberg sorgte dafür, daß er unverzüglich auch zum Generalbevollmächtigten für die Kriegswirtschaft ernannt wurde. Doch Funk machte nicht einmal den Versuch, die Vollmachten, die er damit – formal – erhielt, auszunutzen. Das Wirtschaftsministerium wurde unter ihm mehr und mehr zu einer rein ausführenden Behörde. Die Wirtschaftspolitik wurde jetzt vom Amt für den Vierjahresplan bestimmt.

Schacht wurde, damit der Bruch nach außen möglichst nicht sichtbar werden sollte, mit seinem Ausscheiden aus dem Amt des Reichswirtschaftsministers zum »Reichsminister ohne Geschäftsbereich« ernannt. Er wurde damit nach dem Verlust seines Geschäftsbereiches noch – formal – ein richtiger Reichsminister, nachdem er bisher nur mit der Führung der Geschäfte eines Reichsministers betraut war. Schachts Zugehörigkeit zur Reichsregierung hatte praktisch kaum noch Bedeutung. Doch Schacht versuchte, diese Stellung wenigstens dazu zu benutzen, in einigen Fällen seine Stimme bei den Machthabern zu Gehör zu bringen.

Als auf einer Kabinettssitzung im Dezember 1937 die Änderung des Strafgesetzbuches behandelt wurde, mit der der Begriff »gesundes Volksempfinden« in die Rechtssprechung eingebracht werden sollte, wies Schacht Hitler darauf hin, daß in den verschiedenen Gegenden Deutschlands das Volksempfinden sehr unterschiedlich urteilt. »In gewissen ländlichen Kreisen«, bemerkte Schacht, »entspricht es zum Beispiel dem Volksempfinden, daß der angehende Ehemann sich erst von der Fortpflanzungsfähigkeit seiner künftigen Frau überzeugt, bevor er sie heiratet. In anderen Gegenden Deutschlands entspricht der voreheliche Verkehr dem Volksempfinden ganz und gar nicht.« Deshalb empfahl Schacht, einen Ausschuß mit kompetenten Mitgliedern aus allen Teilen des Deutschen Reiches einzusetzen, der feststellen sollte, was gesundes Volksempfinden ist.

Hitler nahm diesen Einwurf Schachts ruhig hin und meinte, daß man die Einsetzung eines Ausschusses erwägen könne. Es folgte dann bald die letzte Sitzung der Reichsregierung am 4. Februar 1938, auf der den Regierungsmitgliedern mitgeteilt wurde, daß von Blomberg und von Fritsch ihrer Stellung enthoben waren. Danach kam das Kabinett nie mehr zusammen.

Schachts Wirkungs- und Einflußmöglichkeiten als Reichsbankpräsident waren nach dem Fortfall der Verbindung mit dem Wirtschaftsministerium gering geworden. Nachdem er die Devisenbewirtschaftung abgegeben hatte, verlor er jetzt auch die Handhabe, über die Kontrolle und Regelung von Einfuhr und Ausfuhr den wichtigsten Teil des Abflusses und Zuganges von Devisen zu beeinflussen. Auch auf die Staatsfinanzen konnte die Reichsbank nicht mehr wesentlich einwirken, da mit der nun einsetzenden »gestauten Inflation« öffentliche Anleihen im privaten Kapitalmarkt ohne Rückgriff auf die Reichsbank untergebracht werden konnten.

Nur einmal noch setzte sich Schacht bei einer finanz- und wirtschaftspolitisch wichtigen Entscheidung durch. Als Hitler beschlossen hatte, mit einem Truppeneinmarsch den Anschluß Österreichs an das Deutsche Reich zu vollziehen – der Einmarsch erfolgte am 12. März 1938 – erhoben sich die Fragen, wie die Truppen ihren Bedarf im Lande decken sollten und welche wirtschafts- und währungspolitischen Maßnahmen notwendig würden. Der Erwägung, daß die einmarschierten Truppen ihren Bedarf requirieren sollten, widersprach Schacht so energisch, daß beschlossen wurde, den Truppen Geld für die Bezahlung der von ihnen benötigten Lebensmittel und anderer Güter oder Dienstleistungen zur Verfügung zu stellen. Ebenso wurden auf seinen Rat hin alle Gedanken verworfen, für eine Übergangszeit mit einer Zollmauer einzelne österreichische Wirtschaftszweige vor der reichsdeutschen Konkurrenz zu schützen.

Auf härteren Widerstand stieß dagegen Schacht, als er verlangte, das bestehende Kursverhältnis von 52 Reichs-Pfennig für einen österreichischen Schilling beizubehalten oder besser noch zu einem einfacheren Verhältnis von einer Mark gleich zwei Schilling abzurunden. Keppler hatte dagegen vorgeschlagen und Hitler für diesen Vorschlag gewonnen, den Wert des Schilling auf 66,6 Reichspfennig heraufzusetzen. Er glaubte, auf diese Weise die Einkommen der österreichischen Arbeiter erhöhen und sie damit für den Nationalsozialismus gewinnen zu können. Nur übersah er dabei, wie Schacht geltend machte, daß als Folge einer solchen Maßnahme die Preise schnell steigen und damit die Einkommenserhöhung wieder ausgleichen würden. Außerdem wäre durch eine solche Kursfestsetzung ein Preisgefälle zwischen Österreich und dem bisherigen Reichsgebiet entstanden, das der österreichischen Wirtschaft erhebliche Anpassungsschwierigkeiten gebracht hätte. Schacht konnte sich mit seinem Vorschlag durchsetzen und so die Österreicher und ihre Wirtschaft vor Unannehmlichkeiten bewahren – daß damit ihre Begeisterung für Hitler länger erhalten blieb, als es sonst der Fall gewesen wäre, war eine Folge, für die man Schacht schwerlich einen Vorwurf machen darf.

Der Forderung, das Personal der Österreichischen Nationalbank, die nach dem Anschluß in die Reichsbank eingegliedert wurde, von Nicht-Ariern, Freimaurern und Anti-Nationalsozialisten zu säubern, kam Schacht nicht nach. Solange er an der Spitze der Reichsbank stand, erfolgten keine Entlassungen und keine Einstellungen von Nationalsozialisten. Er konnte allerdings nicht verhindern, daß der Präsident der Nationalbank, Viktor Kienböck, sein Amt aufgeben mußte, da nach der Eingliederung in die Reichsbank keine vergleichbare Stellung zur Verfügung stand. Schacht sorgte aber dafür, daß er in allen Ehren entlassen und ihm die zustehende Pension gezahlt wurde, ungeachtet dessen, daß er teilweise jüdischer Abstammung war.

Weniger Erfolg hatte Schacht mit seinem Versuch, noch einmal als Mahner in der Polenpolitik aufzutreten. Er veranlaßte seinen Freund Reuter, im »Deutschen Volkswirt« einen Artikel schreiben zu lassen, in dem vor einer Fehleinschätzung des deutsch-polnischen Verhältnisses gewarnt wurde. Dieser Artikel wurde an alle Partei- und Staatsdienststellen verschickt, die irgendwie mit deutsch-polnischen Fragen befaßt waren; er schuf aber nur Verärgerung ohne eine politische oder auch nur stimmungsmäßige Wirkung zu erzielen.

Mit einem Fehlschlag endete auch Schachts Bemühen, etwas zur Hilfe für die Juden zu unternehmen. Nach den Zerstörungen der Synagogen und den Ausschreitungen gegen Juden in der Nacht des 9. November 1938 wurde er bei Hitler vorstellig und forderte von ihm, die Auswanderung der Juden zu erleichtern, wenn für sie in Deutschland keine Rechtsbasis, ihr Leben anständig zu führen, mehr bestehe. Hitler ging darauf ein und fragte Schacht nach seinen Vorschlägen für eine Erleichterung der Auswanderung der Juden. Schacht entwickelte darauf folgenden Plan:

Das in Deutschland liegende jüdische Vermögen wird in eine Treuhandstelle eingebracht, die es unter Leitung eines internationalen Komitees verwaltet. Das Komitee gibt auf den internationalen Kapitalmärkten eine Anleihe in Dollar aus, deren Rückzahlung und Verzinsung vom Deutschen Reich garantiert wird. Aus dem Ertrag der Anleihe erhält jeder auswandernde Jude einen angemessenen Betrag, der ihm den Aufbau einer Existenz im Ausland ermöglicht. Die Bedienung der Anleihe in Dollar erfolgt aus Exporterlösen, die durch eine Verwertung des Treuhandvermögens erzielt werden.

Die Höhe der Anleihe nahm Schacht mit einer bis eineinhalb Milliarden Reichsmark an. sie sollte eine Laufzeit von zwanzig bis fünfundzwanzig Jahren haben und sollte mit fünf Prozent verzinst werden. Er war sich der Mängel, die dieser Plan hatte, bewußt. Aber er hoffte, durch ihn die jüdischen Vermögen in Deutschland vor der Vernichtung bewahren und vielen Juden die Auswanderung ermöglichen zu können. Von Hitler erhielt Schacht die Vollmacht, diesen Plan zu verwirklichen. Er verhandelte deswegen Mitte Dezember 1938 mit einer jüdischen Gruppe in London. Die Verhandlungen wurden von deutscher Seite auch noch nach der Entlassung Schachts als Reichsbankpräsident fortgeführt. Sie endeten aber ergebnislos, weil auf der Gegenseite die Bereitschaft zu einem Eingehen auf diesen Plan fehlte, der vielen Juden das Leben hätte retten können.

Obwohl Schacht jetzt wußte, daß er Hitler auf seinem verhängnisvollen Weg kaum noch aufhalten konnte und zu der Überzeugung gelangt war, daß, um eine Wende herbeizuführen, Hitler ausgeschaltet werden müßte, wollte er nichts unversucht lassen, was vielleicht dazu beitragen könnte, ihn zu einer Änderung seiner Politik zu bewegen. Unbewußt oder vielleicht auch bewußt, wirkte bei seinen Handlungen an der Jahreswende 1938/39 der Entschluß mit, Hitler herauszufordern, den Bruch mit ihm offen zu vollziehen, um dann auch aus dem Zwiespalt herauszukommen, einer Regierung anzugehören, deren Politik er nach Kräften bekämpfte.

In der Reichsbank war es Brauch, in jedem Jahr zu Weihnachten eine Feier für die Lehrlinge zu veranstalten, an der regelmäßig der Reichsbankpräsident teilnahm und eine Ansprache hielt. In seiner Ansprache auf der Weihnachtsfeier 1938, bei der auch mehrere Parteifunktionäre zugegen waren, ging Schacht auf die Ereignisse vom 9. November ein und sagte seinen Zuhörern:

»Die Brandstiftung in den jüdischen Synagogen, die Zerstörung und Beraubung jüdischer Geschäfte und die Mißhandlung jüdischer Staatsbürger ist ein so frevelhaftes Unternehmen gewesen, daß es jedem anständigen Deutschen die Schamröte ins Gesicht treiben muß. Ich hoffe, daß keiner von Euch sich an diesen Dingen beteiligt hat. Sollte aber doch einer dabeigewesen sein, so rate ich ihm, sich schleunigst aus der Reichsbank zu entfernen. Wir haben in der Reichsbank für Leute keinen Platz, die das Leben, das Eigentum und die Überzeugung anderer nicht achten. Die Reichsbank ist auf Treu und Glauben aufgebaut.«

Daß die Nationalsozialisten solche Worte als eine Herausforderung betrachten mußten, wußte Schacht, und er mußte damit rechnen, daß sie von Hitler seine Maßregelung fordern würden. Er wußte auch, daß die Denkschrift, die am 7. Januar 1939 vom gesamten Reichsbankdirektorium unterschrieben wurde und die vor den Gefahren einer Überspannung der öffentlichen Ausgaben und des kurzfristigen Kredits warnte, Hitler herausforderte. Doch er wollte es jetzt klargestellt haben, ob er als Reichsbankpräsident die Währungspolitik bestimmen konnte, für die er mit diesem Amt die Verantwortung tragen sollte. Deshalb schloß die Denkschrift mit der Forderung:

»Wir bitten deshalb um folgende Maßnahmen:

1. Das Reich wie auch alle anderen öffentlichen Stellen dürfen keine Ausgaben und auch keine Garantien und Verpflichtungen mehr übernehmen, die nicht aus Steuern oder durch diejenigen Beträge gedeckt werden, die ohne Störung des langfristigen Kapitalmarktes im Anleihewege aufgebracht werden können.

2. Zur wirksamen Durchführung dieser Maßnahmen muß der Reichsfinanzminister wieder die volle Finanzkontrolle über alle öffentlichen Ausgaben erhalten.
3. Die Preis- und Lohnkontrolle muß wirksam gestaltet werden. Die
eingerissenen Mißstände müssen wieder beseitigt werden.
4. Die Inanspruchnahme des Geld- und Kapitalmarktes muß der Entscheidung der Reichsbank allein unterstellt werden.«

Hitler befand sich am 10. Januar, dem Tage, an dem die Denkschrift in der Reichskanzlei einging, und in den folgenden Tagen nicht
in Berlin. Er wurde telefonisch unterrichtet und soll, als ihm der Inhalt der Denkschrift mitgeteilt wurde, sehr erregt gewesen sein. Für
die nächste Woche ordnete er eine Besprechung im kleinen Kreise an.
Am 14. Januar forderte Dr. Lammers, der mit dem Rang eines
Reichsministers die Reichskanzlei leitete, in einem Telefongespräch den
Wirtschaftsminister Funk auf, in einer Gedenkschrift die Bedenken des
Reichsbankdirektoriums zu widerlegen. Zu diesem Zweck wurde ihm
eine Fotokopie der Denkschrift zugeleitet. Eine zweite Fotokopie erhielt der Staatssekretär des Reichsfinanzministeriums Reinhardt, der
gleichfalls in der Besprechung seine Stellungnahme mitteilen sollte.

Über die Besprechung und Funks Ausführungen liegen keine Unterlagen vor. Möglicherweise wurde kein Protokoll angefertigt oder es
wurde bei den letzten Kampfhandlungen in der Reichskanzlei vernich-
tet oder es fiel in die Hände sowjetischer Truppen, wurde aber nicht
wie andere Akten aus ihrem Besitz dem Internationalen Militärgerichtshof zur Verfügung gestellt und auch sonst nicht bekanntgegeben.
Aus der Umgebung Funks war zu hören, daß Hitler in der Besprechung sehr aufgebracht über die Denkschrift gewesen sei und Schacht
aufs schärfste kritisiert habe. Funk habe dargelegt, daß mit Kontroll-
maßnahmen die Löhne und Preise stabil gehalten werden und so die
Inflationsgefahren abgewendet werden könnten, und daß die Reichsbank Kredite für die Rüstungsfinanzierung zur Verfügung stellen
könnte; damit würde sie den privaten Kapitalmarkt entlasten, dessen
Mittel dann in größerem Umfang für private Investitionen zur Verfügung stehen würden.

Als Ergebnis der Besprechung stand fest, saß Schacht als Reichsbankpräsident abgesetzt und Funk dieses Amt übernehmen würde.
Am 19. Januar, am frühen Abend, wurde von der Reichskanzlei in
Schachts Wohnung angerufen. Er war aber nicht anwesend. Die Haus-
hälterin, die den Anruf entgegennahm, wußte nicht, wo Schacht sich
befand und sagte: »Vielleicht im Kino oder im Theater.« Als Schacht
nach Hause kam, fand er die Notiz vor, daß er am Morgen des 20. Ja-

nuar zu Hitler in die Reichskanzlei kommen sollte. Über den Wortwechsel, den er dort mit Hitler hatte, schreibt Schacht:

»Ich habe Sie rufen lassen« – so begann Hitler – »Herr Schacht, um Ihnen Ihre Abberufungsurkunde vom Amte des Reichsbankpräsidenten zu überreichen.« Schacht berichtet:

»Er übergab mir das Papier, das ich, ohne es anzusehen, schweigend in der Hand behielt.

›Sie passen in den ganzen nationalsozialistischen Rahmen nicht hinein.‹

Schweigen meinerseits und kurze Pause.

›Sie haben sich geweigert, Ihre Beamten der politischen Überprüfung durch die Partei unterziehen zu lassen.‹

Schweigen meinerseits und kurze Pause, zunehmende Nervosität bei Hitler.

›Sie haben vor Ihren Angestellten die Vorkommnisse des 9. November kritisiert und verurteilt.‹

Ich hatte auf die ersten Sätze Hitlers nicht geantwortet, weil ich seine Bemerkung, daß ich in den Rahmen der Partei nicht passe, durchaus teilte. Daß ich infolgedessen auch meine Beamten nicht der Parteikritik unterwerfen ließ, hatte ich Hitler früher wiederholt mitgeteilt und begründet. Wenn man mir eine Aufgabe anvertraute, so hatte ich ausgeführt, müsse ich auch meine Mitarbeiter bei dieser Aufgabe selber auswählen. Ich hielt es also nicht für nötig, hierauf noch einmal zurückzukommen. Nachdem Hitler aber nunmehr auf die Weihnachtsfeier meiner Büroburschen angespielt hatte, legte ich allen mir zur Verfügung stehenden Sarkasmus in meine Antwort:

›Wenn ich gewußt hätte, mein Führer, daß Sie diese Vorkommnisse billigen, so hätte ich geschwiegen.‹

Diese Antwort verschlug Hitler sichtlich die Sprache. Er stieß die Worte heraus:

›Ich bin jetzt zu erregt, um weiter mit Ihnen sprechen zu können.‹

›Ich kann ja wiederkommen, wenn Sie ruhiger geworden sind.‹

›Und was Sie glauben, Herr Schacht, wird nicht eintreten. Eine Inflation wird nicht kommen.‹

›Das würde sehr gut sein, mein Führer.‹

Er begleitete mich, ohne ein weiteres Wort zu sagen, durch zwei Räume hindurch bis zur Ausgangstür, wo ich mich verabschiedete.«

Die Abberufungsurkunde hatte folgenden Wortlaut:

»Im Namen
des
Deutschen Volkes

Auf Grund des § 6 des Bankgesetzes berufe ich Sie von Ihrem Amte als Präsident des Reichsbankdirektoriums ab.
Berlin, den 20. Januar 1939

Der Führer und Reichskanzler
Adolf Hitler.«

Schacht erhielt aber auch noch – anders als die gleichzeitig entlassenen Direktoriumsmitglieder, Vizepräsident Dreyse und Reichsbankdirektor Hülse, denen nur die Entlassungsurkunden zugestellt wurden, – ein Dankesschreiben Hitlers, das schon vom 19. Januar datiert war. Es lautete:

»Sehr geehrter Herr Minister!
Ich nahme den Anlaß Ihrer Abberufung vom Amte des Präsidenten des Reichsbankdirektoriums wahr, um Ihnen für die Deutschland und mir persönlich in dieser Stellung in langen und schweren Jahren erneut geleisteten Dienste meinen aufrichtigsten und wärmsten Dank auszusprechen. Ihr Name wird vor allem für immer mit der 1. Epoche der nationalen Wiederaufrüstung verbunden sein. Ich freue mich, Sie in Ihrer Eigenschaft als Reichsminister nunmehr zur Lösung neuer Aufgaben einsetzen zu können.

Mit deutschem Gruß
Ihr
A. Hitler.«

So sehr Hitler erregt und aufgebracht war, er wollte den völligen Bruch mit Schacht nach Möglichkeit nicht bekannt werden lassen. Neue Aufgaben hatte er für ihn jedoch nicht mehr. Schacht kam danach noch zweimal mit Hitler zusammen. Nach Beendigung des Frankreichfeldzuges bereitete man Hitler auf dem Anhalter Bahnhof einen feierlichen Empfang, zu dem alle Minister und andere hohe Staats- und Parteifunktionäre geladen wurden. Schacht hielt es für angebracht, dieser Einladung zu folgen und stand als einziger Zivilist neben hochdekorierten Uniformträgern, als Hitler den Zug verließ und vor Siegesfreude strahlend den Ministern und anderen höchsten Würdenträgern die Hände schüttelte. Zu Schacht sagte er: »Na, Herr Schacht, was sagen Sie nun?« Worauf Schacht erwiderte: »Gott möge Sie schützen.«
Danach suchte Schacht Hitler noch einmal, zum letzten Mal, im Februar 1941 auf. Er hielt sich nach dem früher üblichen Brauch für verpflichtet, den Reichskanzler von seiner bevorstehenden Wiederverheiratung zu unterrichten. In diesem Gespräch erinnerte Hitler ihn an seinen Vorschlag, den er vor einem Jahr gemacht hatte, in die Vereinigten Staaten zu reisen, um dort für eine Verbesserung der deutsch-

amerikanischen Beziehungen zu wirken. Diesen Vorschlag hatte Hitler damals zurückgewiesen. Jetzt mußte Schacht erklären, daß eine solche Reise keinen Zweck mehr habe, nachdem die Vereinigten Staaten mit dem »Lend-and-Lease-Gesetz« eindeutig für England und Frankreich Stellung bezogen hatten.

Schriftlich wandte sich Schacht noch einmal im September 1941 an Hitler, um ihm nahezulegen, die damalige militärische Situation nach den Siegen über starke sowjetische Kräfte zu nutzen, um jetzt mit den Alliierten Friedensverhandlungen aufzunehmen. Er führte aus, daß hierfür in Amerika angesetzt werden könnte, »mit dem wir offiziell noch nicht im Krieg sind.« Er erhielt als Antwort darauf ein Schreiben des Chefs der Reichskanzlei Lammers, der kurz mitteilte: »Der Führer hat das Schreiben persönlich gelesen und mich beauftragt, Ihnen seinen Dank zu sagen.«

Jetzt mochte Schacht auch die formale Zugehörigkeit zur Reichsregierung nicht mehr aufrecht erhalten. Obwohl er wußte, daß er damit die Möglichkeit, mit führenden Männern Kontakte zu pflegen, einschränkte oder sogar ganz verlieren konnte, drängte er zu einer Entscheidung. Im Februar 1942 wurde den Reichsministern mitgeteilt, daß das Verbot, ausländische Rundfunksendungen anzuhören, nunmehr auch für sie gelte. Hiergegen protestierte Schacht. Hitler lehnte diesen Protest ab mit der Begründung, das Verbot berührte Schachts Prestige in keiner Weise. Dazu schrieb ihm Lammers noch: »Um Ihnen die Möglichkeit zu geben, sich über die Ihren Geschäftsbereich berührende ausländische Rundfunkpropaganda zu unterrichten, habe ich mit dem Reichsminister für Volksaufklärung und Propaganda vereinbart, daß Ihnen auf Wunsch eine kurze Zusammenstellung der durch die ausländischen Sender verbreiteten Nachrichten zugestellt wird, soweit es Ihren Geschäftsbereich betrifft.« Hierauf teilte Schacht Lammers mit: »Von dem Anerbieten des Reichsministers für Volksaufklärung und Propaganda vermag ich leider keinen Gebrauch zu machen, da diesem Minister ein Urteil über das mich interessierende Material abgeht.«

Diesen Vorgang benutzte Schacht, um seine Entlassung als Minister ohne Geschäftsbereich zu verlangen. Er schrieb an Hitler: »Das Verbot, Auslandssender zu hören, stellt ein Mißtrauen in meine Loyalität und in meine Urteilskraft dar. Für beides fehlt jeder Anlaß. Mein Prestige wird durch die ganze Frage nicht berührt. Prestige wird nicht verliehen, sondern erworben.

Wenn Sie jedoch, mein Führer, durch Ihren Entscheid mir in der *Sache* die Unterrichtsmöglichkeit und in der *Person* das Vertrauen entziehen, so bitte ich Sie hierdurch, mich aus dem Amt des Reichsministers zu entlassen.«

Hitler reagierte hierauf überhaupt nicht. Anders war es aber, als Schacht im November 1942 gegen den Entwurf einer Verordnung Stellung nahm, die die Einberufung von Schülern oberer Klassen der höheren Schulen zum Schutz von Flugplätzen und zur Abwehr von Flugangriffen vorsah. In einem Schreiben an Göring verurteilte er die Einberufung fünfzehnjähriger Schüler zum Kriegsdienst. Dazu führte er aus:

»Daß die Fünfzehnjährigen eingezogen werden, mag militärisch nötig sein, wird aber für die Siegeszuversicht der deutschen Bevölkerung zu einer schweren Belastung. Die Tatsachen, die das deutsche Volk sieht, sind folgende:

1. Das ursprüngliche Inaussichtstellen eines kurzen Krieges ist nicht in Erfüllung gegangen.
2. Die in Aussicht gestellte schnelle Niederringung Englands durch die Luftwaffe ist nicht erfolgt.
3. Die Ankündigung, daß Deutschland vor feindlichen Luftangriffen bewahrt bleiben würde, hat sich nicht erfüllt.
4. Die wiederholte Feststellung, daß die russische Widerstandskraft endgültig gebrochen sei, hat sich nicht bewahrheitet.
5. Die Belieferung Rußlands mit alliiertem Rüstungsmaterial und die Mannschaftsreserven Rußlands haben vielmehr zu dauernden schweren Gegenangriffen gegen unsere Ostfront ausgereicht.
6. Der anfänglich siegreiche Vormarsch gegen Ägypten ist nach wiederholten Ansätzen bis jetzt gescheitert.
7. Die als unmöglich hingestellte Landung der Alliierten in West- und Nordafrika ist trotzdem eingetroffen.
8. Der außerordentlich große Schiffsraum, der für diese Landung erforderlich war, hat gezeigt, daß unsere U-Boot-Waffe, trotz ihrer großen Erfolge, zur Verhinderung dieser Transporte nicht ausgereicht hat.

Dazu kommt die jedem Volksgenossen sichtbare Einschränkung in der Zivilversorgung, im Verkehrswesen, im Rüstungsmaterial, im Arbeitseinsatz. Die Einziehung der Fünfzehnjährigen wird sicherlich die Bedenken bestärken, wie eigentlich dieser Krieg beendet werden soll.«

Schacht konnte sich kaum der Hoffnung hingeben, daß er mit seinem Einspruch die Einberufung der jungen Menschen zum Kriegsdienst verhindern würde. Er wollte aber wenigstens einen Versuch unternehmen und, wenn dieser, wie er es befürchtete, fehlschlug, mit diesem Schritt seine Entlassung als Minister erreichen. Denn das wußte er:

die Kritik, die er in diesem Schreiben aussprach, würden Göring und Hitler nicht hinnehmen. Hierin täuschte er sich nicht. Am 21. Januar 1943 erschien ein Ministerialrat der Reichskanzlei und überreichte ihm die Entlassungsurkunde mit einem Schreiben von Lammers, in dem er ihm kurz mitteilte: »Der Führer hat sich mit Rücksicht auf Ihre Gesamthaltung im gegenwärtigen Schicksalskampf entschlossen, Sie zunächst aus Ihrem Amt als Reichsminister zu verabschieden.«

Es folgte in den nächsten Tagen noch ein Schreiben Görings: »Meine Antwort auf Ihren defaitistischen, die Widerstandskraft des deutschen Volkes untergrabenden Brief gebe ich damit, daß ich Sie hiermit aus dem Preußischen Staatsrat ausweise.« Unterschrieben: »Göring, Reichsmarschall des Großdeutschen Reiches.«

Über diesen Brief konnte Schacht lächeln. Der Preußische Staatsrat war ein praktisch bedeutungsloses Gremium und war schon seit Jahren nicht mehr einberufen worden. Ernste Sorge bereitete ihm dagegen das Wort »zunächst« in dem Schreiben von Lammers; denn es deutete darauf hin, daß weitere Maßnahmen gegen ihn beabsichtigt waren. In der Tat mußte er feststellen, daß er in Berlin von der Kriminalpolizei beobachtet wurde. Er zog sich deshalb fast ganz auf seinen Landsitz Gühlen zurück.

Obwohl Schacht wußte, daß Hitler endgültig mit ihm gebrochen hatte, machte er im Sommer 1943 noch einmal einen Versuch, sich an ihn zu wenden. Schacht konnte und wollte die Hoffnung, so vage sie auch war, nicht aufgeben, daß es ihm mit seiner Überzeugungskraft vielleicht doch noch gelingen könnte, auf Hitler Einfluß zu nehmen. Er schrieb deshalb an Lammers: »Das Schicksal Deutschlands, des Nationalsozialismus und Hitlers ist so eng ineinander verwoben, daß selbst die mir zuteil gewordene Behandlung mein Gefühl der Loyalität und der Pflicht nicht beeinflussen kann. Ich wäre Ihnen deshalb dankbar für eine Feststellung, ob der Führer bereit ist, noch einmal eine kurze schriftliche Äußerung von mir zur politischen Lage entgegenzunehmen. Die Antwort, die ihm Lammers am 19. April 1943 schrieb, war knapp und deutlich: »Ihren Wunsch, dem Führer eine kurze schriftliche Äußerung zur politischen Lage zu geben, habe ich vorgetragen. Der Führer läßt Sie bitten, davon abzusehen.«

Im Widerstand

Nach dem Ausscheiden aus sämtlichen Ämtern lag es für Schacht nahe, seine Kontakte zu den Männern zu verstärken, die mit einem Staatsstreich Hitler ausschalten und eine neue Regierung einsetzen wollten. Doch er mußte, weil die Geheime Staatspolizei ihn jetzt zu den Verdächtigen rechnete und beobachtete, noch vorsichtiger sein, als er es bis dahin schon war. Er hatte seit 1938 Verbindung mit einzelnen Männern der Widerstandsbewegung. Während er diese wiederholt zu schnellem und entschlossenem Handeln aufforderte, stand er dem Verhalten anderer Gruppen und Kreise skeptisch gegenüber und hütete sich davor, durch konspirative Zusammenkünfte der Gestapo begründeten Anlaß zu seiner Festnahme zu geben.

Über die Tätigkeit der Widerstandsbewegung, oder richtiger gesagt, der Widerstandsbewegungen unter der Herrschaft des Nationalsozialismus wird niemals volle Klarheit zu gewinnen sein. Ihre Tätigkeit spielte sich im geheimen ab. Von den am stärksten aktiv tätigen Personen sind die meisten hingerichtet worden; unter ihnen die, die über ihre Handlungen im Untergrund, wie etwa Goerdeler, genaue Aufzeichnungen gemacht haben. Viele andere haben nach dem Zusammenbruch des »Dritten Reiches« ihren Widerstand aufgebauscht oder auch frei erfunden. Andere haben ihre Beweggründe und ihr Verhalten bewußt oder unbewußt im Rückblick umgedeutet. Und die wahren Tatbestände und Triebfedern lassen sich nicht mehr feststellen.

Widerstand regte sich in den verschiedensten Kreisen. Da waren einmal die Kommunisten mit ihren vom Ausland her unterstützten Geheimorganisationen. Auch Sozialdemokraten und Gewerkschaftler suchten im Kontakt mit emigrierten Parteigenossen und Kollegen aktiv gegen den Nationalsozialismus vorzugehen. Der Kirchenkampf der Nationalsozialisten weckte den Widerstand unter protestantischen und katholischen Christen. Schwerer hatten es national-gesinnte und unter ihnen vor allem die Militärs, die Hitlers Herrschaftssystem verurteilten, bei ihrem Vorgehen aber oft in einen Gewissenkonflikt gerieten. Denn solange Hitlers Politik auf die Beseitigung des Unrechts gerichtet war, das durch das Versailler Diktat geschaffen war, konnten sie ihm hierbei ihre Zustimmung und ihr Mitwirken schwerlich versagen. Als er aber darüber hinaus machtpolitische Ziele anstrebte, die sie verurteilten, kamen sie in einen Zwiespalt. Auf der einen Seite wollten sie seine Kriegshandlungen aufhalten, auf der anderen Seite hatten sie zu befürchten, daß die Feindmächte – deren Politiker ja keineswegs in der Hauptsache zur Bekämpfung des Nationalsozialismus und zur »Verteidigung der Demokratie«, wie sie es verkündeten, gegen Deutschland angetreten waren, sondern bei denen auch machtpolitische Gesichtspunkte, die Verhinderung eines zu großen deutschen Gewichtes in Europa, für ihren militärischen Einsatz ausschlaggebend waren – Deutschland nach einer Niederlage weit schlimmer als nach dem ersten Weltkrieg behandeln würden.

Daß eine nicht-nationalsozialistische Regierung, die Hitler gestürzt hätte, von den Alliierten günstigere Friedensbedingungen hätte heraushandeln können, dafür bestand nach dem Eintritt der Vereinigten Staaten in den Krieg keine Aussicht. Versuche aus Wiederstandskreisen, durch Gespräche mit Verbindungsleuten zur britischen und amerikanischen Regierung, die in der Schweiz und Schweden zustande kamen, irgendwelche Zusicherungen für künftige Friedensverhandlungen zu erhalten, blieben ohne Ergebnis. Als der amerikanische Außenminister Cordell Hull, unterstützt von seinem Vorgänger in diesem Amt, Henry L. Stimson, im Herbst 1944 dem amerikanischen Präsidenten Roosevelt vorschlug, eine Exilregierung mit Brüning an der Spitze zu bilden, der jedoch günstigere Friedensbedingungen in Aussicht gestellt werden müßten, als sie im Morgenthau-Plan angekündigt waren, stieß er auf glatte Ablehnung. Die alliierten Regierungen waren von ihrem Kriegsziel der »bedingungslosen Kapitulation«, das sie im Januar 1943 auf Drängen Roosevelts festgelegt hatten, nicht mehr abzubringen, auch nicht durch eine Regierung, die von Hitlers Gegnern gebildet worden wäre; und Churchill hatte 1943 der polnischen Exilregierung die Vertreibung aller Deutschen aus dem Gebiet östlich der Oder zugesagt.

Es gab aber auch unter den nationalgesinnten zum Widerstand entschlossenen Männern einige, die sich über die Bedenken, was mit Deutschland nach der militärischen Niederlage geschehen würde, hinwegsetzten. Sie sahen die Beseitigung Hitlers als unbedingt notwendig an und waren, um diesem Ziel näher zu kommen, zur Zusammenarbeit mit den Feindmächten bereit. Zu ihnen stießen jedoch auch andere, die gegen Bezahlung und aus sonstigen materiellen Gründen für die alliierten Streitkräfte Spionagedienste leisteten. Dieser Tatbestand vergrößerte die Bedenken aller derer, die Hitler wohl stürzen aber keinesfalls etwas tun wollten, was zur Schwächung der Kampfkraft und Verschlimmerung der militärischen Situation beitragen könnte.

Schacht hielt sich in seinem Vorgehen von allen solchen Skrupeln frei. Er wollte schon frühzeitig, vor Kriegsausbruch, eine Ausschaltung Hitlers erreichen, und als er 1944 erneut zum Vorgehen drängte, wußte er, daß eine militärische Niederlage unvermeidlich war. Er glaubte, daß man nichts gewinnen könnte, wenn sie hinausgezögert würde, und hielt es für möglich, wenn auch keineswegs für sicher, daß eine neue Regierung, die die nationalsozialistische Herrschaft gestürzt hätte, vielleicht doch noch in Verhandlungen mit den Siegermächten das allerschlimmste für Deutschland abwenden könnte.

Recht skeptisch beurteilte Schacht allerdings die Möglichkeiten für einen Staatsstreich und seine Erfolgsaussichten. Das hinderte ihn allerdings nicht, sich immer wieder für ihn einzusetzen. Nur lehnte er es aber ab, unnötig Risiken einzugehen und sich an Besprechungen und Planungen zu beteiligen, die nicht auf ganz konkrete und durchführbare Vorhaben gerichtet waren. Er hielt es für wenig sinnvoll, Ministerlisten aufzustellen und Regierungsprogramme auszuarbeiten, solange kein Staatsstreich durchgeführt sei. Deswegen mit vielen Personen Kontakte aufzunehmen und Besprechungen zu führen, erschien ihm zwecklos und falsch, weil es für die Beteiligten nur Gefahren heraufbeschwor, ohne daß sie damit praktisch etwas erreichen konnten.

Als ihm einer der Männer der Widerstandsbewegung einmal einen vorbereiteten Aufruf vorlesen wollte, der mit den Worten »Hitler ist tot«, begann, unterbrach ihn Schacht sofort und sagte ihm, er könne ihm den Rest vorlesen, wenn Hitler wirklich tot wäre. Die Verbindung mit Goerdeler brach er ab, als ihm dessen Tätigkeit zu auffällig wurde. Er hatte ihn schon in der Zeit kennen gelernt, als Goerdeler Bürgermeister in Leipzig war und war mit ihm ständig in einem freundschaftlichen Kontakt geblieben. Als er dieses Amt – aus Protest gegen die Entfernung des Mendelssohn-Denkmals vor dem Leipziger Gewandhaus – niedergelegt hatte und danach vom Krupp-Konzern – der ihn in sein Direktorium aufnehmen wollte, dem dafür aber die Genehmigung von Hitler versagt wurde – den Auftrag erhalten hatte, auf einer Auslandsreise wirtschaftliche Berichte auszuarbeiten, gab ihm Schacht dafür Einführungsschreiben. Über unvorsichtige Äußerungen in seinen Gesprächen in London erhielt die Gestapo Berichte, die für Goerdeler gefährlich waren. Auch hier half ihm Schacht, der die Londoner Gesprächspartner in geeigneter Form unterrichtete. Diese reagierten sofort mit einem Schreiben, in dem sie die Vermutung, daß in ihrem Hause eine Politik gegen den Nationalsozialismus betrieben wurde, entschieden zurückwiesen und sich jede derartige Unterstellung verbaten.

Im August 1941 nahm Schacht zusammen mit seinem Schwiegersohn Hilger von Scherpenberg an einer Besprechung im Hause des Hauptmann Strünck mit Goerdeler und Gisevius teil, auf der sie die Möglichkeiten eines Staatsstreichs besprachen und beschlossen, daß Goerdeler sich mit General Halder in Verbindung setzen sollte. Doch nach den Erfahrungen mit der Unvorsichtigkeit Goerdelers hielt Schacht es für richtiger, sich an den Besprechungen des Kreises, der sich um ihn und Finanzminister Popitz gesammelt hatte, nicht zu beteiligen und den Kontakt mit ihm in den letzten Kriegsjahren zu meiden. Vor dem 20. Juli 1944 suchte von Hassell im Auftrage Goerdelers Schacht auf und fragte ihn, ob er bereit sei, in einem Kabinett Goerdeler als Minister einzutreten. Schacht erklärte ihm, daß er sich auf eine solche Entscheidung nicht festlegen könne, da er ja gar nicht wisse, welche Politik Goerdeler verfolgen wolle. Er werde aber für jede neue Regierung bereit sein, zu versuchen, mit seinen Auslandsverbindungen eine Verständigung mit den alliierten Regierungen herbeizuführen.

Auch andere Widerstandsgruppen rechneten damit, daß Schacht nach einem Staatsstreich einer neuen Regierung zur Verfügung stehen würde. In Besprechungen, die sie führten, um Mitkämpfer zu gewinnen, wurde oft erklärt, daß Schacht auf ihrer Seite stünde und sich an der von ihnen geplanten Regierung beteiligen würde. Doch Schacht hielt wenig von den Aktivitäten solcher Gruppen. Er glaubte, daß allein Wehrmachtsangehörige einen Staatsstreich mit Aussicht auf Erfolg durchführen könnten. Allerdings urteilte er auch hier realistisch und skeptisch. Kein Zutrauen hatte er zu der Wehrmachtsführung, die am 30. Juni 1934 die Ermordung des Generals von Schleicher hingenommen und im Februar 1938 bei der Entlassung von Fritsch keine ehrbewußte Haltung gezeigt hatte. Dagegen glaubte er, daß einzelne der führenden Offiziere einen Staatsstreich wagen könnten.

Deswegen hielt er Verbindung mit dem Generaloberst Ludwig Beck, der während der Sudetenkrise im August 1938 von seiner Stellung als Chef des Generalstabes zurücktrat, und seinen Nachfolger in diesem Amt, Generaloberst Franz Halder. Mit ihnen wurde, als mit der Zuspitzung der Sudetenkrise der Ausbruch eines Krieges drohte, der Plan für einen Staatsstreich ausgearbeitet, der eine Absetzung und Gefangennahme Hitlers vorsah. Eine Schlüsselstellung für die Durchführung dieses Planes hatte General Erwin von Witzleben, von dem auch die Initiative ausgegangen war und der sich wegen seines Vorhabens zuerst an Schacht gewandt hatte. Es schien auch alles für den Schlag gegen Hitler gut vorbereitet zu sein. Doch mit dem »Münchener Abkommen«, das Hitler, Mussolini, Chamberlain und Daladier abschlossen, war die Kriegsgefahr gebannt. Hitler hatte einen großen außenpolitischen Erfolg errungen, und eine Begeisterungswelle für ihn wogte durch Deutschland. Angesichts dessen konnte von Witzleben den Staatsstreich nicht mehr wagen. Es war zweifelhaft, ob die Truppen den Befehlen dafür Folge geleistet hätten; die Mehrheit der Bevölkerung hätte gegen die Feinde Hitlers Stellung genommen.

Mit den Militärkreisen um Halder und Oberst, später General, Hans Oster, der unter Admiral Canaris Stabschef der militärischen Abwehr war, blieb Schacht ständig in Verbindung, vor allem durch Hans Bernd Gisevius und Hauptmann Strünck. Unmittelbar vor dem Ausbruch des Zweiten Weltkrieges versuchte Schacht, die Wehrmachtsführung zu einem Vorgehen gegen Hitler zu bestimmen. Er wollte mit von Brauchitsch, der als Nachfolger Fritschs Oberbefehlshaber des Heeres war, sprechen, um ihn im letzten Augenblick noch zu einem Eingreifen zu bestimmen. Da von Brauchitsch im September 1938 – wenn auch nach längerem Zögern – sich zu einem Mitwirken am Plan von Witzlebens bereit gefunden hatte, hielt Schacht es für möglich, daß er jetzt, bevor der Krieg begann, mit dem »Gewicht seines Namens und seines Ansehens« – wie von Scherpenberg es für das Nürnberger Tribunal angab – ihn dazu bewegen könnte, den Gehorsam gegenüber dem Angriffsbefehl Hitlers zu verweigern. Vorher nahm Schacht auf Veranlassung von Oster mit Canaris Fühlung. Der aber erklärte, daß ein solcher Schritt bei von Brauchitsch völlig aussichtslos sei. Von Brauchitsch würde Schacht und seine Begleiter, wenn sie ihn zur Gehorsamsverweigerung aufforderten, sofort verhaften lassen.

Zu den Männern des 20. Juli hatte Schacht Verbindung durch den Freund seines Sohnes Jens, den Obersten der Luftwaffe Hans Gronau, der Wirtschaftsoffizier im Wehrkreis Berlin war. Gronau machte ihn mit dem General der Artillerie Lindemann bekannt, den Schacht für einen der fähigsten und aktivsten Männer in dem Widerstandskreis der Offiziere hielt. Durch Lindemann und Gronau war Schacht über die Attentatspläne unterrichtet. Beunruhigt und besorgt wurde er, als die Ausführung immer wieder hinausgezögert wurde. Damit rechnend, daß es zu einem Fehlschlag kommen würde, brachte er am 17. Juli seine beiden kleinen Töchter aus der zweiten Ehe zu ihrer Stiefschwester nach Oberbayern. In München hörte er am 20. Juli die

Nachrichten vom Mißlingen des Attentats. Er hielt es für das richtigste, nach Gühlen zurückzukehren. Hier wurde er am Morgen des 23. Juli verhaftet. Hitler selbst hatte seine Festnahme angeordnet.

Es folgten jetzt Verhöre auf Verhöre mit dem Weg durch Gefängnisse und Lager, mit dem Wechsel von Einzel- und Gemeinschaftshaft. Die ersten Verhöre fanden in Ravensbrück, andere im Berliner Hauptquartier der Staatspolizei in dem berüchtigt gewordenen Prinz-Albrecht-Palais in der Prinz-Albrecht-Straße statt. Dank seiner Vorsicht konnte die Gestapo kein belastendes Material finden. Er hatte aber zu befürchten, daß er durch Aussagen belastet werden konnte, die Lindemann und Gronau bei Vernehmungen machten. Er erfuhr, daß Gronau sich gleichzeitig in Haft befand, während er über das Schicksal Lindemanns zunächst nichts wußte. Dann aber gelang es ihm, sich die Ausgabe des »Völkischen Beobachters« zu verschaffen, in der über die Hinrichtung von achtundzwanzig am Attentat beteiligten Offizieren berichtet wurde; dazu wurde mitgeteilt, daß es dem General der Artillerie Lindemann gelungen sei zu flüchten.

Aber nicht lange konnte er aus dieser Meldung Hoffnung schöpfen. Die nächsten Tage brachten Haftverschärfung; er mußte seine Zivilkleidung ablegen und die blau-weiß gestreifte Sträflingskleidung anziehen. So gekleidet wurde er wie ein verurteilter Verbrecher behandelt. In Handschellen gefesselt wurde er ins Gefängnis Moabit gebracht, und er mußte befürchten, daß über sein Schicksal, auch wenn seine Vernehmungen keinen Beweis gegen ihn ergeben hatten und kein Urteil gefällt war, schon entschieden war. Aber vier Tage später erhielt er, zurückverlegt in die Prinz-Albrecht-Straße, seine eigene Kleidung wieder zurück. Er erhielt wieder Hafterleichterung; seine Frau durfte ihm Bücher und Lebensmittel zuschicken. Dafür wurden jetzt die Vernehmungen intensiviert. Vor allem wurden ihm angebliche Äußerungen zu Gisevius und Goerdeler vorgehalten, die, so behauptete der Vernehmer, von diesen beiden zugegeben sein sollten. Schacht konnte diese Äußerungen bestreiten und forderte immer wieder eine Gegenüberstellung mit Gisevius und Goerdeler. Er wußte nicht, daß Gisevius in die Schweiz geflohen und überhaupt nicht vernommen worden war; er glaubte aber nicht, daß Gisevius oder Goerdeler das gesagt hatten, was der Vernehmer vorbrachte.

Mehr Sorge machte ihm, daß Lindemann und Gronau sich bei ihren Vernehmungen in Aussagen verwickeln könnten, die ihnen und ihm zum Verhängnis werden konnten. Seine Frau schmuggelte ihm eine Zeitungsnotiz ins Gefängnis, die darüber berichtete, daß Lindemann gefangen genommen, bei der Festnahme durch Schüsse in den Leib schwer verwundet war und in einem Gefängnislazarett lag. Sein Sohn, der Besuchserlaubnis erhielt, teilte ihm bald danach mit, daß Lindemann gestorben war. Der Tod kann als Folge der Schüsse eingetreten sein; aber es heißt auch, daß Lindemann in Kenntnis, welches Schicksal ihm bevorstand und, um sich den Vernehmungen zu entziehen, durch Entfernung der Wundverbände Selbstmord begangen hat.

Schachts Sohn konnte auch Gronau besuchen und ihm mitteilen, daß Schacht nichts über seine Verbindung mit Lindemann ausgesagt hatte. Gronau verhielt sich in seinen Vernehmungen ebenfalls geschickt, so daß ihm keine Verbindung zu den Männern des 20. Juli nachgewiesen werden konnte und er seine Festnahme überlebte. Schacht wurde in seinen Vernehmungen nach Gronau gefragt, aber er konnte die Verbindung zu ihm und seine Besuche durch die Freundschaft seines Sohnes mit ihm erklären.

Obwohl die Untersuchung kein Belastungsmaterial gegen Schacht zu Tage brachte, wurde er weiter in Haft gehalten; die meiste Zeit in Ravensbrück. Als die sowjetischen Truppen in die Mark Brandenburg einrückten, wurde dieses Lager evakuiert. Schacht wurde über Berlin in das Lager Flossenbürg bei Weiden in der Oberpfalz gebracht – ein Lager, das als Hinrichtungslager bekannt war. Schacht kam dort in Einzelhaft; er hatte keine Hoffnung mehr, dieses Lager lebend zu verlassen. Doch am Abend des 8. April erhielt er die Nachricht, daß er am nächsten Tage in ein anderes Lager verlegt würde. Am Morgen des 9. April, als er mit den Generalen Thomas und Halder und dem letzten österreichischen Bundeskanzler Kurt von Schuschnigg aus Flossenbürg abtransportiert wurde, wurden dort vier andere Häftlinge hingerichtet, unter ihnen Schachts Freunde Strünck und Oster, nachdem fünf Tage zuvor Canaris hingerichtet worden war. Doch das erfuhr Schacht erst später. Zunächst blieb er voll Sorge in Unkenntnis über das Schicksal der anderen Gefangenen im Lager Flossenbürg.

Sein Transport ging in das Lager Dachau, in dem eine Anzahl »prominenter« Gefangener – unter ihnen der frühere französische Ministerpräsident Léon Blum – und viele Ausländer interniert waren. Hier war die Behandlung durch die Wachmannschaften, die überwiegend von kriegsversehrten Wehrmachtsangehörigen gestellt wurden, weit menschlicher als in den anderen Lagern. Nach etwa vierzehn Tagen Aufenthalt in Dachau wurde Schacht mit anderen Insassen dieses Lagers in das Lager Reichenau bei Innsbruck verlegt, in dem noch weitere Transporte von Internierten ankamen, mit ihnen viele der »Sippenhäftlinge«, den Familienangehörigen der am Attentat vom 20. Juli Beteiligten. Aus Reichenau wurde Schacht zusammen mit 130

»Prominenten« nach Niederndorf bei Toblach im Pustertal gebracht. Dorthin rückten amerikanische Truppen vor und übernahmen das Lager. Aber Schachts Hoffnung, daß er sich jetzt bald in Freiheit befinden würde, war falsch.

Angeklagt – freigesprochen

Die Amerikaner behielten Schacht weiter in Gewahrsam. Das vollzog sich zuerst in angenehmen Formen. Die Insassen des Lagers Niederndorf wurden in einem in der Nähe gelegenen Hotel untergebracht. Dann brachte man sie – mit der Erklärung, sie würden aus dem »Frontbereich« in die »Etappe« verlegt, damit sie von dort entlassen würden, – nach Verona. Hier kamen sie in ein Hotel, in dem sie ein amerikanischer General betreute, der sie als Gegner des Nationalsozialismus mit Hochachtung behandelte. Doch die Herrlichkeit dauerte nur einen Tag. Dann wurde Schacht in ein Kriegsgefangenen-Lager gebracht. Von einem Lager bei Neapel ging es in ein Lager in Anacapri, von dort nach Chesnay bei Versailles und schließlich in das Schloß Kransberg oberhalb von Oberursel im Taunus.

Hier traf Schacht einige andere der Prominente, darunter Fritz Thyssen. Zur Hauptsache diente Schloß Kransberg dem Zwischenaufenthalt von Technikern und Wissenschaftlern, die von den Amerikanern vernommen und, wenn ihr Können und Wissen wertvoll erschien, in amerikanische Dienste genommen wurden. Mit guter Verpflegung und anderen Annehmlichkeiten suchte man den hier Internierten den Aufenthalt zu erleichtern. Sie wurden aber von der Außenwelt abgeschlossen gehalten. Schacht konnte mit seiner Familie, von der er seit seiner Verlegung aus dem Lager Flossenbürg im März 1945 nichts mehr gehört hatte, keine Verbindung aufnehmen. Seiner ältesten Tochter Inge von Scherpenberg gelang es schließlich, eine Nachricht zu ihm durchzuschmuggeln und ihm mitzuteilen, daß sie wohlauf sei und ebenso seine beiden jungen Töchter aus seiner zweiten Ehe, die sich bei der Mutter ihres Kindermädchens in der Lüneburger Heide befanden. Von seiner Frau, die sich bei Kriegsende in Gühlen befand, dort den Einmarsch der sowjetischen Truppen erlebte, von ihnen aber mit Anstand behandelt wurde, erhielt Schacht erst, dreiviertel Jahre nach ihrer Trennung, im Nürnberger Gefängnis Nachricht.

Durch eine Radiosendung erfuhr Schacht in Kransberg, daß er zu den Angeklagten gehörte, die das internationale Militärgericht in Nürnberg aburteilen sollte. Von den Angeklagten befand sich außer ihm auch Speer in Kransberg. Beide hatten es, bis sie die Meldung im Rundfunk hörten, für ausgeschlossen gehalten, daß sie vor dieses Gericht gestellt würden.

Auf der Potsdamer Konferenz der Regierungs- bzw. Staatchefs der Vereinigten Staaten (Truman), Großbritanniens (zu Beginn Churchill, dann Attlee) und der Sowjetunion (Stalin), die vom 17. Juli bis 2. August 1945 stattfand, war beschlossen worden, Deutschland solle, wie es in dem Protokoll dazu hieß, »die entsetzlichen Verbrechen sühnen, die unter der Führung derjenigen verübt wurden, denen es in der Zeit ihrer Erfolge offen zustimmte und blind gehorchte.« Darauf wurde am 8. August im Londoner Abkommen, zu dessen Unterzeichnern nun auch Frankreich mit seiner »Provisorischen Regierung« gehörte, die Einsetzung des Gerichtshofes vereinbart. Ein Statut legte seine Zusammensetzung, seine Zuständigkeit und das Gerichtsverfahren fest. Neunzehn weitere Staaten teilten den Vereinten Nationen ihren Beitritt zu dem Abkommen mit.

Mit den Anklagen vor dem Gerichtshof und den Urteilen ging es den Alliierten vor allem um propagandistische Aktionen und weniger um gerechte Bestrafung Schuldiger. Um diese zu erreichen, hätten sie die Angeklagten vor ordentliche Gerichte stellen und nach den Gesetzen aburteilen lassen können, die vor 1933 in Deutschland gegolten hatten und soweit sie von den Nationalsozialisten abgeändert und außer Kraft gesetzt worden waren, wieder in Kraft setzen können. Dann wäre kein Schuldiger seiner Strafe entgangen, und es wäre verhindert worden, daß Unschuldige verurteilt wurden und es bei der Verurteilung Schuldiger an der Rechtsgrundlage fehlte. Denn von namhaften Rechtsgelehrten und Richtern ist festgestellt worden, daß die Statuten des Gerichtshofes, die Einsetzung seiner Richter und sein Verfahren nicht mit einer objektiven Rechtsfindung vereinbar sind. Einer der krassesten Rechtsverstöße war, daß der Gerichtshof – nicht anders als vor ihm nationalsozialistische Gerichte – sich über den Rechtsgrundsatz »nulla poena sine lege« (keine Strafe ohne Gesetz) hinwegsetzte.

Nach dem Statut des Gerichtshofes fielen unter seine Zuständigkeit:
(a) Verbrechen gegen den Frieden;
(b) Kriegsverbrechen;
(c) Verbrechen gegen die Menschlichkeit.

Schacht war der Verbrechen gegen den Frieden angeklagt. Dazu zählten: »Planung, Vorbereitung, Einleitung oder Führung eines Angriffskrieges oder eines Krieges unter Verletzung internationaler Verträge, Vereinbarungen oder Zusicherungen oder Teilnahme an einem gemeinsamen Plan oder einer gemeinsamen Verschwörung zur Ausführung einer der vorgenannten Handlungen.«

Außer den vierzehn Personen, gegen die Anklage erhoben war – von ihnen beging Robert Ley am 25. Oktober im Gefängnis Selbstmord; das Verfahren gegen Gustav Krupp von Bohlen und Halbach mußte »wegen dessen körperlichen und geistigen Zustandes« zurückgestellt, um später an seiner Stelle gegen seinen Sohn fortgeführt zu werden; gegen Bormann wurde das Verfahren »in dessen Abwesenheit« geführt – wurden auch sechs Organisationen angeklagt. Zu ihnen gehörte die Reichsregierung, deren Mitglied Schacht gewesen war.

Ins Nürnberger Gefängnis überführt, – wo er, wie alle mit ihm Angeklagten, nicht wie ein Untersuchungsgefangener, sondern wie ein schon verurteilter Verbrecher behandelt wurde – überreichte ihm dort am 20. Oktober 1945 ein amerikanischer Major die Anklageschrift. Er war der Verbrechen gegen den Frieden, und zwar der »Teilnahme an der Verschwörung zur Herbeiführung des Krieges« und der »Teilnahme an den Vorbereitungsmaßnahmen dieses Krieges« angeklagt. »Kriegsverbrechen« und »Verbrechen gegen die Menschlichkeit« wurden ihm nicht vorgehalten. Die Verhandlungen vor dem Gerichtshof begannen am 30. April 1946. Als Verteidiger stand Schacht der Berliner Anwalt Dr. Rudolf Dix zur Seite, der sich im Juli 1944 vorbereitet hatte, Schachts Verteidigung vor dem Volksgerichtshof in Berlin zu übernehmen, wenn er dort wegen seiner Beteiligung am Attentat vom 20. Juli angeklagt werden sollte. Als Hauptankläger trat gegen ihn der Haupt-Anklagevertreter der Vereinigten Staaten Mr. Justice Robert H. Jackson auf.

Mit ihm fochten Schacht und Dix heftige Rededuelle aus, in denen der Anklagevertreter fast immer den kürzeren zog, weil er kein stichhaltiges Material zum Beweis für die Behauptungen der Anklage vorbringen konnte. Vieles, was er als Beweis anführte, erwies sich als falsch, in einigen Fällen als gefälscht. Die Anklagevertreter Frankreichs und Großbritanniens hielten sich während der Vernehmungen zurück. Der Anklagevertreter der Sowjetunion wollte am Schluß der Verhandlung Schacht noch einmal zu vielen Punkten vernehmen, die bereits in den Vernehmungen durch Jackson geklärt waren. Er erregte hiermit nur den Unwillen des Gerichts.

In den Verhandlungen trat als Zeuge gegen alle Angeklagten der frühere preußische Innenminister Carl Severing auf, der am 20. Juli

1932 durch von Papen seines Amtes enthoben war. Er versuchte darzulegen, daß Hitler nur durch üble Machenschaften an die Macht gekommen sei und warf dabei Schacht vor, die Demokratie verraten zu haben. Dix widerlegte in seinem Schlußplädoyer diese Darstellung. Dabei wies er auf das klägliche Verhalten Severings bei seiner Absetzung und weiter auf das Versagen der SPD- und der Gewerkschaftsführung – Severing hatte eine bedeutende Rolle in der deutschen Gewerkschaftsbewegung gespielt – beim Emporkommen Hitlers hin. Diese Ausführungen verfehlten ihren Eindruck auf das Gericht nicht. Sie trugen aber dazu bei, daß die Feindschaft der Kreise gegen Schacht, die 1932/33 nicht fähig gewesen waren, die politischen und wirtschaftlichen Probleme zu bewältigen und gegenüber der nationalsozialistischen Bewegung hilflos waren, sich steigerte, so daß sie ihn danach um so heftiger verfolgten.

Zwei Tage – den 30. September und 1. Oktober 1946 – brauchte der Gerichtshof zur Verkündung seiner Urteile. Von den beschuldigten Organisationen wurde die Reichsregierung »nicht als verbrecherisch« erklärt, »und zwar aus zwei Gründen: 1. weil nicht erwiesen ist, daß sie nach dem Jahre 1937 zu irgendwelcher Zeit wirklich als Gruppe oder Organisation auftrat, und 2. weil der Personenkreis, der in diesem Fall beschuldigt wird, so klein ist, daß Mitglieder desselben bequem in besonderen Verfahren zur Verantwortung gezogen werden können, ohne Zuflucht zu der Erklärung zu nehmen, daß das Kabinett, dem sie angehörten, verbrecherisch war«.

Schacht wurde in allen Anklagepunkten freigesprochen. Das Gericht stellte fest, daß er bei der Aufrüstung zwar mitgewirkt habe, diese Mitwirkung aber »nicht verbrecherisch« gewesen sei. »Es ist klar – so heißt es in dem Urteil – daß Schacht eine Zentralfigur bei Deutschlands Wiederaufrüstungsprogramm darstellte, und die Maßnahmen, die er ergriff, besonders in den ersten Tagen des Nazi-Regimes waren für Nazi-Deutschlands schnellen Aufstieg als Militärmacht verantwortlich.« Doch der Gerichtshof fand Schachts Erklärung zutreffend, »daß er nur deshalb an dem Aufrüstungsprogramm teilnahm, weil er ein starkes und unabhängiges Deutschland aufbauen wollte, das eine Auslandspolitik führen würde, die auf der Basis der Gleichberechtigung mit anderen europäischen Ländern Achtung genießen würde; daß er, als er entdeckte, daß die Nazis für Angriffszwecke aufrüsteten, versuchte das Tempo der Aufrüstung herabzusetzen; und daß er nach der Verabschiedung von Fritsch und von Blomberg an Plänen zur Entfernung Hitlers zuerst durch seine Absetzung und später durch Ermordung teilnahm.«

Anschließend stellte das Gericht fest: »Schon im Jahre 1936 begann Schacht eine Begrenzung des Aufrüstungsprogramms aus finanziellen Gründen zu befürworten. Wenn die von ihm befürwortete Politik in die Tat umgesetzt worden wäre, so wäre Deutschland auf einen allgemeinen europäischen Krieg nicht vorbereitet gewesen. Das Bestehen auf seiner Politik führte schließlich zu seiner Entlassung aus allen Stellen von wirtschaftlicher Bedeutung in Deutschland.«

Auch die Behauptung der Anklage, daß Schacht an einem gemeinsamen Plan für einen Angriffskrieg beteiligt gewesen sei oder von ihm gewußt habe, sah das Gericht als nicht erwiesen an und sagte dazu im Urteil: »Es ist klar geworden, daß er nicht zu dem inneren Kreis um Hitler gehörte, der am engsten an diesem Plan beteiligt war. Er wurde von dieser Gruppe mit unverschleierter Feindseligkeit betrachtet. Die Aussage von Speer zeigte, daß Schachts Verhaftung am 23. Juli 1944 ebenso sehr auf Hitlers Feindseligkeit gegenüber Schacht beruhte, die auf dessen Haltung vor dem Kriege zurückzuführen war, wie auf dem Verdacht seiner Teilnahme an dem Bombenattentat.« So zog das Gericht die »Schlußfolgerung«:

»Der Gerichtshof hat entschieden, daß Schacht nach der Anklageschrift nicht schuldig ist und ordnet an, daß er vom Marschall des Gerichts entlassen werde, sobald sich der Gerichtshof demnächst vertagt.«

Der Freispruch brachte Schacht aber nicht die Freiheit. Seine deutschen politischen Gegner waren entrüstet über die Entscheidung des Internationalen Gerichtshofs. Sie wollten unbedingt, daß er eine Strafe erhielt. Denn wenn er – und andere mit ihm – schuldhaft gehandelt hatten, als Hitler zur Macht kam, dann konnte ihnen ja kein Versagen in jener Zeit vorgeworfen werden; dann konnten sie sich selbst entschuldigt fühlen und sich als schuldlos hinstellen. Die Handhabe zum Vorgehen gegen Schacht boten ihnen die Entnazifizierungsverfahren.

Auf den Konferenzen in Jalta im Februar und Potsdam im Juli/ August 1945 hatten die Alliierten beschlossen, daß nach dem Kriege Nationalsozialisten bestraft und von jeder künftigen Einflußnahme im öffentlichen Leben Deutschlands ausgeschaltet werden sollten. Dementsprechend hatten sie die in ihren Besatzungszonen eingesetzten deutschen Landesregierungen veranlaßt, Entnazifizierungsgesetze zu erlassen. In der amerikanischen Besatzungszone war es das Gesetz des Länderrates über die Befreiung vom Nationalsozialismus und Militarismus vom 5. März 1946. In den anderen Zonen wurden ähnlich lautende Gesetze erlassen. Sie sahen die Einsetzung von Spruchkammern oder Spruchgerichten vor, die alle Deutschen, die irgendeiner nationalsozialistischen Organisation angehört oder mit ihr in Verbindung gestanden hatten, zu überprüfen und für ihre Bestrafung oder Entlastung in eine der folgenden fünf Kategorien einzuteilen hatten: Kategorie 1 = Hauptschuldige, 2 = Belastete oder Schuldige, 3 = Minderbelastete, 4 = Mitläufer und 5 = Entlastete. Die Einweisung in eine Kategorie bestimmte das Ausmaß der Strafen, die bis zu zehn Jahren Gefängnis gingen und Vermögenseinziehung, Amtsverlust und Verlust des Anspruches auf Pensionen, Berufsverbot, Geldbußen, Verlust bürgerlicher Rechte, wie aktives und passives Wahlrecht, und andere Strafen mehr umfaßten. Diese Gesetze und krasser noch die Verfahren und Urteile der Spruchkammern entsprachen nicht den allgemein anerkannten Rechtsgrundsätzen. Deshalb wurde in die späteren Verfassungen der Länder und in das Grundgesetz, hier mit Artikel 139, die Bestimmung aufgenommen, daß sich niemand gegen Entscheidungen im Entnazifizierungsverfahren auf die Bestimmungen der Länderverfassungen und des Grundgesetzes berufen durfte.

Gestützt auf sein Entnazifizierungsgesetz erklärte der Bayerische Ministerpräsident und Vorsitzende der bayerischen Sozialdemokratischen Partei Wilhelm Hoegner – derselbe Mann, der 1937 ein, allerdings erst 1977 veröffentlichtes Buch geschrieben hatte, in dem er, wie kein anderer der führenden Politiker jener Zeit, das Versagen der SPD gegenüber dem Nationalsozialismus aufgezeigt hat – unmittelbar nach der Verkündung des Nürnberger Urteils, er werde Schacht sofort verhaften lassen. Deshalb blieb Schacht, der sich zu seinen Kindern nach Seppensen in der Lüneburger Heide begeben wollte und auf eine Zuzugsgenehmigung für die britische Besatzungszone wartete, zunächst noch drei Tage im amerikanischen Militärgefängnis. Dann aber wurde ihm dies zuviel, und er begab sich in die Nürnberger Wohnung, in der seine Frau während des Prozesses wohnte. Dort wartete bereits bayerische Kriminalbeamte, die von den Amerikanern unterrichtet waren, auf ihn. Sie nahmen ihn in Haft.

Damit begannen Schachts Kämpfe mit den Entnazifizierungsbehörden, die sich bis zum September 1950 hinzogen und im Herbst 1952 noch ein Nachspiel hatten. Wieder ging Schachts Weg durch Gefängnisse und Internierungslager. Seine Gegner setzten sich über Recht und Rechtsgrundsätze hinweg und zeigten wenig Menschlichkeit. Als er während seiner Internierung in Ludwigsburg schwer erkrankte, wurde seine Überführung in ein Krankenhaus verweigert, und er wurde in die Krankenstation des Stuttgarter Zuchthauses eingewiesen. Härter empfand es Schacht, als es ihm verweigert wurde, seine Tochter, die lebensgefährlich erkrankt war, zu besuchen.

Nach seiner Verhaftung in Nürnberg erhielt Schacht die Mitteilung, daß vor der Bayerischen Spruchkammer das Verfahren gegen ihn eröffnet werde. Unmittelbar danach wurde die Haft aufgehoben und ihm mitgeteilt, daß er sich in ganz Deutschland frei bewegen könne mit der Auflage, sich regelmäßig bei der Polizei zu melden. Doch als er darauf nach Seppensen reisen wollte und unterwegs seinen Freund auf dessen Landsitz bei Backnang in Württemberg besuchte, verhaftete ihn dort die württembergische Polizei und lieferte ihn ins Stuttgarter Untersuchungsgefängnis ein. Ende April 1947 wurde er in Stuttgart vor die Spruchkammer gestellt, die ihn nach zwanzig Tagen der Vernehmung und Verhandlung als Hauptschuldigen einstufte und zu acht Jahren Arbeitslager verurteilte.

Danach wurde er ins Internierungslager Ludwigsburg überführt. Von dort betrieb er, unterstützt von Dix, sein Berufungsverfahren, das im August 1948 begann und am 2. September mit seinem Freispruch endete. Später wurde festgestellt, daß das Verfahren in Stuttgart nicht rechtmäßig war; denn ein Verfahren gegen ihn war bereits vor der bayerischen Spruchkammer anhängig und die württembergische Spruchkammer hatte überhaupt keine Zuständigkeit, um gegen Schacht, der dort keinen Wohnsitz hatte, vorzugehen. Das hinderte die württembergische Regierung aber nicht, den Freispruch der Berufungskammer für ungültig zu erklären und von den britischen und niedersächsischen Behörden die Auslieferung Schachts zu verlangen, der nach dem Freispruch zu seinen Kindern in die Lüneburger Heide gefahren war. Dort wurde dann nochmals ein Entnazifizierungsverfahren gegen ihn eröffnet.

Er wurde aber nicht wieder in Haft genommen; die britischen Behörden begnügten sich damit, ihn in einem Gasthaus in Winsen an der Luhe zu »konfinieren«, das heißt, mit beschränkter Bewegungsfreiheit festzuhalten. In dem letzten Entnazifizierungsverfahren, das vor der Lüneburger Spruchkammer durchgeführt wurde, bewies Schacht, daß er seinen Humor, sein Selbstbewußtsein und seine Schlagkräftigkeit nicht verloren hatte. Nachdem er dargelegt hatte, daß er in die Hitler-Regierung hineingegangen sei, um den Versuch zu machen, das Unheil aufzuhalten und die nationalsozialistische Politik auf einen gemäßigten Weg zu führen, fragte ihn einer der Beisitzer: »Wie konnten Sie als kleiner Löwe nur in den Käfig des großen Löwen gehen?« Schacht antwortete darauf: »Herr Beisitzer, Sie vergessen, daß ich nicht als kleiner Löwe, sondern als Dompteur hineingegangen bin.«

Am 13. September 1950 wurde Schacht mit dem Spruch der Lüneburger Kammer endgültig als Entlasteter in die Gruppe 5 der Entnazifizierten eingestuft. Seine Gegner aber suchten noch weiter nach einer Gelegenheit, gegen ihn vorzugehen. Sie fanden sie, als Schacht, um sich wieder im Bankwesen zu betätigen, zusammen mit seinem früheren Mitarbeiter, dem Reichsbankdirektor Waldemar Ludwig, im Juni 1952 in Hamburg bei der Landeszentralbank die Zulassung einer Außenhandelsbank als offene Handelsgesellschaft unter dem Namen »Hjalmar Schacht & Co.« beantragte. Der Hamburger Senat lehnte diesen Antrag ab. Mit einer Klage vor dem Landesverwaltungsgericht Hamburg erreichte darauf Schacht, daß dieser Einspruch aufgehoben wurde. Darauf ging der Hamburger Senat in die Berufung vor das Oberverwaltungsgericht. Noch bevor hier eine Entscheidung gefällt wurde, erteilte die Schleswig-Holsteinische Regierung Schacht die Genehmigung zur Eröffnung einer Bank. Dadurch kam es zu heftigen Auseinandersetzungen zwischen dem Hamburger Bürgermeister Max Brauer und dem Schleswig-Holsteinischen Ministerpräsidenten Friedrich Wilhelm Lübke (dem Bruder Heinrich Lübkes), in deren Verlauf Brauer von Lübke falsche Unterrichtung der Öffentlichkeit vorgehalten wurde. In dem Berufungsverfahren behauptete der Hamburger Senat, seine Ablehnung habe keine politischen Gründe. Sie stütze sich vielmehr auf das Gesetz über das Kreditwesen, das für den Inhaber einer Bank persönliche Qualifikation vorschreibe. Diese Qualifikation glaubte der Hamburger Senat Schacht absprechen zu können. Dafür brachte er die alten Beschuldigungen aus Schachts Tätigkeit während des Ersten Weltkrieges in Belgien vor, sprach von der »Unaufrichtigkeit« und »Illoyalität« Schachts gegenüber der Reichsregierung während seiner ersten Periode als Reichsbankpräsident (1923-1930) und führte schließlich als schwerste Bedenken die Schaffung der Mefo-Wechsel an, die nach der Auffassung des Senats eine Verletzung maßgeblicher Vorschriften des Bankgesetzes vom 30. August 1924 darstellten.

Diese Behauptungen wurden alle vom Oberverwaltungsgericht in seiner Entscheidung vom 20. Dezember 1952 zurückgewiesen, nachdem der Präsident der Bank deutscher Länder Geheimrat Vocke und der Direktor der Hamburger Kreditbank Puhl, die beide mit Schacht im Reichsbankdirektorium zusammengearbeitet hatten, als Zeugen ausgesagt und Schacht ein eindrucksvolles Schlußwort gehalten hatte. Sein Bankhaus konnte die Tätigkeit in Hamburg aufnehmen. Am 15. Januar 1953 eröffnete er zusammen mit Ludwig und dem Düsseldorfer Bankhaus Schliep & Co. die Düsseldorfer Außenhandelsbank Schacht & Co. 1963 schied Schacht, 86 Jahre alt geworden, aus den Bankhäusern aus.

Als Schacht am 2. September 1948 aus dem Lager Ludwigsburg entlassen wurde, war er 71 Jahre alt. Über vier Jahre hatte er mit kurzen Unterbrechungen in Gefängnissen und Lagern verbracht, dabei lange Zeit in Einzelhaft. Seine Zukunft war weiter ungewiß. In der Tasche hatte er 2,50 DM. Doch er war ungebrochen, voller Energie; mit seinem Tatendrang suchte er nach neuen Wirkungsmöglichkeiten. Zuerst betätigte er sich als Publizist, und darin sah er auch zuletzt nach dem Ausscheiden aus seinen Banken und der Aufgabe anderer Tätigkeiten seine Hauptaufgabe. Im Internierungslager hatte er ein Manuskript »Abrechnung mit Hitler« weitgehend ausgearbeitet, das er nach seiner Entlassung fertigstellte und das von dem Verleger Ernst Rowohlt sofort angenommen und in einer Massenauflage verbreitet wurde. Im nächsten Jahr erschien die Schrift »Mehr Geld, mehr Kapital, mehr Arbeit«, in der er einen Weg für die Überwindung der geldpolitischen Schwierigkeiten in der Nachkriegszeit weisen wollte.

Ausländische Nationalbanken und Regierungen wandten sich an Schacht und baten ihn um die Ausarbeitung von Gutachten und Wirtschaftsplänen für ihre Länder. 1951 reiste er nach Indonesien, dessen Regierung ihn um ein Gutachten für den Wirtschaftsaufbau ersucht hatte. Auf der Rückreise zog ihn in Indien Premierminister Nehru zu Beratungen über den indischen Fünfjahresplan heran. Es folgten in den nächsten Jahren ähnliche Einladungen und Aufträge nach Ägypten, Persien, Syrien, den Philippinen und Algerien. Schacht mußte allerdings erkennen, daß seine Ratschläge und Empfehlungen von seinen Auftraggebern nur in sehr geringem Umfange genutzt wurden. Sie hatten wohl erwartet, daß er, der eine zerrüttete Währung saniert und eine riesige Arbeitslosigkeit überwunden hatte, ihnen die Mittel und Wege zu einem schnellen und nicht sehr mühevollen Wirtschaftsaufschwung zeigen könnte, und waren enttäuscht, wenn er ihnen – wie er am deutlichsten wohl in seinem Gutachten für die Philippinen zum Ausdruck brachte – »mehr nationale Selbstdisziplin« anriet. Kurze Zeit nahm er auch Fühlung mit dem Präsidenten der italienischen Staatsholding-Gesellschaft »ENI«, Enrico Mattei und dem Münchener Bankier Rudolf Münnemann. Er sah hier zwei energiegeladene Männer mit vielen Ideen. Aber bald erkannte Schacht, daß ihre wirtschaftlichen Vorstellungen nicht mit seinen eigenen übereinstimmten, und trennte sich deshalb von ihnen.

Um so stärker arbeitete er publizistisch, schrieb Bücher, Zeitungs- und Zeitschriftenartikel, hielt viele Vorträge im Inland und Ausland. 1953 erschienen seine Memoiren »76 Jahre meines Lebens«, in den beiden folgenden Jahren die Schriften »Kreditpolitik und Exportpolitik von morgen« und »Kapitalmarktpolitik«. Schacht war einer der ersten – und es blieben leider nur sehr wenige –, der den Widerspruch zwischen Ludwig Erhards Wirtschaftspolitik, die auf eine möglichst freie Entfaltung der privaten Wirtschaft ausgerichtet war, und der Finanzpolitik erkannte, die Finanzminister Fritz Schäffer betrieb, und die mit einer – aus der Kriegs- und Besatzungszeit überkommenen – fortdauernden zu hohen Steuerbelastung zu übermäßig steigenden Staatsausgaben führte. Sie wurde dadurch, wie Schacht im Januar 1957 in einem Vortrag in Hamburg sagte, zu einem »Markstein« auf dem Wege zum »dirigistischen Etatismus« und schließlich zum »Staatssozialismus«. Doch kaum jemand wollte damals diese Warnung hören. Sie wurde als unberechtigt und übertrieben angesehen und brachte Schacht fast nur Kritik ein.

Ähnliches gilt von den Warnungen, die Schacht mit seinen folgenden Schriften – 1960 »Schluß mit der Inflation«, 1966 »Magie des Geldes – Schwund oder Bestand der Mark« – vor der wieder drohenden Inflation aussprach. Die Öffentlichkeit und mit ihr die meisten Fachleute wollten damals die Gefahr noch nicht sehen. Für Geldtheoretiker und Bankmänner waren die Darlegungen Schachts nicht genügend der neueren wissenschaftlichen Diskussion und den Veränderungen im inländischen und internationalen Währungswesen angepaßt. Im Ausland wurden Schachts Ausführungen allerdings weit stärker als in Deutschland beachtet. Er wurde zu Vorträgen eingeladen, die dort, vor allem in den Vereinigten Staaten, einen starken Widerhall hatten. Ein amerikanischer Wissenschaftler, Amos E. Simpson, schrieb auch das erste Buch, das unter dem Titel »Hjalmar Schacht in Perspective« seine wirtschaftspolitischen Leistungen objektiv darstellt.

1968 erschien Schachts Buch »1933. Wie eine Demokratie stirbt«. Seine Kritiker haben es als eine Rechtfertigungsschrift angesehen. Doch mit dieser Absicht hatte Schacht es nicht verfaßt. Er hat es geschrieben, um nach den Erfahrungen, die er und seine Altersgenossen in der Vergangenheit hatten durchmachen müssen, die jüngeren Generationen vor den Gefahren zu warnen, die wieder die Demokratie bedrohen. Wenn er sich mit der Vergangenheit beschäftigte, dann geschah es, um aus ihr Lehren für die Zukunft zu gewinnen.

Im Winter 1968/69 führte das Wiener Burgtheater das »Dokumentarstück« von Rolf Schneider »Prozeß in Nürnberg« auf. In diesem Stück sind die Hauptpunkte der Anklagen sowie die Aussagen der Angeklagten und die Erklärungen ihrer Verteidiger, wie es nicht anders sein kann, stark zusammengerafft, in Teilen aber vom Prozeßverlauf abweichend und verzerrt wiedergegeben. Auch die Rolle

Schachts ist davon nicht verschont. Schacht besuchte die Aufführung im Januar 1969. Als alter Theaterfreund und -kritiker fand er Regie und Darstellung ausgezeichnet; die politische Tendenz und die Verfälschungen traten für ihn dahinter zurück. Den Darsteller seiner Rolle, den damaligen Direktor des Burgtheaters, Paul Hoffmann, beglückwünschte er zu seiner schauspielerischen Leistung.

Bis ins hohe Alter behielt Schacht seine Leistungsfähigkeit und Schaffensfreude; er wollte weiter wirken, wenn nicht mit praktischer Arbeit, so doch als Mahner und Ratgeber. Als er am 3. Juni 1970 in München an den Folgen eines Unfalls im Alter von 93 Jahren starb, befand seine letzte Schrift »Die Politik der Deutschen Bundesbank« sich im Druck. Mit ihr wollte er noch einmal vor Fehlgriffen in der Währungspolitik warnen. »Die Währung darf kein parteipolitisches Streitobjekt sein«, führte er dort aus. Und die letzten Worte dieser Schrift lauten: »Entpolitisiert die Bundesbank«.

Schicksal und Verantwortung

»Wie von unsichtbaren Geistern gezogen, gehen die Sonnenpferde der Zeit mit unseres Schicksals leichtem Wagen durch; und uns bleibt nichts als mutig gefaßt die Zügel festzuhalten und bald rechts bald links, vom Steine hier, vom Sturze da die Räder wegzulenken. Wohin es geht, wer weiß es? Erinnert er sich doch kaum, woher er kam.«

Diese Worte, die Goethe seinen Egmont sprechen läßt – die aussagen, wie wenig der Einzelne selber den Lauf der Geschichte zu beeinflussen vermag, selbst wenn er in der hohen Stellung eines Wagenlenkers erscheint – sind für das Schicksal und das Handeln Schachts kennzeichnend; für das Schicksal eines Mannes in einer Zeit, in der des Schicksals Wagen von durchgehenden Pferden, die schwerlich als »Sonnenpferde« zu erkennen waren, fortgerissen wurde. Doch Schacht selbst wollte dieses Goethe-Wort nicht als treffend anerkennen. Er zitiert es zu einem seiner Gedichte, in dem er sagt:

> »Vom Steine hier, vom Sturze da
> Den Schicksalwagen wegzulenken,
> Dabei das Ziel, ob fern, ob nah,
> Ob hier, ob dort, nicht zu bedenken,
> Läßt Zufallsgrößen bestenfalls
> Entstehn, wie uns die Blätter melden.
> Dem Egmont brach es seinen Hals
> Und andere machte es zu Helden.
> Mir gilt der Mann, der es versteht,
> Das Schicksalsrad herumzureißen,
> Der selbst bestimmt, wohin es geht.
> Nur den Mann will ich Helden heißen.«

Schacht war ein anderer Mensch als Goethes Egmont, der zögert und zaudert, sich erst spät, zu spät, entschließen kann. Er war eher ein Tatmensch, ein Mann, der zwar oft abwartete, aber ebenso oft seine Entschlüsse schnell faßte und rasch handelte. Doch in einem gleicht er der Dramengestalt des Klassikers. Wie Egmont seinen König Philipp falsch einschätzte, dessen vor nichts zurückschreckende »Ungerechtigkeit« und »Torheit«, von der ihn Goethe sprechen läßt, er allzu lange nicht wahrhaben will, so hat Schacht seine Augen vor der rücksichtslosen Brutalität Hitlers verschlossen und hat es nicht glauben können – oder glauben wollen – daß dieser Mann so töricht sein konnte, eine Politik zu betreiben, die nach kluger Einsicht Deutschland ins Verderben führen mußte.

Mit seiner Überschätzung der Wirkungsmöglichkeiten Einzelner im Ablauf der Geschichte und mit seinem Selbstbewußtsein hat Schacht es sich, zumindest zeitweilig, zugetraut, bestimmenden Einfluß auf die deutsche Politik nehmen zu können. Er glaubte, in den Reparationsverhandlungen die deutsche Regierung zu einer festeren Haltung bewegen zu können, und er war in den Jahren 1932 bis 1935, ja, auch noch in den ersten Monaten des Jahres 1936 voller Zuversicht, daß es ihm gelingen könnte, Hitlers Politik auf die Bahnen lenken zu können, die zu einer besseren Zukunft für Deutschland führen würden. Doch des Schicksals Wagen nahm einen anderen Lauf.

Ein Selbstbewußtsein, das zur Selbstüberschätzung führte, prägte aber keineswegs stets Schachts Handeln. Durch seine tief in ihm verwurzelte Religiosität, die in den Jahren, in denen das Christentum der Bedrängnis ausgesetzt war, stärker als zuvor hervortrat, kannte er auch christliche Demut und fragte sich, ob er stets richtig, seiner Verantwortung bewußt, gehandelt hatte. In seinen Gedichten, in denen er oft und gern seiner Stimmung Ausdruck gab, ist er auch diesen Fragen nachgegangen, die ihn tief im Innern beschäftigten, hat er hierauf die Antwort gegeben:

»Tatest Du damals, gestern und heute
Recht, als Du dieses und jenes getan?
Wie der Tiger die zagende Beute
Springen die Selbstvorwürfe Dich an.

. . .

Das nicht wird der Ewige wägen,
Was Du erreicht und was Du gesollt.
Das nur wird in die Schale er legen,
Was Du erstrebt und was Du gewollt.«

Wer im politischen Leben tätig ist und mit seinen Handlungen nicht nur sein eigenes Leben gestaltet, sondern auf das Schicksal seiner Mitmenschen einwirkt, wird mit anderen Maßstäben gemessen als der Privatmensch. Nicht nach seinen Beweggründen und Absichten wird gefragt, wenn das Urteil über ihn gefällt wird, sondern er wird nach den Folgen, die sein Tun und Lassen nach sich gezogen haben, gerichtet. Der Politiker darf, wie es Max Weber gesagt hat, nicht allein nach »gesinnungsethischen Maximen« handeln – religiös gesprochen: »Der Christ tut recht und stellt den Erfolg Gott anheim«. – Er steht vielmehr unter der »verantwortungsethischen Maxime«, »daß man für die (voraussehbaren) Folgen seines Handels aufzukommen hat.«

Der Verantwortung, die er bei seinen großen und schwierigen Aufgaben zu tragen gehabt hat, ist Schacht sich stets bewußt gewesen. Hat er aber auch die Folgen seines Tuns immer richtig bedacht? Seinen Zeitgenossen erschien sein Handeln oft unverständlich. Sie glaubten zu sehen, daß er seine Haltung mehrfach und überraschend wandelte; sein Vorgehen erschien ihnen manches Mal sprunghaft und unberechenbar. »Sein Leben war von Gegensätzen bestimmt«, schreibt Schwerin-Krosigk, und Brüning – um nur diese beiden Bemerkungen aus der Vielzahl ähnlicher Äußerungen anzuführen – klagt über »die Schwankungen von Schacht«. Doch prüft man genauer, dann wird erkennbar, daß er in seiner Politik einheitlich ausgerichtete Ziellinien verfolgte, und daß es nicht seine Absichten und Vorhaben, sondern die wechselnden Umstände und Zeitverhältnisse waren, die es ihm angebracht oder zwingend notwendig erscheinen ließen, sein Verhalten umzustellen.

Während des Ersten Weltkrieges sah Schacht mit seiner Kenntnis des Auslandes schon bald die Niederlage Deutschlands kommen. Der Zusammenbruch im November 1918 überraschte ihn nicht. Er wußte, daß dies auch das Ende der Monarchie bedeutete, und sah die Gefahr des Abgleitens in eine sozialistisch-kommunistische Diktatur nach sowjet-russischem Vorbild. Deshalb setzte er sich für die Gründung der Deutschen Demokratischen Partei ein. Über das Verhalten der Siegermächte gab er sich keiner Illusion hin. Denn er wußte, daß das alte Wort: vae victis – »Wehe den Besiegten« – seine Gültigkeit nicht verloren hatte. Einen aussichtslosen Widerstand gegen die Gewaltpolitik der Alliierten sah er deshalb als unsinnig an.

Das hieß aber nicht, daß er meinte, Deutschland müsse sich abfinden mit Rechtsbrüchen der Alliierten bei der Durchsetzung des Versailler Diktats und mit den später noch folgenden Rechtsbrüchen durch Gebietsabtretungen unter Verletzung des feierlich verkündeten Selbstbestimmungsrechts der Völker, durch die Ruhrbesetzung, die unterschiedliche Behandlung Deutschlands in Rüstungsfragen entgegen den Versailler Bestimmungen sowie durch Höher-Schrauben der Reparationsleistungen. Solange alle Proteste hiergegen ins Leere liefen und Widerstand sinnlos war, konnte die deutsche Regierung nur versuchen, mit Verhandlungen Schritt für Schritt einzelne Besserungen zu erzielen. Hier unterstützte er nach Kräften Stresemanns Politik, die ohne die Erfolge, die Schacht in den Dawes-Verhandlungen erzielte, schwerlich einen Fortschritt gebracht hätte. Sobald aber infolge der veränderten weltwirtschaftlichen und weltpolitischen Lage eine Veränderung eingetreten war, und die Alliierten für ihr eigenes Wohlergehen ein wirtschaftlich gesundes Deutschland brauchten, hielt er die Stunde für eine Änderung der deutschen Politik zu einer energischeren Vertretung des eigenen Rechtsanspruches für gekommen.

Es war eine bittere Enttäuschung für ihn, daß Stresemann und die meisten der anderen führenden Politiker im demokratischen Lager dies nicht erkannten und durch das Festhalten an ihrer alten – vordem, aber jetzt nicht mehr richtigen – Linie Möglichkeiten für eine Verbesserung der Lage Deutschlands ungenutzt ließen, und dadurch die Kluft zu der nationalen Opposition vergrößerten. Ebenso groß war seine Enttäuschung darüber, daß die demokratischen Parteien so kläglich gegenüber den Schwierigkeiten versagten, die durch die Verschlechterung der Wirtschaftslage entstanden, und darüber, daß sie sich schließlich als regierungsunfähig erwiesen. Zu Papen und Schleicher, die versuchten, eine »präsidiale« Regierungsform zu entwickeln, hatte er – mit Recht, wie es kaum jemand bestreiten kann, – kein Zutrauen.

In dieser Situation sah er in einer Verbindung aller nationalen Kräfte mit Hitler den einzigen Ausweg. Aus dieser Einschätzung der Lage beteiligte er sich an der Harzburger Front, setzte sich für die Berufung Hitlers zum Reichskanzler ein und trat in seine Regierung ein. Hatte er hierbei – um den Maßstab Max Webers an das Handeln eines Politikers nach den Maximen der Verantwortungs-Ethik anzulegen – die voraussehbaren Folgen seines Handels bedacht? Sicher hat Schacht die schwerwiegenden Entschlüsse, die er damals faßte, reiflich überlegt. Nur hat er sich in der Beurteilung der wirkenden Kräfte geirrt. Er ist von Hitler getäuscht worden und hat sich in ihm getäuscht. Den diabolischen Charakter des Führers der nationalsozialistischen Bewegung hatte er damals nicht erkannt. Er hat die Stärke der nationalen Kreise außerhalb des Nationalsozialismus überschätzt. Der Verlauf der Harzburger Tagung hätte ihm hier eine Warnung geben können. Überschätzt hat er auch seine eigenen Einfluß- und Einwirkungsmöglichkeiten. Das waren Irrtümer – verhängnisvolle Irrtümer, wie es sich in der Folgezeit herausstellen sollte.

Doch diese Irrtümer entstanden nicht aus Leichtfertigkeit und Verantwortungslosigkeit. Nun kann man sagen, ein Mann mit Schachts Intelligenz und nüchternem Urteil hätte die Gefahren, die aus der nationalsozialistischen Bewegung unter Hitlers Führung erwachsen würden, sehen müssen. Dann aber muß man fragen, was seine Einsicht fehlgeleitet hat. Die Antwort ergibt sich aus den Zuständen, die zu jener Zeit bestanden haben. Deutschland befand sich in einer fürchterlichen wirtschaftlichen Notlage; in der Außenpolitik zeichnete sich zwar eine Besserung ab, doch das deutsche Volk wurde, vierzehn Jahre nach Beendigung des Weltkrieges, immer noch diskriminiert und diffamiert; innenpolitisch war es zerrissen durch Klassenkampf und den Zwiespalt zwischen den Kreisen, die unter der nationalen Diffamierung litten, und denen, die bereit waren, dies und die Ungerechtigkeiten der Siegermächte sowie auch die – heute in Vergessenheit geratene – Unterdrückung deutscher Menschen in den abgetretenen Gebieten hinzunehmen. Dazu drohte die Gefahr, daß der Kommunismus bei einer Fortdauer und Verschlimmerung der wirtschaftlichen Not – sei es aus eigener Kraft der deutschen Kommunistischen Partei mit ihren Kampfkadern oder sei es im Bündnis mit einem zur »Volksfront« bereiten Flügel der Sozialdemokratischen Partei – die Oberhand gewinnen konnte.

Außer der nationalsozialistischen Bewegung unter Hitler zeigte sich damals keine andere Kraft, die einen Wandel herbeiführen konnte. Das war der Tatbestand, der Schacht bestimmte, es mit dieser Kraft zu versuchen, weil alles andere aussichtslos erschien. Er sah keine Möglichkeit, daß ohne eine Regierung mit Hitler eine Katastrophe für Deutschland abgewendet werden konnte. Daß eine Regierung mit Hitler Gefahren in sich barg, das wußte er, aber er sah in ihr die Möglichkeit einer Wendung zum Besseren. Gegenüber dem Weg, der unvermeidbar in die Katastrophe führen mußte, wählte er einen Weg, der zwar gefährlich war aber, wie er hoffte und glaubte, auch einen günstigen Verlauf nehmen konnte.

Gegen die Mißstände und Gefahren, die sich dann bald zeigten, ist Schacht mutig, wie nur wenige andere, aufgetreten. In den Aufzeichnungen, die Goerdeler im Gefängnis in der Prinz-Albrecht-Straße niedergeschrieben hat, nennt er Schacht »einen tapferen, charaktervollen Mann, ... einen der fähigsten Köpfe und besten Patrioten, über die Deutschland seit Bismarck verfügt hat. Gebe Gott, daß er am Leben bleibt. Richtet dann nicht mit ihm über Ehrgeiz, über die falsche Wahl, die er getroffen hat, als er in Harzburg 1931 Brüning angriff und sich zu Hitler bekannte. Richtet nicht, auf daß Ihr nicht gerichtet werdet! ... Er hat tapfer gegen die Entartung der Partei gekämpft und viel Anfeindungen in Kauf genommen. Er ist der einzige Minister, der Hitler, wenn auch sehr spät, seine Meinung gesagt hat.«

Ohne Rücksicht auf seine eigene Person hat Schacht versucht, Willkürakte radikaler Nationalsozialisten aufzuhalten. Als er sah, daß Hitler von seiner Kriegspolitik nicht abzuhalten war, faßte er den Entschluß, ihn – lebend oder tot – aus der Staatsführung auszuschalten. Doch sein Widerstand blieb erfolglos. Das Schicksal war stärker als er und alle anderen, die ähnliches versuchten.

Schacht hat, um die Ziele, die er anstrebte, zu erreichen, mehrmals Mittel anwenden müssen, die er gerne vermieden hätte. Er ist dabei aber nie soweit gegangen, daß er nach dem Satz »Der Zweck heiligt die Mittel« zu Maßnahmen gegriffen hätte, die verwerflich gewesen wären. Um nach der großen Inflation des Jahres 1923 wieder zu einer stabilen Währung zu gelangen, mußte er die Rentenmark einführen, die er zwar nicht für die am besten geeignete Währung hielt, deren Einsatz aber immer noch weit besser war als ein Festhalten an der zusammengebrochenen alten Mark-Währung. Weit schwerer als die Entscheidung für die Rentenmark ist ihm die Verschärfung der Devisenbewirtschaftung und der Aufbau des Verrechnungssystems im Außenhandel gefallen. Als er 1923 die Währungsreform mit der Rentenmark einleitete, konnte er davon ausgehen, daß es ihm möglich sein würde, mit geschickter Währungs- und Kreditpolitik in absehbarer Zeit die Währungsform einzuführen, die er für die richtige hielt. Doch als er im Jahre 1934 seinen »Neuen Plan« für die Überwindung der Devisennotlage entwickelte, waren keine Aussichten für eine bevorstehende Rückkehr zu einem freien Welthandel zu erkennen. In der Entwicklung des Verrechnungsverkehrs sah er einen Weg, auch beim Fortbestehen der Handelshemmnisse zu einer Wiederbelebung des internationalen Warenaustausches zu kommen, der dann später auch zu einem freieren Wirtschaftsverkehr führen könnte. Hier bestimmte der Zwang der Verhältnisse sein Vorgehen. Deshalb kann man schwerlich von Widersprüchen in seinem Verhalten sprechen, wenn er zu Maßnahmen griff, die er selbst lieber vermieden hätte, die allein aber unter den vorliegenden Bedingungen eine Besserung der Lage bringen konnten.

Der Verlauf der Geschichte hat den beiden großen Leistungen, die Schacht vollbracht hat, – Beendigung der Inflation 1923 und Überwindung der Arbeitslosigkeit durch einen neuen Wirtschaftsaufschwung in den dreißiger Jahren – einen schweren Rückschlag mit der Krise des Jahres 1931 und eine der schlimmsten Katastrophen für Deutschland durch den Zweiten Weltkrieg, der mit dem Zusammenbruch 1945 endete, folgen lassen. Doch sein Wirken ist nicht sinnlos, und auch nicht erfolglos geblieben. Er hat Millionen von Menschen für etliche Jahre vor schwerer Not bewahrt, und er hat entscheidend dazu beigetragen, daß die wirtschaftliche Leistungsfähigkeit Deutschlands, die durch Inflation und Krise zweimal schwer getroffen war, beide Male wiederhergestellt und stärker noch als zuvor gesteigert wurde. Dadurch hat er die Voraussetzungen dafür geschaffen, daß auch nach der Katastrophe von 1945 ein neuer wirtschaftlicher Aufstieg Deutschlands möglich war.

Quellenverzeichnis

Die Literatur über Hjalmar Schacht ist so umfangreich, daß sie nicht vollständig erfaßt werden kann. Es gibt kaum eine Autobiographie bedeutender Persönlichkeiten aus der Zeit der Weimarer Republik und der nationalsozialistischen Herrschaft, in der nicht Schacht erwähnt und zu seinen Handlungen Stellung genommen wird. Das gleiche gilt für die meisten Biographien über Personen dieser Zeit und fast alle zeitgeschichtlichen Abhandlungen. In der nationalökonomischen Literatur ist Schachts Finanz- und Wirtschaftspolitik sowohl in deskriptiven Darstellungen wie in theoretischen Abhandlungen vielfach betrachtet worden. Die Tagespresse hat sich ständig mit Schachts Wirken beschäftigt, darüber berichtet und es in Kommentaren gelobt oder kritisiert und verurteilt. Schacht selbst hat über seine Handlungen in mehreren Büchern und zusammenfassend in seinem Erinnerungswerk »76 Jahre meines Lebens« (Bad Wörishofen, 1953) berichtet. Zahlreich sind die von ihm verfaßten Zeitschriften- und Zeitungsartikel und seine Reden, von denen viele im Nachdruck veröffentlicht sind. Die Bibliothek des Instituts für Weltwirtschaft Kiel, enthält siebenundsiebzig Titel der Veröffentlichungen Schachts und erfaßt damit neben seinen Büchern nur den wichtigsten Teil seiner Reden und Artikel.

Eine umfassende Bibliographie der Veröffentlichungen über Schacht und der wichtigsten seiner eigenen Veröffentlichungen findet sich in dem Buch von Amos E. Simpson »Hjalmar Schacht in Perspective« (The Hague, 1969). Aufschlußreiche Aufzeichnungen und Unterlagen sind enthalten in den Dokumenten des Nürnberger Internationalen Militärgerichtshofes. Band XXIII/XXIV der Veröffentlichung »Der Prozeß gegen die Hauptkriegsverbrecher vor dem Internationalen Militärgerichtshof« (Nürnberg, 1949) erleichtert mit seinem Personen-Index das Auffinden aller Schacht betreffenden Aussagen und Dokumente.

In den folgenden Quellenangaben zu den einzelnen Kapiteln sind lediglich die Veröffentlichungen angegeben, die hier unmittelbar bei der Abfassung des Textes benutzt worden sind. Bei Zitaten sind die Seitenzahlen des Buches genannt, dem sie entnommen sind.

Retter oder Verbrecher?

Dr. Hjalmar *Schacht* zum 22. Januar 1937. Grüße von Freunden und Verehrern Dr. Schachts zu seinem 60. Geburtstag. Festschrift der Reichsbank, Berlin, 1937, S. 43

Rolf *Vogel*: Ein Stempel hat gefehlt. Dokumente zur Emigration deutscher Juden, München/Zürich, 1977, S. 13

Ist Schacht ein Verbrecher? Anklageschrift von Franz Karl *Maier* dem früheren öffentlichen Kläger bei der Spruchkammer Stuttgart, Reutlingen, 1947

Norbert *Mühlen*: Der Zauberer. Leben und Anleihen des Dr. Hjalmar Horace Greeley Schacht, Zürich, 1938

Helmut *Müller*: Die Zentralbank – Eine Nebenregierung. Reichsbankpräsident Hjalmar Schacht als Politiker der Weimarer Republik, Opladen, 1973, S. 11, 53

Adolf *Weber*: Hat Schacht recht? München–Leipzig 1928

Rudolf *Stucken*: Deutsche Geld- und Kreditpolitik 1914-1963, Tübingen, 1964

Selbstbewußt, patriotisch und weltoffen

Schacht: 76 Jahre meines Lebens, Bad Wörishofen, 1953, S. 32

Franz *Reuter*: Schacht, Stuttgart/Berlin, 1937

Joseph *Windschuh*: Männer, Traditionen, Soziale Signale, Berlin, 1940

Felix *Pinner* (Frank Fassland): Deutsche Wirtschaftsführer, Charlottenburg, 1924

Paul *Rohrbach*: Der deutsche Gedanke in der Welt, Düsseldorf und Leipzig, 1912, S. 217, 235

Schacht in seinen Äußerungen. Im Auftrag des Reichsbankdirektoriums zusammengestellt in der Volkswirtschaftlichen und Statistischen Abteilung der Reichsbank, Berlin, 1937

Schacht in der Karrikatur, Berlin, 1937

Bankier durch Zufall

Hjalmar *Schacht*: Der theoretische Gehalt des englischen Merkantilismus. Inaugural-Dissertation, Berlin, 1900, S. 67

Gustav *Schmoller*, Max *Sering* und Adolph *Wagner*: Handels- und Machtpolitik, 1. u. 2. Bd., Stuttgart, 1900

Friedrich *Meinecke*: Drei Generationen deutscher Gelehrtenpolitik, in: Staat und Persönlichkeit, Berlin, 1933

Wilhelm *Gerloff*: Die deutsche Zoll- und Handelspolitik von der

Gründung des Zollvereins bis zum Frieden von Versailles, Leipzig, 1920

Jakob *Riesser*: Die deutschen Großbanken und ihre Konzentration im Zusammenhang mit der Entwicklung der Gesamtwirtschaft in Deutschland, 2. Auflage, Jena, 1912

Hjalmar *Schacht*: Einrichtung, Betrieb und volkswirtschaftliche Bedeutung der Großbanken, Hannover, 1912

Die Väter der Rentenmark
und
Stabilisierung der Währung

Otto *Veit*: Grundriß der Währungspolitik, Frankfurt/Main, 1951

Alfred *Lansburgh*: Die Politik der Reichsbank und die Reichsschatzanweisungen nach dem Kriege, München und Leipzig, 1924

Deutsche Bundesbank (Herausgeber): Währung und Wirtschaft in Deutschland 1876-1975, Frankfurt/Main, 1976

Gert *von Eynern*: Die Reichsbank, Jena, 1928

Verwaltungsberichte der Reichsbank, Berlin, 1921-1925

S. P. *Altmann*: Die Stabilisierung der Mark, Berlin/Leipzig, 1927

P. Barnett *Whale*: The Stabilisation of the Mark, The Economic Journal, Vol. 38, London, 1928

Hermann *Bente*: Die deutsche Währungspolitik von 1914-1924, Weltwirtschaftliches Archiv, 23. Band, Jena, 1926

Deutschlands Wirtschaftslage unter den Nachwirkungen des Weltkrieges. Unter Verwendung amtlichen Materials zusammengestellt im Statistischen Reichsamt, Berlin, 1923

Rudolf *Dalberg*: Deutsche Währungs- und Kreditpolitik 1923-1926, Berlin, 1926

Paul *Beusch*: Währungszerfall und Währungsstabilisierung, herausgegeben von G. Briefs und C. A. Fischer, Berlin, 1928

Julius *Hirsch*: Die deutsche Währungsfrage, Jena, 1924

Hans *Luther*: Politik ohne Partei. Erinnerungen, Stuttgart, 1960

Eckhard *Wandel*: Hans Schäffer. Steuermann in wirtschaftlichen und politischen Krisen, Stuttgart, 1974

Stresemann. Vermächtnis. Nachlaß und Tagebücher, herausgegeben von Henry *Bernhard*, drei Bände, Berlin, 1932, 1933, Bd. I, S. 147, 622

Karl *Helfferich*: Geschichte der deutschen Geldreform, Leipzig, 1898

Reichstag. – 382. Sitzung. Mittwoch den 15. August 1923, S. 11879. 287. Sitzung. Dienstag den 9. Oktober 1923, S. 12072

Hjalmar *Schacht*: Die Stabilisierung der Mark, Berlin/Leipzig, 1927, S. 59, 65, 73/74

Hjalmar *Schacht*: Entwurf betreffs Errichtung einer Goldnotenbank, Handelszeitung des Berliner Tageblatts, 10. Oktober 1923

Schacht: 76 Jahre. S. 63, 65,, 237/8, 240
Hjalmar *Schacht*: Mehr Geld, mehr Kapital, mehr Arbeit, Hamburg, 1949, S. 71

Durch Dawes-Plan zur Reichsmark

Derek H. *Aldcroft*: Die zwanziger Jahre. Von Versailles zur Wall Street. Geschichte der Weltwirtschaft, herausgegeben von Wolfram Fischer, Band 3, München, 1978
Carl *Bergmann*: Der Weg der Reparation, Frankfurt/Main, 1926
Gustav *Stolper*: Deutsche Wirtschaft seit 1870, Tübingen, 1964
Max *Sering*: Deutschland unter dem Dawesplan, Jena, 1928
Die Sachverständigen Gutachten, Amtliche Ausgabe, Berlin, 1924
John Maynard *Keynes*: The Economic Consequences of the Peace, London, 1919
J. M. *Keynes*: Revision of the Treaty, London/New York, 1922
Friedrich *Stampfer*: Die ersten vierzehn Jahre der Deutschen Republik, Offenbach/Main, 1947, S. 323
Robert Gilbert *Vansittart*: Sessons of my life, London, 1943
Hjalmar *Schacht*: Das Ende der Reparationen, Oldenburg, 1931

Im Konflikt mit Stresemann

Steven *King-Hall*: Our Own Times, 1913-1939, London, 1935
Frank Lee *Benns*: Europäische Geschichte seit 1870, Zweiter Band 1920-1951, Fürstenfeldbruck
Hans W. *Gatzke*: Europa und der Völkerbund, Propyläen Weltgeschichte Neunter Band, Das Zwanzigste Jahrhundert, Berlin/Frankfurt/Wien, 1960
Hellmut *Diwald*: Geschichte der Deutschen, Berlin, 1978
Walter *Görlitz*: Gustav Stresemann, Heidelberg, 1949
Stesemann. Vermächtnis, II S. 154
Hjalmar *Schacht*: Kleine Bekenntnisse aus 80 Jahren. Als Handschrift für Freunde gedruckt, München, 1957, S. 39, 46, 116
Stampfer: Die ersten vierzehn Jahre, S. 413

Vergeblicher Kampf gegen Auslandsschulden

Harald *Fick*: Transferproblem und Transfertheorie. Ein Beitrag zur volkswirtschaftlichen Theorie der deutschen Reparationen, Jena, 1929
Max *Sering*: Deutschland unter dem Dawes-Plan, Berlin, 1928

Hermann *Haas*, Rolf *Ott* und Wilhelm *Holzmann*: Auslandsanleihen und Reparationen, Jena, 1929
Moritz J. *Bonn*: Befreiungspolitik oder Beleihungspolitik?, Berlin, 1928
Schacht: Ende der Reparationen, S. 41/42
Stucken: Deutsche Geld- und Kreditpolitik, S. 75/76

Der Young-Plan

Jochenn W. *Reichert*: Young-Plan, Stuttgart, 1950
Julius *Curtius*: Der Young-Plan, Stuttgart 1950
Carl *Bergmann*: Der Weg der Reparation, Frankfurt/Main, 1926
Rolf E. *Lüke*: Von der Stabilisierung zur Krise, Zürich, 1958, S. 162, 177
Edgar *Salin* (Herausgeber): Das Reparationsproblem. Veröffentlichung der Friedrich-List-Gesellschaft e. V., 2 Teile, Berlin, 1929
Albert *von Mühlenfels*: Das Tributproblem und seine Lösung, Berlin, 1931
Fritz *Hauenstein*: Golddiskontbank, Handwörterbuch der Staatswissenschaften, 4. Band, Jena, 1927
Schacht: Ende der Reparationen, S. 64/65, 92/93
Schacht: 76 Jahre, S. 309, 310, 315, 325/6

Rücktritt

Lutz *Graf Schwerin von Krosigk*: Es geschah in Deutschland, Tübingen/Stuttgart, 1952
Heinrich *Brüning*: Memoiren 1918-1934, Stuttgart 1970
Otto *Braun*: Von Weimar zu Hitler, Düsseldorf, 1961
Gottfried Reinhold *Treviranus*: Das Ende von Weimar, Düsseldorf und Wien, 1968
Schacht: 76 Jahre, S. 326-328

Krisenjahre

Wilhelm *Grotkopp*: Die große Krise, Düsseldorf, 1954
Hans *Luther*: Vor dem Abgrund 1930-33, Berlin, 1964
Werner *Conze*: Brünings Politik in der großen Krise, Historische Zeitschrift Band 199, München 1964
Andreas *Predöhl*: Das Ende der Weltwirtschaftskrise, Reinbek bei Hamburg, 1962
Eckhard *Wandel*: Hans Schäffer, S. 127/8
Schacht: 76 Jahre, S. 367

Theodor *Duesterberg*: Der Stahlhelm und Hitler, Wolfenbüttel/Hannover, 1949, S. 28

Mit Hitler – gegen Hitler

Hjalmar *Schacht*: Abrechnung mit Hitler, Berlin, 1948, S. 5, 6, 7
Schacht: 76 Jahre, S. 352
Gottfried *Feder*: Das Programm der NSDAP und seine weltanschaulichen Grundlagen, München, 1927 und spätere Auflagen
Gottfried *Feder*: Kampf gegen die Hochfinanz, München, 1933
Godfrey *Scheele*: The Weimar Republic. Overture to the Third Reich, Westport (Connecticut), 1975
Joachim C. *Fest*: Hitler. Eine Biographie, Frankfurt/M., Berlin, Wien, 1973
Fritz *Klein*: Neue Dokumente zur Rolle Schachts bei der Vorbereitung der Hitlerdiktatur, Zeitschrift für Geschichtswissenschaft, Ost-Berlin, Jahrgang 5
Karl Dietrich *Bracher*: Die Auflösung der Weimarer Republik. Eine Studie zum Problem des Machtverfalls in der Demokratie, Villingen (Schwarzwald), 1964
Edward N. *Paterson*: Hjalmar Schacht for and against Hitler. A Political Economic Study of Germany 1923-1924, Boston, 1954
Emil *Helfferich*: 1932-1946 Tatsachen. Ein Beitrag zur Wahrheitsfindung, Jever (Oldenburg), 1968, S. 14, 16, 17-19
Schacht: Abrechnung mit Hitler, S. 7
Borchmeyer: Hugenbergs Ringen in Deutschlands Schicksalstunden, Detmold, 1951
Fritz Günther *von Tschirschky*: Erinnerungen eines Hochverräters, Stuttgart, 1972, S. 95
Hjalmar *Schacht*: 1933 Wie eine Demokratie stirbt, Düsseldorf/Wien 1968, S. 61
Gottfried Reinhold *Treviranus*: Das Ende von Weimar. Heinrich Brüning und seine Zeit, Düsseldorf/Wien, 1968
Franz *von Papen*: Der Wahrheit eine Gasse, München, 1952
Franz *von Papen*: Vom Scheitern einer Demokratie, Mainz, 1968
Joseph *Goebbels*: Vom Kaiserhof zur Reichskanzlei, München, 1934
Joseph *Goebbels*: Revolution der Deutschen: 14 Jahre Nationalsozialismus, Oldenburg, 1933
Theodor *Heuss*: Hitlers Weg, Stuttgart/Leipzig, 1932
Der Prozeß gegen die Hauptkriegsverbrecher vor dem Internationalen Militärgerichtshof Nürnberg 14. November 1945 – 1. Oktober 1946, Nürnberg 1949, Band XXXVI, S. 365
Heidemarie *Gräfin Schall-Riaucour*: Aufstand und Gehorsam. Offizierstum und Generalstab im Umbru, S. 195

Ernst *Wagemann* (Herausgeber: Kurven und Zahlen der Wirtschaftslage in Deutschland, zweite Auflage, Institut für Konjunkturforschung, Berlin, 1935

Statistisches Jahrbuch für das Deutsche Reich, dreiundfünfzigster bis siebenundfünfzigster Jahrgang, Berlin, 1934-1938

Schacht: 76 Jahre, S. 383

Friedrich *Syrup*: Arbeitseinsatz und Arbeitslosenhilfe in Deutschland, Berlin, 1936

K. *Kaftan*: Der Kampf um die Autobahn, Berlin 1955

Walter Henry *Nelson*: Die Volkswagen-Story, Frankfurt/Main/Hamburg, 1968, S. 47

Amos E. *Simpson*: Hjalmar Schacht in Perspektive, The Hague/Paris, 1969

John Maynard *Keynes*: The End of Laissez-Faire, London, 1926

John Maynard *Keynes*: The General Theory of Employment, Interest and Money, London/New York, 1936

Lutz *Graf Schwerin von Krosigk*: Problem des deutschen Wirtschaftslebens, Berlin, 1937

René *Erbe*: Die Nationalsozialistische Wirtschaftspolitik 1933-1939 im Lichte der modernen Theorie, Herausgegeben vom Basle Centre for Economic and Financial Research, Zürich, 1958, S. 82, 83

E. N. *Peterson*: Hjalmar Schacht, Boston, 1954

Balogh: The National Economy of Germany, Economic Journal, London, 1938

James *Tobin*: A General Equilibrium Approach to Monetary Stability, Journal of Money, Credit and Banking, New York, February 1967

Don *Patinkin*: Money, Interest and Prices, New York, 1967

A. D. *Bain*: The Control of Money Supply, London, 1970

H. G. *Johnson*: Essays on Monetary Economics, London 1967

Durch Devisennot zum Neuen Plan

King-Hall: Our Own Times, S. 686

R. Walter *Darré*: Das Bauerntum als Lebensquell der nordischen Rasse, München 1928

R. Walter *Darré*: Blut und Boden, ein Grundgedanke des Nationalsozialismus, München 1936

Friedrich *Naumann*: Mitteleuropa, Berlin, 1916

Theodor *Heuss*: Friedrich Naumann, Handwörterbuch der Sozialwissenschaften, Siebter Band, Stuttgart/Tübingen/Göttingen, 1961, S. 554

Rudolf *Kjellén*: Grundriß zu einem System der Politik, Leipzig 1920
Rudolf *Kjellén*: Der Staat als Lebensform, Leipzig 1917
Achim *Bay*: Der nationalistische Gedanke der Großraumwirtschaft, Erlangen/Nürnberg, 1962
Hjalmar *Schacht*: Grundsätze der deutschen Wirtschaftspolitik, Oldenburg, 1922
Ferdinand *Fried*: Autarkie, Jena, 1922
Sven *Helander*: Das Autarkieproblem in der Weltwirtschaft, Berlin/München, 1955
Andreas *Predöhl*: Die sogenannten Handelshemmnisse und der Neuaufbau der Weltwirtschaft, Weltwirtschaftliches Archiv, Band 52, Jena, 1940
Hans Peter *Danielcik*: Deutschlands Selbstversorgung, München, 1932
Johannes *Stoye*: Die geschlossene deutsche Volkswirtschaft, Geopolitik, Autarkie, Vierjahresplan, Leipzig, 1937
Harald *Bräutigam*: Wirtschaftssystem des Nationalsozialismus, 2. Auflage, Berlin, 1933
E. N. *Peterson*: Hjalmar Schacht, Boston, 1954
Erbe: Die nationalsozialistische Wirtschaftspolitik, S. 174
John Maynard *Keynes*: The General Theory of Employment, Interest, and Money, London 1936, S. 297

Kampf mit Göring
und
Die Entlassung

Schacht: 76 Jahre, S. 385, 410, 468/9, 471-473. Königsberger Rede, Der Prozeß gegen die Hauptkriegsverbrecher, Dokument 433-EC, XXXVI, S. 502 ff
Adolf *Hitler*: Mein Kampf, Zwei Bände in einem Band, München, 1940, S. 728, 739, 742
Carl J. *Burckhardt*: Meine Danziger Mission 1937-1939, München, 1960
Harald *Laeuen*: Polnische Tragödie, Stuttgart, 1955
Hermann *Göring*: Reden und Aufsätze, München, 1940
Erich *Gritzbach*: Hermann Göring. Mensch und Werk, München, 1938
Joachim *von Ribbentrop*: Vierjahresplan und Welthandel, Berlin, 1937
Gerald *Minden*: Wirtschaftsführung im Großdeutschen Reich, Berlin, 1939
Kurt *Hesse*: Der Kriegswirtschaftliche Gedanke, Hamburg, 1935
Paul *Oestreich*: Walter Funk, München, 1941
Schacht: 76 Jahre, S. 526-9

20. Juli 1944. Ein Drama des Gewissens und der Geschichte, Dokumente und Berichte, Bundeszentrale für Heimatdienst, Bonn, Freiburg/Basel/Wien, 1963
Hans Bernd *Gisevius*: Bis zum Bittern Ende, Zürich, 1946
Otto *Meissner*: Staatssekretär unter Ebert-Hindenburg-Hitler. Der Schicksalsweg des deutschen Volkes von 1918-1945, wie ich ihn erlebte, Hamburg, 1950
Hans *Hagen*: Zwischen Eid und Befehl. Tatzeugen-Bericht von den Ereignissen am 20. Juli 1944, München, 1959
Margret *Boveri*: Der Verrat im 20. Jahrhundert, 4. Band, Hamburg, 1958
Wilhelm *Treue*: Die Staatsidee der deutschen Widerstandsbewegung gegen den Nationalsozialismus, Göttingen, 1955
Stanislaw *Mikolajczyk*: The Rape of Poland, New York, 1948
Der Prozeß gegen die Hauptkriegsverbrecher, Bd. XLI, S. 286

Angeklagt – Freigesprochen

Gösta *von Uexküll:* Process mot Tyskland, Stockholm, 1944
    Prozeß gegen Deutschland, Düsseldorf, 1974
Nürnberger Urteil, Düsseldorf, 1946, S. 150/1
Schacht: 76 Jahre, S. 645
Zum Fall Schacht. Internationaler biographischer Pressedienst, Nr. 10/11, Januar 1967
Zum Fall Schacht. Stellungnahme des Hamburger Senats zum Prozeß vor dem Landesverwaltungsgericht, Anlage zum Platowbrief vom 4. September 1953, S. 3
RA Dr. R. G. Müller zum Schacht-Prozeß. Der an das Landesverwaltungsgericht gerichtete Schriftsatz, Anlage zum Platowbrief vom 4. September 1953

Schicksal und Verantwortung

Max *Weber:* Politik als Beruf, Schriften zur theoretischen Soziologie, zur Soziologie der Politik und Verfassung, Frankfurt/Main, 1947, S. 194
Friedrich *Krause*: Goerdelers Politisches Testament, New York, 1945
Der Prozeß gegen die Hauptkriegsverbrecher, Band XLI, S. 279/80

Personenverzeichnis

Addis, Christoph 122
Attlee, Clement 266

Bach-Zelewski, Erich von dem
227, 228
Baden, Prinz Max von 72
Baldwin, Stenley 77
Bang, Paul 207
Barthou, Jean Louis 234
Barthou, Léon 80
Bauer, Gustav 93
Beck, Ludwig 185, 260
Bergmann, Staatssekretär 85
Bernhard, Georg 42
Bethmann-Holweg, Theobald
von 40
Bismarck, Otto von 18, 280
Blessing, Karl 147, 209
Blomberg, Werner von 175, 176,
182, 183, 227, 232, 240, 246,
247, 268
Blum, Léon 263
Bormann, Martin 17, 267
Brauchitsch, Walther von 261
Brauer, Max 272
Braun, Otto 117
Brauns, Heinrich 108
Breitscheid, Rudolf 24
Briand, Aristide 96, 97, 98, 99
Brinkmann, Rudolf 209
Brockdorff-Rantzau, Ulrich Graf
von 93

Brüning, Heinrich 138, 143, 144,
146, 152, 156, 159, 162, 165,
174, 231, 278, 280

Canaris, Wilhelm 261, 263
Caprivi, Graf Leo von 24
Cassel, Gustav 47, 71
Chamberlain, Arthur Neville
220, 261
Chamberlain, Joseph 220
Churchill, Winston Spencer 258,
266
Crispien, Artur 142
Cuno, Wilhelm 36, 43, 50
Curtis, Julius 113, 121, 126, 133,
134, 141, 146, 153

Dalberg 32, 39
Daladier, Edouard 261
Darré, Walter 206, 215, 224
Davenant, Charles 22
Dawes, Charles Gates 71, 78, 80,
81, 82, 83, 85, 86, 89, 90, 91, 92,
93, 94, 95, 96, 102, 103, 104,
105, 108, 110, 111, 112, 113,
114, 116, 118, 120, 121, 122,
123, 125, 126, 127, 128, 133,
134, 135, 145, 202, 210, 211,
279
Degoutte, General 76
Delbrück, Hans 24
Diedrich, Hermann 158
Diels, Rudolf 208

Dix, Artur 21
Dix, Rudolf 267, 268, 271
Dreyse, Fritz 184, 253
Düsterberg, Theodor 159, 173

Eberstadt, Ferdinand 99
Ebert, Friedrich 48, 59, 60, 61, 101
Eggers, Christian von 14
Eggers, Constanze Freiin von 14
Eggers, von; Schachts Großvater 24
Ehlers, Dieter 185
Erbe, René 200, 201
Erhard, Ludwig 274
Erzberger, Matthias 35, 40

Feder, Gottfried 163, 165, 167, 169, 207, 208, 209, 224
Fehrenbach, Constantin 139
Feifer, Alfred 42
Fischer, Staatssekretär 77
Fisher, Irving 32
Frick, Wilhelm 175, 224
Fritsch, Werner Freiherr von 247, 260, 261, 268
Funk, Walter (Redakteur) 42
Funk, Walther (Reichswirtschaftsminister) 246, 251

Georg V. 205
Gerlach, Hellmut von 24
Gesell, Silvio 32
Gilbert, Parker 103, 108, 109, 110, 112, 113, 114, 115
Gisevius, Hans Bernd 260, 261, 262
Glasenapp, von; Vizepräsident der Reichsbank 61
Goebbels, Josef 16, 156, 176
Goerdeler, Carl 185, 257, 259, 260, 262, 280
Goethe, Johann Wolfgang von 276, 277

Göring, Hermann 16, 17, 155, 156, 174, 175, 179, 210, 223, 224, 229, 230, 232, 234, 235, 236, 237, 238, 239, 240, 241, 243, 244, 245, 246, 255, 256
Göring, Karin 155, 156
Goltz, Rüdiger von der 157
Greiser, Arthur 235
Gronau, Hans 261, 262, 263
Grotkopp, Wilhelm 31

Halder, Franz 185, 260, 261, 263
Hartenstein, Hans 213
Hasbach, Wilhelm 22
Hassel, Ulrich von 185, 260
Haushofer, Karl 219
Havenstein, Rudolf von 53, 58, 59
Hebbel, Friedrich 21
Hegel, Georg Wilhelm Friedrich 13
Helfferich, Emil 168
Helfferich, Karl 30, 31, 33, 39, 40, 41, 42, 43, 44, 45, 46, 52, 59, 60, 65, 66, 90, 91, 101, 154, 168
Henderson, Arthur 127
Herriot, Edouard 90, 91, 98
Hess, Rudolf 168, 219
Heuss, Theodor 19, 166, 219
Hilferding, Rudolf 31, 41, 44, 45, 46, 47, 101, 126, 131, 152
Himmler, Heinrich 167, 226, 227, 228
Hindenburg, Paul von 11, 135, 136, 170, 175, 176
Hirsch, Julius 31, 32, 39, 46
Hitler, Adolf 10, 11, 12, 14, 17, 85, 121, 128, 138, 142, 151, 156, 157, 158, 159, 160, 161, 162, 163, 164, 165, 166, 167, 168, 169, 170, 171, 172, 173, 174, 175, 176, 177, 178, 179, 180, 182, 183, 184, 185, 186, 187, 189, 194, 206, 208, 221,

222, 224, 225, 228, 229, 230,
231, 232, 233, 234, 235, 236,
238, 239, 240, 241, 242, 243,
244, 245, 246, 247, 248, 249,
250, 251, 252, 253, 254, 255,
256, 257, 258, 259, 260, 261,
262, 268, 269, 271, 273, 277,
279, 280, 281
Hoegner, Wilhelm 270
Hoffmann, Paul 275
Hoover, Herbert C. 147, 148, 151
Hülse, Ernst 184, 225, 253
Hugenberg, Alfred 11, 121, 128,
141, 157, 159, 172, 177, 187,
207, 222
Hughes, Charles 77
Hull, Cordell 258

Jackson, Robert H. 267
Jacobs, Monti 21

Kanitz, Graf 48
Kapp, Wolfgang 38
Kaskel, Michael 26
Kastl, Ludwig 144, 122
Kellog, Frank B. 91
Kepler, Johannes 168
Keppler, Wilhelm 168, 169, 170,
206, 236, 248
Keynes, John Maynard 12, 47,
71, 73, 75, 191, 200, 201
Kienböck, Viktor 248
Kindersley, Sir Robert 83
Kjellén, Rudolf 219
Klöckner, Peter 76
Koch, Erich 227, 228
Köhler 108
Krämer, Hans 42, 46
Kranefuß, Adjutant Himmlers
226
Kreuger, Ivar 131
Krupp von Bohlen und Halbach,
Alfried 267
Krupp von Bohlen und Halbach,
Gustav 175, 259, 267

Lambach, Walther 128
Lammers, Hans-Heinrich 245,
251, 254, 256
Landing, Robert 72
Lewald, Exzellenz 49
Ley, Robert 226, 227, 267
Lindemann, Fritz 261, 262, 263
Lipski, Jóseph 234, 235
Ludin, Hans 167
Ludwig, Waldemar 209, 272
Lübke, Friedrich Wilhelm 272
Lübke, Heinrich 272
Lüke, Rolf E. 110, 112, 122, 223
Lumm, von 27, 28, 50, 60
Luther, Hans 30, 31, 43, 44, 45,
46, 48, 51, 52, 55, 56, 69, 89,
140, 146, 147, 152, 186, 187,
203

MacDonald, Ramsay 89, 91, 149,
205
Maier, Franz Karl 9
Margerie, Pierre de 88
Mattei, Enrico 273
Marx, Wilhelm 60, 64, 89, 91,
94, 97, 139, 141
McKenna, Reginald 78
Meissner, Otto 134, 171
Melchior, Karl 114
Mendelssohn-Bartholdy, Felix
259
Minoux, Friedrich 42, 46
Moldenhauer, Paul 133, 134, 137,
Moreau, Emile 122
Morgan, Pierpont 90
Morgenthau, Henry 258
Müller, Helmut 13
Müller, Hermann 11, 48, 112,
113, 138, 141, 143, 144
Müller, Waldemar 25, 26
Münnemann, Rudolf 273
Mussolini, Benito 261

Naumann, Friedrich 19, 219, 220
Nehru, Pandit 273

Neurath, Konstantin Freiherr von 177
Norman, Montagu 63, 64, 65, 97, 124, 146
Nurske, Ragnar 71

Olhin, Bertil 71
Oster, Hans 261, 263

Papen, Franz von 138, 159, 160, 161, 175, 176, 188, 190, 193, 200, 268, 279
Patinkin, Don 201
Paul-Boncour, Joseph 233
Pilsudski, Jósef 233, 234
Poincaré, Raymond 66, 77, 80, 83, 88, 90, 99, 112
Popitz, Johannes 260
Posse, Hans Ernst 177, 207, 229
Potthoff, Heinz 24
Pünder, Hermann 133
Puhl, Bankdirektor 272

Rathenau, Walther 40, 88
Rauschning, Hermann 166, 233, 235
Reinhardt, Fritz 189, 190, 192, 251
Reusch, Paul 9, 168
Reuter, Franz 178, 249
Revelstoke, Lord John 118, 122
Richter, von, Staatssekretär 50
Röhm, Ernst 225
Rohrbach, Paul 19, 165, 220
Roosevelt, Franklin Delano 200, 258
Rosterg, August 168
Rowohlt, Ernst 273

Schacht, Constanze 14
Schacht, Eddy 15, 17, 21
Schacht, Inge 25, (265), (270)
Schacht, Jens Hjalmar 25, 261, 263
Schacht, Luise 25, 124

Schacht, Manci 265, 270
Schacht, Oluf 17
Schacht, Wilhelm (William) 14, 15, 16, 20, 21, 24, 26
Schäffer, Fritz 274
Schäffer, Hans 110, 129, 152, 153
Schall-Riaucour, Heidemarie Gräfin 185
Scheidemann, Philipp 93
Scheringer, Richard 167
Scherpenberg, Hilger von 260, 261
Scherpenberg, Inge von 265, 270
Schiele, Martin 128
Schlange-Schöningen, Hans 128
Schlegelberger, Franz 31
Schleicher, Kurt von 138, 160, 225, 260, 279
Schmalenbach, Eugen 32
Schmidt-Hannover, Otto 157
Schmidt-Wodder, Johannes 20
Schmitt, Kurt 206, 207, 221, 222
Schmoller, Gustav 23, 24
Schneider, Rolf 274
Schröder, Staatssekretär 48, 49, 50
Schuschnigg, Kurt von 263
Schwerin von Krosigk, Johann Ludwig 183, 226, 227, 278
Seldte, Franz 128, 157, 159, 173
Siemens, Karl Friedrich von 28
Severing, Carl 128, 267, 268
Simons, Walter 49
Simpson, Amos E. 274, 283
Snowden, Philip 115, 126, 127
Speer, Albert 179, 266, 269
Stalin, Josef W. 266
Stamp, Sir Josiah C. 75, 78, 79, 115, 124
Stampfer, Friedrich 76, 138
Stauffenberg, Graf Schenk von 10
Stauss, Emil G. 155
Steunes, Walter 167

Stimson, Henry L. 258
Stinnes, Hugo 76
Stolper, Gustav 151, 152, 178
Strasser, Gregor 156, 160, 167
Strasser, Otto 167
Streicher, Julius 225
Stresemann, Gustav 28, 44, 45,
47, 48, 49, 50, 50/51, 52, 60, 75,
76, 85, 86, 87, 88, 89, 90, 91,
92, 94, 96, 97, 98, 99, 100, 108,
112, 113, 114, 115, 117, 121,
126, 127, 129, 139, 141, 153,
154, 182, 279
Strong, Benjamin 97, 124
Strünck, Theodor 260, 261, 263
Stucken, Rudolf 13, 107

Tardieu, André 134
Thomas, Georg 183, 263
Thyssen, Fritz 122, 156, 175, 265
Tirpitz, Alfred von 92
Tobin, James 201
Todt, Fritz 224, 232
Treviranus, Gottfried Reinhold
128
Truman, Harry S. 266
Tschirsky, Fritz Günther von 175
Turner, Henry A., Autor 166

Ullstein, Franz 21

Vansittart, Robert G. 80
Vocke, Wilhelm 272
Vögler, Albert 76, 114, 117, 122
Vogel, Rolf 9
Vogelstein, Theodor 29

Wagemann, Ernst 38
Wagener, Otto 166
Wagner, Adolph 13
Wandel, Eckhard 152
Weber, Max 278, 279
Wendt, Hans 167
Westarp, Kuno Graf von 92, 128
Wilhelm II. 18
Wilson, Woodrow 72, 93
Wirth, Joseph 40, 127, 133
Wissell, Rudolf 143
Witzleben, Erwin von 261
Wolff, Theodor 29

Young, Owen D. 103, 110, 111,
114, 117, 118, 119, 120, 121,
122, 123, 124, 125, 126, 127,
128, 131, 132, 133, 134, 135,
136, 137, 145, 151, 152, 153,
154, 155, 202, 209, 210, 211

CIP-Kurztitelaufnahme der Deutschen Bibliothek

Pentzlin, Heinz:
Hjalmar Schacht : Leben u. Wirken e. umstrittenen
Persönlichkeit / Heinz Pentzlin. – Berlin, Frankfurt/Main,
Wien : Ullstein, 1980.
   ISBN 3-550-07913-3